江蘇省社會科學基金項目

佛教與文學的交會

趙杏根著

臺灣 學生書局 印行

序　言

　　有漢以下，述作例有序言。本書序言，所欲言者有二。一是緣起，二是體例。

　　先言緣起。1990 年，我有緣閱讀《磧砂藏》本《大藏經》。佛經中的義理，很枯燥，也很難懂，老實說，我對此興趣不大。但是，佛經中的文學作品，確實使我大為震驚：《大藏經》是不折不扣的一座文學寶庫！

　　於是，我就開始系統地閱讀《大藏經》，先是讀《磧砂藏》，後來，知道中華書局所編《中華大藏經》陸續出版，便改讀《中華大藏經》，一邊閱讀，一邊將其中的文學作品一一作索引，以便以後研究。當然，這工作量是很大的。

　　《大藏經》「印度撰述部分」中的文學作品，我就稱之為「佛經文學作品」。它是古代印度文學的一個重要部分，也是我國最早的翻譯文學。

　　在讀完《大藏經》後，我又開始系統地閱讀中國文學作品，特別是文言小說，古代和近代的白話小說，戲劇和民間文學作品，將其中受佛教和佛教文學作品影響者，一一作好索引，以便研究。這工作量，當然也是很大的。

　　在做好了這兩個方面的基礎工作以後，我就開始了「佛經與文學」的實證研究。研究的成果，就是這本專著。其中絕大部分已在

《中國文化研究》、《明清小說研究》和海外一些學術期刊上發表。

次言體例。本書分六編。

第一編是對佛經文學作品的評論，注重其中佛經義理與文學性的關係，以體現佛教與文學的「實證」研究。家庭，女性和愛，罪惡，這些都是宗教和文學作品中最為重要和最為基本的主題，宗教和文學作品的特質，也必通過這些主題表現出來。〈論佛經文學中的家庭倫理觀念〉、〈論佛經文學中的女性形象〉和〈論佛經文學惡魔故事代表作〉三文，正是基於這樣的認識而作。《猛光王傳奇》和《智者大藥》，則是佛經文學作品的代表作，既體現了佛教某些重要的思想觀念，又體現了佛教文學作為通俗文學的特色，例如，公案、冒險、特工、驚險追捕、色情誘敵、愛情與親情衝突等，至今仍是通俗文學的大宗，而此二作品中都早已用濃墨重彩來描繪了！結構方面，此二作品也各具特色。因此我特將它們舉而論之，顯「嘗鼎一臠」之意，以引起人們對佛經文學作品的注意。

第二編研究中國文學作品中的佛教人物形象。中國文學作品中的佛教神靈，以觀音、彌勒、閻王和目連為最活躍，影響也最大，與他們在佛經文學作品中的形象相比，變化也最大。因此，特為分別作專門研究。

第三編是有關佛經對中國小說影響的實證研究，從唐前小說到清代小說中，選取了若干富有代表性的例證進行研究，而以文言小說為主。

第四編是佛經對中國古典戲劇影響的實證研究，從元代戲劇到清代戲劇都有之。

第五編是有關佛經與佛經文學對中國文學影響之縱論。文學有雅

俗之分。我國古代之雅文學，以詩歌和詞為主。至於散文，非文學作品與文學作品，其間迄今尚無明確的分界。許多《文學作品選》中所選，就可以證明這一點。古代文章中，言佛理或佛教者不少，但這些文章，能算得上文學作品的極少。詞受佛經和佛經文學的影響不大，再說，就廣義而言，詞也是詩歌的一種。因此，〈佛教對中國古典詩歌影響概觀〉，實主要探討了佛經對中國雅文學的影響這一歷史進程。至於俗文學，我認為，應該包括詩文詞以外的所有文學作品，而以小說（文言小說和白話小說）、戲劇、民間文學為大宗。〈佛教對中國俗文學影響概觀〉，主要探討了佛經對中國俗文學的影響這一歷史進程。因果理論為佛教中最基本、最有影響的理論，在佛經諸理論中，它對中國文學的影響最大，故我以〈佛教因果說與中國文學〉專論之。

　　第六編為關於我國文學作品（也涉及亞洲其他國家甚至歐洲的文學作品）中與佛經文學作品中相同或相似的情節或情節模式的考論。這是我所費心血最多的部分，原有二百餘篇，為了使此書精煉，刪去了不少。這一部分中所考論者，大體有此三種情況。一是中國文學作品化用或移植了佛經文學作品的情節或情節模式，非常明顯。漢文佛經，除了極少數外，都是翻譯於唐代或唐代以前，最早的翻譯於漢代。因此，凡是魏晉以下文學作品中有與佛經文學作品相同或相似的情節或情節模式，有很大的可能是前者化用或移植了後者。這一部分無疑是最多的。二是很難斷定是中國文學作品（或文化）影響了佛經文學作品，還是相反，但其間肯定是有聯繫在。三是這些相同的情節或情節模式，都是自發性的，不存在誰影響誰的問題。當然，後二種情況是不多的。

　　佛經對中國文學之影響，本書所論，只是其中的一部分而已。佛經對中國文學理論的影響、佛經對中國古代詩歌創作（特別是對寒山、王梵志等的詩）的影響、佛經對說唱文學的影響、佛經與敦煌文學等，已經有許多著名專家（如項楚、孫昌武、王繼如等）作了專門的研究，成就卓越，自知無法超越他們，因此，本書對這些領域，多略而不論。有些部分，不得不有選擇地簡單論及，因為此書還作為給學生上課的講稿，這些重要部分，不能闕如。

　　此書篇幅並不算很大，但完成此項研究的工作量，確實夠得上「巨大」這一形容詞。我完成了這「巨大」的工作量，將我生命中最美好的一部分，化成了這本專著。至於這項工作量如此之大的工作是否值得做，此書的學術價值如何，專家、讀者自有定評。

趙杏根
2004 年 6 月

佛教與文學的交會

目 錄

狸貓換太子；肝在樹上；夢中富貴；禍福姐妹神；孝子郯
子；比武招親；拔鬍子或拔髮；真真假假；狐狸為王；產
婦食嬰；鬼母；搬園池；姦夫竊本夫藏金案；溺於所愛；
仁鹿說王；抒海移山；以不狂為狂；偽君子；以假代真；
以欲止欲；爭年長；責備賢者；人吐人，所吐又吐人；雁
傳書；口舌遭禍；鸚鵡報仇；花中化生；公雞蛋；分木棍
根梢；狐狸挑撥二大獸之關係；觀星象知人；鬼子母；隔
事言行，事事遭罰；變化鬥法；換人體器官；夫婦賭餅；
蝙蝠；木飛禽；將假試真；入敵腹；十二生肖；手足等被
粘；誤解誤釋而歪打正著；狼與羊；解動物語；人與熊；
雀拔虎口中骨；智勸敬老；木人；鹿生兒；兩兄弟故事；
假勇士；智斷爭子案；借險殺人；看門；冤枉妻子；深井
險境；一體相爭；雙頭之爭；墳中女屍生子；投生入豬
腹；腹中書；老貓信佛；醫駝；烏龜怕水；窮子與浪子；
入魚腹不死；淨水珠；蝴蝶夢；鬼怕不怕鬼者；鬼神不能
致人死；道無所不在；人負物恩；人中巫術化驢；下種速
長結實；賣髮；鏡中影（或甕中影）；感恩動物忘恩人；
猴子撈月；求劍與求盆；狐狸分物；不欲不撿；草木皆
兵；鸚鵡救火；卵生；龍王重舍利；悔吃前餅；訓練動物

惑人；獸護棄兒；窗內擒敵；稱象出牛之智；盲人摸象；
互以對方為鬼；一心稱名；權力與命運孰強；廢除棄老法
的故事；殺狗勸夫；死而復生說地獄；割身療親疾；金
乎？蛇乎？；不識真仙；制龍咒術；救龍女獲報；人與動
物交配；經書退敵；人形果；脅生與腋生；轉世為動物回
家；投石紀善惡；供佛當出己財

第一編
佛經文學作品研究

論佛經文學中的家庭倫理觀念

一

　　家庭倫理觀念是關於家庭倫理關係的觀念。家庭倫理關係主要是父子、兄弟、夫妻關係。其中父子關係包括父母與子女的關係，兄弟關係包括兄弟姐妹之間的關係。佛經中有大量的有關家庭倫理關係的文學作品。以下分別就這些關係對此類作品作一研究。

　　父子關係。佛經中，有關父母與子女輩關係的故事極多。其中所體現的思想，乃父應慈，子應孝。《大方便佛報恩經》卷三中忍辱太子為父親捨生，《金光明最勝王經》卷十中王子捨身飼虎，他們的父母都悲痛欲絕。《佛說母鹿經》云，母鹿被獵，與鹿兒生離死別，向鹿兒「示好水草，垂淚交流」，慘不忍睹。終於感動獵人，放生而去。《根本說一切有部比丘尼毗奈耶》卷十七云，某男子死後，化作天鵝飛往寶洲銜珠送給女兒。《大般泥洹經·長者純陀品》第三云，一貧女人抱幼子渡河，「水流漂急，不放其子，遂至沒溺，母子俱

死。由是慈心救子功德，身壞命終，生淨妙天。」此婦因愛子而死，可憫可敬，難以理智責其愚蠢。命終生淨妙天，雖然未必如此，卻也體現了作者對她的高度評價。這些故事，都是對父母之愛的頌揚。

我國古代有些人抨擊佛教「無父無君」。其實，佛教忠奸分明，更是極為注重孝順。《佛說孝子經》，赫然見之於《大藏經》中。《佛說鐵城泥犁經》中說，不孝順父母者，死後當下地獄受重罰。《雜寶藏經·波羅奈國有一長者子供天神感王行孝緣》云：「假使左肩擔父，右肩擔母，行至百年，復種種供養，猶不能報父母之恩。」佛經故事中，頌揚孝順的故事，要比頌揚慈愛的故事多得多。如《大方便佛報恩經》卷三云，忍辱太子自願「斷骨出髓，剜其兩目」，作為藥物，救病危的父親。《雜寶藏經》卷一中，王孫殺身救父母。同書卷二云，一白香象孝養父母，感動國王，下令國人「若不孝養父母者，當予大罪。」最有意義的是《雜寶藏經·棄老國緣》，某國古代有為下一代生存而棄老的風俗，後來，這一風俗發展為法律。一大臣冒著被國王懲罰的危險，將老父親藏於密室孝養，又說服和感動國王，取消了這條法律。這個故事反映了這樣兩點：第一，對父母的孝順重於對國王的忠誠。第二，在連綴的兩代父子關係中，孝重於慈。古代那種為了晚輩而犧牲長輩的風俗，被佛教所否定，這體現了社會的進步。

在佛經故事中，不孝者都是被譴責的對象。兒媳婦對公公婆婆不孝，都會受到懲罰。如《雜寶藏經·婆羅門婦欲害姑緣》中的主角就是如此。兒子對父母不孝的行為，性質就更為嚴重了。《出曜經》卷四中一逆子因欲與妓女幽會遭母制止而殺母，《根本說一切有部毗奈耶破僧事》卷十七中未生怨王子擲劍於父王前以求封地，《根本說一

切有部毗奈耶》卷四十六中頂髻王為鞏固自己的王位而謀殺已經出家並且毫無復辟意圖的父王,《央掘魔羅經》中殺人狂欲殺自己的母親,他們都受到了嚴厲的懲罰。哪怕是無心的不孝行為,也會導致受到懲罰。《雜寶藏經·慈童女緣》云,從小失去父親的青年慈童女極為孝順母親。一日,他向母親提出想入海采寶,母親戲言同意。待他將要出發時,母親不許。拉扯之間,他不小心扯斷了母親的幾十根頭髮。後來,他因此而受戴鐵火輪之罰。由此可見不孝罪當受懲罰之重。

　　如果父母對兒女並不能稱慈愛,兒女是否還應該孝順父母呢?答案是肯定的。《六度集經》卷五《童子本生》云,一富人先是無子,得一棄兒為養子,其夫人生子後,遂百般虐待養子,必除之而後快,然其陰謀一一落空,有一次反而害死其親生子。養子及其妻子,卻孝行甚篤,「一國稱孝」。養子尚且如此,親生子當然更應該孝順父母,不管父母如何對待自己。《根本說一切有部毗奈耶藥事》卷十三云,國王為瞭解其夢所兆失位身死的厄運,竟然計劃殘害兒媳婦祭祀神靈以禳,幸虧兒媳婦有神通,得以逃脫。後來,王子與妻子對國王仍然不失孝順,沒有因為此事而怨恨父王。

　　如果父母之命不合理,兒女是否應該服從?《六度集經》卷四中,王妃和宰相相勾結,假傳聖旨,命在遠方的太子取出雙目,太子竟然照辦。雙目盲後,太子沿門演奏音樂為生。其未婚妻為鄰國一位公主,聽其演奏,感「其音咨嗟己先王之德,末為孤兒無親之哀」,知是未婚夫,謂其父曰:「斯自妄命,女二其姓,非貞也。請翼從至孝之君子。」遂與太子結婚。很明顯,故事對太子順從以父親名義發出的亂命,是持肯定態度的。而《根本說一切有部毗奈耶》卷十四

云,某童子「所有語言,悉皆依實,」時人遂名為「實語」。實語一貫孝順母親,有一次,由於不忍違背母親,遂奉母命誣陷父妾與人私通,致父妾被驅遣歸家。因為此事,實語「口出臭氣,便於四遠惡聲流布」,得「妄語」之名。由此惡業故,他「於多千歲」在地獄受燒煮之苦,「彼餘殘業,於五百生中常遭惡謗」。實語遵從生母命誣陷父妾,但是得到這樣的惡果。由此可知,佛教認為,父母之命不合理,如果其害只是止於一己之身,應該服從;如果其害及於他人,則不能服從。

佛教修行與孝順父母,在佛經故事中,也被統一起來。《六度集經》卷四中,一修道士為了遠離塵俗,一心修行,搬到深山居住,但是不忘將父母也一起帶上。他一邊修行,一邊行孝甚篤,盡心照顧雙目失明的二老。某日,國王入山射鹿,該修道士被國王誤傷,其孝行感動天神,使之復生。《根本說一切有部毗奈耶皮革事》卷上云,一長者子一心向佛,欲出家而父母不許,遂在家修習佛法,使自己和父母並獲道果,父母亡後,方才出家。此類故事在佛經中屢見。《雜寶藏經·波羅奈國有一長者子供天神感王行孝緣》云,你在家孝養父母,幾乎所有的善神都會在你家裏。《賢愚經》卷一中,佛語阿難:「出家在家,慈心孝順,供養父母,計其功德,殊勝難量。」也就是說,不管是不是出家,孝順父母,總是功德無量。

佛經故事所宣揚的孝,主要在於救父母、養父母和順從父母。用儒家的孝道來衡量,這些當然都是不錯的。在這些比較淺的層面上,佛家的孝與儒家的孝並沒有什麼不同,但是,二者的深層意蘊,則有根本的不同。《雜譬喻經》中,有兄弟倆,弟弟說:「凡為人子,當立功效,繼續父母功勳不廢,乃為孝子耳。」哥哥則云:「五戒十

善，供養三寶，行六度，坐禪，定念，以道化親，乃為孝耳。」弟弟所言，與儒家建功立業，顯親揚名，方能成全其孝的觀念是一致的，（參見拙著《論語新解》中有關部分）而哥哥所言，則是佛家的孝。

兄弟關係。佛經中主張兄弟間要相互友愛，這跟儒家所謂「友於兄弟」是相一致的。其中兩類故事比較突出。一是婢妾所生之子與正妻所生之子的故事。這類故事中，婢妾所生之子往往會受到正妻所生之子的排擠甚至虐待、迫害，但最終都能有較大的成就，他們都是作者頌揚的人物，如《根本說一切有部毗奈耶藥事》卷二中的圓滿、《根本說一切有部毗奈耶》卷十六中的浣盆等，都是如此。在當時社會裏，婢妾所生之子地位低下，這在佛經故事中多所反映。最典型的是圓滿，他不僅不被兄弟輩視為兄弟之列，而且還被當作父親的一份遺產，與父親的其他遺產一起，成為兄弟們分家時選擇的對象。佛經故事反映他們的不幸，使他們一個個有較大的成就，頌揚他們的善行和福力，正是體現了佛教「眾生平等」的觀念，矛頭所指，正是當時現實社會中婢妾所生子與正妻所生子的種種不平等！

二是兩兄弟型的故事。兩兄弟中的一個，出於種種原因，做了對另一位不利的事，由此產生矛盾衝突。這些矛盾衝突，並不總是發生在兄弟之間，也會發生在對兄弟有不道德行為者和社會之間。因為社會對不符合其道德規範的行為，會發揮其制止、懲罰等功能，以維護其秩序，維護其道德規範的尊嚴和權威。在此類故事中，對兄弟行不利之事者，總會受到這樣那樣的懲罰。例如《雜寶藏經·兄弟二人俱出家緣》中，弟弟因妒忌而誹謗哥哥，後被國王驅逐。這表明，佛教也是不能容忍這些不道德行為的。然而佛經中此類故事的價值還不僅止於此。

　　佛經中此類故事的價值還在於：兩兄弟中首先被對方不道德行為所傷害者，應該以寬容和仁慈來對待傷害自己的兄弟。其中有兩個故事，典型地從正反兩個方面，體現了這樣的思想。《賢愚經》卷九《善事太子入海品》云，善事太子與弟弟惡事一起入海采寶，惡事與眾人在一寶山采得大量寶貝後，為了能盡可能地利用船的載重量多裝寶貝，竟然不待乘小船到另一小島采寶的善事返回，就返航了。善事采得神珠返回，不見大船，只好駕小船返航，途中救起遇海難未死的惡事，並百般安慰他。兩人到達陸地後，惡事乘善事熟睡之機，刺瞎善事雙目，奪其神珠，獨自回國。善事經歷千辛萬苦，回到自己的國家，一切真相大白。國王囚禁惡事，但是，善事卻寬恕了惡事，「太子持抱，撫慰其意」，而且力求父王赦免其罪。於是，善事的人格形象更為高大，國王和臣民更為愛戴他，兄弟間也沒有發生更為激烈的矛盾衝突。另一個是《根本說一切有部毗奈耶》卷六所載大軍小軍兄弟倆的故事。大軍外出經商，久久不歸。其妻耐不住寂寞，百般勾引尚未婚配的小軍，遭到小軍的拒絕。後來，在大軍妻子家族的勸說下，小軍方就範。未久，大軍妻子懷孕，而大軍家信至，說將要回家。小軍大懼，出家。大軍歸，知妻子懷孕。其妻歪曲真相，誣陷小軍。大軍聞之而怒，雇傭殺手殺小軍，反被殺手殺害。大軍死後，轉生為毒蛇，欲害小軍，而被小軍無意中殺死，於是再轉生為毒蛇，欲害小軍，又沒有成功而身死。如此幾個輪迴，大軍方才如願。大軍未能寬恕弟弟的過失，刻意報復，使兄弟間的矛盾升級，不僅害死了弟弟，也給自己造成了一次次的血腥悲劇。《賢愚經》卷十《優婆斯為兄所殺品》所載，亦與此故事相類。

　　夫妻關係。佛經故事中所展現的夫妻關係，是很令人悲觀的。有

丈夫害妻子的，如《生經》卷五中，蓮花的丈夫迫使蓮花自己上樹采果，然後在樹下堆滿荊棘，想把她困死於樹上。有妻子害丈夫的，如《根本說一切有部毗奈耶破僧事》卷十六、《六度集經》卷二《波羅奈國王經》和卷四《國王本生經》中，都有女子和姦夫謀殺本夫的故事。至於女子對丈夫不忠之類的事，那就更多了。當然，佛經對這些為惡者是譴責的。

　　佛經故事中，不是沒有動人的愛情故事。例如，《根本說一切有部毗奈耶藥事》卷十三所載緊那羅女悅意的故事便是。緊那羅是一個半人半仙的部落，與世隔絕。悅意乃這個部落的公主，一日與眾女伴到人間一山溪洗澡，被獵人所獲後獻給王子善財，遂為善財之妻。此後，夫婦相愛甚篤。王子外出征戰期間，國王欲殺悅意祭祀神靈以求福報，悅意得王后相助，得脫，回到她本來的世界。王子回，知其事，乃隻身尋找悅意，克服許多艱難險阻，終於進入緊那羅，找到悅意，與她在緊那羅地舉行婚禮，最後攜悅意回到人間，繼承王位。又《六度集經》卷八云，醜王子娶鄰國公主月光為妻，不讓公主看到自己的容貌。月光知道真相後回國，不與王子相見。王子跟蹤而至，降志辱身，百般追求，最後幫助月光的父親退七國之兵，重新獲得月光。此類故事，確實是寫愛情的成功之作，但是，佛經中寫此類愛情故事，其主旨不是歌頌愛情，而是突出愛情帶來的磨難，從而使人們勘破情關！

二

　　如果把佛經故事中父子、兄弟、夫婦關係聯繫起來考察，我們就能發現這些現象：

　　父子關係和兄弟關係明顯重於夫婦關係。當丈夫與父親之間發生矛盾衝突時，女子總是站在父親一邊。《根本說一切有部毗奈耶雜事》卷二十三中，猛光王之女天授與被猛光王俘虜的敵國國王出光王相愛，與出光王一起逃走。後來，出光王將猛光王俘獲並加以侮辱，天授竟然設毒計將出光王從城頭推下餵了猛犬，以此報了辱父之仇。《根本說一切有部毗奈耶雜事》卷二十七中，一女子毫不猶豫地站在兒子一邊，為了兒子的利益千方百計對付後夫。卷二十八中，妙藥的父親與丈夫分別為兩個敵國的國王，在他們鬥爭的過程中，妙藥始終站在祖國和父親一邊。當兄弟和妻子中一定要有人作犧牲時，這犧牲者一般總是妻子。《根本說一切有部毗奈耶破僧事》卷十六云，四個王子各攜妻子一起出奔，途中乏食，「共立惡制，可殺一妻，取肉充食」類似的故事，佛經中還有多個。這樣的觀念，也是與我國的傳統觀念相一致的。《詩經》中說：「燕爾新婚，如兄如弟。」唐代李華《弔古戰場文》中說：「誰無兄弟，如足如手，誰無妻子，如賓如友？」就當時整個社會而言，兄弟關係明顯要好於夫妻關係，才會有這樣的比喻。「兄弟如手足，妻子如衣服」的絕妙比喻，不更是廣為流傳的嗎？妻子或丈夫與父母相比，當然更不足道了。《左傳·桓公十五年》中，雍妃在為保丈夫還是保父親痛苦的時候，她的母親對她說：「人盡夫也，父一而已！」當然犧牲丈夫保父親。曹禺的話劇《原野》中，女主角花金子與她的婆婆焦母關係很不好。有一次，花金子問她的丈夫焦大新：「如果我和你母親兩個人都掉到了河裏，你只能救其中的一個，你救誰？」焦大新的回答是：「我兩個一起救！」在花金子的再三逼問下，焦大新始終沒有說先救妻子的話。要知道，焦大新在妻子面前，一直是個窩囊透頂的丈夫！在這樣的問題上，他

卻敢於違背妻子的意願。如果母親問他相同的問題，他會毫不猶豫地回答：「救母親！」如果這樣的事真的發生了，他也只會先救母親！

　　父子兄弟之間，能寬恕對方對自己的傷害，佛經故事中也頌揚這種寬恕。未生怨王子的父親能寬恕未生怨當面擲劍的威脅，善事能寬恕惡事刺瞎雙目的罪惡。又《六度集經》卷五《之裸國經》中，兄弟兩人，經商成敗懸殊，兄妒忌弟，發願世世相害，而弟卻發願待兄若己，「自此之後，伯輒克叔，叔常濟之。」《賢愚經》卷十二《波婆品》中，哥哥寬恕忘恩負義的弟弟，使弟弟後來也能施捨以修行。但是，佛經故事中，夫婦之間，卻很難寬恕對方對自己的傷害，佛經也似乎不提倡這種寬恕。《根本說一切有部毗奈耶雜事》卷二十九中，風流成性的王妃以虛假的懺悔獲得國王的寬恕，故事明顯有嘲弄國王被矇騙的意味在。夫婦間的傷害，絕大多數導致婚姻關係的破裂。

　　父子關係故事中，父慈子孝者很多，殺父害子者極少。兄弟關係故事中，兄弟之情深重者很少，和諧相處者也不多，而傷害兄弟者則比前二者多得多。在這兩類故事中，父子關係、兄弟關係中醜陋的方面被譴責，被否定，而美好的方面則得到頌揚，得到肯定。懲惡揚善，正是文學最基本的功能之一。但是，佛經故事中夫婦關係的故事，則有所不同。這些故事，確實也譴責、否定了夫婦關係中醜陋的方面，但是，從未肯定與夫婦關係相應的美好的愛情。這些故事告訴讀者，人們不必也不可能將不幸的婚姻變成幸福的婚姻，解決不幸婚姻的辦法是結束婚姻，逃離婚姻。因此，佛經故事中，婚姻的不幸，往往成了出家的機緣。《賢愚經》卷十一中，一婆羅門家中貧困，妻子醜惡兇悍，他便覺得「觀家如塚，婦女眾緣，如處怨賊」，遂出家。《根本說一切有部毗奈耶雜事》卷二十九中游方和瘦瞿的故事，

詮釋了婚姻造成的種種災難。不幸的婚姻固然是痛苦的,但是,佛經中又沒有給人們昭示幸福的婚姻及其創造方法,倒是不斷地暗示人們,即使沒有什麼不幸的婚姻,也不值得留戀。佛經故事中,許多夫婦結束婚姻出家。釋迦牟尼本人,也離棄了他年輕時通過比賽諸藝奪魁得來的妻子而出家。他們因此獲得了肯定和讚頌。佛經故事中譴責了許多水性楊花的女子和風流成性的男子,展現了他們造成的種種悲劇。但是,佛經故事中也不斷地暗示人們,忠貞的愛情,也會給人帶來痛苦,帶來磨難,甚至會讓人付出生命的代價!因此也不能留戀!阿難、無綢鞞、月上等青年男女,都堅定地拒絕了異性美好的愛情,佛經故事中對他們讚美有加。

三

上文所云佛經家庭倫理故事中的這三種現象,我們可以從三個角度來分析。

首先,我們從血緣關係和姻緣關係的區別、直系血緣關係與旁系血緣關係的區別來分析。父子、兄弟關係的基礎是血緣。對某一個人來說,血緣關係是自然形成的,無法擺脫的,永遠存在的。夫婦關係,是後來才形成的,是可以解除的。血緣關係重於姻緣關係,在古代社會是極為普遍的現象。在家庭範圍內,血緣關係成員與姻緣關係成員發生利害衝突時,家庭成員會很自然地站在血緣關係成員一邊。在兩人中注定要犧牲一個時,決定者肯定首先考慮犧牲姻緣關係成員。佛經故事中,父子關係、兄弟關係重於夫婦關係,也是同樣的原因。佛經故事中提倡以寬恕來維護父子、兄弟之間的關係,而未提倡以寬恕維護夫婦之間的關係,這是與社會的所重所輕相一致的。

　　父子關係是最近的直系血親，亦即第一直系血親，兄弟關係是最近的旁系血親，亦即第一旁系血親。就血統關係而言，父子關係重於兄弟關係。再就社會關係而言。父子之間，感情、權利、義務諸方面的關係最為密切。父子是兩代人，發展的時空也是交叉的，許多重要方面的發展，並不是處在同一個時空。因此，他們之間，較少利害衝突。兄弟彼此沒有權利和義務關係的約束，他們又是同代人，年齡相仿，背景接近，在許多方面處在同一個發展時空，更是共同擁有對父母遺產的繼承權，因而有較多的利害衝突。夫婦關係是純粹的社會關係，共同擁有家庭財產，互相擁有對方，利害衝突最多，極容易產生矛盾，故云「無怨不成夫妻」。因此，佛經家庭倫理故事中對父子、兄弟、夫妻關係中正面、負面描寫的多寡，也是與這些社會現象相應的。

　　其次，我們可以從佛教否定情欲的角度來分析。父子間的慈愛和孝順，兄弟間的團結友愛，都是愛對方，都是為對方的利益考慮。愛情，當然是與夫婦關係相應的美好感情，但它是與情欲融合在一起的。夫婦間的恩愛，是與夫婦雙方的情欲融合在一起的。情欲是人修習佛教的最大障礙。《六度集經》卷八《菩薩以明離鬼妻經》中，菩薩屢次離開家庭而屢次結婚的情節，暗示了消除情欲之難。然而，不消除情欲，佛教修行是很難取得進步的，更難進入比較高的境界。因此，佛經中提倡消除情欲之處，要比提倡消除其他欲念的要多得多。儘管世間不乏夫妻恩愛的實例，但佛經編寫者並未選擇頌揚，因為頌揚夫妻恩愛，客觀上也是頌揚了情欲，這是與佛教修行相尖銳矛盾的。他們有意專門選擇世間怨偶的故事大做文章，意在暴露夫婦關係方面的種種醜陋的現象和感情，使人們對婚姻失望和厭惡，既不產生

愛情，也拒絕愛情，拒絕婚姻，如此則有助於消除情欲，高效率地修習、實踐佛理，並獲進步。

再次，從佛教修行的目標和弘揚佛法的靈活性來分析。佛教認為，人人都應該修行，修行的最高境界，就是「涅槃」。涅槃有許多條件，其中包括擺脫種種世俗關係以及相應感情的束縛。這樣說來，家庭倫理關係以及相應的種種感情，正是首當其衝要被擺脫的。情欲要擺脫，愛情要擺脫，婚姻要擺脫，那麼，父子關係及與之相應的慈愛和孝順、兄弟關係及與之相應的團結友愛，要不要擺脫呢？如果不擺脫，就無法達到涅槃的境界，當然要擺脫。但是，既然要擺脫，佛經故事中為什麼還要那麼頌揚父子間的慈愛孝順，兄弟間的團結友愛呢？特別是孝順，那是佛經及佛經故事中提得很高並一再強調的。把包括父子關係在內的家庭倫理關係及相應的種種感情，不分醜陋的和美好的，統統擺脫乾淨，不是來得更爽快嗎？這個問題，應該怎樣來解釋呢？

從根本上說，佛教是否定家庭倫理關係以及與之相應的種種感情的，也確實提倡擺脫這些束縛。佛教鼓勵人們出家修行，便是最好的證明。但是佛教所關懷的，是所有的眾生，就人類而言，是整個社會，因此，傳教者不能不從廣闊的社會出發，考慮如何傳教的問題。最高目標或理想，無法一步達到，而是要靠一步步的實踐來達到。佛教的最高目標，或者說佛教的理想，與弘揚或修習佛教的實踐中的某些思想與做法，肯定有不一致之處。要達到涅槃這個最高的目標，確實先要擺脫世俗的一切束縛，包括家庭關係和與之相應的種種感情。但是，家庭關係和與之相應的感情，是普遍的、悠久的社會存在，要人們一步到位地、完全徹底地擺脫它們，是社會所普遍無法做到的，

也是普遍所難以接受的。擺脫其中的醜陋部分，則是與社會的進步相一致的，是社會所普遍歡迎的。正因為如此，僅就家庭倫理範圍而言，佛經故事所否定的，只是其中的醜陋部分和夫婦間的愛情，後者乃為佛教所視作大敵，而在家庭倫理關係中為人所輕，佛教必欲除之，而其說容易為人所接受，至於父子間的慈愛孝順、兄弟間的團結友愛，佛教仍然予以肯定和頌揚，這當然也是從實際的社會狀況出發，體現出弘揚佛法的靈活性。只有這樣，社會才可能逐步接受佛法。這與社會主義國家以消滅私有制為理想而在實踐中還需要依法保護私有財產，其道理有相通之處。

總之，佛經家庭倫理故事頌揚父子關係中的慈愛與孝順、兄弟關係中的團結友愛，譴責家庭倫理關係中醜陋的方面，否定愛情，鄙棄婚姻，在家庭倫理關係中，以父子關係為最重，兄弟關係次之，夫婦關係最輕。這些觀念的形成，有佛教思想、社會現實、弘揚佛教的需要等方面的原因。現代社會中，夫婦關係在社會中的作用越來越重要，佛教家庭倫理固有的消極作用體現得更為明顯。

論佛經文學中的女性形象

一

佛經文學作品中的女性形象，不下三百個，其中較有特色的，主要有以下幾類：

慈母。此類形象，都很感人。例如，《金光明最勝王經》卷十中，王后因噩夢而對王子安危的憂懼，聽到王子失蹤後的焦急，知道

王子捨身飼虎後的悲痛，都寫得細緻真切。《大方便佛報恩經》卷三中忍辱太子為父親捨生，他母親悲痛欲絕。《根本說一切有部毗奈耶雜事》卷二十七中，足飲食太子被廢，被迫離開祖國，臨行前去與母親訣別，其母親悲悲切切，催人淚下。足飲食太子卒，其妻子帶了兒子多足食再嫁後，千方百計保護兒子，使他免遭繼父的傷害。這些故事，主要內容還不在於母愛，但母愛也表現得很成功。

有三個故事專門表現母愛。一是母鹿故事。《佛說母鹿經》云，母鹿被獵，與鹿兒生離死別，「示好水草，垂淚交流」，慘不忍睹，終於感動獵人，放生而去。二是貧女人故事。《大般泥洹經·長者純陀品》云，一貧女人抱幼子渡河，「水流漂急，不放其子，遂至沒溺，母子俱死。由是慈心救子功德，身壞命終，生淨妙天。」此婦因愛子而死，可憫可敬，難以理智責其愚蠢。命終生淨妙天，雖然未必如此，卻也體現了作者對她的高度評價。三是鬼子母故事。鬼子母有五百子（或作一千人、一萬人），然好食人子。佛便將其幼子取來，覆於缽下，讓她體驗失去兒女的痛苦。鬼子母失子，痛苦異常，多方覓取，知在佛處，便前往索取。佛以此機緣，向她說法，使她開悟，皈依佛門並出家。此故事見之於《佛說鬼子母經》、《根本說一切有部毗奈耶雜事》卷三十一、《雜寶藏經·鬼子母失子緣》等。

孝女。佛經中的孝子形象有多個，但孝女形象很少。我國古代社會中和文學作品中常見精心孝養父母的孝女，佛經文學作品中連一個也沒有。好在孝並不為孝養所限，心向父母，盡心為父母的利益服務，都是孝行。以這樣的標準來衡量，佛經中的孝女，至少有三個。一是天授。《根本說一切有部毗奈耶雜事》卷二十三中，猛光王之女天授與被猛光王俘虜的敵國國王出光王相愛，與出光王一起逃走。後

來，出光王將猛光王俘獲並加以侮辱，天授竟然設毒計將出光王從城頭推下餵了猛犬，報辱父之仇。另外兩個是妙藥和大臣大藥的前妻，俱見《根本說一切有部毗奈耶雜事》卷二十八。妙藥的父親與丈夫分別為兩個敵國的國王，在他們鬥爭的過程中，妙藥聽從父命。大藥的前妻是國王的女兒。大藥偽稱做若干不利於王室之事，她就去向父親告發，大藥幾乎被殺。

深情女。這裏所說的深情女，是指以忠於愛情和熱烈追求愛情為特徵的女子。前者如《根本說一切有部毗奈耶藥事》卷十三所載緊那羅女悅意便是。緊那羅是一個半人半仙的部落，與世隔絕。悅意乃這個部落的公主，一日與衆女伴到人間一山溪洗澡，被獵人俘獲後獻給王子善財，遂為善財之妻。此後，夫婦相愛甚篤。善財外出征戰期間，國王欲殺悅意祭祀神靈以求福報，悅意得王后相助，得脫，回到她本來的世界。善財回，知其事，乃隻身尋找悅意，克服許多艱難險阻，終於進入緊那羅，找到悅意，又以多種技藝折服悅意的父親，最後與悅意回到人間，繼承王位。後者有多人，如《根本說一切有部毗奈耶》卷四十七中愛上師兄無綱鞔的師妹，愛上曠野手的紺容，《佛說摩鄧女經》中愛上佛弟子阿難的摩鄧女等。她們都主動、熱烈地追求她們所愛的男子，但是都被無情地拒絕了。

信女。佛經中信女的形象很多，她們大抵是通過佈施、持戒手段修行而成正果。這些形象及故事本身，大多簡單且雷同，無鮮明生動可言，此舉例從略。

智女。佛經中的智女，也有多人。例如，大藥之妻子幫助大藥和國王解決了好多難題，其中包括辨別母子二馬、二蛇雌雄、檀木根梢，找到水中所現珍珠等等，見《根本說一切有部毗奈耶雜事》卷二

十八。《賢愚經·梨耆彌七子品》中的智媳，往往能見事之先兆而採
取相應的措施，也為國王和她公公解決了許多難題，其中有幾個與大
藥之妻解決的難題相同。《根本說一切有部毗奈耶破僧事》卷二十
中，一善射者與妻子遇到強敵，在相互對射的關鍵時刻，其妻跳起優
美的舞蹈，對方忍不住觀看，被這善射者射死。佛經中此類智女故
事，往往為我國民間故事所本。

　　妒婦。佛經文學作品中的妒婦形象較多。《根本說一切有部毗奈
耶》卷四十八中，無比與紺容是國王的兩個夫人，無比妒忌紺容，挑
撥國王與紺容的關係，最後竟然下毒手放火，將紺容和五百侍女全部
燒死。《雜譬喻經》卷上云，一六牙象采花，想給夫人甲，但被夫人
乙奪去，夫人甲便以為丈夫愛夫人乙而不愛她，遂發願來世害夫而自
殺，轉世為國王夫人，使國王命人取六牙象的牙。《雜寶藏經·蓮花
夫人緣》、同經《鹿女夫人緣》中，都有國王夫人以他物換掉王妃所
生仙胎的情節。《諸經集要》卷三引《大阿育王經》云，阿育王王后
妒忌第二夫人得寵，在第二夫人臨盆時，以剛出生的小豬換下男嬰，
以此誣陷第二夫人，並把她像豬一樣關在園中，餵以菜。阿育王知其
實，大怒，遷怒旁人，殺八萬四千嬪妃。後來，他覺得這樣做罪孽深
重，乃建八萬四千塔以贖其罪。這故事，為我國廣為流傳的「狸貓換
太子」所本。尋常百姓家妻妾，相妒忌者亦多。《根本說一切有部毗
奈耶》卷十四中，一大婦妒忌一小妾，竟迫使小兒造謠，誣陷該妾與
人私通，使其夫將該妾休棄。《根本說一切有部毗雜事》卷三十中，
也有同樣的故事，丈夫對妻子說：「汝豈不聞，家有二婦，欲將冷
水，飲麨無由，於其室中，常為鬥爭，共相惱亂，無有停歇。」可見
妻妾相妒是極為普遍的現象。

蕩婦。佛經文學作品中的蕩婦形象，又多於妒婦形象。佛經文學作品中，凡是兩性關係方面的罪過及由此產生的悲劇，無不是蕩婦造成的，男子幾乎沒有任何責任。《根本說一切有部毗奈耶》卷六所載大軍小軍兄弟倆的故事云，大軍外出經商，久久不歸。其妻耐不住寂寞，百般勾引小軍私通。大軍回，知道真相，謀殺小軍，最後兄弟倆雙雙畢命。如《根本說一切有部毗奈耶破僧事》卷十六、《六度集經》卷二《波羅奈國王經》和卷四《國王本生經》中，都有女子和姦夫謀殺本夫的故事。至於女子對丈夫不忠之類的事，那就更多了。其中某些情節和形象，對我國文學作品有直接的影響。例如，《根本說一切有部毗奈耶雜事》卷二十九中，某女助姦夫竊本夫藏金案，便為明代安遇時《包龍圖判百家公案》所本。男子的墮落，也往往是蕩婦引發的。例如，《央掘魔羅經》和《增壹阿含經》中的央掘魔羅故事中，優秀的青年成為殺人狂，原因在於師母勾引不遂後的誣陷。同經中，清淨太子年已近三十，不願娶妻，不近女色，後來竟成為色情狂，是因為一個名叫「淫種」的女子引動太子的情欲。《根本說一切有部毗奈耶》卷一中，正派的商人孫陀羅難陀，也是被淫蕩的妓女引誘而沈溺其中，以至於破產落魄的。《根本說一切有部毗奈耶雜事》卷三十中，青年商人遊方也有同樣的經歷。類似的情節，我國文學作品中也時有之。

二

接下來我們要探討的問題是，佛經中描繪這些女性形象，用意何在？我們知道，勸善懲惡是古今中外文學作品最基本的功用。這一功用，佛經文學當然也是具有的，這些女性形象，也確實表現出這種功

用。不過，佛經文學的勸善懲惡，是佛教意義上的勸善懲惡，與世俗的勸善懲惡有別，而有其特殊的意義。因為，佛經文學，它畢竟是佛經中的文學，其功用首先是詮釋和宣傳佛教思想。因此，我們研究佛經中的女子形象，應該從這一角度考慮。

佛教內部有許多流派，各派的理論，有這樣那樣的不同，但是，「以世界為苦」的理論基礎、「以涅槃為最高境界」的修行目的，則是相同的。正因為世界是苦的，所以，人們才要尋求解脫，致力於永遠擺脫輾轉紅塵的輪迴痛苦。一個人做到這一點，就進入了涅槃。要做到這一點，就必須消除導致自己進入輪迴的業力。一個人的業力來自何處？來自他自己與眾生結下的恩恩怨怨。恩怨皆了，業力消失，方能進入涅槃。醜陋的人性與眾生結下惡緣，業力不消，無法進入涅槃；美好的人性與眾生結下善緣，業力也不消，同樣無法進入涅槃。這樣說來，醜陋的人性要否定，美好的人性同樣要否定？正是如此！這些女性形象，也體現出這樣的思想！

佛教認為，妒忌、淫蕩等醜陋的人性，較多地表現在女子身上。因此，妒忌、淫蕩等女子形象，充分暴露並否定了這些醜陋的人性，這一點，是非常清楚的。當然，妒忌等醜陋的人性，也與醜陋的社會現象有密切的關係，僅僅譴責醜陋的人性而不涉及醜陋的社會現象，是不全面的。但不管怎麼說，否定醜陋的人性，是與社會的進步和發展相一致的，因而這些形象具有積極意義。

佛教對愛情的觀點，頗為微妙。愛情也是美好的人性，但與其他美好的人性如慈、孝等有所不同。愛情一般是從自己出發而愛對方，為了自己而愛對方，又往往與情欲甚至色欲聯繫在一起的。因此，在佛經中，愛情常常是與情欲和色欲混為一談而被否定的，例如摩鄧女

對阿難的愛情、紺容對曠野手的愛情，都是如此。此外，在許多文學作品中，愛情常因為與倫理道德發生衝突而被否定，在佛經文學作品中也是一樣。例如，小軍與他嫂嫂的戀情就是如此。佛經中又認為，愛情也好，情欲也好，色欲也好，都是女色所引起的。《根本說一切有部毗奈耶》卷四十七中，佛說：「我不見有一事迷醉世間，可愛可樂，貪染繫縛，過女色者。當知女人是能沈溺一切男子。」修行的重要目的，就是擺脫種種世俗的「貪染繫縛」，女人最容易使人「貪染繫縛」，且往往是深度地「貪染繫縛」。這種「貪染繫縛」，就是男子對女子的愛情、情欲和色欲。正因為如此，佛經文學作品中深情女子的形象，其意義就在於使人認識到愛情的艱難與危險，進而遠離女色，遠離愛情、情欲與色欲，不受或擺脫「貪染繫縛」。當然，像摩鄧女等未婚女子大膽追求愛情的行為，放在我國古代，與女德相悖，也是會被否定的。但是，善財與悅意夫妻間的愛情，沒有任何違背社會道德之處，應該是值得歌頌的。但是，善財和悅意的故事中，卻不斷地暗示人們：女色不能耽，愛情不能耽！善財見到悅意時：「欲力所逼，心生愛著，如蛾赴火。」這預示著此後的磨難。他們結婚後，善財耽於悅意的美貌與愛情，一次次地拖延領兵出征，這暗示愛情足以誤國。悅意在經受愛情痛苦、險遭殺身之禍後，發出了「為人愛欲，迷亂至死」的感慨。如果不是她的美貌和愛情使她與善財相愛，這一切就不會發生，她與善財就不會有那麼多的磨難。在這故事中，善財和悅意是正面人物，特別是悅意，她是被同情的對象，但是，美貌和愛情造成磨難的暗示，則是非常明顯的。

　　慈和孝是人類永恆的話題。在我們熟悉的古今中外的文學作品中，慈母和孝女總是被深深讚美的形象。但是，佛經文學中的慈母形

象，卻並非如此，而幾乎都是用來突出人生的痛苦！這些故事中，母親對兒女的愛，都是在生離死別中表現出來。在與兒女的生離死別中，母親愈痛苦，母愛就表現得愈深切，也就更加突出了生離死別的痛苦，而愈見人生的痛苦！因為人生總會有生離死別！這些對兒女懷著深厚母愛的女性，正因為她們對兒女的愛，還是無法進入涅槃，仍會遭受世俗的痛苦。貧女人為救子而死，「生淨妙天」，僅僅是在修行之路上進入了一個更高的境界，而不是最高的境界。「淨妙天」仍然是有色界，離涅槃的境界尚遠。

至於鬼子母的形象，則又有更深刻的意義。鬼子母的身上，有獸性與母性。獸性是殘忍的，而母性則是美好的。其母性戰勝了獸性，母性又使它皈依佛門並出家，出家又是拋卻了母性，更趨於佛教意義上的完美，也就是更趨於涅槃。鬼子母的母性，是通常的女性都具有的，鬼子母的吃人獸性，則要比通常女子所具有的醜陋的人性邪惡得多。鬼子母的形象，向世間女子昭示著這樣的道理：去掉醜陋的人性，便是在修行的道路上邁進，邪惡如吃人的獸性，尚且能被美好的人性所戰勝，還有什麼醜陋的人性，不能被去掉呢？但是，僅僅去掉醜陋的人性，還是不夠的，要想向更高的境界邁進，就應該連人性中美好的部分也拋卻！而這種拋卻本身，又是美好的人性所決定的。鬼子母出家，不正是她對兒子的慈愛促成的麼？美好的人性本身就預示了拋卻自身而走向佛教意義上的完美的趨向。邪惡如鬼子母者，其美好的人性尚且足以使她走向修行的更高境界，普通女性為什麼不可以呢？

佛經文學作品中，絕大多數孝女形象，並不是體現對孝的肯定與讚美，而是用來體現對愛情的否定。大藥前妻對她父親的孝，險些給

丈夫招致殺身之禍。大藥以此證明「但是隱密語，不語婦人知」的人生經驗。天授為了父親，更是演出了一幕血淋淋的殺夫慘劇！

佛經文學作品中信女和智女的形象，是對佛經其他部分鄙視婦女的一種修正和彌補。從總體上看，早期佛教對男女是不平等的。按照早期佛教，女子在修行歷程中，至少落後男子一輩子，她們必須先把自己修成男身，然後才能進一步向更高的境界前進。《佛說觀三昧海經》卷八中，佛說：「若有諸男子，年皆十五六，盛壯多力勢，數滿恒河沙，持以供給女，不滿須臾意。」女子之欲，如此之重，女子耽世俗享受如此之甚，其業障深重、難以消除可知。更甚者，他們還會使男子墮落！因此，先天決定了她們難以被教化、難以取得修行的進步，甚至還會成為弘揚佛法的障礙。對女性的這種鄙視甚至污蔑，與古印度婦女社會地位低下的狀況相一致，而與佛教所謂「眾生平等」完全相悖，當然也嚴重阻礙了佛法的傳播。因此，後來佛教對此作了修正和彌補，表現之一就是描繪了那麼多信女和智女的形象。信女的形象表明，女子也完全可以和男子一樣，通過佈施等修行途徑，來獲得正果。那麼，智女與佛法之間，又有什麼關係呢？佛教的修行之法，有所謂的「六度」之說，即佈施、持戒、忍辱、精進、禪定、智慧六種方法。智女形象的意義，證明在智慧方面，女子也絲毫不遜於男子，因此也足以憑自己的智慧修行而成正果。《根本說一切有部毗奈耶》卷三十二中，蓮花色尼用空城計退敵。商人妻子在山中用火驅趕獅子救眾人後，空中說偈云：「未必諸事業，男子悉能為。雖復是女人，有智驅獅子。」這更有男女平等的思想在，對女子修行，自然有鼓舞作用，也有利於佛教的傳播。

佛經文學作品中，對慈、孝等美好的人性，與對妒忌、放蕩等醜

陋的人性，態度還是有所不同的。對慈，儘管沒有作著意的讚美，但
確實都有同情在。對孝，儘管不贊成天授等為了父親而害丈夫的行
為，但沒有作多少譴責。對善財、悅意，也都有同情在。但是，妒
忌、放蕩，則被強烈地譴責和否定。既然美好的人性、醜陋的人性都
要擺脫，為什麼還有這樣的區別呢？首先，美好的人性，是歷史悠
久、文化意蘊深厚的社會存在，為社會所普遍推崇，佛教若是大張旗
鼓地譴責美好的人性，不僅是不可行的，而且，它自身也很難存在、
更難發展。我國古代，不是常抨擊佛教「無父無君」麼？因此，佛教
主張擺脫人性的束縛，必須將美好的人性和醜陋的人性區別對待。對
醜陋的人性，可以堅決地譴責和否定，這與社會的文明趨向是相一致
的。對美好的人性，即使是宣揚應該擺脫它們，也不宜譴責它們。其
次，拋卻美好的人性而進入一個更高的修行境界，必須是在拋卻醜陋
的人性之後才能實現。也就是說，拋卻醜陋的人性，是修行的初級階
段，拋卻美好的人性，是修行的高級階段。在美好的人性尚且要拋卻
的階段，哪裡還容得醜陋的人性？常人不免有醜陋的人性。對常人而
言，重要而迫切的任務，還不是拋卻美好的人性，而是相反，要培養
美好的人性，因為只有這樣，才能拋卻醜陋的人性，在此基礎上，才
能向更高的境界邁進。

三

佛經文學作品中女性形象的意義無疑是獨特的。那麼，刻畫這些
形象的藝術，又有哪些值得注意之處呢？大致有這樣幾點。

第一，在曲折、離奇的情節中刻畫形象。《根本說一切有部毗奈
耶雜事》卷二十九中，國王的後宮佳麗沒有一個是貞婦，牧牛女妙容

倒是個貞女，因此被國王選入後宮。國王為了確保妙容不重蹈覆轍，讓她住在一無人孤島上，待需要時，由一巨鳥將她取來，事後再由巨鳥送回。這樣極端的方法，還不能確保「安全」，還是開始了她的墮落，接連發生了愛情悲劇，可見這女子之淫蕩，也說明情欲危害之大，控制之難。《根本說一切有部毗奈耶破僧事》卷十六云，四個王子各攜妻子一起出奔，途中乏食，「共立惡制，可殺一妻，取肉充食。」一王子救了他的妻子，使她免於被殺。後來，他又從水中救起了一個被刖的人。但是，王子的妻子竟然與那被救者私通，又因此而殘酷地謀殺王子！這些情節，突出了該女子因情欲而極端忘恩負義的形象。類似的故事，佛經中還有多個。《根本說一切有部毗奈耶》卷四十九中，青蓮花女由於先後所嫁兩個丈夫有意、無意的亂倫行為而出走，成了一個淫蕩的妓女。一連串的巧合，又使她無意中演出了極度亂倫的悲劇，作品以此圖解情欲與色欲的罪惡。

　　第二，在富有刺激性和衝擊力的情節中來刻畫人物形象。在生離死別中表現慈，在父親與丈夫的激烈衝突中表現孝，上文已經言之。妒忌和淫蕩，也多以血腥和充滿殺機的情節來表現。除上文已云外，此類情節尚多。《撰集百緣經》卷四《法護王子為母所煞緣》云，國王惟有一子，乃二夫人所出。一日，國王與大夫人外出遊樂，以殘酒送二夫人。二夫人因妒忌而大怒，竟然殺死親生兒子。《雜寶藏經·婆羅門婦欲害姑緣》中，兒媳婦為了更方便地與人私通，欲將婆婆燒死。《根本說一切有部毗奈耶》卷三十一云，十二個兒媳婦因為公公影響她們與人私通，屢次實施害死公公的陰謀。

　　第三，用層層疊加、筆筆塗抹的方法來刻畫形象。具體說來，就是用一個個性質相類的故事，來一次次地突出人物的形象。智媳婦、

大藥妻子的形象，就是這樣描繪的。一個個智慧故事，使智者的形象越來越鮮明、突出。後來，我國文學作品中塑造智者、傻瓜、清官、勇者等特色人物的形象，常常用此法。例如，包公的形象如此鮮明突出，正是靠那麼多斷案故事。

以上這幾點，現在看來都很簡單，甚至稚拙，在古今中外那麼多文學作品中，沒有什麼奇特之處。但是，我們必須充分注意到這樣的事實：以上所舉佛經，都是在唐代或唐代以前翻譯成漢語的，撰寫的年代當然更早。即使是在唐代，我國的小說還處在志人小說、志怪小說和傳奇階段，還沒有全面達到佛經文學這樣的藝術高度！僅以上所舉三點而言，有的是唐代傳奇中尚不多、不突出，有的則是遲至明代小說中才出現的。因此，從文學發展的歷史看，佛經文學在刻畫人物形象方面，其藝術表現手法，還是有其獨特價值的。

佛經文學作品中的女性形象，詮釋、宣傳了佛教以人生為痛苦、否定一切人性和感情等思想觀念，又具有較強的文學性，是世界文學形象畫廊中無可取代的一個部分，對我國文學，也有一定的影響。因此，這些女性形象，對研究佛教與文學的關係、佛教文學與中國文學的關係，都有很重要的意義。

論佛經文學惡魔故事代表作

佛經文學作品中的惡魔故事不少。我認為，最為精彩的有這樣四種：一是央掘魔羅故事，見之於《央掘魔羅經》、《增壹阿含經》卷三十一、《六度集經》卷四《普明王經》、《賢愚經》卷十一等。「央掘魔羅」也作「央掘」、「央掘魔」、「央仇魔羅」、「鴦仇摩

維」等，《六度集經》則作「阿群」。二是獅子王故事，見之於《佛說師子素馱娑王斷肉經》、《賢愚經》卷十一、《六度集經》卷四《普明王經》等。三是鬼子母（歡喜夜叉）故事，見之於《佛說鬼子母經》、《根本說一切有部毗奈耶雜事》卷三十一、《雜寶藏經·鬼子母失子緣》等。四是暴惡夜叉故事，見《根本說一切有部毗奈耶》卷四十七。以上故事凡兩見或數見者，情節有所不同，但基本情節和關目則大致相同。這幾個故事的相同之處是：主角都是殺人狂或吃人狂，給百姓造成了極大的災難。佛或菩薩親自出馬，對這些惡魔說法，使他們棄惡從善，皈依佛教。

佛經文學作品最為基本和最為重要的使命，是詮釋和宣揚佛教思想，這幾個故事也是如此。首先，它們詮釋和宣揚了「業力」說。佛教認為，人的禍福等等，都是無始以來（亦即過去無數輩子）的業力所造成的。眾生的一切作為，無不是業力所致，同時也造成了新的業力。這些故事，都由主篇和副篇組成。主篇副篇，都可以獨立成篇，各自單行，但放在一起，又是一種因果關係。一般說來，主篇為果，副篇為因。當然，這是一種人為編造的因果關係。有的故事中，主篇放於前，副篇放於後。例如，《央掘魔羅經》和《增壹阿含經》的央掘魔羅故事中，年輕的主角拒絕師母的勾引而反被冤枉，被老師故意引上殺人狂的惡魔之路，後經世尊教化，皈依佛門。這是主篇，是一個完整的故事。但是它還有一個副篇，那就是清淨太子的故事。清淨太子年已近三十，不願娶妻，不近女色。其父著急，以千金及重寶懸賞能引動太子情欲者。一個名叫「淫種」的女子引動太子的情欲成功。國王大喜，賜太子一願。太子竟然以國中女子初夜為請，國王以有言在先，只得同意。太子於是一發而不可收。國人不堪，遂擒太

子，然後衆人一起動手，以瓦石擊殺之。太子臨死前發願，來世當報此仇。這也是一個完整的故事。這兩個故事放在一起，來體現因果關係：央掘魔羅是清淨太子轉世，被他所殺的是上一輩子殺清淨太子的人，他的老師就是國王轉世，而他的師母就是那個奉國王命激發清淨太子情欲的女子轉世。上一輩子的恩怨到這一輩子爆發出來。於是，因果輪迴、業力之說，就得到形象的詮釋，進而得到有效的傳播。

有的故事，則是副篇在前，主篇在後。例如，暴惡夜叉的故事就是如此。一大曠野有群賊爲害，一大將軍奉命剿滅群賊，此後長期駐紮其地。當地百姓爲了報答其恩，每有婚禮，必先宴請他，漸漸成爲定制。有一貧家舉行婚禮，無力設宴，竟然以新娘的初夜獻。孰料從此獻初夜亦成爲定制。後來百姓大恥，群起擒此大將軍而殺之。大將軍臨死前發願，來世報仇。此爲副篇。暴惡夜叉殘害百姓，日食一人等的故事爲主篇。暴惡夜叉，正是大將軍轉世。其所害正是當時動手殺大將軍的人轉世者。其間因果關係如此。大致說來，副篇在前，相當於引子；主篇在後，相當於謎底。

有的故事中，則不止一個主篇和副篇。《雜寶藏經》卷十一《無惱指鬘品》中央掘魔羅故事和獅子王故事並列爲主篇，都是果，而好色太子故事爲副篇，是因。好色太子與殺他的人之間的冤仇，一世殺戮還不能了結，演出了兩世的慘劇，才在佛的化解下了結。至於運送穀米的執事比丘的故事，也是副篇，是因，釋央掘魔羅「身力雄壯，力士之力，健捷輕疾，走及飛鳥，復得值佛，越度生死」的原因。《普明王經》中，阿群身爲國王而食孩童肉爲主篇，轉世而爲好色太子，也是主篇，爲往世之果而種來世之因。再轉世爲殺人魔王，也是主篇。追敘若干世前阿群施捨之事，爲副篇，以明阿群具有多種福力

的原因。《根本說一切有部毗奈耶雜事》卷三十一所載歡喜夜叉（鬼子母）故事中，歡喜夜叉食孩童是主篇，牧牛人妻子故事為副篇。已經有身孕的牧牛人妻子，應眾人相邀參加舞蹈，因勞累而墮胎，遂發願來世食人孩童以報復。歡喜夜叉，正是這牧牛人妻子轉世。

　　一個故事中有主篇、副篇的結構，佛經文學作品中十分常見，這與這些作品詮釋和宣揚佛教的因果、業力之說是相一致的。這一點，惡魔故事中表現得比較突出，比較典型。

　　其次，佛法無邊，佛門廣大，無業不可消，無惡不可制，能使罪大惡極者「放下屠刀，立地成佛」，也是這些惡魔故事所詮釋和宣揚的重要內容。許多方面都很優秀的青年世間現（或作「無惱」、「阿群」等），成了殺人狂，得了個「央掘魔羅」的名稱。「央掘魔羅」是「手指編成的花環」的意思。他的老師對他說，他世間現只有殺死千人（或作一百人），取所殺之人的手指編作花環戴在頭上，才能消除他自身的罪孽，恢復婆羅門的高尚，死後才能昇天。於是，他便瘋狂殺人。暴惡夜叉迫使當地百姓日送一人，供他食用。獅子王每天必食經過廚師烹調的孩童肉。鬼子母更是以好食孩童著稱。央掘魔羅、暴惡夜叉、鬼子母之成為惡魔，是他們過去某世的業力所致，獅子王之成惡魔，乃過去多劫中食肉的業力和惡神的願力所致，僅其業力，就比其餘三者沈重得多，但還是為佛法所化。這些惡魔，殘暴殘忍，無以復加，但是，在佛法的感召下，最後都能皈依佛門，成為善士。央掘魔羅還成了羅漢！甚至獅子王，也竟然率領全國的百姓再也不食用葷腥。這些惡魔尚且能被教化，還有什麼惡人不能被教化的呢？佛不僅能化這些惡魔，而且能消除這些惡業和惡願的力量，使這些悲劇不再重演。這些惡業和惡願能消除，還有什麼惡業和惡願不能被消除的

呢？提倡無限的寬容，鼓勵惡人改惡從善，這正是佛法的本旨。

除了佛教思想外，暴惡夜叉故事，還具有社會政治意義。無論是對大將軍而言，還是對當地百姓而言，這絕對是一個悲劇。這一悲劇的意義，無疑是極為深遠的，且不受區域和時代的限制。悲劇的根源何在？當然在於社會。具體說來，大將軍、百姓、國王，都有責任。國王派該大將軍剿匪，完全正確。國王之錯，在於未能防範和及時制止該大將軍的胡作非為。作為國王，不必對國內幾個小民百姓的胡作非為負什麼責任，但是，鎮守一方的封疆大吏長期胡作非為，國王就不得辭其咎了。大將軍與百姓之錯，是不是只是錯在沒有把握好程度：不該由宴席授受，發展為初夜授受？不是的！該大將軍與百姓關係起質的異化，是在初夜授受發生以後，但是，這種異化確實在宴席授受之際就開始了！防微杜漸是多麼的重要！領導者享受被領導者自願貢獻的特權，尚且導致如此激烈的矛盾和如此殘酷的悲劇，領導者之自設種種特權、自謀種種特權者，能不悚然乎？此就領導者而言。就被領導者而言，確實有些人會主動貢獻給領導者種種利益，這正是特權產生並且賴以存在的一個重要原因。這些被領導者當了領導，也會心安理得地享受特權。該大將軍消滅匪幫，只是完成了他的責任，而不是施恩於百姓。雙方明白了這一點，大將軍不以施恩者自居，百姓不以受恩為感，又哪裡來這樣的悲劇！領導者與被領導者，都應該以此為鑒。

就文學藝術表現方面而言，這幾篇作品也有不凡之處。在情節安排方面，除了上文已經論述的主篇、副篇結合的形式外，曲折是一大特點。而情節本身的最大特點，則是動人心魄。我國唐代李白、杜甫的詩歌，好用大字眼，說遠總是「千里」「萬里」，說高總是「千

丈」「萬丈」，說久遠總是「千古」「萬古」。後來江西詩派詩人如黃庭堅等，也好用此法。但是，他們所用大字眼，比起佛經中的大字眼來，就差得太遠了。佛經中，說久遠就是「無量劫」，說多就是「恒河泥沙」，說重就是「須彌山」。這種風尚反映到文學情節方面，就是多動人心魄的情節，多富有刺激性和衝擊力的情節，多尖銳激烈的矛盾。這幾個惡魔故事的情節也是如此。可以說，曲折與動人心魄，是這些故事在情節方面的最大特色。例如，世間現是一個很好的學生，受冤枉，被老師教唆成為殺人狂，取人手指編成花環狀戴在頭上，這已經是曲折而駭人聽聞，而他竟然連前來送飯的母親也要殺，刺激性和衝擊力就更強了。這位喪盡天良的魔王後來竟然成了羅漢，其間反差是如此的大，益見曲折。他成了羅漢後，外出行乞，被受害者家屬認出，遭到污辱毆打，但這位昔日的殺人魔王，竟然能心平氣和地對待。這如同戲劇之尾聲，又現一曲折而止，餘味無窮。又如《佛說師子素駄娑王斷肉經》所載等獅子王故事中，人父獅母所生的國王，喜歡食肉。一日，廚房失肉，廚師情急之下，撿得一孩童屍首，處理烹調以進。這事已經足以駭人聽聞，廚師很怕國王知道真相，但是，國王在確知這是孩童肉後，竟然責其日日以此為供！事發，國王不僅不思悔改，也不遮遮掩掩地抵賴，而是變秘密食人為公開食人，日食一人！「親戚臣民次第食，如羊欄內被牽將！」臣民憤怒，攻擊國王。國王禱於邪神，許以百王（一作「千王」）之頭為祭，身上遂長出翅膀，於是為害更甚，擒眾國王，已得九十九王（一作「九百九十九王」）。一旦事成，百王（千王）喪生，而此惡魔得邪神更大幫助，人們更難制服他。惡魔所擒第一百個（一作第一千個）國王，正是佛的前身菩薩王。菩薩王為之說法，惡魔終成善士。所有這些，無不

盡變化曲折、動人心魄之能事。

這些故事中，不少情節富有戲劇性。《賢愚經》所載駁足王（獅子王）故事中，國王第一次食孩童肉美，遂問廚師何肉。廚師不敢對，在獲得對方不加罪的承諾後，方言其實。國王不僅沒有懲罰他，還責其日日供此！這大出廚師意料之外。此上文已言之。《增壹阿含經》卷三十一等所載清淨太子故事中，清淨太子享受著國中未婚女子的初夜權。長者女須蠻將嫁，以裸行引起轟動，招來非議。這正是須蠻所期待的。她說，在同性面前裸體，不足為恥，因為該國中無男子，「惟有清淨太子是男子！」國中男子被須蠻所激，遂擒殺太子。暴惡夜叉故事中，一將嫁女子也以同樣的方法，激勵男子們殺掉享有未婚女子初夜權的大將軍。央掘魔羅故事中當央掘魔羅將要殺母時，暴惡夜叉故事中當暴惡夜叉將要吃孩童曠野手時，世尊都及時趕到。世尊對這些惡魔說法，其間對話，很像戲劇臺詞，用韻語對話者，更像歌劇表演。這幾篇作品中，最富有戲劇性的是鬼子母故事。鬼子母有五百子（或作一千人、一萬人），然好食人子。世尊便將其幼子取來，覆於鉢下，讓她體驗失去兒女的痛苦。鬼子母失去幼子，痛苦異常，多方覓取，知在世尊處，便前往索取。世尊以此機緣，向她說法，使她開悟並皈依佛門，當然讓她與幼子團聚。我國古代戲曲作品中，道教題材的很多，如以八仙故事為題材的，就有不少。佛教題材的也不少，宋代戲曲作品中，有《鬼子母揭鉢記》一種，此劇即根據佛經鬼子母故事改編。

這幾個故事，都是在南北朝或此前傳入我國的。其時我國小說，還處於《世說新語》一類的志人小說和《搜神記》一類的志怪小說階段。就體制而言，這幾個故事，都是相當於我國唐代的傳奇一類，較

之我國南北朝小說，大大地高出了一個層次。《佛說師子素馱婆王斷肉經》是唐代所譯，該國王故事，從頭至尾，都是七言韻語，完全是一首完整的七言敘事長詩。唐代詩歌，儘管繁榮，但是敘事詩尚不發達。此詩情節豐富完整，曲折生動，在唐代詩苑中，無疑是一朵奇葩。

　　這幾個故事，畢竟是佛教文學作品，詮釋和宣揚佛教思想，是其主要使命。撇開它們所詮釋和宣揚的佛教思想中的消極成分不談，僅就文學的角度而言，這些作品明顯有圖解的意味，過於誇張和簡單化。那些殘暴而又殘忍的惡魔，經一場說法，就一心向善，哪有如此容易的事！就筆法而言，較少講究，也是一病。當然，這些短處，並不影響它們總體的思想價值和文學價值。

論《猛光王傳奇》

　　提起佛經文學作品，人們就會想到那些篇幅短小而意味深長的寓言故事。可是，也許很少有人知道，佛經文學作品中，也有長達幾萬字的中篇小說。這些中篇小說，都有比較高的價值。本文擬對其中的一篇《猛光王傳奇》作些探討，旨在引起人們對此類作品的注意，並推動學術界對《大藏經》這一文學寶庫的深層次發掘。

　　猛光王是古印度溫逝尼國的國王，原名燈光王，因為殘暴好殺，故被稱為「猛暴燈光王」，簡稱「猛光王」。他的故事，見之於唐代三藏法師義淨所譯《根本說一切有部毗奈耶雜事》卷二十至卷二十四。當然，《猛光王傳奇》，是筆者給這五卷故事所取的總稱。

一、主題：佛教中三種思想觀念

闡述、宣揚佛教思想，是佛經文學作品的主要任務，《猛光王傳奇》也不例外。佛教思想，何等博大精深，但就某一篇文學作品來說，它所闡述、宣揚的佛教思想，則並不複雜。《猛光王傳奇》洋洋數萬言，其主要思想有三：一是淋漓盡致地展現愛情、情欲、色欲之害，女子之危險；二是展現怨怨相報為禍之烈；三是抨擊四種姓制度及其理論。

《猛光王傳奇》中，凡是產生愛情、情欲、色欲並付諸行動的男子，都因此而遭到不同程度的傷害。例如，猛光王聽說妓女善賢「容色端嚴，世所殊絕，如天彩女，在帝釋宮，亦如日光，映諸星宿」，便「倍悅常心，迷惑失所，情希就見」，即於其夜，微服至善賢處，結果險些被善賢殺死，僥倖逃得性命。他又屢出獵豔，所歷驚險者不一，甚至被俘虜至敵國。大臣增養，因為貪圖女色，被猛光王和其他大臣派人使幻術捉弄，懷抱骷髏臥糞堆中，顏面喪盡，羞憤之下，竟然一度出家為僧。最可憐的是憍閃毗國國王出光王，他深愛他的妻子天授，對她絕對信任，百依百順，使她向他的復仇順利得手。

那麼，女子又怎麼樣呢？《猛光王傳奇》中，幾乎所有女子，對男子說來，都具有不同程度的危險性。其危險性有兩種，一是她們有意識地傷害男子，二是她們被人利用，被作為傷害人的工具。在有些情況下，此二者兼而有之。她們的危險性，主要來自於她們的愛情、美色、情欲和色欲。這篇傳奇中的女子，大多美貌，而且幾乎都盛於情欲和色欲，因而其危險性也就體現得非常明顯。猛光王大夫人安樂夫人和王妃星光妃，都是正面人物。安樂夫人端莊美麗，寬容大度，

能容忍猛光王到處獵豔，但是，這樣一個女子，還是免不了和星光妃爭風吃醋。一次，她誤認為猛光王偏心於星光妃，一氣之下，竟然將盛奶酪的碗向著猛光王的頭直打過去，將他打得頭破血流。星光妃仗著猛光王的寵愛，在養父增養大臣的唆使下，當眾肆意侮辱猛光王。她超凡的美貌，使到溫逝尼國獵豔的相鄰敵國憍閃毗國國王出光王看上了她，雙方都動了情欲和色欲，於是，猛光王和增養利用她為誘餌誘捕出光王，出光王只得自辱其身，裝扮成被人驅使的女奴隸，方僥倖逃脫。婆羅門大臣之妻子與增養之妻子賭賽誰更受丈夫的寵愛，前者被後者利用，使婆羅門大臣在朝廷出醜。至於這篇傳奇中的妓女，則都是以色相、色欲害人的女子。

通觀整篇傳奇，男子以其愛情、情欲、色欲受到傷害，女子則因其愛情、情欲、色欲和美色使人受到傷害。

否定愛情、情欲和色欲是佛教的基本觀點之一。這篇傳奇否定愛情、情欲和色欲，非常明確，也不難理解。但是，男子的愛情、情欲和色欲，與女子的愛情、情欲和色欲，為什麼還要加以區別，體現出女子的愛情、情欲和色欲，較之男子為害尤甚呢？更何況，這與現實世情也絕不相符合！這一點，其實反映了佛教對女子的歧視和偏見。古代印度對婦女極為歧視。當時，婦女地位低下，婦女的智慧、技能等能力未得到大幅度的開發和利用，因此，婦女的自然功能就顯得更為突出，成為婦女價值的絕大部分，甚至全部。因此，女子總是和愛情、情欲、色欲聯繫在一起。也正因為如此，佛教既然否定愛情、情欲和色欲，當然就要歧視女子了。早期佛教（特別是早期小乘佛教）尤其如此。在小乘佛教中，最高的修行果位是羅漢，什麼四大羅漢、十六羅漢、五百羅漢，其中沒有一個是女性。佛門廣大，婦女也當然可以

修行，但是，在修行的歷程中，女子至少比男子慢了一輩子。一個女子想修成羅漢，完全可以，但是，在成為羅漢之前，她必須先把自己修成男子。這似乎與「眾生平等」的觀念相違背，因此，大乘佛教和後期的小乘佛教都對早期佛教和早期小乘佛教中歧視婦女的觀念作了不少修正，但是，在視女子之愛情、情欲、色欲和美色為罪惡、為不幸之源這一點上，大乘佛教與早期、後期小乘佛教都沒有多少區別。《根本說一切有部毗奈耶破僧事》是後期小乘經典，對女子之愛情、情欲、色欲和美色，所持觀點，仍是如此。

這部作品中的怨怨相報為禍之烈，是通過猛光王和出光王相爭的故事體現的。猛光王和大臣增養設計將相鄰敵國憍閃毗國國王出光王捕獲後，因為出光王為馴象專家，猛光王未將他處死，而是把他囚禁起來，讓他教天授公主《馴象經》。不料，天授和出光王墜入愛河。在親信大臣的安排下，出光王帶著天授，逃回本國。為報被囚禁之辱，出光王派一支特工隊，裝扮成商團，潛入溫逝尼國，以女色誘捕猛光王成功，將他帶回憍閃毗國。猛光王被身加鐐銬，當織布匠織布。天授為報辱父之仇，設計將出光王從城頭推下，餵了狼犬。大臣們為報殺君之仇，將天授用烈火活活烤死。

佛家認為，一個人的一切言行心理，都會導致相應的果報，不報不休。一個人受到別人傷害，就是他以前（包括以前若干輩子）所作之報。如果此人因為受到傷害而報復對方，又造成了新的業力，終於還要受其果報。如果報復不斷升級，業力也不斷升級，所受果報，也會不斷地加重。被推下城頭餵狼犬，被烈火活活烤死，這些果報確實是夠慘重的了，讀者能不怵目驚心！

增養故事的思想意義更為深刻，且富有進步性。增養以一個普通

的農民入宮，為國王的親信大臣。這樣的事，在當時是絕對不可能發生的。古代印度有所謂的「四種姓」制度。婆羅門種姓掌握神權，為世俗世界的精神統治者；剎帝利種姓掌握國家軍政大權，擔任各級軍政官員，是世俗世界的軍政統治者；吠舍種姓，為各種自由勞動者，包括農牧漁民、獵人、手工業者和商人等；首陀羅種姓，為奴隸、僕役等。一個家族的種姓世世代代不變，低種姓者不允許從事規定由高種姓者所從事的工作。統治者世世代代是統治者，被統治者世世代代是被統治者。婆羅門教還認為，前三種種姓的人，有輪迴的機會，死後還會來到這個世界，但第四種姓的人死後，就不會來到世界了，因此，他們被稱為「一生族」。佛教講「衆生平等」，認為人們都因為各自業力的不同在輪迴中升降沈浮，認為個體修行能改變生活環境，直至擺脫人生痛苦，因此，與四種姓的制度和理論大相徑庭。普通農民增養，當然屬於吠舍種姓。他入宮後，降伏那些鄙視他的世族大臣及其家屬，鞏固了自己的地位，出將入相，屢建功勳。這些情節，體現了佛教對四種姓制度和理論的抨擊，體現了對不合理社會現實的批判。其深刻性與進步性是不言而喻的。

二、情節類型：喜劇情節與驚險情節

以闡述、宣揚某種思想觀念為主要任務的文學作品，往往讀來索然無味。《猛光王傳奇》儘管以闡述和宣揚佛教思想為任務，但是，令人讀來興味盎然。其中奧妙何在？一個重要的原因是多喜劇情節和驚險情節。更有趣的是，這兩種情節還常常奇妙地結合在一起。

這篇傳奇中的喜劇故事，最為出色者有二。一是增養初入王宮。增養本是一名農夫，巧遇因戰敗而逃的猛光王。猛光王隱瞞身份，與

增養結為好友。臨別，猛光王邀請增養訪問其家。增養按照猛光王所示到京城訪之，被猛光王留下當大臣。在猛光王的支持下，增養以低微的身份，農民的粗魯、無知和狡黠，再加上輕微的無賴性，在與世族大臣及其家屬的衝突中處處獲勝。這些衝突，並非劍拔弩張、唇槍舌劍，而是充滿了喜劇色彩。二是猛光王、增養和婆羅門大臣相互戲弄。增養帶兵討伐渴沙國獲勝，帶回一個女子。猛光王貶損此女。為報復猛光王，增養將此女收為養女，百般調教，猛光王竟然愛上此女並娶以為妃子，是為星光妃。在增養的一手策劃下，星光妃竟然使猛光王在七層高樓上當眾讓自己騎了作馬鳴之聲！婆羅門大臣批評猛光王為了取悅於一個女子而如此大失體統，猛光王乃命增養設法，使婆羅門大臣中妻子之計，為了妻子而剃了個光頭，在上朝時大出其醜。婆羅門大臣與猛光王聯手，用幻術幻出美貌妓女，使增養上當。猛光王、婆羅門大臣之所以輕易上當，是他們對妻子的愛情。增養上當，是他自己的情欲和色欲所至。愛情也是與情欲、色欲聯繫在一起的。由此可見愛情、情欲和色欲之害。

　　這篇傳奇中，驚險情節遠比喜劇情節的篇幅多，且往往摻雜喜劇情節，因此，比起純粹的驚險情節或者喜劇情節來，平添了許多魅力和趣味。例如，侍縛迦脫險就是如此。猛光王患失眠病，此病當以酥等藥物治療，而他極為厭惡酥，竟至在他面前提起酥者即當斬首，故衆醫束手。猛光王以入侵相威脅，招鄰國王子、有醫王之稱的名醫侍縛迦前來醫治。侍縛迦預設治病、逃脫之計策，在哄得猛光王服下含有酥的藥丸後，騎猛光王事先特許他乘騎的寶象賢善母象逃往本國。藥性發足，猛光王知道所服藥中有酥，即令勇士飛鳥使者騎速度更快的葦山大象追趕，務必將侍縛迦捉回斬首。葦山大象速度超凡，飛鳥

使者終於趕上了侍縛迦。侍縛迦騙得飛鳥吃下沾了瀉藥的水果，大瀉不止，侍縛迦得以逃脫。飛鳥使者沒有完成任務，自料肯定會被殘暴的猛光王重罰，甚至有被處死的可能，回宮戰戰兢兢地向猛光王復命，但猛光王此時知道侍縛迦治癒了自己的病，很感激侍縛迦，怕飛鳥使者傷害了侍縛迦，因此得知侍縛迦逃脫，並不責怪飛鳥使者，還說如果飛鳥使者傷害了侍縛迦，就得受重罰！又如被俘虜後監禁在溫逝尼國的出光王在親信大臣瑜健那的安排下，帶了天授公主乘賢善寶象逃往本國，猛光王命增養騎葦山大象追趕，又演出了一幕「一等寶象追趕二等寶象」的驚險劇。瑜健那利用大象好聞同類糞便的習性，設法在出光王逃奔時經過後的路上間隔放上大象糞便，使葦山大象不時停下聞糞便而緩其行。如此，出光王得以逃回本國。這與侍縛迦對付飛鳥使者相比，所用方法完全不同，各各切合他們的具體情況，而都有喜劇色彩在。

喜劇故事與驚險故事，至今仍為人們所廣泛地喜愛。在喜劇故事中，「鄉巴佬進城」、「鄉巴佬做官」、「大人物怕老婆」、「以惡作劇捉弄大人物」等，都是常見的模式。同樣，「深入敵後」、「虎口脫險」、「逃脫追捕」等等，也是驚險故事常見的模式。以快速運載工具相追逐的情節模式，如「汽車追汽車」，已經是電影中老得導演們不願意再用的情節了，科幻片中，古怪的航空器相追逐也已經成了俗套。人們哪裡會想到，這些喜劇情節模式和驚險情節模式，在佛經中已經早就存在了！

三、結構：發展了的故事累積型

長篇文學作品中，有一種看起來比較幼稚的結構類型：故事累積

型。我國古代的公案小說，什麼《包公案》、《施公案》、《彭公案》等等，都是這種結構的典型之作。外國小說如《福爾摩斯探案集》也是這種結構。當代一些電視連續劇和系列電影，也採用這種結構。採用這種結構的作品，由許多情節上缺乏聯繫的故事累積而成，這些故事，只是以一個或幾個人物為主線串聯在一起。這種結構的作品，在結構上最大的不足就是「散」，雖名長篇，實同短制。

《猛光王傳奇》的時間跨度，至少也有二十年之久，其中包括了許多故事。這些故事，當然都與猛光王有關，但是，有兩點是非常明確的：第一，有些故事與其他故事之間，缺乏情節上的聯繫，後面的故事並不都是由前面故事發展而來的，前面的故事也並不都是為後面的故事作準備。也就是說，許多故事是「多發性」的，而不是「原發性」的。第二，這些故事中，猛光王當然是重要人物，但不一定是主角。這就使得故事的「多發性」和「獨立性」更為突出。例如，「醫失眠症」故事，與此下一個故事「猛光王娶妙髮女為王后」，兩個故事之間，沒有情節上的聯繫，主角也完全不同，前一個故事的主角是侍縛迦，後一個則是妙髮女。再下一個故事是「猛光王與商人婦通姦」，更是起得突兀。再下一個故事是「猛光王兵敗巧遇增養」，根本就與前面的故事一點關係都沒有。「猛光王微服赴青樓」故事，簡直與前面的和後面的故事都沒有關係，只是又一次表現了猛光王的好色和荒唐而已。從這一角度而言，《猛光王傳奇》基本上也是屬於「故事累積型」的。

但是，讀完整篇作品就可以發現，《猛光王傳奇》並不像其他「故事累積型」作品那樣散。其奧妙就在於用了「後挽法」。後面故事並不是由前面故事情節發展而成，前面的故事也不是後面故事的伏

筆，故事之間是相互獨立的，但是，在後面的故事中，追挽前面故事中的情節或人物，這就使故事之間總算多了點聯繫，不至於那麼散了。例如，在「牛護太子之妃與情夫私通」故事中，妃之母親以「猛光王乃其母同一蠍精所生」勸其女兒與人私通，這就挽前面的「醫失眠症」故事，因為正是身為蠍子精後代，猛光王才患失眠而厭惡酥。「猛光王與商人婦私通」故事，儘管突兀，與前面的故事沒有什麼情節上的聯繫，但是，故事的結尾，安樂夫人（妙髮女）願意接受猛光王與商人婦所生兒子牛護為兒子。這就挽此前「猛光王娶妙髮女為夫人」故事。「猛光王微服訪青樓」故事中，提到安樂夫人見猛光王渾身上下都浸透了糞便，傷心落淚，並幫助他洗沐，如此就挽了妙髮女故事。「出光王被擒脫險」，在諸故事中最為精彩，增養、星光妃都有不凡的表現，安樂夫人也出場，這樣，就挽了此前分別以諸人為主角的諸故事。這與《水滸傳》前半部分的結構，倒有幾分相似。《水滸傳》前半部分中，以一個個或者一群群英雄為單位敘述故事，每個或每群英雄的故事，都有相對的獨立性，但是也不時在後面的故事中追挽前面故事中的情節或人物，至梁山而一一挽住。所不同的是，《水滸傳》常以前面的故事引出後面的故事，《猛光王傳奇》中，則由猛光王把所有的故事串聯起來。這些故事，好像同一條主藤上長出的一條條小藤，猛光王就是這條主藤。這些小藤，當然是分別長出來的，或再長一些小藤、或剪去一些小藤，都沒有關係，不過，它們有些枝葉相交在一起，顯得並不是全不相干。

　　《猛光王傳奇》的這種結構，是發展了的「故事累積型」，與單純的「故事累積型」作品相比，整部作品增加了些整體感。

　　綜上所述，在思想性、情節類型、結構等方面，《猛光王傳奇》

都有較高的價值。有一點必須注意,它被翻譯成漢文,是在初唐時期,與當時我國小說所達到的水平相比,它的水平,就顯得更為突出了。因此,我們確實不能忽視它的存在與價值。

論佛經文學作品《智者大藥》

　　智者大藥的故事,見之於初唐時期義淨所翻譯的佛經《根本說一切有部毗奈耶雜事》卷二十七、二十八,整整兩卷,共有一萬七千餘字,按照現代對小說的劃分標準,完全算得上一篇中篇小說了。為了便於論述,我把這兩卷經文,也就是這篇小說,取名為《智者大藥》。大藥是這篇小說的主人公,他出身於普通人家,後來成為古印度鞞提醯國國王多足食的親信大臣。從幼年起,他就有非凡的才智,後來,他憑著自己的才智,出將入相,輔佐國王,很有建樹。下面就三個方面,對這篇小說進行探討。

一、人物形象:大藥和毗舍佉

　　這篇小說中大藥這一形象,有否定四種姓制度及其理論的意義。古代印度有所謂的「四種姓」制度。從這篇小說來看,大藥很可能是第三種姓即吠舍種姓,決不可能是剎帝利種姓。按照四種姓制度,他決無可能入宮當大臣,更不可能主持國政,所以,六大臣罵他「貧賤下俚,數呈薄伎,遂得當途。」在這篇小說中,大藥富有才智,輔佐國王,這是天神的意旨,帶有極大的權威性,此其一;大藥才智非凡,有處理複雜軍政大事的能力,此其二;大藥出將入相,內政外交,卓有建樹,此其三;國王多足食才智遠出大藥之下,他屢次出難

題，都沒有將大藥難倒，六大臣和半遮羅國君臣，都是大藥的手下敗將，而他們都無疑是剎帝利種姓！此其四。這四點，是對四種姓制度和理論公然徹底的否定，因而具有重要的進步意義。

　　古印度歧視婦女極甚。當時，婦女地位低下，婦女的智慧、技能等能力未得到大幅度的開發和利用，因此，婦女的自然功能就顯得更為突出，成為婦女價值的絕大部分，甚至全部。因此，女子總是和愛情、情欲、色欲聯繫在一起。也正因為如此，佛教既然否定愛情、情欲和色欲，當然就要歧視女子了。小乘佛教經典中，對婦女的偏見甚多。這與佛教所主張的「眾生平等」觀念相違。因此，大乘佛教對此作了較大的修正。大乘經典中，女菩薩、聖女、修行女、智慧女大有人在。「說一切有部」是小乘佛教中發展出來的二十個支派中最興旺的一支，是佛滅後三百年初從上座部佛教中別立而出的。《根本說一切有部毗奈耶雜事》是這一支派的經典之一。這一部經典中，對婦女的偏見也不少，例如，卷二十至卷二十四《猛光王傳奇》中，體現了這樣的思想觀念：男子以其愛情、情欲、色欲受到傷害，女子則因其愛情、情欲、色欲和美色使人受到傷害。同樣是愛情、情欲與色欲，女子的愛情、情欲和色欲，較之男子的為害尤甚。當然，這不僅道理上說不通，而且與現實也絕不相符。

　　這篇小說中的大藥妻子毗舍佉的形象就另當別論了。毗舍佉才智之出眾，尤在大藥之上，且品格堅貞，忠於愛情，與此經中其他許多女子盛於情欲、色欲者殊異。很明顯，作者對這一形象頌揚有加，而貶意全無。從這一形象，人們可以看到，女子並不僅僅是生兒育女的工具，並不只是愛情、情欲和色欲的載體。作者通過這一形象肯定了女子的許多美好的品質，肯定了女子的才智和潛在能力，當然也就很

大程度地肯定了女子作為人的社會價值。這在當時社會中,進步意義
是非常明顯的。

　　與大乘佛教相比,小乘比較保守,少變通。但是,毗舍佉的形象
表明,小乘佛教也會對以前的觀點作較大的修正。能修正,才能發
展。與小乘相比較,大乘的最大特點之一就是善於根據社會和時地的
變化對教義作出修正,因而它遠比小乘興旺發達。「說一切有部」也
許是最能修正以前觀點的小乘支派,不然,它怎麼會成為小乘二十支
派中最為興旺的一支?

二、結構:看似鬆散,實則嚴整

　　這篇小說,可以分為四大部分。第一部分是引子,敍述古印度韓
提醯國王位傳承的曲折故事。善生國王有太子名足食,勇健忠良,多
才多藝,容貌非凡,舉世無雙。其母恃有此子,對國王「頗生怠
慢」,國王不滿,遂娶鄰國公主為妻,生子求王。在鄰國的壓力下,
善生國王廢黜足食太子,另立求王為太子。足食為了避禍,逃至半遮
羅國,為其國王招為女婿,生子多足食。足食死,其妻改嫁。多足食
誤食其繼父將食、食之將成國王的雞頭,繼父欲殺之。多足食逃回韓
提醯國,適國王求王死,無子,衆乃立多足食為王。時國中六大臣權
重,多足食以自己勢力孤單,眼看六大臣攫取封地、權力而毫無辦
法,為此憂慮。天神乃告云,滿財城圓滿之子大藥將出世,大藥長大
後,將助其治理國家,「臨機制斷,無遠不伏」。由此引出大藥故
事。

　　就這篇小說的篇幅而言,這引子實在是太長了,其本身就是一個
情節跌宕起伏的故事。那麼,這引子是否游離於這篇小說之外呢?不

是的。引子中曲折的故事，意在明確：足食與多足食父子兩代孤懸國外，與國內音訊隔絕，在國內毫無根基和影響，更兼多足食少年登位，經驗全無，其困難可知。六大臣皆為世臣老臣，在朝廷經營多年，根基深厚，且久歷官場，經驗豐富，再加貪得無厭，侵奪國王利益，益為危險。君臣之勢，強弱之懸殊如此。正因為如此，這就更顯得下文大藥輔佐國王意義之重大，其功勳之卓著，又為下文大藥與六大臣之鬥爭埋下了伏筆。

第二部分，乃敍述大藥之早慧，斷案折獄如神，並解決了國王所出許多難題，使國王充分相信其才智。第三部分寫大藥入宮為大臣，幫助國王奪回六臣所竊取之權力、封地，「除虐政，制輕科」，四境之內大治。他施展才智，驅遣那國王所賜而對自己不利的妻子，自覓富有才智之女為妻，並取得了國王的信任。隨著他為國王辦成一件件很難辦到之事，國王對他的信任和欽佩也一步步地加深。第三部分是尾聲。六大臣不甘心於他們的失敗，合謀對付大藥。大藥設計，盡得其罪證，上報國王，國王乃將六大臣擯斥，驅逐至蠻荒邊遠之地。

中間兩個部分，是這篇小說的主體，包括了許多智慧故事，其中不少是微型故事。這兩部分中有不少較大的情節構件是由這些故事累積起來的。這些故事之間，情節上沒有什麼聯繫，各自獨立。只要故事中的智者是與該構件中其他故事中的智者相同，或者為大藥，或者為大藥之妻，再加若干個這樣的故事也完全可以，反之，如果將某構件中的系列智慧故事刪去兩三個，也完全不影響這構件的功能和情節的發展。這些由系列故事組成的構件內部，正是「故事累積型」的典型結構，從理論上說，加入多少故事，拖多長，都是可以的。舊小說中的公案小說，新小說中的系列偵探小說，某些電視連續劇（特別是所

謂「肥皂劇」）和系列電影，也是如此。

　　可是，《智者大藥》的情節結構並不像「故事累積型」作品那樣顯得散，因為從總體上看，它並不是「故事累積型」結構的作品，只是其中的某些情節構件內部是「故事累積型」的結構，而這些構件本身，作為一個個整體，是整部作品的有機組成部分，是作品情節發展中不可或缺的部分。也就是說，許多相類的故事累積起來，自然就顯得散，但是，這些故事被收在一個部分裏，這一部分在整篇作品的情節發展中是重要的一段，是個重要的構件，就整篇作品的結構看，自然就不失為嚴整了。例如，多足食王為了試少年大藥的才智，出了一個個的難題，命大藥解決。一個個難題的提出和解決，就是一個個的故事，這些故事，是相互獨立的，多幾個，少幾個，都沒有什麼關係。就這一個部分內部而言，是典型的「故事累積型」結構。但是，這些故事累積起來的這一部分，既是引子結尾所引出天神語的發展，又是為大藥入宮當大臣作必要的準備和鋪墊。天神向國王預言大藥將輔佐他治理國家，國王當然要驗證大藥是否真有才智。驗證的結果是大藥確實富有非凡的才智，於是國王決定請他入宮當大臣。因此，這是情節發展不可缺少的一個部分。又如，大藥妻子毗舍佉的一系列智慧故事，也都是相互獨立的，故事數量也是可增可減，就這一小部分而言，也是「故事累積型」結構，從內部看，確實是散了些，但是，這部分都是表現大藥妻子的才智，將它放在整部作品中，就可以發現，這部分非常重要。大藥的妻子富有才智，正是說明大藥善於識人得人，這就從側面突出了他的才智。另一方面，就情節發展而言，正是大藥妻子的才智，使國王非常欽佩大藥識人得人之才智，由此直接導致了國王請大藥覓才智之女為妻，引出了大藥為國王向半遮羅國國

王求其公主的精彩故事。總之，這些由故事累積成的部分，作為這篇作品中的構件，與其他構件相互緊密鉤連在一起，換句話說，這些構件框架之內，呈鬆散的「故事累積型」結構，但是，構件與構件之間的結合卻是非常嚴整的。這就使得這部作品看似鬆散，實則嚴整。

三、智慧故事：類型和化用移植

《智者大藥》是佛經文學作品中智慧故事最多、最為集中的一篇，其大部分篇幅是由智慧故事組成的。這些智慧故事，包括了多種類型，有些故事，一直廣為流傳，甚至被移植或化用。

公案型智慧故事。此類故事中，智者以其才智破案。後世公案小說大行，《包公案》、《施公案》、《彭公案》等即是其類，現代的系列探案集，也是此類。其實，這些都是從公案型智慧故事發展出來的。《智者大藥》中，公案故事有三。一是爭妻案。一老婆羅門和年輕的妻子一起行路，一青年搶其妻子，其妻子也樂於從這青年。老婆羅門與青年相爭，乃請大藥裁決。這兩男子都稱這女子是其妻子，都稱從妻子娘家吃飯出來。大藥問其所食之物，然後命二人各嘔吐。由所嘔吐之物，大藥判定老婆羅門所說是實，這女子是他的妻子。二是姦夫竊本夫藏金案。一女子在丈夫外出經商期間與人通姦。丈夫回，姦夫躲避。這女子故意讓丈夫說出經商所獲以及藏金之處，讓情夫聽見。情夫輕易竊得藏金。在大藥的授意下，這失金者舉行宴會，賓客由他和妻子分別邀請。大藥根據失金者家的狗與某人熟悉、失金者妻子與此人眉來眼去等，斷定竊金者就是此人，經審訊，果然如此。這一故事，被明人安遇時《包龍圖判百家公案》和佚名《龍圖公案》所化用。三是失項鍊案。國王夫人和宮女們一起在園林跳舞時，將項鍊

取下掛在一樹枝上，回去時忘了取，被猴子取去。負責偵破此案者懷疑一乞丐竊此項鍊，將他關在獄中。乞丐為了自己的利益，攀扯他人，使包括大藥兒子在內的多人入獄。大藥實地勘察，知道項鍊是猴子所取，乃命宮女們盛裝，各佩帶項鍊跳舞。樹上一猴子見了，亦取所竊國王夫人的項鍊，掛在脖子上跳舞。大藥命跳舞的宮女低頭，猴子亦低頭，項鍊即墜地。

經驗型智慧故事。此類故事中，主人公憑豐富的生活經驗、廣博的知識來解決難題。這篇小說中的此類故事，主人公都是大藥妻子。這些故事有：辨別母子二馬（根據馬毛的硬度）；辨別雌雄二蛇（撫其背看反應）；辨別檀木棍根梢（扔入水中，上端為梢，下端為根）；水池內見珠而求之不得（水池上方一物上有珠）等。這些故事，在我國和其他許多國家都廣泛流傳，只是主人公不同或稍加變異罷了。例如，辨別檀木棍根梢的故事，就見之於莊學本編《康藏民間故事》，《民間文學》1957 年 1 月號，王堯《文成公主》，賈芝、孫劍冰《中國民間故事選》等。這一類型的故事，後世流傳甚多，比較著名的有如何將一根線穿過一塊玉中彎彎曲曲的孔道、辨別五百匹小馬各自的母親等等。

反難型智慧故事。發難方命智者做某件不可能做到的事，智者提出做此事的先決條件，請發難方提供這些條件，而這些條件也是決不可能做到的。這實際上是將難題轉換一下形式，打回讓發難方解決。發難方自然無法解決，於是，智者就取得了勝利。例如，國王命大藥之父親圓滿交用砂搓成的繩子若干，意在考察大藥的才智，大藥請國王垂示樣品。國王命圓滿將鄉村一園林搬入王宮，大藥則云鄉村園林未見世面，未知禮數，請國王派宮中一小園林前來迎接。後一個故事，被化為雲南智者召瑪賀的故事，見《雲南各族民間故事選》。

　　誘敵型智慧故事。此類故事中，智者引得敵手按照常理發表一見解，然後緊抓住這一見解作推理（往往是類比推理），來對付敵手。例如，國王賜圓滿公牛而求公牛奶酪。大藥乃授意某父子如此如此。此父子在國王出遊之處演一鬧劇。父親裝成懷孕足月臨產而難產狀，兒子在一旁求天神相助。國王知此，大不信，云男子生產之謬，此子乃據此責國王要圓滿供公牛奶酪之謬，國王只得收回成命。圓滿失國王寄養在其家之騾，而他只有驢可賠償，然騾價高於驢價，怕國王不允。大藥與父親前往，故意不尊敬父親，引來國王與群臣的批評，他們認為「父勝於子」，大藥抓住這一點，云既是如此，驢就勝於騾，因為騾是驢的後代，遂以驢相賠。「公牛奶」的故事，在我國演化為「公雞蛋」的故事，流傳極為廣泛而情節略有差異。

　　幽默型智慧故事。此類故事乃富有喜劇性的智慧故事，實際上是幽默故事與智慧故事的結合。例如，六大臣欲與大藥妻子幽會，大藥妻子乃製六口大櫃，然後約定六人於同一晚上前來。六大臣先後被她以躲避為名騙入櫃中鎖住。她又命人將六大櫃擡至王宮，向國王報告，假稱大藥已亡，現將大藥生前所得所有賞賜歸還國王。國王命人打開櫃子，六大臣之狼狽，可以想見。

　　謎化要求型智慧故事。發難者要智者做一件事，與此相應，還提了一個或若干個幾乎是不可能的要求。智者竟然做成了此事，完全符合要求。其中的關鍵，在於對這些謎樣條件的巧妙理解。例如，國王要大藥為他做飯，又加這些要求：「其穀不得臼內舂搗，亦不令一粒米碎，不居室內，不在於外，蒸煮之時，非火非無火。將飯來時，不行於道，不於非道，不得步涉，亦不乘騎，勿令見日，復不在陰。擎飯之人，非男非女。」大藥乃「取稻穀，多集諸人，令一一粒以指撚

糠米，無有碎。既辦得米，便求煮處。即於門外簷下，安釜煮之。上赫日光，旁以火炙，其飯便熟。持飯去時，告使者曰：『汝可一足履道，一足踐荒，所持飯器，置於頂上，蓋疏布傘，非日非陰。一足著鞋，一足徒跣，此即非步非乘。』使用閹人，便是非男非女。」國王的要求，全部達到。此故事中有些要求，如「不行於道，不於非道」等，後來被化用到其他一些同類型的故事中去，流傳甚廣。後世流傳的一些智慧故事，如「騎雙頭馬」（騎一匹到達時正好生小馬的母馬），「帶禮物，所帶又不是禮物」（帶水中月亮之影）等，都是屬於這一類型。

除了以上幾種類型外，這篇小說中的智慧故事，還有大藥智退敵軍等等。大藥所蓄一鸚鵡，也有智慧。它曾設計成功地將敵國國王所住的宮室燒毀，又鑽入神像背後，托神諭捉弄敵國君臣。它的故事，後來被我國一些民間故事所化用。如《中國民間故事選》所載錫伯族民間故事《鸚哥的故事》，《雲南各族民間故事選》所載《八哥》，《嶗山的傳說》所載《八哥報恩》，這些鸚鵡的故事，與大藥所蓄鸚鵡的故事大同小異。

總之，《智者大藥》所體現的思想觀點有現實意義，富有進步性；結構看似鬆散，實則嚴整，很有特色；後來廣泛流傳的智慧故事的多種類型，這篇小說中早就已經具備，與不少智慧故事相類似的情節或關目，這一小說中也早已存在。因此，《智者大藥》確實是一篇很有價值的作品。

佛經和《羅摩衍那》三題

　　佛經卷帙浩繁，作者衆多，年代跨度甚大。《羅摩衍那》，是古代印度的詩史，儘管是一部完整的作品，與佛經中衆經之各自成篇、相互缺乏情節上甚至邏輯上的聯繫不同，但它也不是出於一人之手。現代學術界認為，其基本核心，成於阿育王（西元前三世紀）之前，（季羨林《羅摩衍那初探》，外國文學出版社 1979 年版，第 35 頁。）後來，又經過許多人的不斷修改。因此，佛經與《羅摩衍那》，有可能相互影響。

　　可惜，我在將佛經和《羅摩衍那》作了詳細比較後發現，二者之間，明顯的聯繫很少。《羅摩衍那》這本煌煌巨著中，僅有一個地方提到了佛。這一點，季羨林先生已經指出了（同上）。不過，我也發現了《羅摩衍那》中有幾處情節，確實與佛經中的有關情節有聯繫，決不是偶然的巧合。如果不是相互影響，則一定是有共同的來源。茲臚述如下。

一、鹿角仙人

　　《羅摩衍那》之《童年篇》（《羅摩衍那》第一冊《童年篇》，人民文學出版社，1980 版。）第八章和第九章云，婆羅門修道士毗槃吒迦有一子，名哩濕耶舍楞迦，也就是鹿角仙。鹿角仙在山林裏長大，唯知守仙人法度，其他一概不知。某年，因為國王有過失，天大旱，國王求計於博學的衆婆羅門。衆婆羅門云，須將鹿角仙引出山林，帶到王宮，讓他娶國王之女散他，天方雨。如何將這聖潔高尚、一心修行的人引出山林？一大臣云：「鹿角仙人住在森林中，虔修苦行，學習吠

陀。他不懂得女人的幸福，也不懂得感官的享樂。要利用感官的享樂，它們擾亂人的思想。我們把他引進城來，要迫使他嘗一嘗。要命令一些妓女們，長得俊俏，打扮華麗，用各種手段把他引誘，然後再把他弄到這裏。」國王採納了這一建議，如法行之，果然獲得了成功：「這高貴尊嚴的婆羅門，被他們引誘走了以後，老天爺立刻就下了雨，全世界都精神抖擻。」國王將女兒散他嫁給了鹿角仙，「那光輝的鹿角仙人，就這樣住在那裏，享受著種種幸福，帶著散他他的妻。」

佛經《大智度論》卷十七云，波羅奈國有一仙人，小便於盆中，適見二鹿交合，淫心即發，精氣流溢於盆中。一雌鹿飲此小便，即時懷孕。日月滿足，產一子於仙人舍前而去。仙人見之，知是己子，遂撫養教育之。此子具人形而兼有鹿相，頭有一角，其足似鹿。此子便和其父親一起在山林修道。受父親教化，此子成非凡神通，遂名獨角仙。某次天雨，山路甚滑，獨角仙鹿足不便行走，行路滑倒，傷足，所持瓶破，乃發惡願，令十二年不雨。國中大旱，禾稼果木不生，國王大憂，問計於眾大臣。一大臣云，此乃獨角仙所為，只要設法令他失去神通，控制天雨旱的願力即便消失，天也就下雨了。國王畏獨角仙的神通，也畏獨角仙在山林修道精進，難以控制，即募能使獨角仙失去神通並讓他出山林為國王臣民者。一妓女應募，率眾妓女攜諸般美食前往，以色相、美食為誘，極為順利地使獨角仙失去了神通，天乃大雨。妓女又將誘獨角仙至城中，為國王大臣，享受富貴。未久，獨角仙「身轉羸瘦，念禪定心樂，厭此世欲」，終日思念以前的山林修行生活。國王知之，乃放獨角仙還山。獨角仙還山後，修行精進，不久，就恢復了神通。

　　《羅摩衍那》中鹿角仙故事，情節上有個明顯的缺陷。鹿角仙和天雨旱的關係如何，為什麼將鹿角仙引出山林後，天就下雨了呢？這在故事中是關鍵情節，但是沒有交代清楚。佛經中獨角仙故事，相比之下，就顯得很圓滿了，沒有情節上的缺陷，且豐富生動，結構完整，是一篇比較成熟的作品。就作品的思想深度而言，後者也勝過前者。前者表現這樣的思想：人很難抵擋世俗的誘惑，因此就應該順從欲望，過世俗的生活，而不應該脫離社會隱居，也不應該苦行。後者所表現的思想則是：第一，人確實很難抵擋世俗的誘惑，但是，對富有道德修養的人來說，世俗的誘惑是有限的、難以持久的，與世俗富貴相比，超凡拔俗的修行生活，對他們更有吸引力。他們代表了人性中趨向於佛性的力量，正是這種力量，促使他們能夠從世俗富貴中擺脫出來，精進修行，提高自己的修行境界。第二，惡願不當發，發惡願者會受到懲罰，會付出代價。獨角仙發十二年不雨的惡願，令國中百姓受苦受難，他自己也因此而導致喪失了神通，在修行的進程中經歷了曲折和磨難，延緩了修行的進程。第三，道德修養極為重要，它既是修行的結果，又能有利於修行精進。在修行進程中，如果有了過失，只要及時回頭，就能繼續前進。魔女與妓女相比，魅力和能量哪個更大？當然，魔女大得多。可是，釋迦牟尼抵擋了魔女的種種誘惑，而獨角仙沒有抵擋得住妓女的簡單誘惑。這說明，獨角仙的定力還遠不足，道行還遠不深。但是，他能及時回頭，捨棄富貴不居，回到山林苦行，這又不是一般人能夠做到的。那麼，他為什麼能夠做到呢？他長期苦行修得的定力和道行，畢竟遠遠地超過常人！他長期的苦行，畢竟是決不會白費的！當然，這些都是佛教的思想觀念。如果我們超越佛教來看，（撇開道德修養的內涵不談。）道德修養高深的人，

除了理想中的聖人外，也會犯錯誤，這是顯而易見的，但是，他們能及時地改正錯誤。在改正錯誤中起決定作用的，正是他們高深的道德修養！可見道德修養對一個人來說，是多麼的重要！而高深的道德修養，決不是一蹴而就的，而是在長期的學習與實踐中下苦功夫嚴格要求自己逐漸形成的。

二、國王誤殺修道士

《羅摩衍那》之《阿逾陀篇》（《羅摩衍那》第二冊《阿逾陀篇》，人民文學出版社，1981版。）第五十七章云，十車王早年，極喜打獵，且箭法高強，能聞聲命中。某次，隱居深山修道的修道士象我到河邊為雙目失明的父母打水，正逢十車王出獵至此。十車王將象我打水的聲音誤認為是動物飲水的聲音，一箭射去，將象我射成致命傷。象我臨終前，告訴十車王他的身世，並云他死後，他「眼瞎體弱」的父母將無人孝養而死。象我死後，十車王前去對他的父母說明真相並致懺悔，這對老夫婦痛苦萬分。老翁道：「由於你出於無知，殺死我那純潔的兒子。因此我要詛咒你，讓你也痛苦不止。既然你現在已經讓我由於喪子而痛苦難當，國王呀，同樣我也讓你為兒子擔驚害怕而死亡！」後來，此詛咒應驗了：十車王被迫向王妃兌現以前許下的滿足她兩個願望的諾言，將太子羅摩廢黜並流放，將這王妃的兒子婆多羅立為太子。十車王由此憂傷而死。《羅摩衍那》豐富多彩、驚心動魄的故事，就此一步步地展開。

相似的故事，見之於《六度集經》卷五《琰道士本生》。《琰道士本生》中，角色的身份與《羅摩衍那》中所載象我故事完全相同，前半部分情節也完全相同，云迦夷國王誤將與盲父母一起在山林中修

行的修道士琰射死，聽了琰臨終前的述說，他前去見琰的盲父母。但是，故事的後半部分不同。琰的盲父母知道國王誤殺其子後，儘管傷心欲絕，但是絕對沒有譴責國王，更沒有詛咒國王。最後，在琰的盲父母的呼籲下，琰奉佛、行孝之誠感動了諸神，諸神施展法力，讓琰復活。《佛說菩薩琰子經》所載，情節相同而描寫加詳。

　　就宗教思想歸屬而言，《羅摩衍那》所體現的思想，是屬於婆羅門教，當然與佛教不同。儘管十車王是無意的，但是他畢竟射死了象我，對象我的父親來說，他是殺子仇人。象我父親以一個盲老翁，無法報此血仇而以詛咒報之，這完全符合婆羅門教的道德觀念。修道者的詛咒應驗，也符合婆羅門教的教義。佛教提倡化解冤孽，反對怨怨相報，自然也反對人發惡願，更何況像象我父親所發那樣的詛咒。因此，佛經中這一故事中，就沒有盲老翁對國王的詛咒。佛家提倡奉佛、孝行，故此故事以修道士琰復活結局，也是宣傳這樣的思想觀念。

三、火尾巴燒敵城

　　《羅摩衍那》第五冊《美妙篇》（《羅摩衍那》第五冊《美妙篇》，人民文學出版社，1983 年版。）第五十一、五十二章云，神猴哈奴曼獨闖羅剎城被擒。十頭魔王怕因為殺使者而遭到世人羞辱，決定不殺神猴，但要懲罰一下他。按照魔王的指示，羅剎們將神猴捆綁，把破棉絮衣服纏在他的尾巴上，點上火，牽了遊城。神猴施展神威，掙脫繩索，大戰羅剎，又在房頂上亂跳，用羅剎給他點的火尾巴到處點火。「風吹動熊熊的烈火，燒遍了所有樓臺殿閣。」「那些宏大的殿閣樓臺，⋯⋯現在都被燒倒地。」「然後他跳到海水裏，把尾巴上的火滅

淨。」

佛經《根本說一切有部毗奈耶雜事》卷二十八云，半遮羅國國王抓到了敵國的間諜鸚鵡，命人將此鸚鵡處死。鸚鵡要求按照其父親和祖父的死法而死：「麻纏其尾，灌以膏油」，然後點燃，將其燒死。行刑者如其言施之。「鸚鵡遂即飛上虛空，奮迅毛羽，火延王室，燒盡無遺。遂入池中，洗沐而去。」

二故事情節有很大的不同，但是，「被俘者以被敵人點燃的火尾巴燒敵城，然後自己入水滅火後脫險」的關目是完全相同的。

第二編
佛教與中國文學作品研究
（一）

觀音系列文學作品研究之一
——從寂寞無奈到大紅大紫

　　就我國古代大眾中而言，觀世音的影響，可以稱得上是獨一無二，不僅超過了佛，而且幾乎超過了孔子。可是，在佛經中，觀世音不過是個普通的菩薩，而在大乘佛教中，菩薩是極多的。

　　佛經中有關觀世音的記載並不多，絕對比不上我國古籍中多。其中最有名的，不過三處。一是磧砂藏第一七二冊劉宋黃龍沙門曇無竭所翻譯《觀音菩薩得大勢菩薩受記經》。此經中，佛對華德藏菩薩等說觀世音、得大勢的故事：「其國有佛，號金光獅子遊戲如來。」「爾時金光獅子遊戲如來法中，有王名曰威德，王千世界，正法治化，號為法王。其威德王多諸子息，具二十八大人之相。是諸王子，皆悉住於無上之道。王有七萬六千園觀，其王諸子，遊戲其中。」「彼威德王於其園觀，入於三昧。其王左右，有二蓮花，從地踊出，

雜色莊嚴，其香芬馥，如天旃檀。有二童子，化生其中，加趺而坐，一名寶意，二名寶上。時威德王從禪定起，見二童子坐蓮花藏，以偈問曰：『汝為天龍神，夜叉鳩槃荼，為人為非人，願說其名號。』時王右面童子以偈答曰：『一切諸法空，云何問名字？過去法已滅，當來法未生，現在法不住。仁者問誰名，空法亦非人。非龍非羅剎，人與非人等，一切不可得。』左面童子而說偈言：『名名者悉空，名名不可得。一切法無名，而欲問名字？欲求真實名，未曾所見聞。夫生法即滅，云何而問名？說名字語言，皆是假施設。我名為寶意，彼名為寶上。』」威德王遂帶他們到佛處，與佛以偈對答，討論佛理。寶意、寶上同聲問佛：「云何為供養？無上兩足尊。願說其義趣，聞者當奉行。華香衆妓樂，衣食藥臥具。如是等供養，云何為最勝？」佛云：「當發菩提心，廣濟諸衆生。是則供正覺，三十二明相。設滿恒沙剎，珍妙莊嚴具。奉獻諸如來，及歡喜頂戴，不如以慈心，回向於菩提。是福為最勝，無量無有邊。餘供無過者，超逾不可計。如是菩提心，必成等正覺。」二童子云：「諸天龍鬼神，聽我獅子吼。今於如來前，弘誓發菩提。生死無量劫，本際不可知。為一衆生故，爾數劫行道。況此諸劫中，度脫無量衆。修行菩提道，而生疲倦心，我若從今始，起於貪欲心，是則為欺誑。……當于萬億劫，大悲度衆生。如今日佛土，清淨妙莊嚴。令我得道時，超逾億百千。國無聲聞衆，亦無緣覺乘。純有諸菩薩，其數無限量。衆生淨無垢，悉具上妙樂。出生於正覺，總持諸法藏。此誓若誠實，當動大千界。」話音剛落，「應時普震動，百千衆妓樂，演發和雅音。光耀微妙服，旋轉而來降。諸天於空中，雨散衆末香。其香普流熏，悅可衆生心。」佛告華德藏菩薩：「爾時威德王者，豈異人乎？我身是也。時二童子，今觀

世音及得大勢菩薩摩訶薩是也！」

　　二是《悲華經》卷三，云寶藏佛世界時，轉輪聖王之第一太子因佈施、供養比丘僧等等功德，修佛精進。他向佛發一宏願：「世尊，今我以大聲音告諸衆生，我之所有一切善根，盡回向阿耨多羅三藐三菩提，願我行菩薩道時，若有衆生受諸苦惱、恐怖等事，退失正法，墮大暗處，憂愁孤窮，無有救護，無依無舍，若能念我，稱我名字，若其為我天耳所聞，天眼所見，是衆生等若不得免斯苦惱者，我終不成阿耨多羅三藐三菩提。」於是，寶藏如來為其授記：「善男子，汝勸天神及三惡道一切衆生，生大悲心，欲斷衆生諸苦惱故，欲斷衆生諸煩惱故，欲令衆生住安樂故，善男子，今當字汝為觀世音。」

　　三是《妙法蓮華經》卷七第二十五品《觀世音菩薩普門品》。此品中，或問觀世音之義，佛說：「若有無量百千萬億衆生受諸苦惱，聞是觀世音菩薩，一心稱名，觀世音菩薩即時觀其音聲，皆得解脫。若有持是觀世音菩薩名者，設入大火，火不能燒，由是菩薩威神力故；若為大水所漂，稱其名號，即得淺處；若有百千萬億衆生為求金銀、琉璃、車磲、瑪瑙、珊瑚、琥珀、珍珠等寶，入於大海，假使黑風吹其船舫，飄墮羅剎鬼國，其中若有乃至一人稱觀世音菩薩名者，諸人等皆得解脫羅剎之難。以是因緣，名觀世音。若復有人臨當被害，稱觀世音菩薩名者，彼所執刀杖，尋段段壞，而得解脫。若三千大千國土滿中夜叉、羅剎故來惱人，聞其稱觀世音菩薩名者，諸惡鬼尚不能以惡眼視之，況復加害？設復有人，若有罪，若無罪，杻械枷鎖檢系其身，稱觀世音菩薩名者，皆悉斷壞，即得解脫；若三千大千國土滿中怨賊，有一商主，將諸商人，齎持重寶，經過險路，其中一人作是唱言：諸善男子勿得恐怖，汝等當一心稱觀世音菩薩名號，是

菩薩能以無畏施於眾生，汝等若稱名者，於此怨賊，當得解脫。眾商人聞，俱發聲言南無觀世音菩薩，稱其名故，即得解脫。無盡意！觀世音菩薩摩訶薩威神之力，巍巍如是！若有眾生，多於淫欲，常念恭敬觀世音菩薩，便得離欲。若多嗔恚，常念恭敬觀世音菩薩，便得離嗔。若多愚癡，常念恭敬觀世音菩薩，便得離癡。無盡意！觀世音菩薩有如是等大威神力，多所饒益，是故眾生常應心念。若有女人設欲求男，禮拜供養觀世音菩薩，便生福德智慧之男；設欲求女，便生端正有相之女。宿殖德本，眾人愛敬。無盡意！觀世音菩薩有如是力，若有眾生恭敬禮拜觀世音菩薩，福不唐捐。是故眾生皆應受持觀世音菩薩名號。」

可是，有關觀世音弘揚佛法的具體事實，人們信仰觀世音獲果報的靈驗故事，佛經中連到一個也沒有。比起活躍的文殊師利（即文殊菩薩）來，他固然差得很遠，甚至連阿難都遠遠比不上。儘管自稱法力無邊，最貼近眾生，最願意為眾生服務，眾生信仰他的方法又是最為簡單，但就是沒有眾生給他機會，就像某些商家，廣告做得盡善盡美，但就是沒有客戶光顧。他是最為寂寞的菩薩。

想不到，牆內開花牆外香的現象，宗教信仰中同樣存在。滿腔熱情、法力無邊而在古代印度受盡冷落的觀世音，一傳到我國，就大紅大紫起來。西晉太康七年（286），竺法護將《法華經》翻譯為漢語，名《正法華經》。姚秦弘始八年（406），鳩摩羅什又翻譯，為《妙法蓮華經》。其中第二十五品《觀世音菩薩普門品》，又被抽出來，作為單行本流行。這一事實本身，也可以證明觀世音信仰的盛行。當然，《普門品》的單行，又進而促進觀世音信仰的盛行。

在唐前釋氏輔教小說中，觀世音信仰故事可稱大宗。與只有在寥

寥幾個故事中出現的佛比起來，觀世音實在是大為風光。在這些小說中，觀世音幾乎無一例外地兌現了他在佛面前發願時對衆生許下的諾言，為信仰他的人解除困厄。僅就魯迅《古小說鈎沈》中所載此類故事而言，就這些困厄的性質來說，人為的困厄凡 24 例，其中戰爭、政治動亂造成的困厄 14 例，犯法、被犯法者牽連等的困厄 10 例；遇自然之險的困厄 9 例；生病 2 例；火災 2 例；無子 2 例。遇到這些困厄的人，在信仰觀世音後，無不脫困。

那麼，為什麼法力無邊而又滿腔熱忱的觀世音在佛經中淒涼寂寞而在我國卻大紅大紫呢？在佛經中，已經有以佛為首的許多活躍的人物，他們的事迹以及以他們的事迹為題材所編的故事，已經在當地廣泛流傳，他們已經有雄厚的群衆基礎。人們編故事宣揚佛教思想，以他們為弘法的主角，一是非常方便，二是這些故事容易為人所接受，容易流傳。正因為如此，佛經中有關佛和他的幾位弟子的故事非常多。觀世音是大乘佛教中的菩薩，與佛及其幾位主要的弟子相比，是後起的，沒有什麼知名度，正因為如此，儘管他自稱法力無邊而又滿腔熱忱，還是不能吸引人們的注意力。這與新開張的商店廣告做得盡善盡美也無法跟老字號爭勝，頗為相似。

如果說古代印度是「順熟」，不以觀世音等新出現的菩薩為弘法主角，那麼，我國就不存在「順熟」的問題，因為儘管佛教人物傳到我國，確實有先後的問題，但他們在當時的影響，差距總沒有像在印度的那麼大。也就是說，觀世音傳到我國，對我國來說，固然是新的，沒有什麼根基，但是，即使是佛，他的根基也雄厚不到哪裡去，他們都是外國神人，如此而已。誰最適合我國的傳統文化，誰就受歡迎，誰就發展得快。再者，佛經中有發揮餘地的部分，弘法故事生長

點密集的部分，就成為創新者的注目之處。

　　觀世音非常幸運，他符合這些條件。首先，他合適於我國的傳統文化。我國傳統文化，偏重於實用，而不尚玄妙的義理思考，宗教信仰亦然。至少，對信仰佛教的我國大眾而言，佛經中觀世音向眾生許諾的立竿見影式的即時救苦救難的神通，比佛的「四諦」、「十二因緣」不知要重要多少。在晉南北朝時，這一點顯得更加突出。當時，是我國歷史上最為黑暗的時期，戰亂頻繁，朝廷上下的政治鬥爭，既多又殘酷。在這殺戮繁多、人們朝不保夕的時期，他們希望有觀世音這樣的神人來救護他們。如上所統計，魯迅《古小說鉤沈》中所載唐前 39 個有關觀世音的故事中，竟然有 24 個是觀世音使人出獄、免於追捕或被殺等。這正是體現了當時人們的心理和希望，也是觀世音信仰為什麼在當時盛行的最好注腳。其次，佛經中觀世音自己所稱，人們在遇到困厄時，向他求救的方法極為簡單，只要呼他的名號就可以了，簡直簡單到了不能再簡單的地步。越是簡單，越是容易普及。如此簡單的信仰方法，為觀世音信仰的普及提供了極大的方便。理解佛學義理很難，背誦佛經也不容易，但呼「觀世音」卻是人人都會的。在《古小說鉤沈》所載唐前 39 個有關觀世音的故事中，人遇厄難時，念「觀世音」的有 21 例，「歸命觀世音」或「一心歸向觀世音」的有 5 例（其實，這也是呼觀世音而已），造觀世音像的有 2 例，頭戴《觀世音經》的有 1 例。念《觀世音經》的 12 例中，除 1 人外，其他都是和尚或一向信佛的居士。再次，佛經中有關觀世音的記載，為後人發揮提供了非常廣闊的餘地，故事增長點密集。佛經中的觀世音，神通廣大，但佛經中沒有一個故事顯示他的任何神通，這個空白，正好留給後人來填補。唐前的小說作家，就按照佛經所載觀世音

的神通，結合當時的社會現實和弘揚佛法的需要，編了許多故事。臨刑呼觀世音而刀折斷者有 5 例，身被枷鎖呼觀世音而枷鎖自解者有 6 例，舟遇風浪將傾覆時呼觀世音而獲安全者有 8 例，無子信仰觀世音而生兒子者有 2 例，火災不燒者有 2 例。所有這些，都坐實了佛經中觀世音的神通，補上了佛經中沒有故事體現觀世音神通的不足。清人周克復《觀音經持驗記》作於順治十六年，共收唐前至當時信仰觀世音應驗之事 118 件，其中唐前 86 件。見牧田諦亮《六朝古逸觀世音應驗記之研究》，參見《佛光大辭典》。可見「救苦救難」的觀音菩薩在我國之風采。

　　後來，我國觀世音信仰大行於世，其主要原因，乃觀世音的形象與神通，與我國傳統文化心理相適宜，但是，唐前觀世音信仰這個發端發得鬱勃茂盛，給此後的觀世音信仰造成了一個極大的慣性，這也是一個原因，而唐前小說中的觀世音信仰，無疑起到了推波助瀾的作用。

觀音系列文學作品研究之二
——以色設緣

　　觀音在我國完成了女性化。如上所云，佛經中的觀音故事中，觀音都是男子。但是，在中國文學作品中，則並非如此。

　　觀音現女相者，古書中很多。《北齊書·徐之才傳》云：「武成初，見空中有五色物，稍近，變成一美婦人，身長數丈，亭亭而立。食頃，變成觀世音。」《法苑珠林》卷二十七云，齊建元元年，彭子喬繫獄，甚危險，乃至誠誦《觀世音經》百餘遍，忽有雙白鶴集子喬

屏風上，一鶴下至子喬邊，時復覺為美麗人形。於是子喬雙械自脫。據說陳後主之沈皇后，為尼於毗陵天淨寺，名觀音。唐太宗長孫皇后，小字觀音婢。是亦以觀音為女身者。宋代洪邁《夷堅志》所載觀音現身故事中，觀音有時現男子身。如《三志》辛卷七《觀音救目疾》云，一婢患目疾，不見物，夜夢一僧給藥醫治。次日，目疾頓癒。原來這僧人就是觀音所化。但觀音現女身者較多。如《支志》景卷五《董性之母》云，董母素持《觀世音普門品經》，忽病死，其魂呼救苦觀世音，恍若有婦人瓔珞被體，相好端嚴，以右手把其臂，挈之偕行，遂愈。又徐熙載母程氏，虔奉觀音。熙載舟行將覆，呼觀音菩薩名，得免。既歸，母笑謂熙載曰：「夜夢一婦人搶汝歸，果不妄。」這夢中婦人，當然就是觀音了。

觀音能現男子身、女子身的根據，見之於佛經。《妙法蓮華經·觀世音普門品》云，佛言觀世音可以根據弘揚佛法的需要現世間各色人等的身份，如辟支佛身，聲聞身，梵王身，帝釋身，自在天身，大將軍身，毗沙門身，小王身，長者身，居士身，宰官身，婆羅門身，比丘尼身，優婆姨身，婦女身，童男童女身等等。因此，觀音能化男化女，這是有佛旨的。

但是，相比較起來，觀音在我國所化之身，──實在是我國將觀音化過來──卻是以女子之身為多，且呈現出一種觀音女性化的傾向，人們逐漸漸地以為觀音是女性。除了古代傳下來的觀音像中有為數不多的幾尊男子身像外，其餘的都是女子身像。

觀音既能化男（他本來就是男性），又能化女，那麼，他化身來到我國，為什麼多化成女子身像，最後竟然以女子身定局？當然實際上，是我國把他化成了女子。那麼，我國又為什麼要把他化成女子

呢？或是與男子相比較，女子更富有同情心，而觀音大慈大悲，救苦救難，該是最富有同情心的神靈，也就是最集中地體現了女子富有同情心的美德，因此，觀音為女子身，內在外在，就更為和諧統一。此外，女子占人類之半，信佛教者，女子又多於男子。「男女授受不親」，禮教之大防，在我國根深蒂固。如果觀音是男子身，雖然他是個救苦救難，決無邪行的佛教神靈，但是人們在信仰實踐中，不能沒有某種心理障礙。例如，一婦女難產，呼觀音菩薩來救，而觀音現的是男子身，一個陌生男子出現在產房裏，在古人看來，成何體統？觀音若是女身，就完全不會有這種心理障礙了。再者，觀音作為女性，信女們就會似乎覺得更親近，什麼苦難與煩惱，盡可對觀音訴說，請求她為自己解脫。觀音在我國信仰中地位極尊，影響極大，很大程度上，是這些信女們在撐場面。若是觀音作了男子身，想來不會有這麼風光吧？佛教中的男子，如釋迦牟尼、彌勒，儘管他們的果位在觀音之上，但是在我國的影響，豈能跟觀音相比？至於羅漢們，當然只有出錢「請觀音」吃飯，巴結觀音的份了，至今民間仍有「羅漢請觀音」之諺。

　　那麼，觀世音變成女身後，男子信仰她，就不會有性別方面的心理障礙麼？不僅不會，有時還能有助於弘揚佛法呢！

　　佛不度無緣之人。佛菩薩、羅漢等弘揚佛法，往往徇俗設緣，甚至有以色設緣者。佛「以色設緣」者，見本書「以欲止欲」一文。菩薩行「以色設緣」者，見《大莊嚴法門經》卷上。云：名妓勝金光色明德，與長者子上威德將為欲樂。文殊師利見之，觀彼女過去善業因緣，知其堪受教化，便欲設方便為之說法。文殊師利年少英俊，非常瀟灑，服飾又極為華美。此時，他施展神通，大放光明，光彩奪目。

勝金光色明德見之，不復愛上威德而移情於文殊師利，欲與之共為嬉戲，縱心欲樂，並求索其衣。文殊師利乃以此為契機，為之說法，循循善誘，使之皈依佛門。此亦是以男色設緣度女子者。

我國魚籃觀音故事中，觀音以女色設緣度男子。《古今圖書集成·神異典》卷七十九錄《法華持驗》云，唐陝右某地俗好騎射，不知佛法。元和十二年，忽來一美豔女子，提籃賣魚。此地青年男子之未婚者，競欲娶之。女云：「能一夕背誦《普門品》者，則吾歸之。」諸人遂念《普門品》，黎明誦徹者二十餘人。復授以《金剛經》令誦，一日能通者猶有十餘人。女更授《法華經》全部，期以三日通徹。至期，惟有馬氏子能。於是此女嫁之。成婚當夜，女以身體不適為辭，求別宿，許之。次日，馬家發現，此女已死，遂埋之。數日後，有紫衣僧至，命人開此女墳，有黃金鎖子骨存焉。此僧謂眾曰：「此觀音大士，憫汝輩障重，故垂方便化汝耳。」言迄，飛空而去。此故事中，《普門品》，《金剛經》，《法華經》，皆佛經也。觀音以其色其身為誘，使人誦讀佛經、知道佛法，進而除其孽障。此婦雖未與馬郎同居，與馬郎無夫婦之實，但馬郎「具禮迎焉」，有夫婦之名，故後人仍稱此女子為「馬郎婦」。

以此故事為題材之文學作品，主要有：

1.宋人葉廷珪《海錄碎事》卷十三云：「釋氏書，昔有賢女馬郎婦於金沙灘上施一切人淫，凡與交者，永絕其淫。一梵僧來，云『求我侶』。掘開，乃鎖子骨。梵僧以杖挑起，昇雲而去。」

2.無名氏長篇寶卷《魚籃寶卷》，敘金沙灘居民不知佛法，多造惡業，天帝欲盡誅之。觀音不忍，乃化作賣魚女子至金沙灘，以色設緣，弘揚佛法，度化其地首惡馬二郎等惡人，使他們一心向佛，金沙

灘終於變成善地。見《中國戲曲曲藝辭典》。

3.明人佘翹（明代萬曆間人）《鎖骨菩薩》雜劇。《遠山堂劇品》云乃北曲三折，「菩薩憫世人溺色，即以色醒之，正是禪門棒喝之法，聿雲闢度門於戲場，大暢玄風，不第詞筆之俊麗也。」此劇已佚。見莊一拂《古典戲曲存目彙考》。

4.近人顧隨《馬郎婦坐化金沙灘》戲劇。上海古籍出版社 1986 年版《顧隨文集》附錄葉嘉瑩《紀念我的老師清河顧隨羨季先生》云：「第三本（劇）的題目為『柏林寺施捨肉身債』，正名為『馬郎婦坐化金沙灘』。故事內容寫延州人民不識大法，墮落迷網。有馬郎婦者，誓願捨肉身為佈施，以渡化眾生，而當地諸長者以之為淫婦，迫逐之使去。馬郎婦臨行前，坐化於金沙灘。」

5.明人周清源《西湖二集》卷十四《邢君瑞五載幽期》之引子，基本上照搬《法華持驗》中魚籃觀音故事，但也有些變化，增加了一些內容。如云：「金沙灘上是個財物聚集、居民稠密之地。其貪酒好色，殺生害命，比他處更甚。」這顯然是明代城市的寫照。又云賣魚女子乘船而來，她住在江中一小島上「一間破屋之中，景致卻也幽雅，前後都是參天蔽日的紫竹林。」賣魚女子在與馬郎行婚禮時，突然身亡。此女被埋葬後，紫竹林就消失了。後有老僧來，云賣魚女子是觀音菩薩，眾人不信，老僧云：「若是菩薩顯化，其骨是鎖子連環骨，骨節都勾連不散。檀越不信，老僧試挑與列位看。」老僧「挑出一副骨頭來，果是一具鎖子骨。節節勾連，玲瓏剔透，如黃金之色，異香襲襲，眾人方信其言。」「自此之後，陝右多皈依三寶、誦經念佛之人。馬氏一家，篤信佛法，都成正果。因此，有人仿佛那日形容，畫成『魚籃觀音』之像，流傳於世。」又引壽涯禪師題語和宋濂

之讚語。

人們據觀音「以色設緣」故事繪製「魚籃觀音像」，古代十分流行。宋代以下，題讚此種觀音像之文字，無不就此故事著筆。宋代壽涯禪師《漁家傲・詠魚籃觀音》云：「深願弘慈無縫罅，乘時走入衆生界，窈窕丰姿都沒賽。提魚賣，堪笑馬郎來納拜。清冷露濕金襴壞，茜裙不把珠瓔蓋。特地掀來呈捏怪。牽人愛，還盡幾多菩薩債。」又有泉州燦和尚贊云：「丰姿窈窕鬢欹斜，賺殺郎君念《法華》，一把骨頭挑去後，不知明月落誰家？」明代宋濂《宋文憲公全集》卷二十六有《魚籃觀音像讚》。

觀音「以色設緣」弘揚佛法，以我國傳統觀念視之，未免有損於形象，且未免欠雅。即在政治鬥爭之際，以女色克敵之法，正人君子亦罕為之，更何況莊嚴神聖如觀音之弘揚佛法，豈可用女色為誘哉！於是人們乃重新編為此像的出處故事，以易觀音化賣魚女子「以色設緣」、「賺殺郎君念《法華》」者。

後人新編魚籃觀音像出處故事，最為著名者有二。

1.觀音收雌鯉魚精事。明代安遇時《包龍圖判百家公案》第四十四回《金鯉魚迷人之異》云，宋仁宗時，某年元宵節，開封碧油潭中一千年鯉魚精，化為美女，於人群中看燈，後入金丞相府中之池。金丞相有女名叫金線，素來喜愛牡丹。鯉魚精特為護持金府園林中的牡丹。牡丹因此大盛。揚州舉子劉真，入京師參加科舉考試誤期，住在開元寺中，資用乏竭，乃賣字為生。金丞相賞其作品，乃延之入府為西賓，住花園東軒之側。一日，劉真入花園遊賞，巧遇金線，頓生愛慕。鯉魚精知此，乃化金線與劉真歡愛。劉真遂與之私奔回揚州。鯉魚精既去，牡丹失去護持，遂枯萎，金線亦因此得病。金丞相遣人至

揚州訪牡丹，知道劉家牡丹最好，因入其家求之，見金線赫然在焉。
其人回報金丞相，金丞相遂將劉真和假金線一起抓到丞相府。金家於
是有兩個金線，真偽莫辨。金丞相求助於包公，包公請龍王擒拿假
者。假金線鯉魚精被龍王追至南海，為觀音菩薩所救，金線嫁與劉
真。寶文堂書店 1985 年版《包公案》卷六亦載此事，情節相同。又
云時都下鄭某，家中掛一淡墨素妝觀音像，日日敬奉。某夜，鄭某夢
觀音云：「汝明日來河岸邊，引我見包大尹，穩取一場富貴。」次日
鄭某到河邊，果然見一中年婦人，手提一籃，籃中有一鯉魚，云：
「昨日，碧油潭金鯉魚為四海龍君追逼無路，奔入南海，藏入瓊蕊蓮
花下，今被我哄入籃中罩定，走不得。前日包大尹有榜文，給賞知得
妖魚下落之人，可引我去，看他判出此條公案，給得賞錢來，一應贈
爾。」鄭某引婦人來到包公處。為佛力所伏，鯉魚精在包公審問下，
一一道出實情。包公欲烹鯉魚精，觀音不許，云：「此千年靈氣所
成，縱烹之亦不能死。老婦帶去，自有發落。」包公以五千貫賞錢予
觀音，觀音以予鄭某，云報其三年謹事之功。鄭某方悟是家中所事觀
音菩薩，乃將錢帶回家，「請畫師繪水墨觀音之像，手提魚籃。京師
人效之，皆相傳繪，此即今所謂魚籃觀音是也。」明代佚名傳奇《鯉
魚精魚籃記》以及《碧油潭》、《武當山》、《追魚》等所演，大略
相似，都以鯉魚精化富貴人家的小姐與落魄書生結婚並真偽莫辨為關
目。

　　2.明代吳承恩《西遊記》第四十九回《三藏有災沈水宅，觀音救
難現魚籃》云：通天河魚精靈感大王將唐僧擒入通天河，孫悟空無法
相救，乃赴南海求救於觀音。此時觀音在紫竹林中，未及梳妝，甚至
未及穿外衣，赤著雙腳，正在削竹制竹籃。觀音製成一紫竹籃，即與

孫悟空赴通天河。至通天河上空，觀音解下一束腰絲縧系籃，手持絲縧另一端，將籃丟往河中，念動真言，將籃收起，籃中有一金魚，即是靈感大王。唐僧得救。此魚本觀音住處蓮花池中一金魚，每日浮頭聽經，修成手段，趁海潮泛漲，遊到通天河為妖。此日觀音觀蓮，不見此金魚出拜，掐指一算，知道它在通天河為妖並將害唐僧，故未及梳妝，急製竹籃以擒之。孫悟空見大事已畢，遂喚附近百姓前來一睹觀音真容。眾百姓至，對觀音磕頭禮拜。其中有一位善畫者，乃將此時觀音提魚籃之形象畫下，此即為魚籃觀音像。此像便流傳後世。故有一種魚籃觀音像，觀音未梳妝，未戴瓔珞，未著素藍袍，無披肩繡帶，且赤雙腳，一如《西遊記》中所寫在紫竹林中製籃之裝束，手提一盛有一魚之籃，立於波濤之上。此種魚籃觀音像，即源於《西遊記》所敘故事。

有關魚籃觀音，還有幾個至今仍傳於世的劇本，現作論述如下。

一、《觀音菩薩魚籃記》。此劇作者為明人，闕其名。劇本見《孤本元明雜劇》第四冊。

元明雜劇中，有「神仙度化」一類，此類劇幾乎都是同一模式。此劇雖為佛教題材，但也合於「神仙度化劇」的模式。神仙度化劇中有佛教題材者，也正如當年玄學中添佛理、玄言詩中增佛理詩一樣。

此劇情節大致為：洛陽府尹張無盡，有菩提證果之緣，但他貪戀富貴，不肯修行。佛乃命南海觀音菩薩化一漁婦，前去度化，而又命彌勒世尊化為布袋和尚，文殊與普賢分別化為寒山、拾得為助。觀音化成賣魚女子前去度化張無盡。無盡見其美貌，欲娶以為妻，觀音表示同意，而以無盡看經、持齋修善為條件，此與無盡之心性相違，但無盡作暫時答應計。無盡僕人張千，奉觀音命將其所攜魚放生，「滔

天浪滾」，「霹靂閃電，風雲罩滿了江面」，張千大恐，告無盡，無盡不信。寒山、拾得來勸無盡出家，無盡不從。觀音不肯隨順無盡作夫人，無盡欲棄之而不捨，遂欲困之以使就範，乃命觀音磨十石麥子，當坊土地領鬼力代觀音為之。張千見其異，告無盡，無盡又不信。無盡命張千以白練勒殺觀音，方勒之際而白練斷。無盡又命觀音在花園中掃落葉殘花。布袋和尚、寒山、拾得等至，使韋天王在無盡面前出現，無盡大恐，遂省悟。布袋和尚道出因緣，無盡得以度化。

　　此戲結構上與一般的神仙度化戲沒有什麼區別，只是更簡單些，情節不能稱豐富。度化者為佛教神靈，被度化者最後復為佛教神靈，這些，也不是與神仙度化劇有什麼本質的區別。被度化者為身處富貴、春風得意的官員，這倒是神仙度化戲中所沒有的。神仙度化戲，以度民間人物為多，最多也是個財主，或者是書生。度鍾離權、曹國舅，那是小說中的情節，戲劇中未之見。

　　此劇中宣揚的佛教思想，也是佛教的常識而已，沒有什麼特別之處，不外乎人生無常、世界虛幻，以及因果報應等等。如第一折中觀音以魚發為佛理。【油葫蘆】：「這魚擺尾搖頭在水內顯，全不知深共淺，每日家趁波逐浪戀深淵。他去那是非海內都遊遍，可端的不提防羅網將身纏。今日在籃內裝。」說的是魚，可是，以佛家觀點言之，魚如此，張無盡如此，眾生莫不如此！

　　又第二折中寒山勸張無盡語：「奸漢瞞癡漢，癡漢總不知。奸漢變驢子，可與癡漢騎。」「盡日往東行，回頭便是西，怨怨半相報，件件失便宜。」拾得語云：「嗟見世間人，永劫在迷津。不省這個意，修行徒苦辛。」「奉勸呆癡漢，只管弄精神。回頭便是岸，從此出沈淪。」寒山、拾得詩中，不見這幾首詩，但這些詩赫然就是寒

山、拾得、王梵志詩的風格。查王梵志詩集中，也不見這幾首詩。布袋和尚語：「行也布袋，坐也布袋。放下布袋，倒大自在！」此語實為岳珂題布袋和尚像之語，唯末句作「何等自在」。

布袋和尚為彌勒佛，起於五代，見本書有關部分。據此劇，寒山、拾得為文殊、普賢之化身，明代就有這樣的說法了。

此劇觀音以美貌吸引張無盡欲娶自己，以此為契機相度化，仍是「以色設緣」。

二、《魚兒佛》。此劇題「古岳湛然禪師原本，寓山居士重編，吳中袁鳧公批點，西湖沈林宗參評」，正名「觀自在解脫獅子鈴，金漁翁證果魚兒佛」。見《盛明雜劇》第二集。劇共四齣，主要情節如下：漁夫金嬰之妻鍾氏，原是靈山上一個比丘尼，常勸金嬰放棄打漁生涯，念「南無阿彌陀佛」。金嬰從之念佛，而不忘打漁。鍾氏乃將一鈴掛於門上，金嬰出入，碰鈴聞音而念佛，遂成習慣。南海落伽山觀世音菩薩，奉如來法旨，化為一婦人，手提魚籃，前來超度金嬰夫婦。在金家門口，當著金嬰夫婦的面，觀音將籃中鯉魚放生，金嬰叫可惜，鍾氏搖鈴而金嬰應聲念佛。觀音說法，鍾氏省悟，而金嬰不悟。觀音現出本相，金嬰大恐，求度，觀音云金嬰必向閻羅銷債後，才能得度。金嬰入地獄，將受懲罰，聽得鬼卒所持刑具碰撞之聲，誤認為鈴聲，因條件反射而念佛，登時昇天。在天界，金嬰見德水池中游魚，又生捕魚之想，頓時墜入黑暗境界，龍王率水族前來復仇，金嬰賴韋陀保護得脫。自此，金嬰不敢有捕魚之念，長處天界。

跟一般的度化劇不同之處在於，此劇中的度化者觀音，在劇中的戲很少，只是第二齣中放魚、說法和最後出場以韻語結束全劇而已。與《魚籃記》不同，此劇中觀音作為度化者，並不是「以色設緣」，

而只是「以魚設緣」，魚只是引金嬰得度的一個關目而已。

　　此劇的思想意義，大大超越了一般的度化劇。

　　首先，度化劇大多偏重於表現虛無思想，最多只是行佛道教化而已，而此劇則猛烈地抨擊了世風，且有的內容針對性較強。如地獄中功曹與地藏菩薩的對話：

> 功曹：若是富貴貧窮，准准的跟著善惡，算盤子一個無差，可不是天地永不混沌，江山永不變更了？何故世上人有等慳吝者，偏教他財積如山；肯做好事的，偏教他手中空乏？有一等刻薄害人，偏踞高位；那輩才智之士，盡著他欺凌！又有一等存心忠厚肯扶持人的，偏教他擡頭不起，又被受他扶持的，反恩負義，甚至身家不保。既有了短命的顏回，怎麼又有那刀不斫、斧不鑿、到老善終的盜蹠？這個緣故，小神不知，請菩薩開導。
>
> 地藏：得便宜便是失便宜，設圈套便是投圈套，只饒他十年好運！

　　這是抨擊世風與宣傳果報相結合，但果報之說在如此惡劣的世風面前，明顯是無力的，因此，劇中明顯傳達出一種悲觀。功曹道：「小神知道了也，但菩薩發願在先，說世人度盡，方證菩提，地獄不空，誓不成佛。如今一滴楊枝露，可撒不遍四大部洲哩。」至於地獄中處理幾宗罪人，為「如今世上有一樣假山人，穿州撞府把虛名博利的」，「又有一樣，張著口說那沒影兒的大謊，搬是搬非的」，「又有一樣把別人的文字，取了自己的高名，那前輩受他生吞活剝的。」

這些，都切中當時文化界的弊病。

其次，就宗教層面而言，此劇所表達的思想，也是很新穎的。金嬰捕魚為生，殺業當然極重，在地獄中受懲罰，就佛家的理論來說，那是當然的事，但他在行將受罰之際，念了一聲佛，竟然頓時由地獄昇入天堂。金嬰昇入天界後，與鍾氏成了「神仙眷屬」，欣賞美景，其樂無窮，但見魚而一生惡念，頓時墮落，「疑團不破，因此上孽境還懸！」連老賬一起算，東海龍王敖廣等領了蝦兵蟹將前來為被金嬰殺死的水族復仇。這些情節，說明「善念能使入地獄者頓時昇天界」，「惡念能使昇天界者頓時墮落」。天堂地獄，只在一念之間，這種思想和說法，前人早已有之。入地獄者出地獄，小說、戲劇中，此類情節不一，但由地獄頓入天堂者，除此之外，似未曾見之。昇入天堂之後，也會墮落，前人有這樣的思想，文學作品中，特別是戲劇作品中，也有這樣的情節，但此類情節一般只是由度化者出場交代度化原因時交代，作為度化之前因入劇：某神本在天堂（仙界等），因偶生凡念或惡念，而被罰下凡間，期滿而將得度化，遂有度化之戲。一旦度化成功，被度化者通過考驗，一旦昇入天界，就再無波折。此劇則不同。金嬰生凡念（就佛家言之，也是惡念）而墮落，墮入黑濛濛的境界，是在他昇入天堂之後，這樣，給人的印象就更為深刻。只要向善，墮入地獄者尚且可以頓昇天界，還有什麼人向善而不能昇入天界？於是，此類情節鼓舞人們向善的力量，自然就非常強大。心生惡念，即使已昇入天界者，尚且會墮落，還有什麼人生惡念而不會墮落？此類情節警示人們為惡的力量，也同樣強大。天堂地獄，都在一念之間，而善惡之念，又極易出現，極易反復出現：地獄中人，也會出現善念，還有什麼人不會出現善念呢？天界中人，也會生惡念，還

有什麼人不會生惡念呢？現善念可以昇天堂，現惡念則墮地獄。人們當然是喜天堂而惡地獄，故此劇誘導人們保持善念、去掉惡念，在道德方面不斷進步，不斷走向完善。

此劇以易入地獄和墮落警戒人作惡事、起惡念，以易昇天堂誘導人作善事、生善心。其所警戒、所誘導的對象，覆蓋面極廣，上至已昇天堂之人，下至已入地獄之人，幾乎是包括所有衆生。持論深刻圓到，既體現佛門之廣大，又顯示出修行之嚴謹，於當時社會各階層之教化，最為切合。若加以細繹之，此劇又有諷刺、警告、譴責身居富貴而不仁之人之意在。身處天堂的人，一念之間，尚且會墮落，身處富貴者，不要以為自己已在高層，就可以為所欲為了！

神秀所云「時時勤拂拭」，可以視為此劇的理論根據。心本明鏡，因受塵俗而失其明，拂而復其明，然有可能再染塵俗而失其明，故必須「時時勤拂拭」。在地獄者固然要修持，在天堂者仍然要修持！

上文已云，此劇猛烈地抨擊世風。按照佛家的理論，世風越澆薄，下地獄者越多。地藏菩薩法力巨大，但「一滴楊枝露，可撒不遍四大部洲」。造惡業的人是如此之多，以致於以傳統的手段弘揚佛法，已無法挽救世風，拯救墮落的衆生。此劇中，將上昇天界的起點降到了最低點地獄，而從地獄上昇天界的充要條件，已降到了極為簡單的念佛。作者設這樣的低起點、低要求，正是為了與澆薄的世風相適應，既是為了盡可能地鼓勵人們修行，又寓有譴責現實的意思。劇中，地獄中的罪人見金嬰念佛而昇天，便人人念佛，地獄為之頓空，這當然是作者的理想而已，同時也是勸誘人們向佛為善。

此戲在藝術方面的最大特點是富有喜劇色彩。此戲中喜劇色彩主

要是這樣來表現的:

一,以虛構的誇張表現喜劇色彩。如地獄中戈十貝（賊）云:「小子名叫戈十貝,跳牆挖壁般般會。昨日經過水滸寨,只見時遷那廝在我面前雙膝跪,小子連忙問他為何因,他說你的本事比我高十倍!」又馬戶冊（騙子）則云:「小子叫做馬戶冊,使著精油滑裏的假老實。昨日去訪黃四娘,只見買至誠嚇得面如土色,小子連忙問他何因,他說有你在此我哪裡去討飯吃?」功曹不信,說要騙了鬼吏的筆,偷了小鬼的瓜槌,才算二人真本事,結果,馬戶冊果真騙到了鬼吏的筆,而戈十貝也果真偷到了小鬼的瓜槌。可見在人間社會,騙子、盜賊之橫行。

二,以放大式的誇張表現喜劇色彩。第一齣中,金嬰在鍾氏的勸導下念佛,很是虔誠。鍾氏道:「滿心兒是佛地,只怕你轉頭兒便世情。」果然,念佛不久,金嬰大叫起來,「哎呀,只管念佛,忘記釣竿兒在魚灘上了!」此類情形,絕對可能在現實中發生,作者將他放大出來,遂充滿了喜劇性,而又有哲理在,又有諷刺現實之意在。

三,以不和諧的誤會構成喜劇色彩。金嬰殺業甚重,在地獄,理所當然地要受酷刑。出人意料的是,鬼卒們準備刑具的聲音被金嬰誤認為是其妻所設的鈴聲,形成條件反射,脫口而出念佛,而竟然頓時昇天,更不要說受酷刑了。地獄中的刑具,何等恐怖,使人毛骨悚然,而刑具之聲竟被金嬰聽成了悅耳的鈴聲,而鈴聲又是和他妻子聯繫在一起的,又是和充滿安詳的佛、大慈大悲的觀音聯繫在一起的,地獄刑具聲與鈴聲不和諧如此,金嬰聽彼而誤以為此,而喜劇色彩出,誤聽而念佛,念佛而不僅免受酷刑,而且昇天!這就使喜劇色彩更加濃烈了。

　　觀音以色為誘，有時並不在於設緣度人，也不在於弘揚佛法，而是有別的目的。如《中國民間故事全集》福建卷《洛陽橋傳奇》云，惠南有橋，名洛陽橋。當年為籌集造橋經費，觀音化成一美女，站在那裏，云誰將錢打中她，她就嫁給誰。許多人為了想得到她，競相向她扔錢。如此幾日，那裏積錢無數，但無一錢能打中她。一青年連日將勞動所得投向觀音，而不得中，但仍不灰心。呂洞賓知此，乃施法術使該青年用錢投中觀音。青年因而上前拉觀音，欲娶之為妻。觀音遂使法術不讓該青年接近。這青年成了神，被稱為「泗洲公」，人們祭祀之。這是以色斂錢，有點欺騙的味道，但所斂錢用於公益事業，因此，在民間故事中，觀音這樣的行為，還是被肯定的。那青年成神，也是他被欺騙的一種補償吧。當然，這樣的事，只能見之於民間故事中，現代法治社會，是決不能容忍的。

觀音系列文學作品研究之三
——香山成道

　　觀音被化成了女身，佛經中的觀音出身故事，在我國就沒有多少市場了。事實上，觀音屢屢現女身之後，女身觀音的出身故事就產生了，以取代佛經中原有的出身故事，使觀音女身化名正言順了。

　　唐宋時，有妙善救父而成觀音大士的故事。宋人朱弁《曲洧舊聞》卷六云：「蔣穎叔守汝（州）日，用香山僧懷晝之請，取唐律師弟子義常所書天神言大悲事，潤色為傳。載過去國莊王，不知是何國。王有三女，最幼者名妙善，施手眼救父疾。其論甚偉，然與《楞嚴》及《大悲》、《觀音》等經頗相失。」蔣穎叔，名之奇（1031－

1104），穎叔其字，常州宜興人，北宋嘉祐二年（1057）進士。紹聖（1095－1098）間歷官中書舍人、龍圖閣直學士，翰林學士兼侍讀，坐事降守汝州、慶州。徽宗立，復為翰林學士，後官觀文殿學士、杭州知府等。卒，諡文穆。《全宋文》第三十九冊 623 頁收其元符三年（1100）所作《香山大悲成道傳讚》。由此《傳讚》可知，《曲洧舊聞》所云「潤色為傳」之「傳」，乃《香山大悲成道傳》也。此傳原作者似為唐僧義常，但《全唐文》未收此文。

臺北新文豐出版公司《石刻史料新編》第三輯第三十冊為清人武億所著《寶豐金石志》六卷，實為《寶豐縣誌》之《金石》部分。其中卷十五云：「《汝州香山大悲菩薩傳》，存，碑正書元符三年九月刊，至大元年七月重刊，在香山寺內。通議大夫同知樞密院事弋陽郡開國公食邑二千戶食實封三百戶蔣之奇撰，翰林學士承旨□□□制誥兼侍讀修國史上柱國食邑一千二百戶食實封二百戶蔡京書。碑文不錄，錄贊。」其所錄《贊》，與《全宋文》所錄者，文句稍異，「元符三年」，即蔣之奇「潤色」此傳、作此贊之年。至大元年（1308），則已是元武宗時期了。據《中國名勝辭典》第 660 頁「香山寺」條下介紹，寺內碑刻林立，較為珍貴的有宋代著名書法家蔡京所撰《大悲觀音得道證果史話碑》等。想來此碑當是蔣之奇所「潤色」、蔡京所書寫、《寶豐縣誌》之《金石志》所著錄的《汝州香山大悲菩薩傳》了。本人研究這一課題，極想一讀此傳文字，寫信給香山寺方丈大禪師求助，時過年餘，未得回音，想來也等不來回音了。檢阮元《兩浙金石志》卷七《宋重立大悲成道傳》，雖然前面有缺，但細讀之下，赫然就是蔣穎叔所「潤色」的觀音成道傳和他所撰的《贊》文。後檢清陸增祥《八瓊室金石補正》，亦得此碑之文，題為《大悲成道傳

讚》，與阮元所收是同一碑，並詳細記載碑文款式，又云「額存『碑之傳』三字，並正書。在紹興府學。」可見阮、陸各為此碑擬題錄之。茲據陸所錄將碑文錄於下：

（前缺）臣既至，妙善聽命，即謂尼眾：「汝等速避，吾當受誅。」妙善乃出就死。將飲刃次，龍山山神知妙善大悲菩薩將證道果，救度眾生，無道父王，誤將斬首，以神通力（缺）冥風暴雨雷電，攝取妙善置於山下。使臣既失妙善所在，馳奔奏王。王復驚怒，驅五百軍，盡斬尼眾，悉焚舍宇。夫人王族，莫不慟哭，謂女已死，欲救無及。王謂夫人曰：「□（當為『卿』字。）勿哀哭，此少女者，非我眷屬，當是魔怪，來生我家。朕得除去妖魔，甚可為喜。」妙善既以神力，攝至龍山之下，環視無人，即徐步登山，忽聞腥穢，又念山林幽寂，安有□氣？山神化為老人，見妙善曰：「仁者欲往何所？」妙善曰：「我欲入此山修道。」老人曰：「此山之中，乃鱗介羽毛所居，非仁者修行之地。」妙善曰：「此山名何山？」曰：「龍山也。龍居此山，故以名之。」「此去西嶺若何？」曰：「亦龍所居，是故謂之小龍山。惟二山之中，有一小嶺，號曰香山，此處清淨，乃仁者修行之地。」妙善曰：「汝是何人？指吾居處？」老人曰：「弟子□（當為『非』字。）人也，乃此山神。仁者將證道果，弟子誓當守護。」言訖不見。妙善乃入香山。登頂四望，闃無人蹤，即自念言：此處是吾化緣之地。故于山頂葺宇修行。草衣木食，人莫□（當為「之」字。）知。已三年矣，爾時，父王以是罪業故，感迦摩羅疾，遍於膚體，寢息

無安。竭國妙醫，不能救療。夫人王族，夙夜憂念。一日，有異僧立於內前曰：「吾有神方，可療王病。」左□（當是「右」字。）聞語，急以奏王。王聞，召僧人內。僧奏：「貧道有藥，救王疾病。」王曰：「汝有何藥，可治吾病？」僧曰：「貧道有方，應用兩種大藥。」王曰：「何如？」僧曰：「用無嗔人手眼，可成此藥。」王曰：「□（當是『汝』字。）毋戲論，取人手眼，寧不嗔乎？」僧曰：「王國有之。」王曰：「今在何處？」僧曰：「王國西南有山，號曰香山。山頂有仙人，修行功著，人無知者。此人無嗔。」王曰：「如何可得其手眼？」僧□（當是「曰」字。）：「他人莫求，惟王可得。此仙人者，過去與王有大因緣。得其手眼，王之此疾，立癒無疑。」王聞之，乃焚香禱告曰：「朕之大病，果獲痊平，願此仙人，施我手眼，無所吝惜。」禱□（當是「畢」字。），即令使臣，持香入山，使臣至已，見茅庵中有一仙人，身相端嚴，跌坐而坐，即焚妙香，宣王來命曰：「國王為患迦摩羅疾，及今三年，竭國神醫妙藥，莫能治者。有僧進方，用無嗔人手眼，乃可成藥。今者竊聞仙人，修行功著，諒必無嗔，敢告仙人，求乞手眼，救王之病。」使臣再拜。妙善思念，我之父王，不敬三寶，毀滅佛法，焚燒剎宇，誅斬尼眾，招此疾報。吾將手眼，以救父厄。既發念已，謂使臣曰：「汝之國王，膺此惡疾，當是不信三寶所致，吾將手眼以充王藥，惟願藥病相應，除王惡疾，王當發心，歸向三寶，乃得痊癒。」言訖，以刀自抉兩眼，復令使臣斷其兩手。爾時遍山震動，虛空有聲。贊曰：「希有希有，能救眾生，行此世間難行之事。」使臣大怖，仙人曰：

「勿怖勿怖，持我手眼，還報于王，記吾所言。」使臣受之，還以奏王。王得手眼，深生慚愧，令僧合藥，王乃服之。未及旬日，王病悉癒。王及夫人，戚里臣庶，下逮國人，皆生歡喜。王乃召僧供養，謝曰：「朕之大病，非師莫救。」僧曰：「非貧道之力，王無仙人手眼，安得癒乎？王當入山供謝仙人。」言訖不見，王大驚，合掌曰：「朕之薄緣，乃感聖僧來救！」遂敕左右：「朕以翌日往詣香山，供謝仙人。」明日，王與夫人，二女宮族，嚴駕出城，來入香山。至仙人庵所，廣陳妙供，王焚香致謝曰：「朕嬰此惡疾，非仙人手眼，難以痊癒，故朕今日，親攜骨肉，來詣山中，供謝仙人。」王與夫人宮嬪皆前，瞻睹仙人，無有手眼，悉生哀念，以仙人身不完具，由王所致。夫人審問瞻相，謂王曰：「觀仙人形相，頗類我女。」言訖，不覺悲泣。仙人忽言曰：「阿母夫人，勿憶妙善，我身是也，父王惡疾，兒奉手眼，上報王恩。」王與夫人，聞是語已，抱持大哭，哀動天地，曰：「朕之無道，乃令我女，手眼不全，受茲痛楚。朕將以舌，舐兒兩眼，續兒兩手，願天地神靈，令兒枯眼重生，斷臂復完。」王發願已，口未至眼，忽失妙善所在。爾時，天地震動，光明晃耀，祥云周覆，天樂發響，乃見千手千眼大悲觀音，身相端嚴，光明晃耀，巍巍堂堂，如星中月。王與夫人宮嬪，睹菩薩形相，舉身自撲，撫膺號慟，揚聲懺悔：「弟子肉眼，不識聖人，惡業障心，願垂救護，以免前愆。弟子從今以往，回向三寶，重興佛刹，願菩薩慈悲，還復本體，令我供養。」須臾，仙人還復本身，手眼完具，跌坐合掌，儼然而化，如入禪定。王與夫人，

焚香發願：「弟子供辦香薪，闍維聖體，還宮造塔，永永供養。」王發願已，乃以種種淨香，圍繞靈軀，投火燃之。香薪已盡，靈軀屹然，舉之不動。王又發願：「必是菩薩不肯離于此地，欲令一切眾生，見聞供養。」如是言已，與夫人舁之，即時輕舉。王乃恭置寶龕，內菩薩真身，外營寶塔，莊嚴葬於山頂庵基之下，與宮眷在山守護，晝夜不寢，久乃歸國。重建梵宇，增度僧尼，敬奉三寶，出內庫財，於香山建塔十三層，以覆菩薩真身。弟子蒙師問及菩薩靈蹤，略述大指，若夫菩薩微密應化，非弟子所知。律師□問：「香山寶塔，今復如何？」天神曰：「塔久已廢，今但止浮屠而已，人罕知者。聖人示迹，興廢有時，後三百年，當重興耳。」律師聞已，合掌讚曰：「觀音大士，神力如是，非菩薩□願廣大，莫能顯其迹；非彼土眾生緣熟，不能感其應。巍巍乎！功德無量，不可得而思議哉！」命弟子義常志之。實聖曆二年仲夏十五日也。

讚曰：香山千手千眼大悲菩薩，乃觀音化身，異哉！元符二年仲冬晦日，余出守汝州，而香山實在境內，住持沙門懷晝訪予，語及菩薩因緣，已而持一編書□，且言：此月之吉，有比丘入山。風貌甚古，衫衣藍縷。問之，曰：「居於長安終南山，聞香山有大悲菩薩，故求瞻禮。」乃延館之。是夕，僧繞塔行道遠，旦已乃造方丈，□（按：當為「謂」字。）晝曰：「貧道昔在南山靈感寺古屋經堆中得一卷書，題曰《香山大悲成道傳》，乃終南宣律師所聞天神之語，敘菩薩應化之迹，藏之積年。晚聞京西汝州香□（按：當為『山』字。），即菩薩成道之

地，故跋涉而来，冀獲瞻禮，果有靈蹤在焉。」遂出傳示畫。
畫自念住持于此久矣，欲求其傳而未之得，是僧實攜以來，豈
非緣契？遂錄傳之。□日既暮，僧輒告去，固留不止，遂行。
畫曰：「日已夕矣，彼僧何詣？」命追之，莫知所止。畫亦不
知其凡耶？聖耶？因以其傳為示。予讀之，本末甚詳，但其語
或俚俗。豈□（按：當為「義」字。）常者少文，而失天神本語
耶？然至菩薩之言，皆卓然奇特，入理之極談。予以菩薩之願
化香山若此，而未有傳。比余至汝，其書適出，豈大悲付囑，
欲予撰著□？遂為論次，刊減俚辭，采菩薩實語，著於篇。
噫！天神所謂後三百年重興者，豈在是哉？豈在是哉？元符二
（按：當為「三」字。）年，歲次庚辰，九月朔書。崇寧三年五月
二日，杭州天竺寺僧道育重立

　　此傳究系何人所作，實難斷定。觀音成道之事，是釋字號小說，
通過天神之口，向宣律師敍述，亦是小說，虛構無疑。據《讚》，傳
中之「律師」，即「終南宣律師」，此實為初唐名僧道宣，其傳見
《宋高僧傳》卷十四。此碑云道宣「命弟子義常志之，實聖曆二年仲
夏十五日也。」義常無考，「聖曆二年」為西元 699 年，時武則天為
帝，距蔣之奇「潤色」之元符三年（1100）已是四百餘年。懷畫，僧傳
未見著錄其人。蔣之奇《讚》中所言懷畫得《香山大悲成道傳》，亦
具神異色彩。此傳為天神所言、道宣命義常所志耶？懷畫之香山寺前
輩僧人所著耶？殊難明瞭。但是，有一點是可以肯定的，觀音香山成
道的古迹傳說，在此之前在就已經存在。《寶豐縣誌》卷十五《金
石》云：「《慈壽院主重海上人靈塔志》，存，墓碑正書『皇祐三年

四月』，在白雀寺。」碑文云：「上人法名重海，俗姓張氏，西京永
寧人，世襲淨業，為農家。幼便警悟，深樂佛乘，聞汝南龍山有古
迹，俗傳為香山大悲塔者，心所信慕，遂告父母，懇求出家。」皇祐
三年為西元 1051 年。據此推算，大悲觀音塔當是唐已有之，觀音成
道故事，當與之相應，亦產生在唐代。惜現在已無法找到過硬的文字
證據。

　　這故事不僅有觀音的出身，而且以她定居在香山作結局。這就明
白無誤地告訴人們，觀音已經完全成了中國的神靈。觀音和中國百姓
就更為貼近了。

　　蔣之奇「潤色」的這一篇《觀音成道傳》，被作為藍本，衍生出
一系列「觀音成道」題材的文學作品。

兩篇文言小說

　　一是管夫人所作。到了元代，趙孟頫妻管道昇作《觀音大士
傳》，亦本這一故事。全文云：

　　觀音生西土，諱妙善，妙莊王之季女也。從幼斷葷持戒，性喜
　　樸素，聰慧異常。將笄，王以三女覓贅婿，長妙因、次妙緣順
　　旨，觀音以忤王被貶。王薄其衣食，命妃嬪勸之，弗德（聽）。
　　王怒，擯諸白雀寺，紿主僧迫其從，約七日不報，合寺僧俱焚
　　死。僧懼，驅役觀音如奴婢，而觀音持志益堅，親操井臼，若
　　有神代其勞者。主僧駭，以告王。王謂其誑也，圍寺縱火，五
　　百僧煨盡無遺。獨觀音安坐誦經，火不能害。王於是召之還，
　　諭以禍福利害，冀其易慮。觀音曰：老者不再少，死者不復

生。生死輪迴，無限苦楚。女所以辭繁華者，欲長生耳。王聞奏，愈怒，命赴法場受刑。臨斬，刀自折。有虎咆哮至場，負觀音去。王以觀音死虎吻矣。虎負觀音行千里，置之林中。觀音初不醒。夢青衣二童，引其遊觀酆都地府，見所謂閻王者，迎送極恭。又見諸罪人鉼燒舂磨者，備諸苦楚。觀音乃為其誦經，使得釋。及覺，林中毒龍惡獸，爭相噬逐。觀音不安厥居，方營於一齋，忽一老人餤以山桃，導以至香山寓焉。香山風景幽靜，不染一塵，觀音於此修煉數年。人以為悟道成果咸在此也。觀音一日坐小室，遙見王病瘡瀕死，懸金購醫，莫有應者，乃自幻形為老僧上奏：非至親手眼不可療。王以二女為親，宣取之，而二女俱不用命。王復以問僧，僧云：香山仙長濟度生靈，一啓口，必可得。王使臣從仙長求，仙長即自斷、剜其兩手眼，付使臣持去，與僧和藥，王服之而癒。大喜，拜僧為高官，兼以厚費，不受，止言仙長大有功於王，旦日不可不自往謝。王然之，促駕馳往，見仙長果無手眼，流血被體，乃悲慟，且驚以狀貌逼真觀音，必是其三女妙善也。籲叩天地，求為完之。少頃，仙長手眼已千數矣。於是觀音下拜，與王敘父子之情，極歡，勸王修善，王從之，滌心易行，故卒得與王同飛昇焉。觀音登西天，入佛會，常開救苦之門，廣示有緣之路，遍觀今古之世音，普察人間之善惡，故有觀世音之號云。（明秦淮寓客編《綠窗女史》卷十四，天一出版社 1985 年版。）

　　管夫人此傳中的妙莊王是怎麼來的呢？當是承蔣之奇所撰《香山大悲成道傳》中來，而後者又取自佛經。《觀世音普門品》在《妙法

蓮華經》卷七，而同經同卷有《妙莊嚴王本事品》。妙莊嚴王本信婆羅門教，後來在兩個兒子的勸說下，皈依佛教。「妙莊王」當是由「妙莊嚴王」而來。

　　二是《三教源流搜神大全》卷四之《觀音菩薩》載觀音出身故事。此故事直承「妙莊王三女」的故事，敷衍編造，情節豐富曲折。云觀音乃鷲嶺孤竹國祇樹園施勤長者第三子施善化身，父親妙莊王，姓婆名伽，母伯牙氏。父母以無嗣，求子於西嶽香山寺。天帝以其父親好殺，奪其嗣，而與之女，長為妙清，次妙音，三妙善。三女長大後，長、次結婚，而妙善拒絕成婚。妙莊王將她禁於後園中，妙善志彌篤，一心向佛。後其父親許其出家於汝州龍樹縣白雀寺，暗命該寺尼姑苦之，欲使放棄出家之志，還俗成婚。「妙善朝汲水，暮聽釋，晨焚香，畫柴炊，毫無難色。」許多神靈被她所感動，下界幫助她完成任務。一時，寺中靈異大現。尼姑大懼，告妙莊王。妙莊王派五城兵馬焚寺，妙善咬指噴血，成紅雨，火滅，僧尼無恙。妙善被押回宮中，妙莊王命妻子前往勸說，蓋欲妙善結婚，如此則將來可由其丈夫攝國政，大駙馬、二駙馬，都無法擔當治國重任。妙善仍然拒絕結婚，被關入冷宮。父母、宮女等百般苦勸，妙善不為所動，反失語激怒了父親。父親命人將妙善押往刑場處死。臨刑，妙善得神助，行刑者刀槍俱壞，乃以紅羅將妙善絞死。一虎負屍而去。妙善入冥間，遊地府，知果報不虛。她又在地獄誦經，天花亂墜，造惡業者皆得脫離地獄，步向天堂，地獄為之一空。閻羅大懼，乃請妙善還陽。妙善還陽後，釋迦牟尼變化前來，欲與妙善為夫婦，以試妙善向佛之心，是否堅定，遭到妙善嚴辭拒絕。見妙善向佛之心堅，釋迦牟尼現出真身，對她說：「越國南海中間普陀岩，是汝去處。吾代呼地龍化一座

蓮臺，渡洋而過。」於是，白虎為之咬木，伽藍推開福地，八部龍王日夜湧潮，四部天王為之柱石。妙善坐普陀巖，九載功成，割手目以救父病，持甘露以生萬民。左善才為之普照，右龍女為之廣德。感一家骨肉而為之修行，普昇天界。玉帝見其福力遍大千，神應通三界，遂從老君妙樂之奏，封為大慈大悲救苦救難南無靈感觀世音菩薩，賜寶蓮花座，為南海普陀巖之主。玉帝又賜其父妙莊王為善勝仙官，其母伯牙氏為勸善菩薩，其大姐妙清為大善文殊菩薩，青獅騎座，其次姐妙音為大善普賢菩薩，白象騎座。這一故事，有六丁、八洞神仙、十殿閻王和土神等等中國傳統神靈和已經中國化了的佛教神靈攙雜其中。如此糅合佛道以及中國民間傳統神靈，且觀音乃玉帝所封，與中國固有的道教信仰和民間信仰相結合，更使人容易接受。又，團圓而又證果，乃戲曲小說中團圓而又中狀元、得高官、受封典的又一種表現形式。

　　文殊和普賢，也是佛教中的兩位菩薩。他們常侍立於釋迦佛的左右。文殊乘青獅，普賢騎白象。他們都是男子身。《蓮社高賢傳・曇翼傳》云：「普賢大士化女子身，披彩服，攜筠籠一白豕，大蒜兩根。至（曇翼）師前曰：『妾入山采薇，日已斜，豺狼縱橫，歸無生理，敢托一宿。』師力卻之。女復哀鳴不已。遂令居草床上。夜半號呼腹痛，告師按摩。師辭以持戒，不應手觸女。號呼愈甚。師用布裹錫杖，遙為按之。翌日，女以彩服化祥雲，豕變白象，蒜化雙蓮，淩空而上。」《三教源流搜神大全》等所載觀音故事，則將文殊和普賢都說成是女身，且與觀音是親姐妹。這對素有注重親屬關係傳統的中國人來說，觀音的影響，無疑會更大。尤其是那些信女們，會由此引發出多少神往！

　　其實，觀音來駐我國浙江普陀的故事，在《三教源流搜神大全》成書以前，就早有了，普陀也早已以佛國著名。宋人洪邁《夷堅三志》已卷《余觀音》云，余某篤信觀音。某次航海途中，余某得病。同人將他棄於一荒島，只留少量藥物和食品，與約曰：「若得平安，船回經此，再上船歸。」余某乃遙望普陀山，連聲念菩薩不已。頓時，衆人盡聞菩薩於空中說法，並越來越近，見一僧左手持錫杖，右手持淨瓶，走上荒島，以淨瓶中水付余某飲，余某頓時痊癒，回到船中。這僧人，當然就是觀音菩薩所化了。

　　印度佛教傳說中云，觀音所住的宮殿，在補陀洛（Potalaka，或作 Potala、Potaraka，又譯為補陀洛迦、補陀洛伽等），其地位於印度南海岸，對其地的描寫，見《新譯華嚴經》卷六十八等。我國的普陀山，在浙江省定海縣東海中的舟山群島。東漢的梅福、晉朝的葛洪先後隱居於此山，並因梅福而被取名為梅岑山。這樣說來，此山實在是座道教的名山呢！唐代大中年間，有一印度僧人在此山焚燒十指，據說他看見觀音菩薩現身說法，並給他七色寶石。此故事傳開後，此山就被當成了觀音顯靈的聖地。五代後梁貞明二年（916），日本僧人慧鍔從五臺山帶了觀音像回國時，乘船經過梅岑山附近時，也許是因為海潮流動的原因，船輾轉不前，所以，他們就認為，觀音菩薩要住在這裏，不願意離開。於是，好事者就在山上建造了一座佛寺，名寶陀寺，來供養觀音。梅岑山也因此被按照佛經中觀音居住之地的名字，改成了普陀山。此後，朝拜的人越來越多，山上的佛寺也越來越多，普陀山就成了我國的佛教四大名山之一。見《普陀山志》等。Potalaka 的意譯，是「小花樹」、「小白花」、「海島」等。近代定海有個詩人，叫屬志，他的號就叫「白華山人」，此號就來於 Potalaka 的意譯，

「花」、「華」二字，在古漢語中，是可以通的。

　　普陀以佛國著名以後，去朝拜觀音的人極多。有關普陀觀音現身顯靈的故事，自然也就多起來了。上文所舉《余觀音》就是一例。此外，明人陸容《菽園雜記》卷十二，清人王漁洋《居易錄》，俞樾《茶香室三鈔》卷十七等都有記載。當然，這些都是後話了。

　　中國觀音的故事，明顯是起於北方的香山，那麼，為什麼香山觀音的名氣，遠遠不如普陀觀音的名氣來得大，故事也遠遠不如普陀觀音那麼多，這是什麼原因呢？普陀在海中，古代航海或捕撈，是很危險的，越是危險，人們就越是希望有神靈保佑，在海中的觀音，自然就當起了航海者或捕撈者的保護神，在當地發揮著媽祖娘娘（天妃）的作用。這是個很重要的原因。

通俗小說一部：《南遊記》

　　《全像觀音出身南遊記傳》，題「明西大午辰走人訂著，朱鼎臣編輯」，明煥文堂楊春榮刊本。《古本小說叢刊》第十六輯第一冊影印，書中題作《新鍥全相南海觀世音菩薩出身修行傳》。此小說情節略為：

　　金天大昊氏十一年，有西域王靈人，姓婆，名伽，表字羅玉，自十七歲起兵，二十歲登位，國名興林，年號妙莊，得天下已三十六載，天下安樂。王乏子嗣，遂到華山求子，命僧道廣建羅天大醮七日七夜。所辦建醮祭物中有「豬四隻，太和雞八對，曲江魚十尾」等水陸珍饈。

　　妙莊王乃嗜殺之君，不當有子，但因建醮，西嶽神擬予其善報，乃呼千里眼、順風耳，觀「修善的人，可著他去降世報生，以救天下

萬民苦難，一則不絕他之後，二則使善人得以救世」。有鷲嶺孤竹國祇樹園施勤長者，已三代修善。其三子施文、施晉、施善，也都修行。一日，王喆等強盜被官兵追殺，到施家乞食而施家不予，王喆等乃肆行殺戮。玉帝大怒，將施家三兄弟拿入神霄洞監禁。嶽神奏過天帝，將施家三兄弟真魂付與妙莊王為女兒，是為妙清、妙音、妙善。

這些情節都從《三教源流搜神大全》之說敷衍開來。此下情節，如抗婚、白雀寺靈異、刑場獲救，地獄之行等，也一本《三教源流搜神大全》。妙善還陽後，釋迦指點她到香山修行，而「香山乃自古隱仙之所在，越國南海中間，上有普陀岩，可以修行。」妙善以路遠肚饑為慮，釋迦乃予一桃，云食之可以「四時無渴，八節不饑，永無榮枯，長生不老。」妙善得桃，乃往香山。太白金星見妙善行步艱難，乃使香山土地化虎助之。妙善在香山苦修，九載道成，又化善才、龍女為弟子。此將「香山」與「普陀」結合在一起，即香山在普陀，而與河南汝州之香山無涉矣。

此小說「救父」部分最為出色，情節波瀾起伏，引人入勝：玉皇知妙莊殺父焚寺等惡事，命溫元帥使法，使妙莊王身發惡瘡，極為痛苦。妙善知之，云：「我雖能成道，父母豢養之恩，亦當補報。」遂決意救父，「一來報他養育之恩，二來顯得我修行有用。」妙莊王出榜文，能治癒其病者，國王以天下讓。妙善乃化一老僧，揭榜視病，云以香山仙人手眼合藥，方能醫治。妙莊王大女婿文狀元趙魁，二女婿武狀元何鳳，恐老僧得天下，乃差人投毒殺妙莊王、僧人，事未成而敗，二人自經死，兩公主被囚冷宮。丞相趙震至香山，取得仙人手眼，回宮作藥療莊王疾，立癒。莊王欲予僧國，僧辭，但以「仁民愛物，不嗜殺人」為勸，騰空而去。妙莊王欲赴香山謝施手眼之仙姑。

為世尊把門之青獅、白象，乘世尊赴王母蟠桃會之機逃脫下界。此二妖欲與二公主相配為夫婦，二公主不從，被關入萬花谷中，五松岩內。二妖又至宮中等地為非作歹。妙莊王赴香山途中，亦為二妖所擒。妙善奉玉帝旨，與李天王等一起，收伏二妖，救妙莊王和二姐等。妙莊王知道一切，深為感動，深表懺悔。得佛同意，青獅、白象歸妙善教化。玉皇頒詔，妙善、妙清、妙音、妙莊王夫婦之封典，略同《三教源流搜神大全》所載。總的來說，此小說完全是一部神魔小說了，當是在明代神魔小說大環境下產生的。

戲劇：《香山記》

清人董康《曲海總目提要》卷十八有《香山記》一條，云明萬曆間作，有羅懋登為序，疑即其所撰，序云二南里人，蓋陝西人。此劇全稱為《觀世音修行香山記》，收入《古本戲曲叢刊二集》。莊一拂《古典戲曲存目彙考》（第 1609 頁）下編《傳奇》五著錄此戲，云「今京劇《大香山》殆脫胎於此」。2003 年 10 月 15 日《深圳熱線》網站「大近視」欄目，轉載《世紀中國》傅謹《近五十年禁戲略論》云，1950 年 7 月文化部戲曲改進委員會以中央政府名義頒佈了 12 個劇目的禁演決定，其中就有《大香山》。現早已開禁。

此劇三十齣，為：1.副末開場；2.眾友遊芳；3.莊王設朝；4.群臣祝壽；5.命結彩樓；6.花園受難；7.鬼判助力；8.貶女出宮；9.眾尼禮佛；10.至庵飯偈；11.佛殿拂塵；12.玄機授善；13.降旨辦齋；14.磨房冷清；15.砍柴受碌；16.采芹遇佛；17.修齋候駕；18.駕至庵門；19.命焚庵寺；20.韋馱護法；21.肘解上京；22.法場梟首；23.黑虎馱屍；24.遍遊地獄；25.五十三參；26.宣經普度；27.莊王害毒；28.榜招醫士；29.捨

身救父；30.正果團圓。就情節結構而言，也與前幾篇作品差不多，不外妙善違旨抗婚，出家修行，妙莊王設磨難，妙善得度難關。妙莊王殺僧尼，妙善顯神通。妙莊王命人殺妙善，妙善獲神助，魂遊地府，出而繼續修道，道成，施手眼救父，以證果並團圓終。但是，具體的情節設置，此劇還是有創新之處的。

　　首先，第二齣至第五齣這四齣戲中，雖然只是交代「妙善拒婚」而已，但排場做足；應試書生張瓊等遊春賞花，妙莊王設朝，群臣祝壽，五鳳樓前高結彩樓，國王為次女招取駙馬（大女兒在此之前已經成婚）。青年書生們俊美風流的扮相，廟堂上莊嚴高貴的場面，彩樓華美光豔，樓前氣氛熱烈，這些，正與戲劇手段相合，而戲劇效果強烈，蓋戲劇手段不僅能很好地表現這些內容，而且正好宜於表現這些內容，還正需要以這些內容來滿足觀眾。戲劇是視覺、聽覺的綜合藝術，最為直觀。觀眾的文化水平參差不齊，但總體而言未足以稱高，故此類熱烈而又帶有俗氣的美、離奇的情節和誇張的場面與表演，確實能滿足大部分觀眾的欣賞趣味。

　　其次，在抒情方面，此劇遠勝於此前的同類題材的小說類作品。我國小說，不管是文言小說，還是白話小說，一般來說，長於敘事，而短於抒情，至少，抒情遠短於敘事。文學中的抒情任務，則由詩詞來承擔：「詩言志，歌緣情。」詞是從詩中派生出來的，其功能也正是言志抒情。這是我國文學作品體裁的分工不同，戲曲就不同了，敘事而又兼抒情，所謂「白以敘事，曲以抒情」是也。「白以敘事」，推動情節的發展；「曲以抒情」，細膩地表現人物的內心世界。追根溯源，曲與原生態的詩詞實際上正是同類，其功能也正是抒情。在戲曲出現之前，我國敘事藝術、抒情藝術早已成熟，高峰多多，故戲曲

出現未久，就達到高峰，呈現出大盛的局面，不似散文、詩詞之經數百年而後大盛。因此，僅就劇本而言，戲曲是敘事藝術和抒情藝術的結合，不僅長於敘事，也長於抒情。

在觀音成道題材小說中，抒情正是一短，所占篇幅不多，手段也不高明，效果也不強烈，有的甚至只是隻言片語而已，那就益不可言了。國人向重家人骨肉之情，此故事寫一次次的人倫巨變，而未突出人倫之情，不能不說是一大遺憾。這一戲劇中，這一遺憾得到了很大的彌補。有的抒情唱詞，很能動人，如第七齣妙善出家，二姐相送：

> 二姐：涕淚交流，姐妹恩情兩意投，父母恩深厚，忍得下多屑愁！
>
> 妙善：辭別去，珠淚垂，姐妹恩情兩下離。非奴把親拋，非是奴將親拋，捨只為父王嚴刑，到佐了割恩斷義。
>
> 合唱：舉眼相看，汪汪，盡都是流淚。
>
> 二姐：賢妹且聽拜啓，骨肉恩情兩下離。忍下得把親拋，忍下得將奴棄？十分虧你，你真是個鐵打心腸，到佐了割恩斷義。
>
> 尾聲：姐妹今朝分離去，誰知兩下各東西。姐妹本是同林鳥，大限來時各自飛。
>
> （第二十齣，妙善將處以死刑，二姐生祭之，）唱道：「一巡酒滿斛送嫡親，堪憐手足生析分。今朝祭奠，好傷情也。割斷恩和義，汪汪淚似傾。苦也麼傷情，鐵石人聞也淚淋。二巡酒滿斛，眼中淚血痕。父王不念骨肉親，猶如鴻雁被所擒，也落在天羅網，無情苦怎禁？三巡酒滿斛，情怎忍，生離死別前世因，哭得我肝腸斷，立時分也，姐妹恩情，別不能夠再見你！同胞骨

肉恩情斷，除死黃泉再見伊。斷腸腸斷腸腸斷！正是斷腸人送斷腸人！」

此劇中，妙善的母親、大姐和大姐夫，都提到了，最後母親還昇天，被賜以封號，但他們都無所表現。妙善二姐夫的戲也極少。這是個缺陷，還是沒能充分地表現家人骨肉之情，這也許是受到了演員的限制吧。創作還要受演員的限制嗎？這要看具體情況了。有的劇本是作者為某一劇團量身訂製，這就不能不受到演員狀況的限制。有的劇團，為了與劇團演員的狀況相適應，刪改某一劇本，這種情況也是有的。劇本輾轉傳抄，流傳下來的說不定是量身訂製的或經過刪改的，這樣的劇本，就是受到了劇團演員狀況的限制。就像這個劇本，劇中一系列的人倫巨變，都以妙善為中心，而妙善的母親和大姐，卻並沒有什麼表現，甚至出現也沒有出現，這無論如何也是個缺陷，沒有什麼文化的觀眾，也會以常理感受到這一點，作者也不會這麼粗心，留下這一缺陷而竟然不知、不補。最有可能的就是，這是作者為劇團量身訂製的，或是某劇團為演出而將原來的劇本改變刪節的。當然，也許有別的原因，詳見下文《海潮音》部分。

再次，劇中，妙莊王處罰、處死女兒的動機得到了加強。虎毒不食子。父親要嚴酷地懲罰乃至用殘酷的方法處死親生女兒，必定事關重大。如果只是為了抗婚，即使處以懲罰也是有限的，絕不至於處死。此前同題材小說中，只是說妙莊王認為妙善乃妖魔托生其家，故要殺死她。此劇中，則又加了一個理由，這就是維護他的絕對權威和作為一個大國國王的國際影響，完全是為他一己考慮。第四齣中，妙善抗婚，妙莊王云：「俺居王位尊九五，振（鎮）壓諸邦，尚有女不

能承治，招惹得諸邦談議。」「內使押宮（公）主到花園挑水映（養）花，我出下反旨：桃花九月開，菊花三月放，方許她出家，風吹日曬受辛苦。」這些不可能出現的現象竟然在花園出現，於是妙莊王只好讓妙善出家。妙善出家後，又在神靈的幫助下完成了妙莊王交給的常人無法完成的任務，不肯還俗成婚。妙莊王又道：「我今有女不能治，空惹得外邦談議。如今不合吾意，寺與庵一起壞取！」命軍隊放火，欲將包括妙善在內的僧尼盡行燒死。這些就強化了妙莊王這一暴君的形象：他為了維護自己的權威，竟然不惜犯下如此暴行，連自己的女兒都不放過。

第四，與此前同題材作品相比，增加了某些社會內容，對宗教神異有所超越，實際上進入了寫實的範圍。如第七齣妙善拒婚，道：「姻緣二字有甚好處？姻緣好似風浪險，浪裏浮沙水上萍，提起教人珠淚淋。」舊時婚姻不是當事人自主的，遭遇「惡姻緣」的人，特別是婦女，定然不少，這樣的唱詞，就很容易引起他們的共鳴，由此吸引他們一次次地觀看，或許還能引出他們的眼淚也說不定，這就加強了戲劇的效果。當然，這種社會內容，在此劇中還是不多的。

第五，觀音對「舉家證果」的功用得到了強化。劇本結尾，玉皇頒旨：「封妙善大悲大慈救苦救難靈感觀世音菩薩。……云一子昇仙，九祖昇天，若不昇天，諸仙妄言。今封妙莊王為伽藍土地，慈悲母封天仙聖母，二駙馬封為東、西二如來，慈悲二姐封為文殊、普賢，賜坐獅座、象座蓮花。」佛家認為，一個人的一切都是「自作自受」。妙莊王未曾修行，還造了許多大惡業。妙善的母親，兩個姐姐，兩個姐夫，都沒有修行，有的甚至只是在劇中被提起，連出現也沒有出現，憑什麼都能受封昇天？「一子昇仙，九祖昇天，若不昇

天，諸仙妄言。」原來他們昇天，都是妙善一人之功。不過，這「九祖」當為「九族」才是。這與「一人得道，雞犬昇天」一樣，和韓湘子故事中其七代祖宗因他而居住崑崙仙界一樣，是當時社會政治的反映。（韓湘子事，見拙著《八仙故事源流考》。）

此外，劇中妙善之前身，已不是施勤長者之子施善，而是上界「正法明王，偶因犯了佛法，貶在陽間，出世修了九世」。這樣，妙善的來頭就更大了。觀音成道、居住之地也仍是香山，而與普陀無涉，這也許是劇作者為北人之故。

戲劇：《海潮音》

董康《曲海總目提要》卷二十一云：「《海潮音》，系蘇州人張心其作。心其居閭闔外寒山寺，自號寒山子，粗知書，好填詞，不治生產，性淳樸，亦頗知釋典。《醉菩提》亦其所作也。此劇據《香山寶卷》觀音大士修道因緣，其曰《海潮音》者，《普門品》云，『妙音觀世音，梵音海潮音，勝彼世間音，』故演觀音事，目為《海潮音》也。」莊一拂《古典戲曲存目彙考》云，張彝宣，一名大復，字心期，一字星期，江蘇吳縣人，約清順治末前後在世。「著有《寒山堂曲譜》，考訂最精，與鈕少雅《南曲九宮正始》並稱，世號鈕張。《新傳奇品》稱其詞如『去病用兵，暗合孫武』。」又云其《海潮音》「與闕名《香山記》傳奇，大略相同」，則不盡然。

此劇有《古本戲曲叢刊二集》本，為影印程氏玉霜簃藏舊鈔本，字小而略帶草，有些字難以辨認，第一齣與第二齣的前面一部分殘。

劇情概要如下：妙莊王被妖道修羅剎所惑，殘害生靈煉仙藥。妙莊王季女妙善苦諫父親，又斥修羅剎，被妙莊王打入冷宮。修羅剎誣

妙善對父親行詛咒之術，妙莊王欲殺妙善，王后與妙善之姐苦求，方免。妙善被發到白雀寺為尼。修羅刹欲以文武二魔為妙莊王之婿，共治國家，而以妙善為一難。國王派人攜書召妙善回宮，王后又到寺中勸妙善回宮，妙善皆不從。武魔領兵前往白雀寺屠殺僧尼，為佛門聖嬰所殺，化為蟒蛇。修羅刹鼓動妙莊王滅佛。妙善以擔水為生，為妙莊王所見，妙莊王在修羅刹挑唆下，下令絞死妙善，屍體為虎馱去。修羅刹親臨刑場，欲大殺僧尼。途中，李監行刺修羅刹未成，殺其二弟子。此二弟子死，化為一虎一狼。聖嬰殺死修羅刹，修羅刹化為一大龍，眾僧尼得救。妙善在地府獲禮遇，成菩薩。王后因思女而盲，妙莊王身患惡疾，妙善施雙手為藥，治妙莊王夫婦，皆得治癒。妙莊王夫婦上香山拜謝，方明因果。妙莊王知惡孽深重，棄下江山，歸佛門修行。

在同類題材作品中，此劇成就最高，思想意蘊最為深刻，內容最為豐富，藝術表現方面，也有特色，在總體上遠勝於《香山記》。

忠奸戲、神魔戲、仙佛度化戲是古典戲曲中的大類別。前者是現實的，後二者是超現實的。後二者之間也有種種區別。奇妙的是，此戲竟然是此三類戲的融合之作。當然，從總體上說，此戲是神魔戲，但有忠奸戲的內容、仙佛度化戲的格局。

從忠奸戲、神魔戲的角度而言，此戲有明代宮廷朝政的影子在。明代忠奸鬥爭之激烈、慘烈，為時之久，高潮之多，影響之深遠，都是我國歷史上封建社會中所少見的，此不待言。神魔虛幻，又如何會與宮廷朝政相聯繫呢？神魔自然不會與宮廷朝政相聯繫，但假借神魔之僧道，與宮廷朝政相聯繫，甚至很大程度地影響宮廷朝政，則歷史上屢屢見之。有明一代，好道術之帝王不一，道教勢力大盛。《正統

道藏》就以編印於明正統年間而得名。道教之中,流派不一,其中全真一派,養性修真,無借乎鬼神方術,然因於元代曾為御用道教,至明而式微。(參見拙著《八仙故事源流考》。)借助於方術之符籙派、丹鼎派大行於世,而與宮廷朝政發生關係者,則為丹鼎派之末流,以邪術煉仙藥惑要人乃至皇帝,以售其奸。仙藥有二,一為長生不老之藥,一為房中藥,亦有二者合一者。明享樂之風大盛,而以淫為尤著。魯迅曾云:當時士大夫不以談房室事為恥。故房中藥尤為人注目,有以之獻政要而獲官者,有以之媚皇帝而得寵者。趙翼《廿二史劄記》卷三十四《成化嘉靖中方技授官之濫》云:此二朝道術之士事皇帝得富貴者多人,有官一品、蔭子孫者。二朝中,又以嘉靖朝為甚。「蓋憲宗徒侈心好異,兼留意房中秘術,故所泥多而非誠心崇奉。世宗則專求長生,是以信之篤而護之深,與漢武之寵文成、欒大,遂同轍。臣下有諫者,必坐以重罪。後遂從風而靡。」中華書局1974 年版《明史》卷三百七《佞幸傳》中所載佞臣,多成化和嘉靖兩朝的方外之人。成化帝寵幸僧道,僧道因此得富貴者極多。嘉靖帝所寵幸之方外之人,則是清一色的道士。如陶元節,貴溪人,龍虎山上清宮的道士即是。「嘉靖三年,徵元節入京,見於便殿,大加寵信,俾居顯靈宮,專司禱祀。雨雪愆期,禱有驗,封為清微妙濟守靜修真凝玄衍範志默秉誠致一真人,統轄朝天、顯靈、靈濟三宮,總領道教,錫金、玉、銀、象牙印各一。……(元節)預宴奉天殿,班二品,贈其父太常丞,母安人,並贈文泰真人,賜元節子一玉帶。給事中高金論之,帝下金詔獄。敕建真人府於城西,以其孫敢南為太常丞,曾孫時雍為太常博士。歲給元節祿百石,以校尉四十人供灑掃,賜莊田三十頃,免其租。又遣中使建道院於貴溪,賜名仙源宮。既成,乞假

還山，中途上奏，言為大學士李時弟員外汶所侮。時上章引罪，汶下
獄獲譴。……（帝）數加恩元節，拜禮部尚書，賜一品服。孫啟南、
徒陳善道等咸進秩。」比元節稍後而能與之相伯仲的，是道士陶仲
文。嘉靖中，明世宗寵信仲文，「專事靜攝。太僕卿楊最疏諫，杖
死。朝廷震攝。大臣爭諂媚取容，神仙禱祀日亟。以仲文子世同為太
常丞，子婿吳濬、從孫良輔為太常博士。帝有疾，既而瘳，喜仲文祈
禱功，特授少保、禮部尚書。久之，加少傅，仍兼少保。」仲文請建
雷壇於鄉縣，「督趣甚急，公私騷然。御史楊爵、郎中劉魁言及之。
給事中周怡陳時事，有『日事禱祠』語。帝大怒，悉下詔獄，拷掠長
繫。吏部尚書熊浹諫乩仙，即命削籍。……（帝）日求長生，郊廟不
親。朝講盡廢，君臣不相接，獨仲文得時見，見輒賜坐，稱之為師而
不名。心知臣下必議己，每下詔旨，多憤疾之辭，廷臣莫知所指。」
此外，嘉靖帝寵信的以道士為主的騙子，還很多。「帝益求長生，日
夜禱祠，簡文武大臣及詞臣入值西苑，供奉青詞。四方奸人段朝用，
龔可佩，藍道行，王金，胡大順，藍田玉之屬，咸以燒煉符咒，熒惑
天子。」《佞幸傳》中，記載他們以所謂長生之方藥誘騙皇帝而謀取
富貴之事甚多。如申世文，陶世恩，陶倣，劉文彬，高守中等，亦都
是其類。此劇中修羅剎出場時云：「見妙莊王國中，邪氣太重，魔障
可入，因此扮作雲遊道人來見他，初時被我一席話，撬著他癢處，即
尊我為師，謹執弟子禮。」「等他許盡至誠，方才把些旁門外道、障
眼之法，弄得他昏頭搭腦，到不得山河也是我的，王后、公主，也是
我的，可不是一樁美事？」他慫恿妙莊王殘害生靈煉仙藥：「以五歲
以下、三歲以上嬰兒三百六十，取其腦髓，加以丹砂藥物，清晨服
之，名為蓮花飲。」「可擇幼女十三歲以上、十六歲以下三百六十

名，每夜幸其一，再授汝降龍伏虎，參九淺一深之法，名為海棠丹。」此正是影射明朝皇帝好邪術、摧殘生靈煉仙藥求長生事。《西遊記》中也有此類內容。

在與妖道修羅刹的鬥爭中，儒佛二家是站在同一邊的。這也是本人認為此戲有忠奸戲因素的依據。忠奸戲的一般模式是：奸臣矇騙皇帝，利用皇帝來摧殘忠臣，以遂其私欲。在一系列的鬥爭中，忠臣一方經歷磨難、失敗甚至犧牲，爭取皇帝明白真相，奸臣事敗受到懲罰。此戲正是合於這樣的模式。但是，尤其重要的是此戲所表現的思想內容。忠奸戲中，忠臣總是體現正統的儒家理想，而奸臣只是體現邪惡和私欲。在此戲中，修羅刹是體現邪惡和私欲的奸臣，這毫無疑問。可是，另一方面的妙善，能算是忠臣嗎？這裏有兩個問題，妙善只是公主，並不是大臣，此其一。其二，妙善是佛家人物，在與修羅刹鬥爭時，她雖然還沒有成為菩薩，但志在佛門，這是很明確的。不過，這兩個問題，在劇中都得到了解決。第一，妙善諫妙莊王殘害生靈煉仙藥，斥修羅刹為妖道，代表了當朝大臣們意旨，在與修羅刹的鬥爭中，她是與大臣們站在一邊的。第七齣中，修羅刹云：「妙善在父親面前盡情誹謗，被妙莊王貶入冷宮，因此滿朝文武，雖然不敢明言，卻暗暗的懷恨著我，若不把她陷於死地，如何後來行其大事？」妙善諫父親時，妙莊王亦云：「那滿朝文武，多來苦諫，被我盡皆處死！」第二，妙善用以諫妙莊王者，不是佛教思想，而是地地道道的、正統的儒家思想。如第三齣中，妙善諫妙莊王云：「兒聞神仙修煉，要仁慈濟物，清淨無為，未聞以邪行枉殺而能長生者。況害人之命而欲延我長生，可謂仁乎？聽邪人之外教，傷君臣之大和，可為義乎？屈天子之尊，反下黃冠而拜，可為禮乎？政治一廢，外邦起謀，

國亂身危，可為智乎？邪人加之以師禮，直臣則責之以重刑，邪正不分，賞罰倒置，可為信乎？五倫皆失，三綱不正，妄言神仙，豈不誤耶？」這樣就使此戲中的衝突，在相當程度上表現為儒家思想與奸邪的衝突，因此而具有忠奸戲的性質。

此劇從總體上說，主要是神魔劇，表現為佛教中神靈與外道邪魔的鬥爭。這種鬥爭並不是表現在理論上的，因為戲劇表演，不適宜表演宗教的論爭，況且劇作家也不是精通二教理論的學者，觀眾對宗教論爭也不會有多大興趣。此劇中的佛道鬥爭，主要還是表現在法術上，體現到具體的人物和場景，也並不是妙善與修羅剎的鬥爭，而劇中作為妙善的佛教背景的代表與修羅剎及其部下直接鬥法的，則是長眉尊者善思羅漢及其手下的聖嬰大王等，具體表現，則是雙方鬥法，而以修羅剎一方慘敗滅亡而告終，如長眉尊者等施法術救出將被殘害的兒童和少女，聖嬰大王殺死武魔，善思羅漢與修羅剎鬥法，聖嬰追殺修羅剎。有必要指出的是，在佛經文學作品中，佛、菩薩等佛門人物與邪魔外道鬥法，是不行殺戮的。此劇中，佛家人物，或云已經歸順了佛家的人物，在羅漢的命令下（至少是默許下），開了殺戒。這樣的情節，當是受我國武戲的影響。

為什麼說此劇又有神仙度化劇的格局呢？神仙度化劇的一般模式：被度化者本身是神仙，因有微過被謫下人間，期限已滿，當回仙界。度化者奉命前來度化。度化者通過種種努力，使被度化者消除世俗之念，歸心道門。被度化者又通過度化者所設考驗，最後昇入仙界，眾仙前來接引而去。此劇中，第四齣，長眉尊者云：「因我佛如來，在積寶靈山坐九品蓮臺，大放光明，照徹三千大千世界，忽見西竺國妙莊王公主妙善乃無始以來天地大智慧靈氣化生，當證無上菩

提，雖然宿有因緣，未經魔障，令老僧到彼國土，乘大法力，隨緣方便，普度眾生，懺悔魔業，接引大士。」劇情大體上正是如此展開。此劇與一般神仙度化劇的不同之處在於：一般的神仙度化劇中，主要內容是度化者和被度化者之間度化與反度化的矛盾，而此劇中，則是度化者幫助被度化者度過種種磨難，實現度化。此外，度化進度，也同樣包括了通過考驗：如第十二齣中，已經出家的妙善入山打柴，遇虎狼等猛獸，又遇毒蛇纏其身，她對它們說法，又決定捨身，而諸物自退。

在對付妖魔奸邪時，儒佛是一致的。但是儒佛畢竟是兩家，思想上有種種根本性的不同。別的不說，就是兩家的倫理思想就很難調和。然而，調和二家的倫理思想，正是此劇的一個重要內容。

就儒家觀點來看，作為一個女兒，對父母應該孝順，服從父母的意旨，得父母之歡心。結婚是人之大倫，男大當婚，女大當嫁。妙莊王讓女兒結婚，並沒有錯。妙善拒婚倒是不合情理。（她是拒絕結婚，並非要求婚姻自主。）就儒家觀點來看，妙善如此，自然不能稱孝。就佛家觀點來看，作為女兒，當出家修道。那麼，出家修道，這不就是意味著放棄對父母的孝順、放棄對父母的責任麼？實際上正是如此，但佛教卻不這麼認為。在佛教看來，出家修行，能消除父母的惡業，能拯救父母，這便成就了孝順，因此，提倡出家，與國人傳統的儒家倫理觀念並不矛盾。觀音成道的故事，不管是哪種版本，都是表現儒家倫理觀念和佛家倫理觀念的矛盾，而最終以佛教為歸。妙善捨手眼救父親惡疾，正是出家修行能消除父母惡業、拯救父母的形象說教。

佛家提倡出家修行以成就孝，其中有難以解決的理論問題。其一，儒家的孝是現實的，可以驗證的。一個人對父母孝還是不孝，標

準明確，極易評判。佛家所提倡的出家修行消除父母惡業、拯濟父母，則是非現實的，超驗的。人們既無法肯定，也無法否定，爭論起來，也是後息者勝而已。因此，出家修行究竟是否能成就佛家所說的孝，既無法肯定，也無法否定，沒法回答。其二，在儒家學說中，孝就是愛父母，對父母感情深厚，存乎其內，就是孝心，發乎其外，就是孝行。但在佛家的學說中，問題就出現了。即使按佛家的說法，出家修行能成就孝，孝就是愛父母，這就與修行相違背了，因為佛家修行之要，就是消除世俗的感情。愛情固然是世俗的感情，而對父母的感情又何嘗不是世俗的感情，又何嘗不是佛教修行要消除的對象？出家修行能成就孝道，而修行本身又排斥包括對父母感情在內的世俗之情，豈非一大悖論？不像上一個問題那樣可以違避，但又如何作出合理的解釋呢？此前的觀音成道故事中，妙善對父母的感情，或被淡化，或被忽略，為此甚至將妙莊王殘暴化、將王后略去不出現，於是，在一定程度上違避了這一問題。此劇並沒有回避。妙善的母親、姐姐都出現在戲中，都對妙善表現出深厚的感情。那麼此劇是如何解決這一問題的呢？這就是將情與恩分開。妙善對父母「無情」，但「報恩」。劇中妙莊王聽信修羅剎之言，將已在白雀寺修行之妙善許配給武魔為妻，並云妙善若抗旨，就把連妙善在內的一寺僧尼「盡皆殺之」。妙善果然抗旨，眾僧尼勸說也無效。妙莊王欲發兵屠殺，妙善母苦諫，求再給一次機會，她親自前往，勸說妙善回宮成婚。下面是王后到白雀寺與妙善相見後的對話：

> 母親：我兒嚇，你這般模樣，痛殺我也。
> 女兒：母親不必傷悲，聽孩兒道來。【耍孩兒】身命薄把爹娘

誤，又昊天恩未曾報補。十六年教養身長大，只指望成家立門
戶，誰知道鏡中花影綠，月照波流總是虛。安身地，尋何處？
跳出了繁華火宅，覓一個清涼幽居。

母親：你父王已回心轉意，招選駙馬，迎你回宮，成其百年大
事，共掌河山。

女兒：母親此話不須提起。【三煞】舊冤家，親眷屬，結歡
娛，聚痛苦，我怎肯再向這繁華住？兒本是餐霞宿露麋鹿性，
休認做抱玉眠香鸞鳳娛。倒不如早些兒各自尋門路。你要兒重
回宮苑，別除非立見身殂！

母親：你雖不念父母姐妹，做娘的哪裡割捨你下？

女兒：母親你卻好傷心也。【煞】上復爹行休見差，還勸我娘
親免痛苦。人生聚散無憑據。

母親：今日生死要同我回去！

女兒：孩兒回去不得。兒做了花殘難再向枝頭綴！水去何曾復
轉途！只當兒做歸陰府，若得個蓮花足底，那時天路同扶！

母親：你一意不肯回宮，兀的不痛殺我也！（昏死過去）

女兒：母親醒來者！【煞尾】不孝兒累娘心楚，愛情深怎不回
護！勸娘行早莫回頭，莫要閑思慮。復君王放孩兒一線的偷生
路！（下）

侍者：娘娘蘇醒，公主娘娘頭也不回，竟下山去了！

　　母親如此愛女兒，以至於昏死過去，而女兒竟不等母親醒來，徑
自離開了。母親之死活，全然不放在心上可知。這樣的女兒確實是
「無情」，難怪可以修成至道了。但是，這種行為，儒家無法容忍，

大眾也無法容忍！為了彌補這一點，作者又寫了她的「報恩」意識。第十七齣中，妙莊王下令處死妙善，妙善云：「此身乃父母之身，今日交還父王，有何不可？」「父王容孩兒拜別。父母恩德昊無窮，報施難共。此生本是爹娘種，盡交還，留我靈光用！」第二十二齣，公主已成觀音菩薩，香山還魂，善思羅漢前去拜見，云：「弟子奉佛旨，接引大士歸西，身證菩提。」妙善以有三願未曾報得為辭：「第一願未報三寶恩，第二願未報天地恩，第三願未報父母恩。」在聽到父母之病後，妙善云：「以此肉身爹娘所托，將此慈心聊為報答。恩罔極，義非薄，怎忍教他業深疾惡？」第二十八齣，妙莊王夫婦等上香山，明白此段因果，向妙善求救。妙善云：「我和你雖是宿世冤愆，也是生身父母，天恩豈能斷絕？請起，洗心懺悔。」這樣，悖論就得到了解決：對父母之情不可有，有則妨礙佛道；對父母之恩必當報，不報便不合天理，為大眾所不容，報恩之極，此身可捨。這就在一定程度上調和了儒佛兩家的倫理觀念，能使大眾比較容易接受。可是沒有了感情的恩，與債務有什麼兩樣呢？如常人用以待父母，也是不能被社會接受的。就憑這一點，一直到今天，佛教就不可能摘去「異端」的帽子。

在同類題材的作品中，此劇與佛教經典結合得最緊密。有些地方，大量引用佛典。如妙莊王醒悟後，妙善說法，向他講述觀世音神通：「聞名及見身，心念不空過。能滅諸有苦。假使具害意，推落大火坑，念彼觀音力，火坑變成池。或漂流巨海，龍雨諸鬼難，念彼觀音力，波浪不能沒。或在須彌峰，為人所推墮，念彼觀音力，如日虛空住。或值冤賊黨，各執力加害，念彼觀音力，咸即起慈心。或遭王難苦，臨刑欲壽終，念彼觀音力，刀尋段段壞。或因禁枷鎖，手足被

杻械，念彼觀音力，釋然得解脫。咒詛諸毒藥，所遇害身者，念彼觀音力，還著於本人。或遇惡羅剎，毒龍諸鬼等，念彼觀音力，時息不敢害。如惡獸困繞，利牙爪可脫，念彼觀音力，疾走無邊方。蚖蛇及毒蠍，氣毒焰火燃，念彼觀音力，尋身自回去。雲雷鼓掣電，降雹澍大雨，念彼觀音力，應時得消散。眾生被困厄，無量苦逼身。觀音妙智力，能救世間苦。」這一大段，本佛經《妙法蓮華經》卷七第二十五品《觀世音菩薩普門品》原文，僅略加點綴、變本加厲罷了。

第十五齣中，妙善被善思羅漢接引到佛處。佛云：「世間無所不苦，汝當無所不救。如若有善男子、善女人、國土眾生，應以佛身得度者，即現佛身，而為說法；應以帝釋身得度者，即現帝釋身，而為說法；應以天大將軍得度者，即現天大將軍身，而為說法；應以長者、居士、宰官身得度者，即現長者、居士、宰官身而為說法；應以比丘、比丘尼、優婆塞、優婆夷身得度者，而現比丘、比丘尼、優婆塞、優婆夷身而為說法。無所不可普度，無所不可說法。脫離苦趣，同歸極樂。」妙善當即表示：「弟子不普度眾生，同成證果，弟子決不願證佛道。」這一段對話，也是源於佛典《妙法蓮華經》卷七第二十五品《觀世音菩薩普門品》，佛所云，就連語言也與佛典所載基本相同。在這一齣中，妙善就證果，成了觀音菩薩。

第二十齣中，妙善於地獄之中遍覽鬼門關、剝衣亭、血河池、奈何橋、危橋、汙池、人形獸、叫喚地獄、惡狗村、虎狼村、刀山地獄、沸屍油滾地獄、犁耕拔舌地獄、鋸解地獄、傾銅吞火地獄等，導遊者介紹，妙善時時加以評點，云：「天堂、地獄就在眼前了，行善的接引歸西，造惡者陰司受罪，可見報應分明，毫釐不差。」這分明是用以教化百姓。遊覽地獄而展現其情況，此模式出於佛經，但這些

「景觀」，則出於中國佛教，佛經所載地獄中無之。

　　妙善參觀地獄完畢，閻王等以「苦地難以供養」，請妙善「上樂土早證菩提」，但妙善不願成佛道，眾問其故，妙善曰：「妙善不忍見地獄中餓鬼苦，眾生輪迴苦，人間造業苦，直待三千大千世界無地獄、無造業，苦海清涼，化作蓮花，那時才修證佛道也。」第二十二齣中，善思羅漢仗如來法旨，欲指引觀音（妙善）高證無上菩提，觀音發願：「若不度盡眾生，不願成佛道也。」善思羅漢以眾生難度，恐「辜負你慈悲意索」，觀音云：「寧願同沈苦海，決不願成佛道也。」這些，都是本於佛經中的觀音在佛前所發宏願而反復宣揚之，以突出觀音的大慈大悲、救苦救難的大乘精神。這些，本於佛經，也正是佛教的精華所在，值得宣揚，而此前同類題材作品，在這方面是完全忽略的。

　　此戲在處理妙莊王與妙善關係方面，也有勝過此前同類作品處。妙莊王與妙善之間的矛盾，最難以令人信服的是妙莊王何以要對女兒下殺手？在此前同類題材作品中，《香山記》對妙莊王殺女兒的動機有所強化，但理由還是不夠充分。此劇中，妙莊王殺女的理由可以說是足夠充分了，當然有個發展的過程。妙莊王受修羅剎之惑，殘害生靈煉仙藥，妙善苦諫，被打入冷宮，這完全符合情理。修羅剎欲置妙善於死地，陷害妙善，在妙善居住之處掘出木人數百，木人七竅有鐵釘釘定，細書妙莊王御名和生辰八字，說是妙善對妙莊王行詛咒之術。這樣，妙莊王大怒，就動了殺心，下令將妙善斬首。這也符合情理。因為在歷史上，太子以類似的罪名遭殺身之禍的不止一個。在王后、妙善之姐姐的苦求下，妙善才免於一死，但此後妙莊王一不順心，就要殺妙善，其理由恐怕還是詛咒。

在藝術表現方面，此劇較之《香山記》，也有其特色，主要表現在兩個方面，一是有不少武戲，二是有不少喜劇情節。武戲如前所云，有聖嬰大王鬥武魔、李監行刺修羅剎而殺其二隨從、善思羅漢與修羅剎鬥法、聖嬰大王殺修羅剎等。喜劇情節，如善思羅漢等救下將要被蒸煮的幼兒、將要被凌辱的少女，善思羅漢收伏聖嬰大王等。又如成了觀音後的妙善收伏聖嬰大王：

善思：請問大士既不肯歸西，今卜住持何地？

妙善：久聞清靜大海中有一座落伽山，可以普度。

善思：弟子前在火雲洞收伏一個魔頭，名曰聖嬰大王，金剛勇猛，能伏諸魔，已願洗心皈依三寶，在西竺國屢建立功勳，緣該皈依法座，以為護法。

妙善：喚過來。

善思：聖嬰何在？

聖嬰：上大師有何法旨？

善思：來見你主。

聖嬰：大師差矣，你看她一堆白骨，明顯是叫化乞婆，如何是我主人？

善思：休得胡說，乃大慈大悲救苦救難廣大靈感觀世音菩薩。

聖嬰：有何法力，伏我神通？

妙善：既不肯伏我，也不好相強。我有繡帶贈你，可要麼？

聖嬰：這卻用得。

妙善：南無阿彌陀佛。（善思等上前縛住聖嬰）

聖嬰：望菩薩救命，弟子洗心皈依。

　　妙善：既是如此，奉佛旨解此冤結。（善思等放聖嬰）

　　聖嬰：多謝菩薩。

　　武戲和喜劇情節能提高觀衆的興味。武戲熱鬧，演員能以其功夫取勝，吸引觀衆。喜劇情節則能調節氣氛，給劇場帶來笑聲。李漁曾說：「戲場無笑不成歡！」

民間故事數則

　　1.《中國民間故事全集》第二十一冊《安徽卷》有《千手千腳娘娘的由來》云：一殘暴國王有三個女兒，第三個女兒三公主不願意成婚，甘願出家。國王將她送到一個尼姑庵，命老尼姑讓三公主完成難以完成的任務後才允許她出家。老尼姑從命，分派給三公主多項難以完成的任務。三公主憑著堅毅的精神和過人的智慧，先後將這些任務全部完成。老尼姑遵守諾言，乃收三公主為徒弟。國王知之，大怒，派兵焚燒尼姑庵，而三公主得脫。國王生惡瘡，百藥無醫，三公主乃化一道姑前去醫治，說治療此病，須用親人手眼為藥引。大公主、二公主不願意為父親獻出手眼。三公主云可到南山小廟求取。國王上南山小廟，見廟中菩薩像無左手右腳，而其容貌，赫然就是三公主，又見像前拜墊上有一手一腳，並有一素絹，上書「親骨肉，速配藥」六字。國王知其實，大痛。大臣們建議將此像塑成「全手全腳」，國王在悲痛中，將「全手全腳」說成了「千手千腳」，於是，這像就被塑成了「千手千腳」。此寺在青弋江之南，故稱為南寺。

　　2.《中國民間故事全集》第二十二冊《浙江卷》有《千手觀音》故事，也是妙莊王和他的三個女兒的故事，小女兒後成為觀音菩薩，

來到普陀。此與管道昇所撰，最為接近。

3.《中國民間故事全集》第二十四冊《河南卷》有《千手千眼佛》故事，云國王生病，其第三女白果公主獻出手眼救父親，玉帝感動，封白果公主為觀音，為塑「全手全眼」之像。傳旨天官醉後，將「全手全眼」傳成了「千手千眼」。於是，人們用白果樹刻成了千手千眼觀音之像。

4.《中國民間故事集成》之《北京卷》，有《千手千眼佛》故事，云國王患惡疾，出榜招醫生，一和尚至，云須親骨肉一手一眼作藥引。國王大女兒、二女兒都不願意獻出手眼，三公主則為救父親獻出了一手一眼。國王病癒。和尚帶三公主出家，三公主眼睛復明，手復生。其身後長出千手，每手掌心生一眼。此和尚為釋迦牟尼，後此女成千手千眼佛。北京平谷縣峨嵋山水云寺中的千手千眼佛，就是照這公主的像塑成的。

這些民間故事，實際上都是從「香山成道」發展而來的，儘管其中有的故事沒有提到觀音，有的女主人公成了佛。

彌勒系列文學作品研究

《大藏經》中，有關彌勒佛的經有好幾部。如：《佛說觀彌勒菩薩上生兜率天經》、《佛說彌勒大成佛經》、《佛說彌勒來時經》、《佛說彌勒下生經》、《佛說彌勒下生成佛經》等，有的還不止一種譯本，見《中華大藏經》和《磧砂藏》本《大藏經》。

「彌勒」是梵語的音譯簡稱，意譯為「慈悲」。他常懷慈悲之心，故名。他出身於古代印度波羅奈國的一個婆羅門家庭，後來成為

釋迦牟尼的弟子，卻早於釋迦牟尼去世。釋迦牟尼曾經預言，彌勒去世後，將生於兜率天，為諸天神說佛法。釋迦牟尼去世後五十六億萬年後，他才會從兜率天下生人間，並且成佛。因此，他是在未來成佛，是未來的佛。有些書上說他是菩薩，就是這個道理。《佛說觀彌勒菩薩上生兜率天經》中，佛云十二年後，彌勒去世，上生兜率天。此經中用佛經特有的文學手法，極度細緻地、極度誇張地描繪兜率天的種種妙處。有個叫優婆離的，問道：「世尊，兜率陀天上乃有如是極妙樂事。今此大士何時於閻浮提沒，生於彼天？」佛云：「彌勒先於波羅奈國劫波利村波婆利大婆羅門家生，卻後十二年二月十五日，還本生處，結加趺坐，如入滅定。……時兜率陀天七寶臺內摩尼殿上獅子床座，忽然化生於蓮花上，結加趺坐，身如閻浮檀金色，長十六由旬、三十二相，八十種好，皆悉具足。」彌勒為天人說法，「法輪之行，經一時中，成就五百億天子，令不退轉於阿耨多羅三藐三菩提。於是處兜率陀天，晝夜恆說此法，度諸天子。閻浮提歲數五十六億萬歲，爾乃下生於閻浮提，如《彌勒下生經》所說。」《磧砂藏》本《大藏經》第一五七冊西晉月氏三藏竺法護翻譯《佛說彌勒下生經》寫彌勒下生云：大臣修梵摩「是王少小同好，王甚敬愛。又且顏貌端正，不長不短，不肥不瘦，不白不黑，不老不少。是時修梵摩有妻，名梵摩越，王女中最極殊妙，如天帝妃。口作優鉢羅花香，身作栴檀香。諸婦人八十四態，永無復有，亦無疾病亂想之念。爾時彌勒菩薩於兜率天觀察，父母不老不少，便降神下，右脅生，如我今日右脅生無異，彌勒菩薩亦復如是。兜率諸天各各唱令：彌勒菩薩已降神生。是時修梵摩即與子立字，名曰彌勒。彌勒菩薩有三十二相，八十種好，莊嚴其身，身黃金色。……爾時彌勒在家，未經幾時，便當出

家學道。爾時去雞頭城不遠，有道樹名曰龍華，高一由旬，廣五百步。時彌勒菩薩坐彼樹下，成無上道果。當其夜半，彌勒出家，即其夜分，成無上道。」此後，彌勒又將廣為人說法，以弘揚佛法。「爾時彌勒佛為諸弟子說法：汝等比丘，當思維無常之想，樂有苦想，計我無我想，實有空想，色變之想，青淤之想，膨脹之想，食不消想，膿血想，一切世間不可樂想。所以然者，比丘當知此十想者，皆是過去釋迦文佛為汝等說，令得盡有漏心，得解脫。」

　　我國佛教中彌勒佛的形象，與佛經中的彌勒佛形象，全然不同：身胖、面樂、手持一布袋。文學作品中的彌勒佛，從宋代以下，時時有之。陳師道於詩中調侃張耒云：「張侯便便腹如鼓。」黃庭堅詩亦云張耒：「形模彌勒一布袋，文字江河萬古流。」《西遊記》第六十五、六十六回中的黃眉僧，即是彌勒佛的侍童，他偷了彌勒佛的布袋，下界作亂，其「後天袋」是也。金庸小說《倚天屠龍記》中，有「布袋和尚說不得」，他的法寶，也是一個布袋。這些，都與我國的彌勒佛形象有關。

　　中國佛教中彌勒佛形象，來於我國五代時一位名叫契此的和尚，他自稱是彌勒佛的化身。莊綽《雞肋編》卷中云，唐末奉化地區，有一被稱為「布袋和尚」的和尚，「身矮皤腹，負一布囊」，臨終說偈云：「彌勒真彌勒，分身百千億。時時示世人，世人自不識。」後人遂畫其像為彌勒佛。《宋高僧傳》卷二十一（頁 520）《唐明州奉化縣契此傳》云：「釋契此者，不詳氏族，或云四明人。形裁猥瑣，蹙頞皤腹，言語無恒，寢臥隨處。常以杖荷布囊。入廛肆，見物則乞，至於醯醬魚菹，才接入口，分少許入囊。號為長汀子、布袋師也。曾於雪中臥而身上無雪，人以此奇之。有偈云：『彌勒真彌勒，時人皆不

識』等句。人言慈氏垂迹也。又於大橋上立，或問和尚在此何為，曰：『我在此覓人』。常就人乞啜，其店則物售。袋囊中，皆百一供身具也。示人吉凶，必現相表兆。亢陽即曳高齒木屐，市橋上豎膝而眠，水潦則系濕草屨，人以此驗知。以天復中終於奉化，鄉邑共埋之。後有他州見此公亦荷布袋行。江浙之間，多圖畫其像焉。」據上海古籍出版社 1991 年版《高僧傳合集》之《出版說明》，宋釋贊寧（919－1001）於太平興國七年（982）奉宋太宗詔修《宋高僧傳》，請命回杭州編纂，歷時七年，至端拱元年（988）書成奏上，編入大藏。至至道二年（996）重加修治，補入部分資料，成為定本。據文意，時雖有人說契此為彌勒佛，但社會尚未普遍地以他為彌勒佛，儘管「江浙之間，多圖畫其像焉。」《延祐四明志》卷十六所載，與《宋高僧傳》所載相似，又云：「梁貞明二年於奉化岳林東廊坐逝，偈曰：『彌勒真彌勒，化身百千億。時時示時人，時人自不識』。葬寺西南二里，曰彌勒庵。宋元符元年，賜號定應大師。三年，祥光現於葬所，得錫杖淨瓶。邑人建閣藏之。」見臺北成文出版社 1994 年版《中國方志叢書》影印本。光緒二十二年版《光緒奉化縣誌》卷三十三《方外》，又言其「所至酒壚屠肆，皆恣其所啖，不厭惡，謂能使貨倍售而獲利多也。」「一日，以蒿草散植民田中。未幾，錢氏增丁稅，民亡田荒。閩中陳居士者，館遇甚謹，答以偈曰：『寬卻肚皮須忍辱，放開笑口暗消磨。要使此心無窒礙，自然證得六波羅。』又曰：『我有一布袋，虛空無窒礙。展開遍十方，入時觀自在。』田家問道，偈曰：『手捏青苗種福田，低頭便見水中天。六根清淨方成稻，退後原來是向前。』梁貞明二年丙子三月於岳林寺東廊石上端坐而逝。岳林遂為布袋道場。後有二僧至寺，云從天台見之。眾謂化

矣，不敢信，發塚視之，乃空龕也。得青瓷淨瓶，六環錫杖，縣令盧
設像禮之。先莆田令王仁祜遇於江南天興寺，宛若舊識，後於福州官
舍又見之，懷中出一圓封，戒王曰：『我七日不到即開。』踰期發
之，乃四句偈也，曰：『彌勒真彌勒，化身百千億。時時示世人，世
人自不識。』王令至縣訪其跡，為記其事，刻偈以碑。崇寧中，賜號
定應大師，即名閣曰崇寧。邑令黃公特銘其墓焉。」

　　後人就其形象，發為種種哲理，且多與佛教相聯繫。宋坦坦居
士：「即此布袋，非此布袋。不屬聖凡，不立行解。幾幾騰騰，處處
在在。拄杖挑來賜與君，天上人間更無外。」岳珂：「行也布袋，坐
也布袋。放下布袋，何等自在！」明初某人：「大千世界浩茫茫，收
拾都將一袋藏。畢竟有收還有散，放寬些子又何妨？」（郎瑛《七修類
稿》卷三十七）「大肚能容，容天下難容之事；開口便笑，笑世間可笑
之人。」「年年扯空布袋，少米無柴，只剩得大肚寬腸，為告眾檀
越，信心時將何物佈施？日日坐冷山門，接張待李，但見他歡天喜
地，試問這頭陀，得意處有什麼來由？」似乎他滿身都是佛理，滿身
都是佛法。此外，歷史上冒充彌勒佛的和尚有好幾個，大抵是欺世而
已。

　　以彌勒佛為主要人物的文學作品，有戲劇兩種。一為孫埏所著
《彌勒記》傳奇。此劇一名《錫六環》，有湖瀾書塾刊本，惜無緣得
見，茲錄莊一拂《古典戲曲存目彙考》對此劇之介紹，云：「凡二卷
二十四齣。其題目作『笑彌勒化作布袋僧，癡摩訶未識六環人。鶴林
寺透出幻時形，錦屏山色相隱全身。』演布袋僧出家鶴林寺，歷經觀
音、如來顯化，賜名彌勒，復歷磨難，收徒摩訶，募其祖地錦屏山，
建造塔院，幻化而滅。摩訶送遺蛻入塔，題額曰：『六環飛錫』。劇

中所敘，與《奉化縣誌》合，志則系采釋氏《稽古錄》、《傳燈錄》等書記之而加詳。孫鏗跋謂布袋禪師顯跡奉化，里俗相傳，其事不一。」

一為《布袋和尚忍字記》。以下對此劇作些探討。

《布袋和尚忍字記》，作者鄭廷玉，彰德（今河南安陽）人，元代初年雜劇作家，生平無考。

此劇劇情概要

汴梁富豪劉均佐，為人吝嗇。某日，他忽發慈心，救起了因饑餓而昏倒在雪地裏的書生劉均佑，與之結為兄弟，經營之事，一併委之。均佐生日，均佑為設宴席。席間，布袋和尚前來討齋，均佐堅拒。布袋和尚在均佐手掌上寫一「忍」字而去。均佐欲洗去「忍」字而不得，用毛巾擦拭，毛巾上印了許多「忍」字。乞丐劉九兒向均佐強索一貫錢，爭執之中，被均佐推倒昏死，其胸因與均佐手掌接觸，印一「忍」字。布袋和尚以救活劉九兒為條件，要均佐出家。均佐捨不得家業田產、嬌妻幼子，遂在家中後園結一草庵，素齋念佛。布袋和尚施法，現出劉均佑與劉均佐之妻私通之幻象，均佐見之，大怒，持刀欲殺均佑，卻不見均佑，只見布袋和尚，由此知布袋和尚非常人，乃將家事盡付均佑，隨布袋和尚出家而去，在岳林寺首座定慧和尚監督下修習佛法。布袋和尚又現出幻境，帶夫人、兒女同行。均佐知之，感到受騙，遂離寺回家。均佐出家三月，塵世已有百十餘年矣。均佐由此知人生短暫，乃大悟。布袋和尚至，點明因果，均佐成佛而去。

關於此劇模式

元代仙佛度化劇的普通模式是：某位神靈，因動凡念，被罰下人間。若干年後，某位高級神靈，派某神靈下凡，點化被罰在人間為凡人的那位神靈，使之恢復本性，復為神靈而回歸神靈世界。此劇也是如此。云上方天狼星，乃第十三尊羅漢賓頭盧，他不聽佛說法而起凡心。按照神仙世界的條例，他將被罰往酆都受罪，佛法慈悲，乃將他罰往塵世汴梁城劉氏門中投胎，是為劉均佐。若干年後，阿難尊者彌勒佛化為布袋和尚，前去點化劉均佐，而伏虎禪師則化為乞丐劉九兒，為布袋和尚之助手，他們同引劉均佐回心，又著岳林寺定慧長老，傳均佐大乘佛法，使之棄卻酒色財氣，人是我非，功成行滿，最後回歸神靈世界。此劇的情節結構，完全是元代仙佛度化劇的普通模式。

元代戲劇中的仙佛度化劇中，道教題材遠多於佛教題材。但是，仙佛度化劇的這種普通模式，其理卻是本於佛教。佛教認為，眾生皆有佛性。凡夫俗子，因為在紅塵擾擾中為欲念貪愛等所驅，產生愚癡，所以，迷失了佛性。修習佛教，就是將欲念、貪愛等逐漸驅除，使佛性得以恢復。以天空為喻：天空本朗朗，無一絲兒雲，這是佛性境界。因緣湊合而雲起，這是凡夫俗子境界。雲之多少濃淡，如其人修行境界之高下。雲完全消失，恢復到朗朗天空，這就回到了佛性境界。元代仙佛度化劇的普通模式，就是與佛家所宣揚的「佛性──迷失佛性而為凡人──恢復佛性而成佛」這樣一個過程相一致的。凡夫俗子，都是處於迷失佛性階段，必須恢復佛性，才能解脫。如何恢復佛性，這正是幾乎佛教全部經典所關注的問題。當然，如何恢復佛

性，佛教經典的答案有許許多多，也千差萬別。不過，其中有一點是非常突出的，為許多佛經所提倡，這就是：眾生恢復佛性，應該得到先覺者的指引。這也是僧侶、寺廟等存在的一個重要理由。

元曲中的仙佛度化劇，有兩點極為明顯。第一，劇的重點，不在於寫主角迷失本性，越墮越深，而在於寫如何恢復本性。於前者只作簡單交代，後者才是劇的主體。第二，主角恢復本性的過程中，必有一先覺者予以指導。先覺者總是處於主動地位，一切都在他的掌握之中。這兩點，與佛家倡導凡夫俗子修行以恢復佛性，強化僧侶的作用這樣的社會現實，有密切的關係。

關於此劇中的神靈

根據該劇楔子和結尾所述，劉均佐是上方貪狼星，乃是第十三尊羅漢賓頭盧尊者。劉妻是驪山老母的化身。均佐之子佛留為金童所化，女兒僧奴為玉女所化。布袋和尚為彌勒尊者所化，劉九兒則是伏虎禪師。這些神靈，並不都是屬佛家系統，而混在一起。這是中國化佛教的一大特色。

佛教認為，正是貪欲導致了佛性的迷失，因此，修習佛法之要，在於去掉欲念。此就宗教而言。就從人性而言，貪欲是最基本、最普通的人性，當然，也是最醜陋的人性之一。就社會而言，抨擊貪欲，也是維持社會道德的要務。此劇矛頭所指，正是貪欲。劇中主角劉均佐，正是貪欲的代表。佛教中著名神靈，沒有以貪欲出名的，即使成為神靈之前以貪欲出名的，也很難找到。賓頭盧為十六羅漢之一，本為優填王輔相之子，少年時出家學道，證得羅漢果，獲得了大神通，因為賣弄神通，曾經受到佛的責罰。佛不許他入涅槃，使他永遠住在

南天之摩梨山度化眾生。他的形象，是個長眉毛的老者。國王、長者等，常設食物供養他。事見《賓頭盧突羅闍為優陀延王說法經》、《十誦律》卷三十七、《三摩竭經》等。其所有行事，都與貪欲無涉，亦與此劇劉均佐之所作所為，全不相合。此劇為了彌補這一缺憾，又以「貪狼星」為劉均佐。貪狼星是我國神話傳說中天上的星宿。從字面理解，「貪狼」即「貪狠如狼」的意思。在我國傳統信仰中，天上星宿會下凡為人。星宿一旦下凡為人，此人會帶有該星宿的特點。貪狼星，顧名思義，即是貪狠如狼的星宿，下凡為人，當然也貪狠如狼。劉均佐既為貪狼星，又為賓頭盧，然貪狼星與賓頭盧之間，可以說是毫無聯繫，也毫無相似之處。說劉均佐為賓頭盧，完全是將此劇編為佛教劇的需要，帶有很大的隨意性，絲毫沒有情節上或性格上的依據。如果將劉均佐說成佛教中的其他羅漢、菩薩轉世，也完全可以。此劇的結尾，劉均佐省悟，說：「不爭俺這一回還了俗，卻原來倒做了佛。」羅漢與佛，大不相同。賓頭盧本來就是羅漢，劉均佐說他成了佛，莫不是本來為羅漢的賓頭盧，經過這番折騰而成了佛？而布袋和尚則說他：「今日功成行滿，返本朝元，歸於佛道，永為羅漢。」羅漢乎？佛乎？到底誰說得對？因此，劇中為劉均佐找前身，只是信手從佛教神靈中隨便拈出一個而已，反不如「貪狼星」之說有深意。

劇中劉均佐妻為驪山老母所化。驪山老母，又作「驪山姥」，或「黎山老母」，是我國古代神話傳說中的女神仙，事見《集仙傳》等，與佛家沒有絲毫聯繫，與貪狼星也沒有什麼關係。「金童玉女」，都是道教傳說中的神仙的侍童侍女，與佛教不是一家。

此劇中的度化者，倒是佛教中的神靈。布袋和尚為彌勒佛所化。

彌勒是著名的佛教神靈，其身份有不同的傳說。或云「彌勒尊者」，宋僧圓照《四分律行事鈔》之《資持記》下三云：「尊者，謂臘高德重，為人所尊。」或云「彌勒菩薩」，被我國佛教中奉為「四大菩薩」之一。（一說，四大菩薩無彌勒佛。）或云「彌勒佛」，乃是釋迦牟尼預言彌勒未來會成佛。劇中化為劉九兒的伏虎禪師，是我國佛教中的高僧，見《高僧傳》。印度佛教中的彌勒，化為中國佛教中的布袋和尚，與中國佛教中的一位高僧一起超度劉均佐，配合和諧，此乃佛教中國化的形象體現。

關於此劇中的佛教思想

第三折一開始，定慧禪師就介紹佛教因果輪迴等義理和中國佛教的師承、傳播和宗派：

> 想我佛門中，一氣才分，三界始立。緣有四生之品類，遂成萬種之輪迴。浪死虛生，如蟻旋磨，如鳥投籠，累劫不能明其真性。女人變男，男又變女。人死為羊，羊死為人，還同脫褉著褲，一任改關換面。若是聰明男女，求出離於羅網，人身難得，佛法難逢，中土難生，及早修行，免墮惡道。想我佛西來，傳二十八祖。初祖達摩禪師，二祖慧可大師，三祖僧燦大師，四祖道信大師，五祖弘忍大師，六祖慧能大師。佛門中傳三十六祖五宗五教正法。是哪五宗？是臨濟宗、云門宗、曹溪宗、法煙宗、溈山宗。五教者，乃南山教、慈恩教、天台教、玄授教、秘密教，此乃五教五宗之正法也。我想學道猶如守禁城，晝防六賊夜惺惺。中軍主持能傳令，歲歲年年享太平。

這些，還不是此劇的著意要體現的思想。

劇中，布袋和尚聲稱要傳給劉均佐「大乘佛法」，在他手掌中寫了一個「忍」字。大約這「忍」，就是所謂大乘佛法了。這「忍」字，糾纏始終，可以說是此劇之「戲膽」。劉均佐與劉九兒爭執，推九兒胸前，就在九兒胸口留下一「忍」字；劉均佐離家之前，捨不得家中銀子，手摸銀子，銀子上印「忍」字；劉妻率子女看望已經出家的均佐，均佐拉妻子之手，「忍」字印在妻子手上；摸兒子女兒的頭，「忍」字印在兒子眉額上、女兒眼角旁；均佐見了已年老的孫子，因誤會幾乎動武，怕「忍」字印在對方衣襟上，方才罷手。因此，從全劇來看，此劇要表現的，就是「忍」。

如何達到修行的高境界？定慧長老向劉均佐傳授的法門是坐禪，而坐禪之要則還是「忍」：

> 凡百的事則要你忍，你聽著，忍之為上。忍之一字豈非常，一生忍過且清涼。常將忍字思量到，忍是長生不老方。……教你參禪打坐，抖擻精神，定要討個分曉，不可胡思亂想。須要綿綿密密，打成一片，只如害大病一般，吃飯不知飯味，吃茶不知茶味，如癡如醉，東西不辨，南北不分。若做到這些功夫，管取你心華發現，徹悟本來。生死路頭，不言而到。生死事大，無常迅速。如十人上山，各自努力。便好道：人人有個夢，千變萬化鬧。覺來細思量，一切唯心造。息氣受境禪，迷惑若顛倒。發願肯修行，寂滅真常道。念佛念佛，忍者忍者。……我師父著你修行，先要定慧心。定慧為本，不可迷著。定是慧體，慧是定用，即慧之時定在慧，即定之時慧在

定。若識此言，好是慧定。學道者莫言先慧而發定。定慧有如燈光，有燈即光，無燈即暗。燈是光之體，光是燈之用。名雖有二，體用本同。此乃是定慧了也。念佛念佛，忍者忍者。

「忍」就是忍凡俗之心，實際上也是消除俗家之念。《仁王般若經》卷上有「五忍」之說，其五為「寂滅忍」，乃斷諸惑而寂靜安住之第十地及佛果。《大乘理趣六波羅蜜多經》卷六有三十二忍，中有「無貪」、「不染欲境」、「樂處寂靜」等。此劇所倡「忍」，乃拒絕世俗安樂富有生活之引誘，與佛家所倡導之忍，也是合拍的。

事實上，劉均佐未能「忍」，更未能消除俗念。他在定慧長老棍棒高壓下的坐禪，也根本沒有什麼效用。可以說忍也好，禪也好，在劉均佐身上，都沒有成功。他離開寺院，欲回家還俗時，就說：「從今後我參甚麼禪宗，聽甚麼講！」這就是證明。

劉均佐悟道，是在得知「我跟師父去了三月，塵世間可早百十餘年」之後。他深感人世短暫，遂真心向往佛家生活，達到了省悟的境界。這既不是忍的功效，也不是禪的功效。

此劇宣傳了佛教的某些知識和佛教某些思想，對消解人們的「酒色財氣」之類的世俗情結，有一定的作用。但是，作者對佛教，並沒有系統、深入的研究，對佛道文化，只是信手取來，為我所用，並不講究其本來的內涵如何，而賦予自己的理解。這也是佛教中國化、世俗化之一證。

順便提一下，文學作品中的布袋和尚，也不一定就是彌勒佛。如《中國民間故事全集》第二十三冊《江蘇卷》有《布袋和尚與臘八粥》故事，云有阿二者，為蘇州西園戒幢寺僧人，特別節儉，凡是零

碎米粒豆穀,他都放入他的一隻大布袋內,甚至飯粒,他也曬乾後放入。某年臘月初八,主事者忘記了取米,阿二不能違反規矩闖經堂找主事者,只得將其布袋中積聚的雜七雜八的糧食取出來做成粥,供僧人們食用。此粥味道極好,僧人們讚口不絕。當家和尚知道了實情,讚揚阿二的節儉精神。臘八粥也由此成了風俗。

閻王系列文學作品研究

地獄是梵語 Naraka 或 Niraya 的譯稱。別譯有泥犁、泥犁獄等,有「不樂」、「苦具」、「苦器」等的意思。相傳它在地下,故名地獄。佛教經典中,地獄的名目甚多,有八寒八熱地獄等等。

佛教中的地獄之主是閻王。閻王梵文為 Yamaraja。佛經及中國典籍中別譯甚多,常見的有閻羅、閻羅王、閻摩羅、琰魔等。此神在古印度神話中,即是冥王,《犁俱吠陀》中即有之。佛教承之,奉為地獄之主。佛教典籍中,對閻王的出身、職能等,有不同的說法。道世《法苑珠林》卷七《地獄部》云:「閻羅王者,昔為毗沙國王,經與維陀共生王共戰,兵力不敵,因立誓,願為地獄之主。臣左(佐)十八人,領百萬之衆,頭有角耳,皆悉忿懟,同立誓曰:後當奉助,治此罪人。毗沙王者,今閻羅王是;十八大臣者,今諸小王是;百萬之衆,諸阿傍是。」「阿傍」,即鬼卒,亦即「牛頭馬面」。「牛頭馬面」正是由「頭有角耳」而來。慧琳《一切經音義》云,閻王「義翻為『平等王』,此司典罪福生死之業,主守地獄八熱八寒以及眷屬諸小獄等,役使鬼卒於五趣之中,追攝罪人,捶拷治罰,決斷善惡,更無休息。」玄應《一切經音義》卷二十一《大菩薩藏經》云閻王乃兄

妹二人，兄治男事，妹治女事，故曰「雙王」。

佛經中有關地獄的描寫很多，但都是大同小異：人生為惡事，為善事，死後都在地獄受相應的報應，即懲罰或獎賞。其刑罰之荒誕慘酷，乃出人們想像之極。然人死後即使知道有地獄其事其景，死而不可復回，世人如何知道地獄其事其景？佛經中展現地獄，其關目有二。一是沒有什麼情節，通過佛或其他高級神人之口，介紹地獄。因為佛和高級神人，是無所不知的。二是有情節，通過「死而復生」者之口描繪之。如《佛說弟子死復生經》、《經律異相》卷四十五引《雜譬喻經》老母故事等，都是如此。兩相比較，後者有情節，有活生生的形象，較令人感興趣，效果也自然較好。

我國舊小說中寫地獄，一般是以「入冥復出」者述說在冥間的活動來展開。「入冥復出」，卻不以「死而復生」為限。具體關目，實有多種。除佛經中所云誤拘至冥復出者外，又有夢入冥間、應邀入冥間、隨巫者入冥間、生人在冥間兼任閻羅王等冥職、死入冥間負宣傳任務返陽世、死後設法逃回等等，顯得豐富多彩。

我國舊小說中的地獄和閻王等冥官形象及其描寫，當然源於佛經，然而經過我國藝術家們的加工改造，與中國文化糅合整合，不斷發展變化，較之佛經中地獄和閻王等冥官形象及其描寫，意蘊遠為豐富，情節遠為生動，形象遠為動人。可以說，佛教典籍中的地獄和閻王等冥官形象，移植到我國小說中，得到了長足發展。

佛經中的閻王，很少出現，且形象單薄。我國小說中的閻王，則形形色色，且被徹底地中國化了。這具體體現在兩個方面。第一，閻王被納入中國神系。唐人張讀《宣室志》之《輯佚》云，漳南縣尉郤惠連，夢中奉天帝之命為「司命主者」，前去冊封海悟禪師為閻王，

其屬員儀衛甚衆，其中有「五嶽衛兵諸將」，列為五行，「衣如五方
之色」。其秘書云閻王乃「地府之尊者也，標冠嶽瀆，總幽明之務，
非有奇特之行者，不在是選。」天帝、司命、五嶽、四瀆之神，都是
我國本土信仰中的神靈。此云閻羅須待天帝派司命主者冊封，其銜又
列於嶽瀆神之上。唐臨《冥報記》卷中更借鬼官之語云：「天帝總統
六道，是謂天曹。閻羅王者如人間天子，太山府君如尚書令錄，五道
神如諸尚書，若我輩國如大州郡。每人間事，道士上章請福，天曹受
之，下閻羅王云，某月日得某甲訴云云，宜盡理，勿令枉濫。閻羅敬
受而奉行之，如人之奉詔也。」可見最晚在唐代，閻羅已被納入中國
神系，成為中國化的神靈了。

我國十殿閻王之說，也與佛經不符，而此說至遲起於宋代。宋無
名氏《鬼董》中已有之。有云起於唐代者，也很有道理。又洪邁所著
志怪小說《夷堅志》三志己卷四《俞一郎》描繪俞入冥間所見情形：
「及一門樓，使者導入，望殿上十人列坐，著王者之服。問為何所，
曰，地府十王也。判官兩人，持文簿侍側。」這十殿閻王，每王主一
殿，互不統屬而各有所司，按流水作業法管轄和處理靈魂。最後一
殿，就是將鬼魂付諸「轉輪」，托生人間，使之開始新一個輪迴圈。
光緒末年女奴著小說《地下旅行》，以第一人稱，記述十殿之遊，其
構思框架，即本十殿閻羅之說。

第二，以人鬼為閻羅。上所引《宣室志》中，海悟禪師即是其
例。其實，此類事隋即有之。死後被奉為閻羅的人，有隋韓擒虎
（《隋書》本傳、敦煌寫本《韓擒虎話本》）、唐朝宰相杜黃裳（《古今圖書
集成·神異典》卷二百十九）、宋范仲淹（龔明之《中吳記聞》）、宋名相寇
準（丁傳靖《宋人軼事彙編》卷五）、宋大臣蔡襄（諸人獲《堅瓠餘集》卷

四）、宋人林衡（洪邁堅《夷堅丙志》卷一）、明大臣趙用賢（俞樾《茶香室叢抄》卷二十）、清大臣王士祿（王漁洋《池北偶談》卷二十三）等。此外，又有生人兼為閻王或冥官之說。如唐代官員崔珏任冥判，見敦煌寫本《唐太宗入冥記》和小說《西遊記》等等。包拯「日理陽」為陽世官員，「夜理陰」，為冥間閻王，見明人《龍圖公案》等包公題材的小說，已為人們所熟知。清蒲松齡《聊齋誌異》卷三《閻羅》云，萊蕪秀才李中之，性直諒不阿，以生人為閻羅，同時張生，則以生人為其僚屬。同卷《李伯言》，云李「抗直有肝膽」，因暫代閻羅而死，後復活。清人袁枚《子不語》卷十六《閻羅升殿吞鐵丸》云，杭州閔玉蒼，一生清正，任刑部郎中時，每夜署理閻王之職。此類情節，志怪小說中極多，不勝枚舉。

這一現象，如何解釋？唐段成式《酉陽雜俎》前集卷三云：「至忠至孝之人，命終為地下主者。」此所謂「地下主者」，即是閻羅。又五代孫光憲《北夢瑣言》卷七云：「世傳云，人之正直，死為冥官。」封建社會裏，陽世多不平事，然人人不免一死。人們認為，管理死亡的官員正直無私，俱按天道行事，因而對人人都一律平等，毫無姑息假借的餘地。閻王意譯「平等王」，亦當是此意。然則閻王等冥官由哪些人充任？當然是正直無私之人充任，於是遂有「人之正直，死為冥官」之說。小說中那些被奉為閻羅或冥官之人，皆是正直無私、德行高尚之人。

佛經中寫地獄和閻王等冥官，都是宣揚「善有善報，惡有惡報」的觀念，其善惡標準，當然是佛教思想。我國小說中寫地獄和閻王等冥官者，其中絕大部分也是宣揚善惡果報，然而，善惡的標準，卻未必是佛教思想。唐以前小說中的此類情節，宣揚佛教思想者較多。

《法苑珠林》、《太平廣記》中，此類例證俯拾即是。但是，即使是唐以前，此類情節，也有與佛教思想不合者，而且，越到後來，與佛教思想不合者就越多，直到地獄和閻王等冥官，成了作者宣揚自己思想觀點的權威工具，被用以加強作者自己思想觀點的影響力。

　　楊衒之《洛陽伽藍記》卷二《惠凝》是我國最早的地獄故事之一。云元魏時，洛中崇真寺尼姑惠凝死，閻王檢查，以錯名放免。惠凝還陽後，述其在地獄的經歷，云：「有比丘五人同閱。一比丘云寶明寺智勝，以坐禪苦行，得昇天堂。有一比丘是般若寺道品，以誦《涅槃經》四十卷，亦昇天堂。有一比丘云是融覺寺曇謨最，講《涅槃》、《華嚴》，領衆千人。閻王曰：『講經者，心懷彼我，以驕凌物，比丘中第一粗行。今唯試坐禪誦經，不問講經。』其曇謨最曰：『貧身立道以來，唯好講經，實不諳誦。』閻羅王令付有司。即有青衣十人，送曇謨最向西北門，屋舍皆黑，似非好處。有一比丘，云是禪林寺道弘，自云教化四輩檀越，造一切經人中像十軀。閻羅王曰：『沙門之體，必須攝心守道，志在禪誦，不幹世事，不作有為。雖造作經像，正欲得他人財物，既得財物，貪心既起，便是三毒不出。俱足煩惱。』亦付有司，仍與曇謨最同入黑門。有一比丘云是靈覺寺寶明，自云出家之先，常作隴西太守，造靈覺寺成，既棄官入道，雖不禪誦，禮拜不缺。閻羅王曰：『卿作太守之日，曲理枉法，劫奪民財，假作此寺，非卿之力，何勞說此。』亦付青衣送入黑門。」北魏太后聞之，乃遣人訪惠凝所云諸比丘，皆實有之。「既請坐禪僧一百人，常在殿中供養之，詔不聽持經像在巷路乞索，若私用財物造經像者任意。惠凝亦入白鹿山，隱居修道。自此之後，京邑之比丘皆事禪誦，不復以講經為意。」講經、坐禪、誦經、造佛像、造寺、造塔，

都是佛教所倡導的修習方法，然此故事中，作者借閻王權威之口，唯肯定坐禪、誦經而已，且對僧人借為人造經像之機斂財，對官員「屈理枉法，劫奪民財」，並用民力作寺為己修福等等作了抨擊。這些，都有深義在。南北朝時，南北統治者，大多佞佛，而其方式，則有所不同。南朝統治者大多文化修養較深，士風又尚清談玄談，故於佛教，偏重於講習經文，討論禪理。北朝統治者則大多起自朔漠，沒有什麼文化修養，他們佞佛，只是憑藉他們的政治優勢，用大量的人力物力，修造經像，供養僧人，以求福報。上行下效，南北佞佛之風，遂形成各自的特點。北朝修造經像，勞民傷財，別的不說，僅北方現存的那些石窟造像，要耗費多少人力物力？這個故事產生在北朝，自然不宜倡導南朝的講經之風，故以講經「心懷彼我，以驕凌物，比丘中第一粗行」斥之。於北朝造像之風，亦因其耗人力物力而否定之，此實是為時弊而發。坐禪誦經，即使沒有文化者也能為之，且在諸修習方法中所費最少，故獨倡之。作者利用閻羅之口，體現其於時行修習方法的褒貶，其用意之精深如此，而與佛教思想有異。末所云這故事的直接效果，正與其旨相合。這是我國作者成功地利用閻羅在人們心目中的權威表現其思想觀念的最早例證。

　　清人小說中，作者利用地獄、閻羅等表達自己的思想觀點者益多，益明顯，而以袁枚《子不語》和紀昀《閱微草堂筆記》二書為最著。《子不語》卷一《仲孝廉》云，地獄中「烏紗冠南向坐」者認為，無力葬父母，在男女關係方面不檢點，都是小罪，「好譏彈人文章」，其罪更小。《續子不語》卷十甚至有《淫諂二罪冥責甚輕》的故事。袁枚為人，輕佻刻薄，時入油滑，於男女關係方面的言行，往往不夠檢點。他又常常出入達官貴人之門，有諂媚之迹。此外，他還

好譏彈別人的詩歌文章。因為這幾點，他生前身後，所受譏嘲不少。
袁枚借冥間官員發為其所持之論，同時也有為自己辯護的意思在。
《閱微草堂筆記》卷一云，一官入冥，神情昂然，自稱所至但飲一杯
水，故無愧鬼神。閻羅王曰：「設官以治民，下至驛丞閘官，皆有利
弊之當理，但不要錢即為好官，植木偶於堂，並水不飲，不更勝公
乎？」官又辯云：「某雖無功，亦無罪。」閻羅王云：「公一生處處
求自全，某獄某獄，避嫌疑而不言，非負民乎？某事某事，畏煩重而
不舉，非負國乎？三載考績之謂何？無功即有罪矣。」此官聽了，鋒
棱頓減，很是緊張。閻羅王見而笑曰：「怪公盛氣耳，平心而論，要
是三四等好官，來生尚不失冠帶。」乾隆帝自負神武英斷，天縱聖
明，駕御群僚，何等苛刻。嘗自謂其世無名臣，亦無奸臣，並引以為
自豪，蓋此二者俱無，證明其聖且能也。習其馴化，軟媚脂韋而無所
作為，遂成官場風氣。當時，名臣奸臣確實都極少，而庸臣則充斥官
場矣。閻羅王一席正論，正是紀昀為官場風氣而發。此類假閻王或冥
官之口所發之論，莊諧有別，高下不一，亦未必都是正論，然皆論從
作者或時人出，而非從佛教出，往往與佛教思想相差甚遠，甚至絕然
相反。如上所論借地獄閻王或其他冥官之權威，直截表達作者的或作
者所贊同的思想觀點，痛快則痛快，但有直露、簡單之嫌。

　　寫地獄而寓諷世之意，在我國舊小說中還有其他三種筆法。

　　一是寫地獄斷事之清正，賞罰分明，與陽世之徇私枉法，形成鮮
明的對照，揚清而旨在激濁。蒲松齡《聊齋誌異》卷三《李伯言》
云，李以生人代閻王斷案，欲祖其親戚，私念甫生，「忽見殿上火
生，焰燒梁棟。李大駭，側足立。吏急進曰：『陰曹不與人世等，一
念之私不可容。急消他念，則火自熄。』」人間之事可知矣。又卷六

《考弊司》中，閻王重罰索賄的虛勝鬼王。《子不語》卷十六云，閻
王升殿，先吞鐵丸，若稍有私念，鐵丸「湧起胸中，左沖右撞，胸痛
欲裂。」因此地獄能保持如此清正。即使是品德高尚、為人正直的閻
王，其道德水平尚不足以保證其清正。清正還須烈火和鐵丸維持。可
見把清正的希望寄託於為官者的高尚道德，實在是靠不住的。地獄中
閻王和其他冥官道德高尚，又有烈火、鐵丸等相鎮，故能做到清正公
平。陽間世界，多不平之事，官員道德水平遠出閻王和冥官之下，固
不必論，且也缺少烈火、鐵丸式的有效制約機制。

　　二是將陽間世界的種種醜惡不法之事，搬到地獄這一特殊的場景
中來描寫，名為寫地獄中事，實則筆筆寫現實中習見者，此之為「影
射」。《子不語》卷九《地藏王接客》，突出「陰間最為勢利」，如
掛顯達者的詩，索要門包等，都同陽世。地藏王訓斥副榜裘生：「自
稱能文，不過作爛八股時文，看高頭講章，全不知古往今來多少事業
學問，而自以為能文，何無恥之甚也！」論高氣盛，使人肅然起敬，
然閻王聽說「朱大人」到，便馬上拋下這被訓的副榜去迎接，而這所
謂的「大人」，卻不過是一個納粟的郎中而已！這正是當時社會的官
場醜態。袁枚將當時官場、士林中常見的現象，搬到地獄中去描繪，
以增強諷刺力量和可讀性，這一點是非常明顯的。在他筆下，地獄中
的牛頭夜叉也是穿著「胸前繡勇字」的補服！卷十《趙文華在陰司說
情》，正是陽世官場官員說情的寫照。此類小說，清代文言小說中不
少，然篇幅都不長，容量有限。光緒末葛嘯儂氏《地府志》，則通過
地府諸事，影射庚子前後國事，以及朝廷、官場、士林和教育界的種
種醜惡現象。清末書帶子《新天地》寫十八層地獄鬧革命黨、維新等
等。佚名《新鬼世界》寫冥間預備立憲，派鬼王爺帶五名隨員調查鬼

世界等等，無不為當時社會的寫照。

　　三是利用佛教輪迴觀念寫地獄，以抨擊現實世界。佛教輪迴觀念中，地獄乃一中轉站：人死入地獄，又經過地獄托生於陽世。地獄賞罰鬼魂，乃根據其在陽世所為善惡；地獄讓鬼魂托生，同時決定了他們下一生的秉性和命運。因此，寫地獄而陽世之風尚、氣運可見。清末女奴《地下旅行》就是運用此法的典型作品。如云閻王十殿第一殿「魂魄製造所」中，官員魂魄乃「採取世上惡濁，再到血污池中提煉十次始成」，商人魂魄為金黃色，心為黑色且生於腋下，士兵心生後背而膽倒掛。造心所中，利心、名心、黑心俱全而獨無良心。五官製造所中，造舌原質為柳葉，其性隨風而變。所造眼中皆有磁石，見金銀而灼灼不捨。地獄為轉生者所造如此，社會道德衰敗，未有窮期。第四殿審問案件，陽世軍營教官賈崇武被閻王斥為尸位素餐，國文教習聞中蠹誤人子弟，富紳善士賈「謊騙錢財」，「盜名竊善」。油煎獄中，許多犯人滾了幾滾就變成狐鼠。現實世界可知矣。作者憤世嫉俗之情，充溢於字裏行間。

　　閻王和冥官運作果報，能溝通陰陽，溝通數世，這為創作文藝作品時設計情節、展開矛盾、彌補漏洞，提供了極大的方便。例如《續金瓶梅》第一卷云，西門慶死後在陰間遭武大郎、花子虛揪打。閻王親自審問，以其姦淫縱欲，巴結權奸、貪贓枉法，令鑿去二目，判托生沈越家為子，先為富人而後為乞丐，再轉世為內監，三轉世為犬。潘金蓮死後，好色之心如故，和陳經濟在枉死城中寄詩傳情。地獄判金蓮托生為黎金桂，終身無偶。春梅托生孔家為梅玉，嫁與某官為妾，再轉世為一帶醜疾之女，終身不嫁而死。李瓶兒托生宦門為女，名常姐。花子虛托生為鄭玉卿，陳經濟托生為劉瘸子。地獄將果報一

一付諸實施，此續書由此展開情節。又如安遇時《包龍圖判百家公案》中，遇到疑難案件，作者很難展開情節，就讓包公入冥瞭解案情。佚名《龍圖公案》中，則索性讓包公兼任閻王，這樣，情節就很容易展開了。

　　我國舊小說中，地獄是實施果報的機關，閻王和冥官是果報的決定者和實施者，這與佛經中的地獄、閻王和冥官的職能是一致的。其中有不少作品，也確實運用地獄和閻王，宣傳佛教思想。但是，就絕大多數作品而言，其中地獄和閻王、冥官的形象及其意義，超越了佛教經典，具有強烈的現實性和文學性，並且體現了文學和宗教的區別，體現了我國文化。

　　閻羅信仰的社會功用，主要在於勸人為善的道德導向，以及消釋怨憤之氣的心理效能。

目連系列文學作品敘論

　　目連，又稱大目連，目犍連等，古印度摩揭陀國王舍城外拘律陀村人，婆羅門種，後隨釋迦牟尼出家，成為佛的十大弟子之一，在佛門弟子中，號稱神通第一。後目連在王舍城化緣時，被外道執杖梵志用瓦石猛擊而去世。佛於竹林精舍門邊建塔悼念之。目連的事迹，佛經中記載較多，《大唐西域記》卷四、卷九等，也有記載。

　　目連救母的故事，在我國流傳很廣。現先將其源流作一梳理。

　　追根溯源，目連救母的故事，最早見之於《佛說盂蘭盆經》：

　　　　聞如是，一時佛在舍衛國祇樹給孤獨園，大目乾連始得六通，

欲度父母，報乳哺之恩，即以道眼觀視世間，見其亡母生餓鬼中，不見飲食，皮骨連立。目連悲哀，即缽盛飯往餉其母。母得缽飯，便以左手障飯，右手搏飯。食未入口，化成火炭，遂不得食。目連大叫，悲號啼泣，馳還白佛，具陳如此。佛言，汝母罪根深結，非汝一人力所奈何。汝雖孝順，聲動天地，天神地神，邪魔、外道、道士，四天王神，亦不能奈何，當須十方諸眾僧威神之力，乃得解脫。吾今當為汝說救濟之法，令一切難皆離，憂苦罪障消除。佛告目連，十方眾僧於七月十五日僧自恣時，當為七世父母及現在父母厄難中者具飯百味五果，汲灌盆器，香油錠燭，床敷臥具，盡世甘美，盡著盆中供養。十方大德眾僧，當此之日，一切聖眾，或在山間禪定，或得四道果，或樹下經行，或六通自在，教化聲聞緣覺，或十地菩薩大人權現比丘在大眾中，皆同一心，受缽和羅飯，具清淨戒。聖眾之道，其德汪洋，其有供養此等自恣僧者，現在父母、七世父母，六種親屬，得出三塗之苦，應時解脫，衣食自然。若復有人父母現在者，福樂百年，若已亡，七世父母生天，自在化生，入天華光，受無量快樂。時佛敕十方眾僧，皆先為施主家咒願七世父母，行禪定意，然後受食。先受盆時，先安在佛塔前，眾僧咒願竟，便自受食。爾時目連比丘及此大會大菩薩眾，皆大歡喜，爾目連悲啼泣聲，釋然除滅。是時，目連其母，即於是日，得脫一劫餓鬼之苦。

這也是我國農曆七月十五日盂蘭盆節的來源。盂蘭盆在印度語中為「解倒懸之器」的意思。《歲時廣記》卷二十九引《竇氏音訓》

云：「天竺所謂盂蘭盆者，乃解倒懸之器，言目連救母饑厄，如解倒懸，故謂之盂蘭盆。」我國中元節盂蘭盆之俗，齊梁間即有之。顏之推《顏氏家訓·終制篇》：「若報罔極之德，霜露之悲，有時齋供，及七月半盂蘭盆，望於汝也。」唐宋而下，中元節於寺廟設盂蘭盆之俗，古書中時有記載，詳見拙著《中華節日風俗全書》。

　　《盂蘭盆經》中，目連出家修行，已經修到了很高的境界，見母親在地獄中受苦，就「悲哀」，一時救不了母親，就「悲號啼泣」，可見他的世俗人性還是非常深厚的。佛教是否定世俗人性的，而此經怎麼提倡這種世俗人性呢？不錯，從本質上說，佛教確實是否定世俗的，是否定人性的，包括美好的人性。但是，在修佛道的進程中，不是一開始就否定一切情懷，一切人性，而是先用美好的情懷、美好的人性，來否定醜惡的情懷、醜陋的人性。只有這樣，其學說才能適應弘揚佛法的現實需要。否則，佛教怎麼能為社會所接受？也正因為如此，佛教也肯定某些美好的情懷和美好的人性，許多人信仰佛教，也正是出於這樣的原因。孝順父母，這幾乎在每一個社會裏，在每一種學說中，都是美德，都得到大力提倡，因此，即使是佛經，也予以提倡，不然，它很難被社會所接受。在我國傳統文化中，尤其重孝道。《佛說盂蘭盆經》在我國有這樣大的影響，還因此而形成了節日風俗，正是它提倡孝道的緣故。由《佛說盂蘭盆經》為題材的我國所有的文學作品，無不以此宣揚孝道。

　　目連的母親怎麼會下地獄受餓鬼之苦的呢？按照佛家的說法，她肯定造了什麼惡業，但到底是什麼樣的惡業呢？她在兒子的努力下，得脫離餓鬼之苦，後來又怎麼樣呢？有沒有又受其他的懲罰？這些，《盂蘭盆經》留下了空白，而這些，也正是喜歡知根知底的我國大眾

所關心的。於是，我國有關目連的故事，在這些方面，做了許多文章。大抵而言，目連的母親因為造了惡業而墮落入地獄受苦，由此來宣傳善惡報應之說；目連修行而救母，以明修行之用，其用之大，可以使處於地獄受大苦之母親出地獄而生天堂，成就大孝。儒家特重孝道，認為孝道乃為仁之本，而抨擊佛家提倡出家為「無父無君」。目連出家修行而救母，成就大孝，在中國佛門看來，這樣的故事，就可以塞儒家之口了。

此下對本人所見以目連故事為題材的文學作品分別作簡要敘論。

變文《目連緣起》、《大目乾連冥間救母變文並圖一卷》和《目連變文》

王重民《敦煌變文集》卷六《目連緣起》云，「昔有目連慈母，號曰青提夫人，住在西方，家中甚富，錢物無數，牛馬成群，在世慳貪，多饒殺害，自從夫主亡後，而乃孀居。惟有一兒，小名傅羅卜。慈母雖然不善，兒子非常道心，拯恤孤貧，敬重三寶，行檀佈施，日設僧齋，轉讀大乘，不離晝夜。」後傅羅卜外出經商，其母在家恣意殺生食肉，惡待僧道孤貧。傅羅卜還家，微知母之所為而諫，其母力辯無之，並發誓云，如果她真是如此，「願我七日之內命終，死墮阿鼻地獄。」其言果然應驗。「傅羅卜見母身亡，狀若天崩地滅，三年至孝，累七修齋。思憶如何報其恩德，惟有出家最勝，況如來在世。傅羅卜投佛出家，便得神通第一，世尊作號，名曰大目連，三明六通具解，身超羅漢。既登聖賢之位，思報父母之深恩，遂乃天眼觀占二親，托生何處。慈父已生於天上，終朝快樂逍遙；母身墮在阿鼻，日日唯知受苦。」目連問佛，知其母墮地獄之因緣，欲前往救母，而慮

無法打開地獄之門，向佛再三哀告，佛乃借予十二錫環杖和寶缽盂，又賜其神通。目連憑藉法寶和神通，進入地獄，見到在地獄受苦的母親，但無力相救。目連以香飯瓊漿奉母，但母食時，瓊漿變成銅汁，香飯變成猛火。目連回佛處，又力求佛相助。佛云：「汝能行孝，願救慈母，欲酬乳哺之恩，其事甚為希有。汝至眾僧解憂之日，羅漢九旬告必之辰，賢聖得於祇園，羅漢騰空於石室。辦香花之供養，置於盂蘭之妙盆，獻三世之如來，奉十方之賢聖。仍須懇告努力，虔誠諸佛，必賜神光，慈母必離地獄。但若依吾教救，慈母必離地獄。」目連依佛所告行之，其母果然出得地獄，轉生於人世，但由於罪孽未銷，只為狗身。目連又向佛請教救母之方，佛云「當往祇園之內，請僧四十九人，七日鋪設道場，日夜六時禮懺，懸幡點燈，行道放生，轉念大乘，請諸佛以虔誠。」目連依教奉行，其母乃脫離狗身，並且生於天上。此故事在《盂蘭盆經》的基礎上，踵事增華，救母部分，改變不多，但增加了目連之母生前作惡業的故事情節和她出地獄後變狗、生天等情節。

同卷有《大目乾連冥間救母變文並圖一卷》，所敘故事，大略與上文相似，而增加了目連在天堂見到父親、在地獄尋母的曲折經歷等，其母後來「退卻狗皮，掛於樹上，還得女人身，全具人狀圓滿」，目連又勸說其母修善。其母罪滅，感得「天龍奉行其前，亦得天女來迎接，一往迎前忉利天受快樂」。此變文中於地獄情景，展現得很是充分，無非是盡人們想像慘酷之極。同卷《目連變文》，是一殘卷，至目連到地獄尋母而止，就所存而言，情節也差不多，只是說目連之父親為摩竭國中的大長者拘離陀。

寶卷、民間故事數種

　　胡士瑩《彈詞寶卷書目》（上海古籍出版社 1985 年版）著錄的有關目連故事的寶卷有《目連救母出離地獄昇天寶卷》、《目連三世寶卷》、《目連寶卷》、《目連救母寶卷》（一名《黃巢寶卷》）等，可見此故事流行之盛。

　　蘇州大學圖書館藏常州培本堂善書局清光緒十二年版《目連三世寶卷》云：南都傅員外，妻劉青提。夫婦修善，而未能生育。一日，員外將一蘿蔔施捨給一僧人，僧人食之而亡，員外收斂之。此僧人投胎為員外之子，取名蘿蔔，寄名佛門，稱為目連。員外亡故昇天，目連出家。劉青提在其兄劉賈勸說下，開齋破戒，死後入地獄。目連為救母，遍歷諸獄，見其情景，知果報昭然。目連救母心切，以禪杖打開地獄門，救出母親，而獄中鬼魂，盡皆逃到陽世托生。地藏菩薩大怒，將目連母親仍打入地獄受苦，又令目連將所逃鬼魂收回。目連轉世，為黃巢，造反，殺人八百萬。再轉世為屠夫賀因，宰殺豬羊。觀音菩薩化為一僧，度化賀因。經歷曲折，賀因方明因果：他本為目連，轉世為黃巢殺人，為賀因殺豬羊，乃為地獄收鬼魂。鬼魂已經收齊，目連到冥間復命。地藏菩薩感其「道行堅固，收魂有功」，乃赦免其母。傅員外、劉青提、目連三人相會，「同證天堂」。此寶卷稱南京為「南都」，當是明人所作。

　　筆者小時候聞於先祖母云，目連將母親救出地獄後，背著母親在天空行走，欲往天上去。母親口渴，欲喝水。目連乃取水給母親飲用。母親飲而連聲讚甘美，問是何水，目連歎道：「此地何處有水？此乃我從龍身上取之汗水！」其母道：「龍汗如此好味道，可想而

知，龍肉更不知道如何鮮美呢！」話音未落，其母又墮入地獄！目連
救母心切，情急之下，用杖撬開了地獄門，救母而出。許多餓鬼、惡
鬼，也跟著逃出，轉生世上為人，一時世界人滿為患。這些逃出轉生
人世的鬼，如何收回？天帝乃派目連為黃巢，轉生人世，大行殺戮。
他一直殺過去，殺到修佛地區，被殺之人，刀砍之處不流血。其地有
一婦人，在做米糰，每做一個，就投到對岸正在煮米糰的鍋子中煮，
再使法撈過已熟者在此岸出賣。黃巢見了好奇，且已饑餓，便向婦人
買了幾個食用。不料，幾個米糰下肚，黃巢就毫無力氣，再也舉不動
刀了。殺戮就到此為止。這婦人不是別人，正是觀世音菩薩。此故
事，大概就是出於別名為《黃巢寶卷》的《目連救母寶卷》一類的寶
卷或其他的通俗文學作品了。

　　又《中國民間故事集成》之《江蘇卷》，有《目連救母》云：唐
代時，南京秣陵關鄉里，有一對夫婦，男名傅崇獻，女為強氏。夫婦
信佛修行。強氏吃一奇異蘿蔔而懷孕，生一男孩，遂取小名為蘿蔔，
大名為目連。目連七歲時，被洪水沖走，其父遂發瘋。強氏見修佛並
無好報，遂開葷，恣意殺生，並想出種種殘酷之法殺害動物，滿足自
己的口腹之欲。目連十八歲，將論婚娶，而歸尋父母。回到家鄉，目
連知母已亡，欲到陰間尋母。他在城隍廟內，得到和尚指點，用烏桕
樹黑汁液染飯，以免餓鬼搶奪，入冥間尋找到母親，見母親在地獄受
種種痛苦而無法相救。目連乃求地藏王相助。地藏予以一禪杖，云可
以撬開地獄之牢獄門。目連救母心切，用勁打門，救出了母親，但十
萬八千鬼魂隨之逃出。閻羅告到地藏處，地藏大怒，命目連負責追回
那些逃出的鬼魂。目連無奈，只得轉世，為黃巢，造反殺戮。語云：
「黃巢殺人十萬八，在數在劫命難逃。」故事中目連小名「蘿蔔」和

其姓「傅」，都是由變文中目連姓名為「傅羅蔔」而來。

戲劇《目連救母勸善戲文》

　　以目連救母為題材之戲劇，則有《目連救母勸善戲文》。此劇前有萬曆己卯歲首金華知府葉宗春《勸善記》，萬曆壬午孟春陳昭祥序、萬曆癸未春倪道賢序和萬曆壬午孟秋鄭之珍自序。自序云：「余不敏，幼學夫子而志《春秋》，惜以文不趨時，而志不獲，遂於是萎念於翰場而遊心於方外，時寓秋浦之剡溪，乃取目連救母之事編為《勸善記》三冊，敷之聲歌，使有耳者之共聞；著之形象，使有目者之共睹。至於離合悲歡，抑揚勸懲，不惟中人之能知，雖愚夫愚婦，靡不悚惻涕淚，感悟通曉矣。不將為勸善之一助乎？」根據倪序，鄭生性至孝，在諸生中，英氣勃勃，自負文武才，但困於科場垂三十年，晚謝博士去，作而言曰：「大丈夫不能乘時策勳，以自表現於世，孰若秉仁義、竊風雅，默挽人心漓俗於千載之下，俾閭閻藝苑聆其音節耶？爰摘目連救母事，宮商其節而神赫之，庶偷薄者由良心入吾觳，曰：『此鄭某化俗之遺響也』。三不朽之謂何？」可見此劇是一個落魄秀才在無奈之下努力爭取「立言」以「不朽」之作。

　　在我國的古典戲劇中，此劇很可能是篇幅最長的劇本。我國的目連故事中，以此劇的情節最為豐富，人物最多，篇幅最長。

　　此劇有兩條主要線索：傅羅蔔（日連）線索與傅羅蔔（日連）之母劉氏線索。傅羅蔔的父親生前修行，死後昇天。劉氏想開葷，傅羅蔔不同意，劉氏便打發兒子外出經商。此後，兩條線索就各自展開：傅羅蔔在經商途中，一路做好事；劉氏在家裏，在其兄劉賈和丫鬟金奴的鼓動下，大造惡業，開葷之外，又故意用肉饅頭齋僧，燒毀齋房，

驅逐僧道。這些是第一卷中的情節。第二卷開始，兩條線索交會，即
傅羅卜回家，與母親相見。未久，兩條線索又分別發展：劉氏死去，
開始了她的冥間之行；傅羅卜也開始了他先修行、後救母的漫長歷
程。劉氏在冥間，初受許多苦難。傅羅卜辭官辭婚，出家修行，並往
西天求佛。路上精怪甚多，而白猿為甚。觀音會同張天師等，派馬、
溫、趙、關諸帥擒拿白猿，收伏後，令它開通道路，消滅餘黨，以保
證傅羅卜的安全。白猿聽命。觀音賜以金箍，並以緊箍咒相控制。傅
羅卜得白猿保護，戰勝許多艱險，又通過了觀音在黑松林所設女色、
酒肉等的考驗，終於到達西天，見到了佛，跟佛學道修行。佛為他取
名大目犍連，此後就名目連。此為第二卷。第三卷，仍然是兩條線索
交叉進行：劉氏從城隍到地獄，地獄中，從一殿到十殿，受盡苦難，
見許多在陽世造惡業之人，受到懲罰，包括其兄劉賈和丫鬟金奴，也
是如此。目連得神通，見父親在天堂逍遙快樂，母親在地獄受苦，乃
告世尊，決意救母，請佛相助。世尊予以錫杖一條，「上指天文，則
星移斗轉；下敲地獄，則鎖落門開。」又予以芒鞋一雙，「穿將起
來，舉足騰云，竟入九重地府；飛身駕霧，何愁萬里天山。」目連入
地獄救母，見母而無法相救，再謁世尊，世尊教以烏飯餉母。目連為
母親送飯後，不得不分別。目連三謁世尊，世尊賜以禪衣法鉢，「穿
此衣三光垂照，打此鉢諸佛回頭」，又教目連掛燈。目連依其教，燈
光照破地獄，以「兒能修佛果，亦可蓋前愆」，劉氏變狗還陽。劉氏
所變之狗進入目連未婚妻曹氏出家之庵，目連得觀音指點，尋至庵
中，與狗、曹氏相見，因果俱明。世尊指點目連，於中元節廣召僧
尼，大建盂蘭盆會，老母就可以超生。目連如其言，其母得超生，且
包括劉氏、曹氏和僕人在內，一門昇天。

　　在這兩條主線外，還有一些次要的線索，或旁生的線索。如傅羅卜經商途中，被強盜十友所擄，後十友得觀音點化，心向佛道，經歷艱險，到西天見佛，終於修成正果。傅羅卜的未婚妻曹氏，未婚而守節不嫁，堅決地抵制住了豪門公子的軟硬兼施和繼母的迫害，出家尼庵。附於這兩條線索的故事，就更多了。

　　此劇的思想，既不深刻，也不新穎。其主題，用「勸善」二字，就足以概括了。其所謂「善」，實際上都是封建社會中一些基本的道德觀念，作者用以「化俗」。第二齣《齋僧齋道》中，傅羅卜的父親傅相道：「嘗聞德主天下之善，善原天下之一，反身而誠，樂莫大焉。世人不知善根於性，多喪於業緣之擾擾，不知樂生於善，多墮於苦海之茫茫。惟東平公云，為善最樂，是真知樂生於善、善系於為。……老夫以此（按：樂善堂）扁堂，顧名思義，心之所存，無往而非為善之時，則身之所處，無往而非可樂之地也。」一僧云：「但期有利於人也，雖摩頂放踵我樂為。」「釋家大要，在《華嚴經》，大抵教人明此心，心明時，見性靈。」一道士云：「老君大要，在《道德》一經，大抵教人修此心。心修時，煉性真。」傅相道：「聖人遺下《四書》《五經》，大抵教人存此心。心存時，在性明。」如此則儒釋道都認為，在心性本善、教人為善這一點上，儒釋道三家是一致的，所謂「儒釋道，須知通混成」矣。打出三家的牌子，就足夠冠冕堂皇了。

　　作者所勸最大的善，仍然是孝，這一基本主題，與此前目連救母的故事相比，並沒有改變，相反，還得到了大大的加強。

　　首先，《盂蘭盆經》中，此前的作品中，目連是先出家，後知道母親在地獄受苦，才去救母親的，而在此劇中，目連是為救母親才去

出家的。目連本來可以有很幸福的世俗生活，他有豐饒的財產，有美貌的未婚妻，有做官的機會，但是，為了救母親，他捨棄了這一切，出家修行。其次，救母的歷程所充滿的艱苦，也是遠遠超出《盂蘭盆經》和此前同題材的作品的。他出家後，為了到西方去尋找佛，修習至道，以救母親，他在一路上經歷了許多艱險，幾乎就是唐僧西天取經的一個簡本。得到佛的指點，他入地獄救母，一次次地失敗，一殿殿地追尋，救母出地獄，使母脫犬身，成神仙。這些，重化目連為救母所作出的犧牲，重化目連為救母所克服的困難，正是為了突出目連的孝子形象，幾乎把孝提到壓倒一切的高度，增強此劇的勸孝功能。

與「勸善」相應的是「懲惡」，「懲惡」是「勸善」的另一種表現形式。此劇也以「懲惡」來加強「勸善」的功能。劇中，目連為善行孝，終成正果；一孝婦孝敬公婆，得到了傅羅卜家的資助。一孝子賣身葬母，也得到了傅羅卜家的資助。這些，都是「勸善」、「勸孝」。不孝婦被雷劈死，這就是「懲惡」，懲罰不孝，從反面加強了勸孝的力量。

孝本是就兒女對父母長輩而言的，後來又擴展而為兒媳婦對公婆。在此劇中，連已被解除了婚約的未過門的兒媳婦也有了孝順前未來公婆的義務。目連母親能出得地獄，劇中說，與已被目連解除婚約的前未婚妻也很有關係。目連的父親傅相向玉皇上奏救妻子，玉皇准奏，說：「曹氏賽英未婚守節，不惟有松筠之操，又且有菩提之心」，這也是目連母親得以出地獄的一個原因。這就擴大了孝道奉行者的範圍，與「未婚守節」是一致的，都是傳統封建道德觀念的極端化，又與佛教相聯繫了起來。《犬入庵門》一齣中，老尼姑明瞭因果後，評論目連和曹氏：「你兩個一個盡孝，一個盡節，謂僧為孝子可

也，謂尼為烈女可也。誰云削髮盡是滅倫？」儒家常云佛家為「無君無父」，不講倫理，老尼姑之言，正是為此而發。僧人不妨為孝子，尼姑不妨為烈女、為節婦。僧人修行而消除父母惡業，若論孝心，固然可嘉，但若論其孝順之效果，則難言矣，因為此之所謂孝，是超驗的！而儒家之所謂孝，是可以驗證的！女子為愛情而出家，為維護自己人格尊嚴而出家，世固然不乏，稱之為貞烈可也，稱之為全節可也，但與佛家教義，終究是難以一致的。老尼姑（其實是作者）之言，實在是牽強：心同則僅就心而言之，形似則僅就形而言之而已。

此劇所勸之「善」，還包括「信」。「信」是儒家的一個重要的道德觀念，包括信用而遠遠不為信用所限，誠實不欺，實事求是，就是信。佛家也講信，但是不特別強調。佛經中有故事表彰守信用的人，但此類故事很少，此劇的作者未必知道，但他肯定知道儒家是極為強調「信」的，儘管他對儒家的「信」，也未必理解得透徹。此劇中強調「信」，其奇妙之處在於：「信」既是人們普遍承認必須遵守的美好道德，又與佛家堅持信仰相一致，這就使「信」有了佛教的色彩，可以在劇中推動情節的發展，又可以為廣大觀眾所接受。

這集中體現在對傅羅卜之母「惡業」的理解和闡發方面。目連之母為什麼入餓鬼地獄？佛經中沒有交代。敦煌變文中，說她在目連離家經商後，她在家裏恣意殺生食肉，惡待僧道孤貧。傅羅卜還家微諫，其母力辯無之，並發誓云，如真有此類事，「願我七日之內命終，死墮阿鼻地獄。」其言應驗，故墮地獄。目連在地獄中見到母親，其母親對他說：「我為前生造業，廣殺豬羊，善事都總不修。今來此處，受罪難言。」她的「廣殺豬羊」，自然是指大吃葷腥，並不是指親手操刀殺豬宰羊。因此，在這裏，目連母親下地獄的原因，即

她造的惡業是恣意食用葷腥。在此劇中，儘管目連的母親也同樣地恣意食用葷腥，但導致她下地獄的惡業，重點不在於此，而在於「違誓開葷」。且看《二殿尋母》中目連母親與閻王的一段對話：

> 劉氏：天生萬物，惟人獨貴。人當享用肥甘，為甚反加刑罪？況我夫君子息，也曾念佛看經，齋僧佈施。
>
> 大王：你對天立誓，神司詳記，如何行便相違？不念言猶在耳？我考伊素履。地獄重重，解無寧日！
>
> 劉氏：老身追悔了。
>
> 大王：枉追思，臨崖勒馬收繮晚，船到江心補漏遲。
>
> 劉氏：爺爺，望開天赦。
>
> 大王：湛湛青天不可欺。你誓言一出，駟馬難追！須知陰府加人罪，只為陽間作事非！奉勸世人立誓之時，須當三思。
>
> 劉氏：悔吾行與誓相違。豈料我陽間過失，陰府詳知！

閻王避開劉氏「享用肥甘」的問題，只是抓住她「違誓」來作為施行懲罰的依據。這一點，與敦煌變文中有很大的不同。作者為什麼要作這樣的安排呢？變文的接受者，主要是信仰佛教和準備信仰佛教的人，對他們的宗教要求，不妨高一些。佛教禁止殺生，禁止食用葷腥，這樣的戒律，可以、也應該對他們宣講，他們中至少絕大部分人，是可以接受的。戲劇的接受者，就比變文的接受者廣得多，雜得多。向他們宣傳佛教的殺戒，提倡不食用葷腥，當然也是可以的，他們可以接受就接受，不能接受就不接受，尚不至於有什麼問題。不過，如果劇中表演因為食用葷腥而下地獄受苦難，打擊面就實在太大

了，因為在戲劇觀眾中，不食用葷腥的，只是很少的一部分而已，絕
大部分觀眾，不僅無法接受，還會產生反感。如果這個問題再深究下
去，麻煩就會更大。歷史上的聖賢們，沒有幾個不食用葷腥，例如孔
子，「食不厭精，膾不厭細」，「釣而不綱，弋不射宿」，如果食用
葷腥就要下地獄，他們豈不就要下地獄？不下地獄的，又能有幾人？
此劇的作者畢竟是個儒生，不是佛教徒，也懂得戲劇接受者的廣泛性
與複雜性，所以，只是在劉氏「違誓」上做文章，而不糾纏於她恣意
食用葷腥。責其「不信」，而不責其「不戒」。

　　此劇中，尼姑靜虛、和尚無本，各因感春景而傷懷，私自離開各
自的寺廟，下山還俗，兩人相見而相悅，結為夫婦。這就是《尼姑下
山》與《和尚下山》兩齣戲。後來，尼姑死後，因此而被罰為母豬，
和尚死後，因此而被罰為禿驢。尋常男女結婚，當然不會被非議，更
不會受到懲罰，為什麼他們結婚，就要受到懲罰呢？因為他們是出家
人，他們結婚，就是犯了色戒，所以要受到懲罰。犯色戒，或是別的
什麼戒律，這就意味著違背了他們當初的信仰，違背了他們當初成為
佛教徒時遵守佛家戒律的誓言，這當然也是「失信」。

　　總之，佛教有殺戒，但並不責所有的人遵守殺戒，但責已發誓言
行殺戒的人遵殺戒，他們犯了殺戒，就是違反了誓言，就要受到嚴厲
的懲罰。佛教有色戒，但並不責所有的人遵守色戒，但責出家人奉行
色戒，他們犯了色戒，就是違反了誓言，就要受到嚴厲的懲罰。為什
麼？因為他們「失信」，而「信」是社會普遍承認的道德準則之一，
也是「善」的一個重要內容。

　　當然，此劇「勸善」的內容，還有不少，如勸佈施，勸謙恭。懲
惡，如雷神擊斃騙子，傅羅卜家不施給已死了的生前「偷漢」女子棺

材，僕人說，這樣的女子，「正該狗吃了」。這些，實際上也是勸善。當然，「善」的標準，只能是封建社會中的道德觀念。

此劇之勸善也好，懲惡也好，主要是通過一個龐大的宗教神話背景來實現的。劇中充分展現了這個背景，來體現勸善懲惡的主題，加強勸善懲惡的力量。可以這樣說，我國文學作品勸善懲惡，往往借助於神話背景和俠客、清官，但還是以神話背景為多。在以神話背景勸善懲惡的戲劇作品中，若論展現神話背景之充分、之廣泛，大概就首推此劇了。

傅羅卜（目連）的父親傅相，為一善人。《三官奏事》一齣中，天官奏王舍城中傅相廣行善事，「望天庭高擢上青霄，錫彼逍遙樂享，長生永不老。」玉皇降旨閻王，命他負責考核傅相，果如所言，送入天宮。此齣戲中，馬元帥、趙元帥、真武大帝、天師、天官、玉女等，各自報家門，分外熱鬧。下一齣戲，閻王接旨後，與判官、小鬼等查考核實。他們又各自報家門，講述自己的出身、職能、神通等等。再下一齣《城隍掛號》，城隍、魁星、聖母、金童玉女等出現，金童玉女迎接傅相昇天。此下一齣為《觀音生日》，觀音、善才、龍女、王母、夜叉等出現，準備伺候傅相昇天。《傅相昇天》一齣中，傅相靈魂，經城隍處昇天，展示冥間世界的景象，如望鄉臺、滑油山、鬼門關、愛河橋等。這些，都是用來勸善的。雷公護孝婦、擊惡婦，當然是勸善而兼懲惡。《司命議事》中，竈神、土地神、社公等民間基層地祇，討論劉氏違誓開葷，惡業多端，議予重罰。《閻羅接旨》中，閻羅命人捉劉氏到城隍殿。《花園捉魂》，鬼使奉閻王令，城隍臺前掛號，捉拿劉氏真魂。《城隍起解》中，城隍審理犯人，劉氏被判入地獄。此下有多齣戲，詳細表現劉氏在地獄的情況，由此展

現地獄景象，以增強勸善、懲惡的作用。如地獄中有金錢山、滑油山、望鄉臺、耐河橋等。從《一殿尋母》到《十殿尋母》，展示地獄中的種種酷刑，表現閻王審理案件，體現勸善、懲惡的主題。酷刑如鐵床、血湖、油鍋、銅柱等，處理案件如：不孝之兒媳婦、謀殺親夫之女子、誣陷人調戲之女子、積小惡為大惡的偷雞賊、為富不仁者等，都受到了重罰。傅羅卜的十個結義兄弟，原來為強盜，擄傅羅卜上山，後經觀音點化，他們改惡從善，決定到西天尋佛，出家修佛道。西天與紅塵之間，有火焰山、寒冰池、爛沙河等相阻隔。觀音命鐵扇公主幫助他們過了火焰山，命雲橋道人幫助他們過了寒冰池，又命豬百介幫助他們過了爛沙河，使他們終於到西天，見到了佛，並修成了正果。這些，無非是說，向善會得神靈護持。

此劇勸善懲惡，還用了一個重要工具，這就是情理兼具的歌謠。這也是個特色。我國戲曲，本是歌劇，唱詞為主，說白為賓，故稱「賓白」。曲、白有分工，所謂「曲以抒情，白以敘事」是也。因此，戲曲用唱詞，自然是算不上什麼特色。可是，戲曲中唱詞，都是按照曲牌的，我這裡說的，卻是不按照曲牌的長篇唱詞，演員可以唱，也可以念，還可以誦，都沒有什麼關係。這樣的唱詞，在戲曲中是不多見的，但此劇中用了不少。此類唱詞，通俗易懂，琅琅上口，情理兼具，語言警策，容易流傳，因而也就能加強勸善懲惡的功效。如《三殿尋母》中，劉氏所唱婦女之苦的《人生莫作婦人身》：

> 人生莫作婦人身，做個婦人多苦辛。媳婦苦也是本等，（且說）做娘苦楚與世人聽。未有兒時終日望，堪堪受喜尚難憑。一月懷胎如白露，二月懷胎桃花形。三月懷胎分男女，四月懷胎形

相全。五月懷胎成筋骨，六月懷胎毛髮生。七月懷胎右手動，
八月懷胎左手伸。九月懷胎兒三轉，十月懷胎兒已成。腹滿將
臨分解日，預先許願告神靈，許下願心期保佑。豈知一日腹中
疼，疼得熱氣不相接，疼得冷汗水般淋。口中咬著青絲髮，產
下兒子抵千金。爐灰掩時血滿地，汙衣洗下血盈盆。三朝五日
尚欠乳，請個乳母要殷勤。痛兒一似心上肉，愛兒一似掌中
珍。（兒耶，兒）一日吃娘十次乳，十日百次未為頻。衣裳裏兒
尿與屎，時時更洗淨清清。兒若生瘡娘一樣，手難動也腳難
行。頭要梳時梳不得，蓬鬆兩鬢裏包巾。日日抱兒在懷內，難
開肉鎖重千斤。日間苦楚熬過了，夜間苦楚對誰論？兒睡熟時
娘不睡，心心又怕我兒醒。若是夜啼兒吵鬧，三更半夜起吹
燈。左邊濕了娘身睡，右邊幹處與兒臨。右邊濕了娘又睡，左
邊幹處把兒更。若是兩邊都濕了，抱兒在胸上到天明。這是哺
兒三年苦，兒噯，養子方知父母恩。萬苦千辛說不盡，人生莫
作婦人身。

　　除了此歌之外，唱母親對兒女之愛、母親哺育兒女之苦的，還有幾首
長歌。母親哺育兒女，如此的辛勞，愛兒女之感情，又如此的深厚，
對母親孝順，有如此充分的理由，作為兒女，怎麼能不孝敬母親呢？
母親有苦難，再大的苦難，兒女也應該不惜代價，救母親出苦難。身
處地獄，為受苦難之極，目連的母親是也，而目連拋棄世俗的幸福和
榮耀，以救母親，也是合於天理人情的。聽此類歌，不孝父母者易於
受其感而孝父母，本就孝敬父母者，孝心必彌摯而孝行必彌篤。又劇
中有婦人唱道：

我勸人家子女聽，子女須是孝雙親。十月懷胎在娘肚裏，三年乳哺在娘身跟。男教詩書娶媳婦，女教針指嫁豪門。養得男大和女長，吃盡萬苦與千辛。兒和女，聽也麼，聽那慈烏也識報娘恩。

我勸人家兄弟聽，連枝同氣共胞生。弟敬兄如敬父母，兄愛弟如愛子孫。兄弟相和家自旺，莫因些小便相爭。兄和弟，聽也麼，聽那雁鴻尚有兄弟情。

我勸人家夫婦聽，夫妻匹配事非輕。七世修來才共枕，百年和順莫相嗔。妻敬夫時夫愛婦，一夜夫妻百夜恩。夫和婦，聽也麼，聽那鴛鴦到老不分離。

此則由勸孝而勸兄弟和睦，夫婦恩愛。

劇中，有民間藝人以《蓮花落》調唱《十不親》，分別說天、地、父母、兄弟、老婆、兒子、女兒、媳婦、叔伯母、朋友之情淡薄，而又云：

十不親來果不是親，我今說與世人聽。世間若要人情好，惟有錢財卻是親。天有錢來天可親，燒錢做福也回心。地有錢來地可親，將錢置買任君行。父母有錢也可親，暖衣飽食自歡欣。兄弟有錢也可親，易求田地不相爭。老婆因錢敬夫主，兒子因錢敬父親。女兒有錢歡喜去，媳婦有錢不生嗔。叔伯母有錢都和氣，朋友有錢盡知心。可見錢如親骨肉，可見錢是性命根。若是有錢便有勢，不應親者強來親。不信但看筵中酒，杯杯相勸有錢人！

此則刺世風之澆薄，而勸善之意義，自在其中了。這一類歌，劇中還有不少，算得上是一個特色。

　　與此劇情節和主題相類似的，有王翔千所作《龍華會》傳奇。翔千，字起鳳，太倉（今屬江蘇）人，明崇禎前後在世。《龍華會》傳奇已佚，現將董康《曲海總目提要》卷十所載故事情節，錄於下：

> 龍華會三字，出《彌勒下生經》，以彌勒出世時，至龍華樹下
> 大會說法，普度眾生，故世人相傳有龍華會。龍華乃樹名，高
> 廣四十里。此劇則以龍瑞與華女貞香，同皈依三寶，救母出幽
> 冥，見佛解脫，故名《龍華會》，乃假託也。藏經中無此事，
> 大抵空中樓閣，勸人為善，勿昧因果，與《目連記》相類云。
> 略云：過去正法明如來，現前觀世音菩薩，因王舍城龍裏，本
> 西方散聖，靈根不昧，已引歸極樂。妻金氏，性根不堅，恐致
> 墮落，賜善子為嗣，救濟其母，共證菩提。子名瑞。父裏棄世
> 三載，與母金氏繼父之志，造善應寺以供比丘尼。瑞幼時聘華
> 貞香為妻，未娶。母舅金蜚明，巧言誆姊，經營謀利，又令使
> 瑞攜資他鄉貿易，並勸開葷，恣食生命。種種炮炙，驅逐僧
> 眾。金氏惑其言，悉聽之。龍裏因在世勤修，廣行慈善，授九
> 州糾察勸善天曹使。瑞奉母命為商，夜宿孤館，有穿窬人入
> 室，瑞驚醒，以銀贈之，勸其改過。及歸家，知母所行事，婉
> 言幾諫。母言，散僧眾者，因家無進益也。若開葷，永沈地
> 獄。言未已，雙睛出血，昏迷隕絕。蜚明聞姊死，欲挾詐以圖
> 產，頃刻被雷擊。鬼卒押金氏至望鄉臺，因業重不見家鄉。食
> 迷魂湯，歷冤報關，惡狗村，羊腸路，豬婆場，牛頭關（按內典

地獄中無此等名）。龍瑞痛母之亡，誓終身不婚配，作休書並庚貼
送還華氏，以家業托蒼頭龍德，自書二親真容，隨身供養，欲
往天竺見佛，求佛濟拔，早生淨域。而華貞香堅心守節，瑞一
切視同泡幻，竟棄家去。金氏復遍歷寒冰、火床地獄（按內典有
此二地獄名。），血湖池（內典中無此名。）備受諸苦。瑞往靈
鷲。……（按：一路經歷許多艱險，略）見釋迦牟尼佛，摩頂受記，
法名捷連。入深禪定，於定中見父已解脫，母尚滯輪迴。……
（於是在佛的幫助下，入地獄救母。其母）將入畜生道，瑞益哀慘，又
返靈鷲求佛。佛敕地藏菩薩，追魂攝魄，且為設龍華大會。金
氏暨夫裏子瑞，及未婚元媳華氏，俱見佛得度。夫妻子媳相
聚，共往極樂佛剎，永離輪迴。

附錄：血盆經

爾時目連尊者，昔日往到羽州追陽縣，見一血盆池地獄，闊八萬
四千由旬，池中有一百二十件事。鐵梁鐵架，鐵柱鐵鎖。見南閻浮提
許多女人，披頭散髮，長枷杻械，在地獄中受罪。獄卒鬼王，一日三
度，將血勒教罪人吃。此時罪人不敢弗吃，遂被獄主將鐵棒打作叫
聲。目連悲哀，問獄主：「不見南閻浮提丈夫之人，受此苦報，只見
許多女人，受其苦痛。」獄主答言：「不干丈夫之事，只是女人產下
血露，汙觸地神，並穢衣裳將去溪河洗浣，水流汙犯，有諸善男信女
取水煎茶，供養諸神，致令不淨天大將軍記下名字，附在善惡簿中，
待百年命終之後，受此苦報。」目連悲哀，遂問獄主：「將何報答產
生阿娘之恩？出離血盆池地獄？」獄主答師言：「惟有小心孝順，男

女敬重三寶，更為阿娘持血盆齋三年零六十日，仍結血盆勝會，請僧
轉誦此經一藏，滿日懺散，便有般若船載過奈河彼岸，看見血盆池中
有五朵蓮花出現，罪人歡喜，心生慚愧，便得超生佛地。」諸大菩薩
及目連尊者啓告：奉勸南閻浮提善男信女早覺修取，大辦前程，莫教
失手，萬劫難逢。《佛說女人血盆經》，若有信心書寫受持，令得三
世母親盡得生天，受諸快樂，衣食自然，長命富貴。爾時天龍八部，
人非人等，皆大歡喜，信受奉行。（此據《曲海總目提要》卷三十五《目連
救母》條錄上。）

第三編
佛教與中國文學作品研究
（二）

唐前釋氏輔教小說二題

　　唐前小說中，有關佛教者，都是為宣傳佛教思想而作，都可以稱之為「釋氏輔教小說」。這些小說，絕大部分見之於魯迅《古小說鈎沈》。本文主要從兩個方面對這類小說作些研究。

因果鐵律的變異

　　因果報應是佛教最基本的理論之一。這種理論認為，一個人的任何言行，甚至只是心中的一個念頭，都會形成一種「業力」。這種「業力」有個特點，不報不休，總是要導致相應的果報以後，才會消失。惡的言行和念頭，造成「惡業」，必定會導致「惡報」；善的言行和念頭，造成「善業」，必定會導致「善報」。佛經中認為，這是一種鐵律，完全不會有例外。

　　因果報應是唐前釋氏輔教小說著力宣揚的主要內容。但是，這些

小說所宣揚的因果報應，與佛經中的因果報應，有兩大不同之處。

　　第一，佛經中認為善惡各報，而這些小說中認為惡業可以用善業來消除，而善業也會被惡業所沖銷。

　　佛經中的因果鐵律，看似簡單，但追究下去，就會發現有問題。善的言行和念頭，造成「善業」，導致「善報」，這當然正是人們所希望的。不過，惡的言行和念頭，造成「惡業」，導致「惡報」，這是任何人都不希望的。如果一個人，既有不善甚至惡的言行和念頭，造成了惡業，又有善的言行和念頭，造成了善業，（其實，幾乎每個人都是如此。）那麼，果報是如何實施的呢？是善惡業力相互沖銷、業力大者未被沖銷的部分實現果報，還是善業惡業各歸各相報，互不干涉？佛經中，特別是佛經文學作品中闡述的，應該是後者。如《賢愚經》第二卷《波斯匿王女金剛品第八》云，波斯匿王的女兒極為醜陋，後信仰佛，容貌馬上變得美麗非凡。波斯匿王問佛：「不審此女宿殖何福，乃生豪貴富樂之家；復造何咎，受醜陋形，皮毛粗強，劇如畜生？」佛乃為說因果，云過去久遠世時，一富豪家供養一辟支佛。此家一小女罵此辟支佛醜陋。後此辟支佛顯出神通，此女乃作懺悔。佛說：「爾時女者，今王女是。由其爾時惡不善心，毀訾賢聖辟支佛，故自造口過。於是以來，常受醜形。後見神變，自改悔故，還得端正，英才越群，無能及者。由供養辟支佛故，世世富貴，緣得解脫。」供養辟支佛種善業，罵人種惡業，懺悔又種善業。此女因善業而生王家為公主，因惡業而長得醜陋，又因善業而遇佛，變醜陋為美麗。同經卷三《微妙比丘尼品第十六》云，微妙比丘尼出家前，極為不幸。這些都由以前惡業所致。後來，她遇佛，為比丘尼，得羅漢道。這些又都是以前善業所致。前若干世，一大婦，殺妾所生之子，

然堅不承認，乃發誓云：「若殺汝子，使我世世夫為毒蛇所煞，有兒子者，水漂狼食，身見生埋，自啖其子，父母大小，失火而死。」若干世後，該女供養一緣覺，見其神通，乃發願也能得道。此女轉世，便為微妙，前若干世之善惡之業，一一得報。她又云：「今日我身，雖得羅漢，恒熱鐵針，從頂上入，從足下出，晝夜患此，無復竟已。殃福如是，無有朽敗。」《增壹阿含經》卷三十一云，「煞害眾生，不可稱計」的惡魔鴦掘魔，得佛度化為僧，修成羅漢，此後，入城乞食，人們認出他是當年殺人惡魔，遂予痛擊。鴦掘魔「頭目傷破，流血汙衣」，逃到佛處。佛云：「汝今忍之。所以然者，此罪乃應永劫受之！」善業惡業，各自相報，不相假借沖銷。微妙比丘尼和鴦掘魔都成了羅漢，但他們先前造成的惡業，還沒有消失，仍然照報不誤！《根本說一切有部毗奈耶雜事》卷二十三中，佛云：「若純黑業，得純黑報；若純白業，得純白報；若作雜業，當得雜報。以是因緣，應捨黑雜二業，當修白業。」此語見之於佛經者不一，可見是佛經中最為普通的理論之一。

　　已經為不善的人，已經為惡的人，已經造成了「惡業」，既然「業力」是不報不休的，那麼，他們就只能等著承受「惡報」了？就再也沒有別的辦法補救了？如果正是這樣，未免就是對他們「疾之已甚」（出《論語》），不給出路。因此，佛經中也暗示像他們這樣的人，可以用信佛、為善的方法來補救。《雜譬喻經》卷中云，一國王每飲酒射獵還，必燒香燃燈敬佛。他認為，就像在一鍋沸水中加冷水、抽掉鍋下的火能使鍋中沸水冷卻一樣，敬佛能減少所造惡業。但是，這個故事中沒有交代這國王用這些方法消除惡業的效果，有效與否，不得而知。因此，在佛經中，用信佛修行的方法來消除惡業，僅

僅是一種設想和暗示，它對因果報應理論中「善惡各報」的缺陷試圖作適當的彌補或修正，但是，這種觀念，沒有能夠在佛經中最終確立，更沒有大行。

　　唐前釋氏輔教小說中，情形就不同了。人造成了惡業，明確可以通過信仰佛教等修為來消除。《幽明錄》之趙泰入冥故事中，趙泰問冥官：「未奉佛時，罪過山積。今奉佛法，其過得除否？」對方的回答是：「皆除。」《冥祥記》中晉沙門慧達入冥故事中，觀世音說法：「沙門白衣，見身為過，及宿世之罪，種種惡業，能於眾中盡自發露，不失事條勤誠懺悔者，罪即消滅。如其弱顏羞慚，恥於大眾露其過者，可在屏處默自記說，不失事者，罪亦除滅。若有所遺漏，非故隱蔽，雖不獲免，受報稍輕。若不能悔，無慚愧心，此名執過不反，命終之後，克墜地獄。又他造塔及與殿堂，雖覆一土一木，若染若碧，率誠供助，獲福甚多。若見塔殿或有草穢，不加耘除，蹈之而行，禮拜功德，隨即盡矣。」根據這樣的說法，一個人即使所造的惡業極多極重，只要他依法懺悔，他所有的惡業也就消除了。惡業既消，當然也就不會產生相應的報應了。然而，「禮拜功德」，也會被某些不經意的舉動沖個精光！又《冥祥記》云，晉朝李恒少時，有一僧人對他說：「君福報將至，而復對來隨之。君能守貧修道，不仕宦者，福增對滅。」李恒為富貴中人，選擇了出仕，信佛又不能精勤。他身歷三郡太守而終於被殺。「福」即福報，「對」即惡報。按照佛經中的因果鐵律，福報和惡報，應當各歸各報，不能沖銷，而此卻云可以使「福增對滅」，與佛經中觀念不同可知。

　　很明顯，從小說中看，當時，佛教尚不夠普及，信佛教者固然不少，但不信佛教者也很多。宣揚即使「罪過山積」，只要信佛教就可

以罪過「皆除」，宣揚「福增對滅」，也就是善業惡業能相互沖銷，其旨正是在於勸誘人們信仰佛教。當時，戰亂頻繁，各政權內部殺戮也常見，直接或間接負有殺人罪責的人不少。六朝以生活奢侈著名，為了口腹之欲而宰殺動物，當然極為普遍，這在小說中也常有反映。按照佛教的觀點，當時「罪過山積」的人，恐怕特別多。如果是善業惡業各歸各報，這些人即使大造善業，那些惡業報將起來，也是夠可怕的。如果是信佛後一切罪過都可以消除，或者是善業惡業可以沖銷，對這些人來說，這自然就是福音，吸引力自不待言。

第二，佛經中認為「自作自受」，而唐前釋氏輔教小說中，卻屢屢宣揚「果報轉移」。佛經中，承受果報的，是言行或念頭的發生者。也就是說，言行或念頭的發生者，他必定會承受他的言行或念頭必定會導致的相應的果報，「出乎爾」者，必定會「反乎爾」，而不會轉移到其他人身上，不管這種果報是善的還是惡的。北朝吉迦夜、曇曜譯《雜寶藏經·波斯匿王女善光緣》云：「王言：『佛語真實，自作善惡，自受其報。』」又同經《二內官爭道理緣》云：「王時歎言：『我今乃知佛語為實。自作其業，自受其報，不可奪也。』」佛經文學作品中，善業和惡業的製造者自己承受相應果報的事，觸目皆是，而果報轉移的例證，除《佛說盂蘭盆經》外，很難再找到。《佛說盂蘭盆經》中說，父母和祖先生前造成惡業，這些惡業的業力，使他們死後在地獄中受刑受苦。子孫們應該供養僧人，接受供養的僧人作佛事，可以使供養者的父母或祖先在地獄中少受或不受刑罰或苦難。這與「自作自受」的因果鐵律就不一致了。按照「自作自受」的鐵律，父母或祖先生前作了惡業，他們就應該、也遲早一定會受相應的惡報，沒有任何假借的餘地。子孫們供養僧人等善行，是子孫們所

作的善業，受這些善業所引發的相應的善報的，只能是他們自己，而不是別的任何人，包括他們的父母或祖先。子孫作功德而報在父母或祖先，這就是「果報轉移」。這種「果報轉移」，在佛經中只是極為偶然地出現，而且僅僅限於子孫修功德救助地獄中受刑罰或苦難的父母或祖先的亡靈。

　　唐前釋氏輔教小說中，「果報轉移」時常有之，而且範圍也較《盂蘭盆經》中所載遠為廣。如《宣驗記》云，沛國周氏有三子，並喑不能言。異人令周思過。周云，其為小兒時，曾戲將三蔢藜各餵三小燕子，致三小燕子死亡。他自己「恒自悔責」。異人變為僧人云：「君即知悔，罪今除矣！」周氏三兒，馬上就語言正常，僧人亦不見。周氏自己造的惡業，按理由他自己承受惡報，但惡報沒有應驗在他的身上，而是轉移到了他三個兒子的身上。周氏懺悔，是他自己的行為，但作用卻轉移到了他兒子們的身上。人們作功德為死去的親族成員減輕惡業以讓他們在冥間世界少受惡報，在唐前小說中極為常見。如《宣驗記》中，孫祚之子稚死後，亡魂回家，說作福可以拔魂免苦，「其事不虛」。又益州刺史郭銓死後，現形於其女婿劉凝之家，云：「仆謫事未了，努力為作四十九僧會法集齋，乃可得免。」《冥祥記》中，晉史世先卒後，現形對家人說：「舅生犯殺罪，故受此報。可告舅母會僧轉經，當稍免脫。」最為有趣的是，孫稚死後，因功德深厚，修佛精進，本當昇天，但他用自己的功德，解救了正在受惡報的伯父，所以，他就不能昇天，而只能再入紅塵。他將自己的功德之報，轉移給了伯父。如此，則果報也就像物品一樣，可以相互轉讓了。這當然是佛教世俗化的結果。

　　唐前釋氏輔教小說中的「果報轉移」，作業者與受果報者，一般

是同一家庭的成員，充其量也不過是同一親族中的至親成員，也就是說，「果報轉移」的依據，正是親族關係。至於「果報轉移」的依據超越親族關係而有時成為金錢關係或交換關係，那是以後的事了。

接下來的問題是，唐前釋氏輔教小說中，「果報轉移」的觀念是如何發展而來的？當然，這一觀念無疑受《盂蘭盆經》的影響，但顯然不能完全歸因於《盂蘭盆經》。況且，《盂蘭盆經》中的「果報轉移」的觀念，在我國能生根發芽，還有個土壤的問題。

我國古代，也有因果報應的觀念。在我國古代的因果報應觀念中，果報是會轉移的。例如，《易·坤》云：「積善之家，必有餘慶；積不善之家，必有餘殃」。祖先的善惡之行所導致的相應的果報，有可能讓子孫來承受，父子之間果報的轉移，就更不用說了。當然，這種觀念，也是同古代社會相一致的。古代社會，至少是在周建立宗法社會以後，親族關係，特別是同姓親族之間的關係，在社會活動中起有十分重要的作用。一個人的行為，往往影響到整個親族或宗族的整體利益，甚至每個親族或宗族成員的命運，他所種下的因，可能由親族或宗族中的別的人承受果。因此，親族或宗族成員之間「果報轉移」的觀念，也就產生了。我國古代因果報應的觀念，與佛教中因果報應觀念結合起來，特別是吸收了後者的善惡觀念、「不報不休」的觀念和神異色彩，再受到《盂蘭盆經》的直接引發和該經所提供的參照，於是，就有了唐前釋氏輔教小說中這樣的「果報轉移」。

那麼，佛經因果理論中，為什麼強調「自作自受」，而不重「果報轉移」呢？古代印度有四種姓制度。某一種姓的家族，世世代代處於該種姓，永遠也無法轉換。與這樣的社會制度相適應的婆羅門教認為，各種姓的人輪迴，標準是不同的，最低等的種姓首陀羅種姓的

人，甚至連輪迴的資格都沒有，被稱為「一生族」，死了就完了。屬於這種姓的人，人生還有什麼希望！佛教反對四種姓制度和婆羅門教的這種觀念，認為一個人的境遇，都是他自身的業力所致，任何人都可以通過自己的修為改變自己的處境。正是因為如此，佛教理論，較多地著眼於個體，肯定並且鼓勵個體自身的追求。因此，其因果理論，就強調「自作自受」，不使因果報應轉移向他人。我國文化傳統，則是較多地著眼於群體，重視個人的行為對群體中其他成員的影響，因此，「果報轉移」比起「自作自受」來，容易接受得多，因而也就容易流傳得多。

本土冥間信仰的佛教化

唐前寫地府的小說，其模式幾乎都是「死而復生說地獄」型：一個人被拘入地府，經主事冥官的審問或詢問，歷觀地府中生前作善業的亡靈們受優待的情況，或者地獄中生前作惡業的亡靈們的慘狀，最後，因為陽壽未終，得以放還陽世。回到陽世以後，他對人們講述地府中的親身經歷，證明佛教所宣揚的地獄和因果報應之不虛。這一模式，也是來源於佛經。《佛說弟子死復生經》、《經律異相》卷四十五引《雜譬喻經》慳貪老母故事，就是如此。

在佛教傳入我國之前，我國已經有冥間信仰，即泰山信仰。這一信仰認為，泰山是冥間地府所在，人死後，都要魂歸泰山，而泰山神，就是地府的最高長官，他根據人生前的善惡處理其亡魂，並直接對天帝負責，頗同人間世界的太守，因此，人們稱他為「泰山府君」，或徑稱「府君」，有時也稱「泰山太守」。他的屬員，也頗同人間社會太守一類官員的屬員。這一信仰，大約最遲起源於東漢。清

人顧炎武、趙翼都有過很詳細的考證，分別見《日知錄》和《陔餘叢考》。佛經中的冥間世界，其主體是地獄，地獄的最高官員就是閻王。

　　唐前小說中所描繪的冥間世界，主者為閻王或似乎為閻王者，僅僅極少的幾例而已，此外，都是泰山府君或本土式官員式的神靈。如戴祚《甄異記》中的《沛國張伯遠》，云地府在泰山，《幽明錄》中的《趙泰》、《康阿得》，《冥祥記》中的《陳安居》、《李旦》等，都明確云冥間主事者為「府君」。有些故事中，儘管未明冥間主事者為誰，但一看就是本土式的，而不是佛教中的。如《幽明錄》的《石長和》中，地府主者「面辟方三丈，著皂袍」，《冥祥記》中的《僧規》，冥間主事者一「衣幘並赤」，一「朱衣玄冠」，他們都服從於天帝。一些故事中描繪的冥官官署和上堂的作派，也一同本土人間世界。如《冥祥記》的《支法衡》中，地府「如官曹舍」；《陳安居》中，地府為「一城府，樓宇甚整，使者將至數處，如局司所居」；《智達》中，冥間主事者為「一貴人，朱衣冠幘，據床傲坐，姿貌嚴遠，甚有威容，左右兵衛百許人，皆挂刀，列直森然」；《袁廓》中，地府有「大城池，樓堞高整，階闥宏麗，」「主人南面，階陛森然，威飾冠首」，旁邊還有「執刀者」。

　　許多小說中，冥間官員儘管是本土式的，但冥間充滿了濃厚的佛教氣氛。這些佛教氣氛，通過入冥者所歷展現出來。

　　首先，入冥者所見冥官，儘管是本土式的，但是，他們評判亡魂所用的標準，則是佛教的標準，他們所告誡入冥者的，或是要通過入冥者告誡世人的，也都是佛教思想。如《幽冥錄》中，趙泰入冥，地府官員對他說：「人死有三惡道，殺生禱祠最重。奉佛持五戒十善，

慈心佈施，生在福舍，安穩無為。」同書康阿得入冥故事中，泰山府
君問康何所奉事，康云：「家起佛圖塔等，供養僧人。」府君就讚揚
他「大福德」。《冥祥記》中，甚至我國本土信仰中的最高神靈天帝
都告誡入冥者：「廣設福業，最為善也。若不辦，爾可作八關齋。生
免橫禍，死離地獄，亦其次也。」

　　其次，在本土式冥官治理下的地府，常有僧人出現，有時竟然是
觀世音菩薩，甚至佛本人，來到這本土式的地府，宣傳佛法，入冥者
由此得以親身聆聽他們的說法，或接受他們的指導，得到他們的啟
發。冥間世界的官員，甚至是泰山府君，也對他們敬禮有加。《冥祥
記》中，程道惠世奉五斗米道，不信佛法，入冥後，得一比丘指點，
方悟前世因緣而信佛法。軍人劉薩荷入冥，在兩個僧人的引導下，接
受佛法，並識得宿命，又聽觀世音說法云：「凡為亡人設福，若父母
兄弟，爰至七世姻媾親戚、朋友、路人，或在精舍，或在家中，亡者
受苦，即得免脫。七月望日，沙門受臘，此時設供，彌為勝也。若制
器物，以充供養，器器標題，言為某人親奉上三寶。福施彌多，其慶
逾速。」這些內容，很明顯，就是僧人、尼姑在現實社會傳播佛法的
曲折反映。作者利用地府官員在人們心目中的權威，來傳播佛法。

　　再次，入冥者往往在地府遇到已經亡故的親友，這些親友對入冥
者所言，無非是以他們在地府的遭遇，說明佛家所言不虛，其中也不
乏現身說法，以切身所受為言者。《冥祥記》中，劉薩荷入冥，見其
從伯，從伯告之云：「昔在鄴時，不知事佛。見人灌像，聊試學之，
而不肯還值，今故受罪。猶有灌福，幸得升天。」同書唐遵入冥，見
其從叔，從叔告之以諸已亡故親戚事，又云：「在世無幾，倏如風
塵。天堂地獄，苦樂報應，吾昔聞其語，今睹其實。汝宜深勤善業，

務為孝敬，受法持戒，慎不可犯。一去人身，入此罪地，幽窮苦酷，自悔何及。……我家親屬，生時不信罪福，今並遭塗炭。我受楚毒，焦爛傷痛，無時暫休，欲求一日改惡為善，當何得耶？悉我所具，故以囑汝。勸化家內，共加勉勵。」這些，都有感情的成分在，更容易打動人，因而也就更容易使人相信。

最後，入冥者在本土式的地府中，參觀地獄。我國本土的地府信仰中，沒有地獄。唐前小說，在中國式的地府中，引進了地獄。人間世界中，監獄歸屬於官府管理，是官府的一個職能機關。這些小說中，寫地府，絕大多數寫到地獄，這與當時人間世界中府一級政府一般都有監獄的情況相一致的。不過，其中所描寫的地獄，卻無疑是佛經中的地獄。佛經中專寫地獄者，有《佛說鐵城泥犁獄經》、《佛說鬼問目連經》和《佛說罪業應報教化地獄經》等，無非是生前為惡之人死後在地獄受惡報。所受惡報，因各人生前所造惡業的輕重而定。其所謂惡報，乃刀山、油鍋、沸水、火爐等酷刑，其慘酷的程度，為人們想像之極。編者乃以此警示人們，不要造惡業。唐前小說中的地獄，大抵也是如此。

唐前小說中的地獄，如何展現？這也與佛經中差不多，只是有時有小小的變化而已。大而言之，是入冥者參觀地獄。如何得以參觀？佛經中，入冥者參觀地獄，只是冥官（閻王等）的安排。唐前小說中，一般是冥官、僧人安排，或者是亡故親友的亡魂建議，或者是被冥間任命為冥官，利用履行職責的機會，瞭解地獄的種種情況。所有這些，都是對入冥者「示以諸獄，令世知也」。趙泰故事中，趙泰入冥後為冥官，巡視諸獄，故描寫最詳，如寫地獄中判往生云：「中央有屋，廣五十餘步，下有五百餘吏，對錄任命作善惡事狀。受是變身形

之路，從其所趨去。殺生者云當作蜉蝣蟲，朝生夕死，若為人，常短命；偷盜者作豬羊身，屠肉償人；淫逸者作鵠鶩蛇身；惡舌者作鴟梟鵂鵋，惡聲人聞，皆令咒死；抵債者為驢馬魚鼈之屬。大屋下有地房北向，一戶南向，呼從北戶，又出南戶者，皆變身形作鳥獸。」

這些小說中對地府的描寫，無疑是作者利用地府信仰在人們心目中的權威，來加強傳播佛法的力量、擴大傳播佛法的效果。

可是，作者通過地府描寫來傳播的佛法，有時並不限於佛經中所云，而是有新的內容在。以上所舉的「善業惡業相互沖銷」、「果報轉移」，就與佛經不合。此外，以上所引《冥祥記》中，劉薩荷入冥故事中，觀世音有關為亡故的人作功德，其救助的對象，範圍要比《盂蘭盆經》中所云要大，這也是一個不同。最為典型的是楊衒之《洛陽伽藍記》卷二《惠凝》（按：一作慧嶷）。此小說云，元魏時洛中崇真寺尼姑惠凝，述其在地獄的經歷，云：「有比丘五人同閱。一比丘云寶明寺智勝，以坐禪苦行，得昇天堂。有一比丘是般若寺道品，以誦《涅槃經》四十卷，亦昇天堂。有一比丘云是融覺寺曇謨最，講《涅槃》、《華嚴》，領眾千人。閻王曰：『講經者，心懷彼我，以驕凌物，比丘中第一粗行。』令人將曇謨最送入黑屋。有一比丘，云是禪林寺道弘，自云教化四輩檀越，造一切經人中像十軀。閻羅王曰：「沙門之體，必須攝心守道，志在禪誦，不干世事，不作有為。雖造作經像，正欲得他人財物，既得財物，貪心既起，便是三毒不出。俱足煩惱。」亦付有司，仍與曇謨最同入黑門。有一比丘云是靈覺寺寶明，自云出家之先，常作隴西太守，造靈覺寺成，既棄官入道，雖不禪誦，禮拜不缺。閻羅王曰：「卿作太守之日，曲理枉法，劫奪民財，假作此寺，非卿之力，何勞說此。」亦付青衣送入黑門。

北魏太后聞之，乃遣人訪惠凝所云諸比丘，皆實有之。「既請坐禪僧
一百人，常在殿中供養之，詔不聽持經像在巷路乞索，若私用財物造
經像者任意。惠凝亦入白鹿山，隱居修道。自此之後，京邑之比丘皆
事禪誦，不復以講經為意。」講經、坐禪、誦經、造佛像、造寺、造
塔，都是佛教所倡導的修習方法，然此故事中，作者借閻王權威之
口，唯肯定坐禪、誦經而已，且對僧人借為人造經像之機斂財，對官
員「屈理枉法，劫奪民財」，並用民力作寺為己修福等等作了抨擊。
南北朝時，南北統治者，大多佞佛，而其方式，則有所不同。南朝統
治者偏重於講習經文，討論禪理。北朝統治者則用大量的人力物力，
修造經像，供養僧人，以求福報。上行下效，南北佞佛之風，遂形成
各自的特點。這個故事產生在北朝，故以「心懷彼我，以驕凌物，比
丘中第一粗行」斥南朝盛行的講經。於北朝造像之風，亦因其耗人力
物力而否定之，此實是為時弊而發。坐禪誦經，沒有文化者也能為
之，且在諸修習方法中所費最少，故獨倡之。作者利用閻羅之口，體
現其於時行修習方法的褒貶，其用意之精深如此，而與佛經原教旨不
同。末所云這故事的直接效果，正於作者之旨相合。這是我國作者成
功地利用閻羅在人們心目中的權威表現其思想觀念的最早例證，儘管
所表現的思想不出佛教範圍，但為後人以此形式自由地表達自己不限
於佛教的思想開了先例。

　　總之，唐前輔教小說中對冥間世界的描寫中，儘管不少小說還保
留了本土信仰，但這些本土信仰只剩下了一個個軀殼，這些軀殼中，
都已經被置換了佛教信仰的內容。可是，這些佛教信仰的內容，和佛
經原教旨之間，已有這樣那樣的不同。

　　除了以上兩個方面外，唐前釋氏輔教小說還有不少值得我們注意

之處。例如，我國志怪小說中一些常見的故事模式，唐前小說中已經形成，或者已經發端。主要有：(1)亡魂現形人間宣揚佛法模式。這樣的故事，佛經中已有之，在唐前小說中，此類故事多達十五個，已經成了一種模式。如《宣驗記》中孫柞、郭銓的故事，《冥祥記》中關公則、史世先、支遁、王凝之二兒、庾紹之、竺慧熾、鄭鮮之、司馬文宣、宋瑚、袁炳、道志等的故事，皆是也。此後的志怪小說中，這一模式的故事極多。(2)化為動物還前生債。這樣的故事，佛經中也已經有之。唐前小說中，《宣驗記》中天竺僧所養牛的故事，就是屬於這樣的類型。後來，此類情節成了模式。(3)前後身故事。佛教講輪迴，佛經中，某人是某人前身、某人是某人後身的故事很多。唐前小說中，這樣的故事也有多個，如《冥祥記》中云羊祜為李氏兒的後身，王練為外國沙門的後身，蔡邕為張衡的後身等即是。此後，志怪小說中，此類故事，也是常見的。(4)許願神驗。此類故事在佛經中很常見。某有法力或有功德、善業的人，發願如何如何，就實際情況和常識看，他所發願神奇離奇，但後來卻應驗了。唐前小說中，此類故事也有一些。如《冥祥記》中仕行、慧遠、董吉、僧瑜等故事，就是屬於此類。(5)鬥法故事。佛或佛弟子與外道鬥法，佛經中常見。《旌異記》中，具有般若神威的僧人與湖神鬥法，也屬於這樣的類型。此類故事，唐以後的志怪小說中是很多的。此外，唐前小說中還有化用佛經情節的現象，如《宣驗記》中的鸚鵡救火、《旌異記》中信佛宦官重生男根、《靈鬼志》中鵝籠書生等即是。

總的來說，唐前釋氏輔教小說中，體現了我國傳統觀念、本土信仰與佛教信仰的一定程度的融合，這種融合，鮮明地呈現出改造佛經原教旨而形成中國化佛教的趨勢，預示著我國傳統觀念在我國佛教中

占的份額將會越來越大。從文學的角度看，我國小說中有關佛教的內容，在佛教人物形象、佛教文化景觀、佛教觀念、情節模式等方面，受唐前釋氏輔教小說的影響，是極為明顯的。

論唐初釋氏輔教小說《冥報記》

《冥報記》的作者唐臨，字本德，長安（今西安）人，唐武德初，太子李建成引為右衛率府鎧曹參軍，太子廢，出為萬泉丞。顯慶年間，官至吏部尚書，後坐事貶潮州刺史，卒於官。生平事迹，見新舊《唐書》本傳等。《冥報記》是他所著唯一的小說集。

魯迅將唐代以前宣傳佛教的小說集如顏之推《冤魂志》、劉義慶《宣驗記》等，稱為「釋氏輔教書」（《中國小說史略》第六篇《六朝之鬼神志怪書（下）》，《魯迅全集》第九冊，人民文學出版社 1973 年版，第 194 頁）。唐前小說中，有關佛教者，幾乎都是為宣傳佛教思想而作，都可以稱之為「釋氏輔教小說」。《冥報記》，顧名思義，此書都是寫冥冥之中的報應之事，事實上也確實如此。此書與六朝時的《宣驗記》、《幽明錄》、《冥祥記》等小說集一脈相傳，都是地地道道的釋氏輔教小說，以宣揚佛家思想為目的。然而，其所宣揚佛教思想，與佛經中所言，與唐以前的釋氏輔教小說所言，也有許多不同。本文試就其中的幾個主要方面言之。

一、神系的整合

《冥報記》卷中《唐眭仁蒨》中，有眭仁蒨與冥官成景的一段對話：

> 茜問曰：「道家章醮有益不？」景曰：「道者，天帝總統六
> 道，是謂天曹。閻羅王者如人天子。泰山府君，尚書令錄。五
> 道神如諸尚書。若我輩國，如大州郡。每人間事道，上章請
> 福，天曹受之，下閻羅王云：『某月日，得某甲訴云云，宜盡
> 理，勿令枉濫。』閻羅敬受而奉行之，如人之奉詔也。無理不
> 可求免，有枉必當得申，問為無益也。」茜又問佛家修福何
> 如，景曰：「佛是大聖，無文書行下。其修福，天神敬奉，多
> 得寬宥。」

這一段話，看似簡單，但卻是第一次明確將佛教神靈和我國本土信仰
中的神靈整合到同一個神系之中，其意義是深刻而又久遠的。

佛教傳入我國，若是作為一種學問被研究，作為老莊以外的一種
新的玄理被探討，被作為魏晉六朝人「清談」的內容之一，這不會有
什麼大問題。不過，如果作為一種宗教，來讓人們信仰，許多大問題
就產生了。例如，佛教與本土文化之間的關係，特別是與本土宗教之
間的關係，應該如何處理？佛教與本土宗教的關係，首先集中地體現
在如何處理佛教神靈與本土宗教神靈的關係方面。這一問題，對佛教
說來，有兩種選擇。一是排斥本土宗教，不承認本土宗教神靈的權
威，信仰者在佛教與本土宗教之間，只能選擇其中之一。佛教並沒有
取這樣的選擇。事實證明，佛教放棄這個選擇是對的。後來，基督教
就取了這個選擇。兩種宗教都是外來宗教，但在我國的枯榮大為不
同，與這一選擇的取捨，有很重要的關係。第二種選擇是，與包括本
土宗教在內的本土文化相融合，特別是與本土宗教中的神靈信仰相融
合，進而改造本土宗教和本土文化，以此來實現傳播。佛教作的是這

一種選擇。事實證明，這一選擇是對的。

　　在唐前志怪小說中，佛家的神靈，和中國本土宗教中的神靈，就時常在一起出現，並且和諧地相處，不僅是合作愉快，而且簡直就是混同為一家了。《宣驗記》、《幽明錄》、《冥祥記》等釋氏輔教小說中，地府描寫，時時有之。在我國本土宗教中，地府的主者是泰山府君，其他的冥官和役吏，也無不是我國當時社會世間官僚和役吏的形象。我國民間信仰中的最高神靈天帝，也偶爾會在地府中出現。然而，天帝、泰山府君和冥間的大小官吏，他們所言所為，都體現佛家的思想，與我國本土信仰中本來的思想，很不一致。僧人時常在地府中出現，有時觀世音，甚至是佛本人，也會親臨地府。不過，他們完全是以眾生導師的身份出現的，而並不在冥間擔任任何職務。他們不是冥間官員，因此，他們在地府，與我國民間信仰中天帝和泰山府君以下的冥間官員之間，不存在爭權奪位的問題，沒有衝突。他們在地府所為，不外乎宣傳佛法，所言和天帝、冥官所言者，完全一致。冥間官員，也很尊敬他們。總之，他們與本土信仰中的神靈相處融洽，都宣傳佛教思想。

　　但是，在唐前志怪小說中，就神靈的關係方面而言，還有一個問題沒有解決，這就是本土信仰中的泰山府君與佛教中的閻王的關係問題。如上所云，唐前志怪小說中，天帝、泰山府君與佛、觀世音等相處融洽，但泰山府君與閻王，從來沒有在同一篇小說中出現過。很明顯，他們之間的關係，還沒有理順。「府君」者，人間太守之謂也。古代實行郡縣制，中央政府之下，就是郡，郡之下，就是縣。郡之行政長官，就是府君。神靈世界中的天帝與泰山的關係，類同與人間社會中天子與郡守之間的關係。佛經中，閻王是地獄之主，負責將眾生

靈魂收入冥間，再各據其生前善惡之業行賞罰、作處理，其職能類同
於泰山府君。北朝時翻譯的《六度集經》等經書中，將地獄翻譯成泰
山，將閻王翻譯成泰山王。那麼，地府究竟由誰來領導呢？若將閻王
作為泰山府君所管轄的地獄的主者，亦即人間社會府一級所設監獄的
典獄長，則其職權，僅是執行府君的命令而已，較在佛經中他的職
權，就小得多了。若將他作為地府的領導者，那麼，泰山府君在地府
如何安排？府君還是不是地府的領導者？閻王一神，在職權與地位方
面，與我國本土信仰中的泰山府君相衝突，故唐前小說中，此二神從
來也沒有在同一篇小說中出現過。

　　《冥報記》的《唐眭仁茜》中，則將佛家神靈與我國民間信仰中
神靈歸為一系，重行整合，理順其間的關係。天帝總統陰陽兩界，閻
王統治整個神靈世界，形同天子，泰山府君是他的下屬之一。府君理
應受天子管轄。佛教神靈與中國本土信仰中神靈的關係，這一在民間
信仰中頗為敏感的問題，包括閻王與泰山府君的關係問題，得到了圓
滿的解決。

　　這重新整合的神系中，佛教、道教和民間信仰中的神靈，都合為
一體，實在是諸教合一的最為形象、最為集中的體現。但是，這明顯
是一種形式上的調和，而不是思想理念上的融合，因為佛處於「大
聖」的地位，雖然沒有職權，但能確保神靈世界奉行佛家思想。佛家
這一招確實高明，如此則道教、民間宗教，對它來說，不僅不是異己
的力量，而且還能為它所用，為傳播它的思想服務。利用其形式，偷
換其內容，歷史證明，這一種方法是極為有效的。

二、果報的轉換、轉讓與實施

　　因果報應，是佛教理論中的一條鐵律。衆生所造成的善惡諸業，不報不休。如何報法，就佛經中所闡述來看，有這樣三點：一是善惡諸業，各各相報。一個人既有善業，又有惡業，就既得善報，又得惡報。善惡之間，不相假借。二是誰作業，誰受報。種瓜得瓜，種豆得豆。瓜也好，豆也好，都是種者自得，不種者不得。佛經中，只有《佛說盂蘭盆經》中，說父母和祖宗，可以享受子孫善業所致的善報。

　　唐前志怪小說詮釋佛教的因果理論，與佛教中所言，頗多不同。例如，云一個人一旦信佛，其所造惡業，就一筆勾銷，不再導致惡報。《幽明錄》之趙泰入冥故事中，趙泰問冥官：「未奉佛時，罪過山積。今奉佛法，其過得除否？」對方的回答是：「皆除。」《冥祥記》中晉沙門慧達入冥故事中，觀世音說法：「沙門白衣，見身為過，及宿世之罪，種種惡業，能於衆中盡自發露，不失事條，勤誠懺悔者，罪即消滅。如其弱顏羞慚，恥於大衆露其過者，可在屏處默自記說，不失事者，罪亦除滅。若有所遺漏，非故隱蔽，雖不獲免，受報稍輕。」根據這樣的說法，一個人即使所造的惡業極多極重，只要他奉佛，依法懺悔，他所有的惡業也就消除了。惡業既消，當然也就不會產生相應的報應了。這種說法，對吸引人信佛教，特別是吸引那些「罪過山積」的人信仰佛教，確實是有效的，但是，作為權宜之計則可，作為長遠之計則不可。這種說法，不僅與佛教因果理論相違，而且還會帶來副作用。試想，某人知道一旦信仰佛教，就會消去一切惡業，也許會放心地去作惡，反正到頭來，只要信了佛，所作惡業就

會一筆勾銷。這非勸人為善之道。

　　《冥報記》中，有對這種觀念作修正者，但與佛經所云，仍是不同。關於善惡之報的關係問題，《冥報記》中有三種說法。第一，與唐前小說中所說的一樣，只要信佛、懺悔，他此前所作惡業，就可以消除。如卷下《唐張法義》中，張法義入冥，有人告他不孝，一僧來為張法義作證，云：「張法義是貧道弟子，其罪並懺悔滅除，天曹案中已勾畢。」主典者云：「經懺悔者，此案已勾了。」但後來查出張法義對父親「反顧張目，私罵父」之事，是在他懺悔以後，所以就不能免除。

　　第二，如果一個人既有善業，又有惡業（只要是人，恐怕都是如此），所得善報惡報，有先後之別。孰先孰後，則決定於善惡之業孰多孰少。多者先報，少者後報。卷下《唐孔恪》中，冥司主者云：「但量罪福多少。若福多罪少，先令受福；罪多福少，先令受罪。」說得非常明確。卷中《唐眭仁茜》中，冥官云：「若福厚者，雖有惡道，文簿不得追攝。」《唐孫回璞》中，孫入冥，「既入，見眾君子迎謂曰：『此人修福，不得留之。可放去。』」眭、孫兩人，他們終究還是會有被追攝這一天的，但他們福厚，先享受福報，福報還沒有享受到一定的地步，是不會被追攝入冥不還的。這樣說來，善業多，可先享受善報，惡報之來，也就可以延緩。某人不斷致力於為善，善報多而享之久遠，以至無窮，惡報之來，則就延之無期，無期之極，實際上就不報了。《論語》中說，「切問而近思」，人們首先想到的，總是切身、切近之事。如果注意善報、惡報的問題，二者中何者先來，人們也是關心的，當然都希望善報先來而長久，惡報延緩至無期，於是，人們也就競相為善了。

　　第三，善惡相互折換。善業惡業，相互沖銷，未被沖銷的部分，再行果報，這與錢財的收支，頗為相類。人們無不希望錢財有盈餘，當然也是希望善業善報有盈餘，所謂「吉慶有餘」、「有餘慶」，也是這個意思。卷中《隋孫寶》云，孫寶入冥，問冥中主司云：「未審生時罪福，定有報不？」主司云：「定報。」孫寶又問：「兼作罪福，得相折除不？」主司云曰得。這也是勸人為善之道。當然，果報折算之說，不能無弊病，其弊病在於有創建道德銀行之意。銀行存入取出，除了少量利息之外，基本上是等量折算。善業惡業數額相等，兩相沖銷，不通之處甚明：一個人先是救了十個人，後來又謀殺了十個人，社會能饒恕他麼？即使他謀殺一個人，社會也不會饒恕他！因此，此說能勸人為善，但止人為惡，不甚有力。

　　唐前志怪小說中，果報轉移的範圍擴大到家族或親族。例如，父母作善業惡業，報卻在兒女；亡人靈魂在地獄受惡報，其父母、兒女甚至女婿，可以作善業，以拯救濟拔之等等。總之，果報在家族或親族範圍內轉移。轉移的依據，是血緣關係或親族關係。這與我國重血緣、重家族和親族、個人行為對家族和親族有很大影響這些社會特點，是相一致的。

　　《冥報記》中，果報不僅可以轉移，而且可以轉讓。轉移是不帶條件的，轉讓卻是有條件的；轉移的依據是血緣關係或親族關係，而轉讓的依據則是交換關係。與交換的道理相通，轉讓必須有可轉讓之物，有轉讓者與接受者，轉讓才能實現。用來轉讓者，幾乎都是善報。當然，當轉讓之時，果報還沒有實現，但有相應的善業在，這善報必然實現，因此，這種必然實現的果報，就可以用來轉讓。《冥報記》寫果報轉讓者，幾乎都是這樣的模式：甲殺了乙，或有負於乙，

乙在冥間訴甲，要將甲置於死地或懲罰甲，於是，甲就提出為乙舉行佛事修福，以此為條件，來換得乙放過自己。如果乙同意，成交，如果不同意，他照樣對甲採取行動。當然，也有成交後乙方照樣對甲採取本來就準備採取的行動的。談條件，有時是雙方當面談，有時還要通過第三者傳言。如卷下《隋姜略》云姜好打獵，後病，群鳥數千索命。姜請眾僧為諸鳥追福，諸鳥同意不再索命，就都離去了。姜請眾僧修佛事，作了善業，他應該因此而得到善報，但是，這善報他並沒有獲得，而是被他轉讓給了被他所殺害的鳥的靈魂，轉讓的條件是，眾鳥不再向他索命，故實際上，他也得到了善報：不被這些鳥索命。通過這一轉讓，姜某和眾鳥就雙贏兩利了。《唐殷安仁》中，一驢被殺，至冥府告殷安仁，說是殷殺了它。冥官命鬼追攝殷，以對質。殷對鬼說：「往著盜自殺驢，但以皮遺我耳。非我殺，何為見追？請君還，為我語驢：我本故不殺汝，然今為汝追福，於汝有利，當捨我也。」此鬼云：「驢若不許，我明日更來。如其許者，不復來矣。」次日鬼不來，殷家就為驢追福，殷亦無恙。《唐潘果》、《隋康抱》、《李壽》等，都有果報轉讓的情節。這些果報轉讓，純粹是一種交換，實際上是人間商品交換的一種形式，果報也被當成了商品，只是還沒有到用金錢作為媒介來交換的地步。這表明，佛教在世俗化方面，又邁出了一步。

佛經中用文學作品來詮釋因果報應理論，其果報的形式，不出現世報、死後地獄中受報和隔（數）世報。這幾種果報形式，佛經文學作品中是很多的。

唐前小說中，除了以上提到的佛經中的諸種果報形式外，開始有「現世地獄報」這一種新的形式，但這樣的小說不多。《冥報記》

中，這一類小說多了起來，幾乎成了一種模式。其情節總是：某人造惡業，後因故入冥，受此前所造惡業之報，經種種懲罰，因壽數未終等原因，放回人間世界。此後，其人懲於地獄之經歷，乃一改平日所為，不再造惡業，而是一心向善。如《輯補》中的《謝弘敞妻》，《補遺》中的《唐李知禮》、《唐齊士望》、《唐梁氏》等，都是如此。

　　因果報應鐵律，雖然符合人們的心理願望，對社會教化也有很大的好處，佛經和中國志怪小說中，詮釋因果報應鐵律者，不可勝數。但是，在現實社會中，這一鐵律，最難驗證，何也？現實世界中，合於因果理報應之事固然有之，但與此相反者，亦復不少，因此，僅說現世報者，難以使人相信因果報應。至於隔世渺渺，死後茫茫，杳杳冥冥，就更不可言了，也更難以使人相信。這樣，因果報應鐵律，就不免就會在人們信仰中動搖。此一動搖，不僅有妨教化，整個佛教信仰，也會發生危機。「現世地獄報」一類的故事，則有加強因果報應理論信仰的力量。何也？人生活中作了佛家所謂的惡業，又受佛家因果報應理論的影響，雖然理性上未必相信這樣的理論，但事關切身利益，心理上難免有遭惡報的暗示，這種暗示形諸夢寐，極為自然，在人重病、發燒、昏迷時，尤其如此。如果此類夢能用來證實因果報應之說，因果報應之說就容易為人所相信，因為人天天做夢，如果一個人有一次做這樣的夢，至少是對他說來，這就足以證明因果報應之說不虛了！如果這種夢是在他重病、發燒、昏迷時所做，他就更容易相信了。因此，「現世地獄報」這一果報新形式，對支持、維護因果報應這一佛家的鐵律，是有很大的作用的。當然，這也是對這一鐵律的一種新的解釋。

三、善惡觀的中國化

善惡觀是每一種宗教、學說最為重要的部分之一。佛教的善惡觀念，與我國本土的善惡觀念，當然有許多不同。在我國流傳的佛教，到了唐代，其善惡觀念也發生了明顯的中國化。這在《冥報記》中，也有表現。茲舉兩個方面論之。

一是誅心、誅意。佛經中，也講誅心、誅意，但有所不同。佛經中認為，人的一個念頭，無論善惡，都會造成業力，都會導致相應的果報。一個人起了惡的念頭，他就會因此承受此惡念導致的惡的果報，這就是佛經中的誅心、誅意。我國傳統文化中的誅心、誅意，心或意，都是與事相對而言的，是事既成之後，人們所探討的與此事有關者的心迹，與佛經中想做某事的念頭，有所不同。例如春秋時，晉靈公屢次設計暗殺執政趙盾，趙盾為避遭殺而逃往別的諸侯國，還沒有出晉境，聽到其族人趙穿已經殺死靈公的消息，就回到國都，但他沒有按照禮制討伐趙穿。從客觀上說，靈公被殺，這符合趙盾的利益。趙盾之所以要逃往別的諸侯國，是因為靈公要殺他。他之所以「亡不越境」而回國都，是因為靈公已死，他不必害怕了，明顯不是為了討伐趙穿而回。他回來後不討伐趙穿，明顯是認同趙穿的行為。再說，他作為執政而擅自離開政府，客觀上也給趙穿提供了機會。因此，儘管趙盾沒有參與殺靈公之事，但史官董狐卻認定他有弒君之心，進而認定他必須對弒君事件負責，甚至最後認定弒君之事就是他幹的，大書「趙盾弒其君」而公之於朝。這是典型的誅心、誅意，以心迹定罪過。孔子居然也認同董狐的做法，說「董狐，良史也，書法不隱」。事見《左傳·宣公二年》。誅心、誅意，以心迹定功罪，為

後世所常用。

　　《冥報記》中，地府審理案件，竟然也用誅心、誅意之法。《唐孔恪》中，孔恪被追入冥，冥官說他有殺二水牛之罪，孔恪不承認。冥官引出孔恪弟弟的亡魂來作證。事實是，孔恪奉使招撫造反的少數民族部落，讓弟弟殺牛招待他們，不是弟弟自己主張殺的。孔恪承認這是事實，但他認為，這是國事，不能由他承擔責任。冥官卻認為，孔恪殺牛招待造反者，乃「欲以招慰為功，用求官賞以為己利，尚云國事耶？」冥官又追究他殺兩隻鴨子的罪責。孔恪云，那是他當縣令時，招待客人才殺的。冥官卻認為，他殺鴨招待客人，乃「以求美譽，非罪而何？」孔恪奉使招撫造反者，殺牛招待他們，完全是職務行為，符合國家的利益。他殺兩隻鴨招待客人，也符合禮制。如果從中國本土文化的角度看，這些事件本身，應該完全沒有問題。但是，從佛教的角度看，這就有個殺生的問題。殺生造惡業，這個惡業是誰造的，還有個誰應該受報的問題。直接負責殺牛的是他的弟弟，但弟弟是奉命令行事，因此，這惡業不能記在他的帳上，不能由他來承擔果報。那麼，這惡業應該由誰來承擔惡的果報？當然是孔恪。為招撫而殺牛招待造反者，是他的職務行為，但他也有私心在。儘管他的私心是與國家利益相一致的，但是，其殺牛招待造反者的動因中，畢竟有私心的成分在，其心迹乃是出於自己的利益，並不堂皇正大。因此，他必須對此事負責。殺鴨子之事，也作如是觀。如果一個人毫無私心，完全是為國家考慮，即使是同樣履行職務行為殺牛招待造反者，或僅是遵守禮制殺鴨子招待客人，那就另當別論了。這篇小說中，冥間主者全憑心迹定其罪過，這種思維方法和定罪的原則，完全合於我國傳統文化中的誅心、誅意，而與佛教中承擔惡念（不一定要付

之於實施,只要僅僅是起念而已。)所造就的惡業招致的惡報,有很大的不同。

　　二是我國傳統觀念中的家長觀念和家族觀念。在佛教中,用不正當的手段謀取別人的財物,這是惡事,會遭到惡報。佛經中,詮釋這一觀念的故事也有不少,但其中發生在家庭範圍內的此類故事很少,情節都是兄弟之間謀奪財物。《冥報記》中,發生在家庭範圍內的此類故事有好幾個,而且,都不是發生在兄弟之間。如卷下《唐長安市里》中,一十三四歲的少女,因為偷了父母一百錢,欲買脂粉,死後,投生為青羊,回到家裏,以身還債給父母。《隋洛陽人王》中,母親瞞著兒子,給已經出嫁的女兒送了五斗米,死後投生為驢,為兒子服役五年。《唐韋慶植》中,韋的女兒「嘗私用物,不語父母,坐此業報」,投生為白項青羊,「來償父母命」。《拾遺》部分《唐李信》云,李信之母,生前瞞著李信之父,送給已經出嫁的女兒一石多米,死後,和那受米的女兒都投生為馬,為李信服役。《隋耿伏生》云,伏生之母張氏,生前瞞著伏生之父,將絹兩匹給了已經出嫁了的女兒,死後,投生在耿家作母豬,生二小豬還債。就傳統的禮法而論,一個家庭中,父親是家長,父親去世後,則長子作家長。家長擁有家庭中的一切財產。家庭成員不經過家長同意而擅自取用家庭財物,就是以不正當的手段謀取了別人的財物,用佛教的觀點看,就是造成了惡業,必然導致惡報。投生為動物回家還債,就是惡報的實行。兄弟之間,財產所有關係分明,兄弟間謀取對方財物之不道德,為社會所共知。家長與家庭成員,同處一個家庭之中,財產關係,雖然有禮法規定,但實際上是不大分明的。這些故事,明顯是利用佛教中的因果報應和輪迴轉世之說,來強化我國早就存在的封建家長制

度。

綜上所述，《冥報記》將佛教神靈和中國本土信仰中神靈整合到一神系之中，促進佛教與本土信仰的融合；在果報問題上，主張善業惡業可以相互折除，或是由善業惡業之多少決定果報之先後；在善惡觀方面，重誅心、誅意，維護封建家長制。這些，都明顯體現了佛教中國化的趨向。

略論唐代小說中的高僧形象

唐代是中國佛教的隆盛時代，僧人作為佛教的傳播者、實踐者，在當時自然是非常活躍的，其中有不少在我國佛教史上乃至思想史上了不起的人物。要瞭解唐代高僧的情況，有《續高僧傳》等書在。唐代小說中，也有不少高僧，他們是文學形象。小說中刻畫這些形象，其方法與《續高僧傳》中描寫高僧，有所不同，從文學描寫的角度看，頗有值得注意之處。作者通過這些高僧形象表達的思想，也與《續高僧傳》等所表達的不同，有超越佛教思想的意義。

寫人物，刻畫人物形象，一般來說，最為基本的手段，紀言、紀行而已。紀言之要，在於精當；紀行之要，在於典型。寫人物傳記和寫小說刻畫人物形象，都應該如此。然則二者有無區別？當然有。人物傳記首先強調科學、真實、準確，小說則更加看重感染力；前者重理性，後者重感性。因此，小說寫人物，寫其行事，除了典型之外，還應該引人入勝，波瀾起伏；紀語言，則其語言應比人物傳記中的語言更加精當。唐代小說中刻畫高僧形象，正是如此。

唐代小說中的高僧，主要有這樣三類：

以其言論富有哲理勝者。人物傳記中可以大段引述其人的言論，來展現他的思想，正續《高僧傳》中等僧人傳記中，也都是如此。然而，小說中，這正是大忌，展現人物思想的語言，應該辭約意豐。在這方面，唐代小說中，兩個高僧的形象比較成功。段成式《酉陽雜俎前集》卷十二云：「大曆末，禪師玄覽住荊州陟屺寺，道高有風韻，人不可得而親。張璪嘗畫古松於齋壁，符載贊之，衛象詩之，亦一時三絕，覽悉加圬焉。人問其故，曰：『無事疥吾壁也。』僧那即其甥，為寺之患，發瓦探雀，壞牆熏鼠，覽未嘗責。有弟子義詮，布衣一食，覽亦不稱，或怪之，乃題詩於竹云：『大海從魚躍，長空任鳥飛。欲知吾道廓，不與物情違。』忽一夕，有梵僧撥戶而進，曰：『和尚速作道場。』覽言：『有為之事，吾未嘗作。』僧熟視而出，反手闔戶，門扃如舊。覽笑謂左右曰：『吾將歸與！』遂遽浴迄，隱幾而化。」同書續集卷四云：「相傳云，釋道欽住徑山，有問道者，率爾而對，皆造宗極。劉忠州晏，嘗乞心偈，令執爐而聽，再三稱『諸惡莫作，諸善奉行。』晏曰：『此三尺童子皆知之。』欽曰：『三尺童子皆知之，百歲老人行不得。』至今以為名理。」這兩篇小說中，紀言之辭約意豐，可以與《世說新語》相媲美，而其事之曲折入勝，似又過之，這也可以體現出我國小說的發展。

以言論富有佛家深奧的哲理勝的僧人形象，在唐代小說中，乃至在我國小說中，都是不多見的。究其原因，從體裁而論，小說之體，並不適宜於表達深邃的思想；從小說創作而論，小說作者中，精於佛學的很少；就接受方面而論，小說讀者，對佛學思想，並不感興趣。我國文學，儘管有「文以載道」的傳統，但文所載之道，不管是何家之道，都不失為平實、淺顯，若所載為深思玄想之道，則其文對一般

讀者的吸引力，必定會受到影響，更何況小說呢！因此，儘管有唐一代，有玄奘那樣的佛學大家，其思想也未見之於唐代的小說。深奧的佛學思想，自有其他載體，不必、也不宜以小說行之。因此，唐代小說中以思想觀點勝的高僧形象，一是並不多，二是他們的思想，也是以平實、淺顯為特點的，並不是深奧的佛學思想。

以求道、體道之堅定勝者。這一類僧人，正續《高僧傳》一類的僧人傳記中極多。唐代小說中描繪這一類僧人形象，與高僧傳記中寫同類高僧的傳記相比，即使同樣用寫實手法，唐代小說，更為動人。所謂動人，就是有趣味，曲折，能抓住讀者的心，打動讀者的心。例如，牛肅《紀聞》中《儀光禪師》云，儀光禪師為唐宗室，其父親琅琊王與越王起兵討武則天，兵敗而死。武則天誅其族。乳母救儀光出。儀光八歲時，武則天嚴命捉拿琅琊王后人，乳母懼，對儀光說事本末，放儀光獨去。儀光以與年齡不相稱的超凡機智、鎮定，掩蓋自己的真實身份，保護自己，後遇異僧指點而出家。後來，唐室再興，求琅琊王后人，儀光方出，至其從父岐州李使君處。使君有女，欲嫁儀光，而儀光不許。一日，女盛服逼婚，儀光竟然斷去男根，以救及時，方免於一死。朝廷欲以儀光襲琅琊王爵，儀光力辭，只願為僧。一代王爺之後，竟然以僧人終。熾熱的愛情，高貴的王爵，都不能動搖他的向佛之心。其求道、體道之堅定可知。其經歷之曲折，舉措之驚人，故事情節之跌宕，都非同尋常。小說之道，在於傳奇，此之謂也。薛同弱《集異記》卷一《平等閣》中，僧人澄空，二十歲時發願，鑄造一巨形鐵質佛像。四十歲時，以二十年化緣所得，鑄而未成。又二十年化緣而鑄，又未成。到第三個二十年化緣畢，第三次鑄佛像，臨澆灌時，澄空發下五十年後為佛像造閣的大願，而投身於鐵

液之中，像乃鑄成。五十年後，節度使李皓為此像建閣，而李此時正好五十歲。於是人們認為，李就是澄空的後身。此乃突出屢次失敗之後，求道之堅定性沒有絲毫的動搖。同書《僧晏通》中的僧人晏通，則是在苦行中顯示出求道和體道的堅定性，他「修頭陀法，將夜，則必就叢林亂塚寓宿焉。雖風雨露雪，其操不易，雖魑魅魍魎，其心不搖。」他以此獲得神通，能識化成人形以迷惑人的妖狐。此三僧人，皆《續高僧傳》等唐代及此後的僧人傳記之所未載，不是出於傳聞，就是出於虛構。

佛經故事中，表現釋迦牟尼及其前身和其他佛教徒求道、體道之堅定性者極多，而且，其中大多帶有濃厚的極端色彩和神異色彩。唐代小說中的此類故事，明顯受佛經中同類故事的啟發，但極端色彩和神異色彩，則大為減弱，這樣反而更為真實。

以虛幻神奇的效果勝者。有些僧人，德行修養很高，既沒有什麼典型而且動人的事迹可紀，也沒有什麼辭約意豐的哲言可錄，平平淡淡。這樣的僧人，入傳記尚且難以動人，入小說為主人公，就更加難以出色了。唐代小說中，竟有這一類僧人的形象。描繪這些形象的手段，不是像前兩類那樣重在寫實，而是寫他們高尚的德行所致的神奇的效果。這些神奇的效果，當然都是虛幻的。此類小說與高僧傳記相比，前者的虛構成分，遠比後者要多。高僧傳記中，只是偶爾點綴些虛構成分，唐代此類小說中則是濃墨重彩地渲染。也就是說，這些小說中描繪高僧的形象，不是重在寫他們在現實生活中體現高尚德行的言行事例，而是側重於寫他們高尚德行修養導致了什麼樣的神妙之事，由這些神妙之事，來突出他們的德行修養之不凡。從虛處著筆，此之謂也。當然，這樣的寫法，寫神妙之事，必須寫得引人入勝。

　　唐代小說中，用這樣的方法寫高僧最為成功的一篇，是牛肅《紀聞》中的《洪昉禪師》。這篇小說，長達三千字，這在文言小說中，要算比較長的了，但寫實之處，首尾加起來，不足二百字。開頭寫道：「陝州洪昉，本京兆人，幼而出家，遂證道果。志在禪寂，而亦以講經為事。門人常數百。」如此數語，人們可以知道洪昉確實是一位高僧，然描寫並不動人，形象性不強，與小說之道，全不相合。以下就虛構了三個情節：洪昉應鬼王之邀請，赴鬼王處受齋；應南天王之邀請，到天庭受齋，並為諸天神說法；應帝釋天王之邀請，到天堂，講《大涅槃經》。所寫奇幻情節，盡曲折多變之能事。洪昉到鬼王處受齋，其齋乃是為鬼王愛女病癒修福而設，牙盤美食，非常豐盛，洪昉欲食，而鬼王制之，說若食此食，洪昉就回不了人間世了，洪昉遂不食。如此受齋，豈不是徒有虛名？然鬼王又贈送洪昉絹五百匹。鬼神世界的錢幣、絹之類，不都是紙質的嗎？洪昉疑之，然絹竟是真的，不是紙。在南天王處受齋，又添一段波瀾：洪昉違天王之禁私自遊覽後院，見許多正在受刑的夜叉，心中不忍，遂被幾個老夜叉所欺騙，答應為他們求情。洪昉向南天王懇求，南天王以「小慈乃大慈之賊」相拒絕。洪昉苦求不已，南天王只好答應了他的要求，放了那幾位老夜叉。未幾，下界山嶽川瀆之神上告天庭，云有四夜叉到人間，殺人食人甚眾。天王乃令諸神擒諸夜叉到天庭，施以酷刑，復囚禁起來。洪昉在天堂講經時，剛要開講，然大梵天王有敕不許，天帝釋憮然云：「師已至，豈不能暫開經卷，少講經旨，令天人信受。」洪昉遂講經受食。三個故事，皆寫洪昉至神靈世界受齋、講經，然能各盡其妙，情節無雷同之處。洪昉食用了天食，就現出許多異相，時以為妖，有人就向政府告發。武則天聞之，將洪昉徵入宮中

而不之罪，反而手自造食，大申供養，並向洪昉請教，洪昉以「唯願陛下無多殺戮，大損果報」為對。此又多一波瀾而結尾。此小說之跌宕多姿如此。一些細節描寫，也生動出色。例如，洪昉在鬼王處受齋，不食鬼食，齋畢而餘食數百盤，侍衛臣吏近千人，皆有欲食之色。洪昉乃請鬼王將餘食都賜予他們，鬼王首肯，「諸官拜謝，相顧喜笑，口開達於兩耳。」用誇張的手法，寫出他們世俗的神態，以反映他們世俗的心理。寫景語言，尤為瑰麗雅飭，如洪昉對世人言天堂之景色云：「階下寶樹，行必相直。每相表裏，必有一泉，夤緣枝間，自葉流下。是如乳色，味佳於乳，下注樹根，灑入渠中。諸天神飲樹本中泉，其溜下者，眾鳥同飲。以黃金為地，地生軟草，其軟如綿。天人足履之，沒至足，舉後其地自平。其鳥數百千，色名無定相，入七寶林，即同其樹色。其天中物借自然化生，若念食時，七寶器盛食即至。若念衣時，寶衣亦至。無日月光，一天人身光逾於日月。須至遠處，飛空而行，如念即到。」此又明顯受佛經中對天堂等極樂世界的描寫的影響。

　　以神效勝的高僧形象，唐代小說中，除了洪昉之外，還有《冥報記》卷上中的信行。他「每坐禪說法，常見青衣童子四人，持花立侍。嘗與徒眾在堂中坐禪，眾人忽聞異香，光照堂內，相共怪異。咨問信行，信行令問弟子僧邕、慧如。邕曰：『向見化佛從空中來，至禪師前，摩頂授記。』如云：『亦摩邕頂授記。』」信行之弟子慧如，被閻羅王請去說法七日，參觀地獄，接受閻羅王所施絹三十四。同書同卷僧徹死時，「其天氣晴朗，而花如雪，香而不消。方二里許，樹葉上皆有白色如輕粉者，三日乃復常色。而僧徹已終，至今三載，獨坐如故，久不臭壞，唯目淚下云。」同書同卷又云，僧道縣死

時，「時十一月，大地冰凍。下屍於地，地乃生花，如蓮而小。頭及手足各一花。」《續高僧傳》卷十六和卷二十，分別有《信行傳》和《僧徹傳》，但《信行傳》中沒有「青衣童子」、「化佛」之類，《僧徹傳》中寫僧徹將去世時，只是「山樹通變白色，橫雲如帶絕望」，沒有小說中這樣的渲染。總之，此類小說中，這些僧人能使神靈敬信，請他們受齋講經，天地能為他們變其常時，他們的德行修養之高，也就可以想見了。

　　正續《高僧傳》等僧人傳記中的高僧形象，明顯具有宣揚佛教思想的意義。唐代小說中的高僧形象，客觀上也許有些宣揚佛教的意義。不過，就這些小說作者的創作意圖而言，未必都是如此，因為除了《冥報記》的作者唐臨外，唐代描寫僧人形象的小說作家，幾乎都是不贊成佛教的，他們所作小說中，除了描繪高僧形象外，都還有反對佛教的作品。那麼，他們又為什麼還要描寫這些高僧形象呢？唐代小說中，以語言有深刻哲理勝的僧人形象，他們的語言所包含的哲理，並非佛家所特有。玄覽禪師的「欲知吾道廓，不與物情違」，和不作「有為之事」，更像道家之道。釋道欽云「諸惡莫作，諸善奉行」為「三尺童子皆知之，百歲老人行不得」，更是極具普遍性的哲理，信奉任何學說的人都會接受。以求道、體道之堅定勝的僧人形象，也有普遍的意義，因為，儘管各種學說的「道」不相同，都是「道其所道」，但是，求道、體道的堅定性，則是每一種學說都大力提倡的。唐代小說中堅定地求道、體道的僧人形象，對奉行其他學說的人說來，也不無激勵作用。以神效勝的僧人形象，幾乎沒有提供什麼思想，有之，那就是《洪昉禪師》中南天王批評洪昉的「小慈乃大慈之賊」，洪昉求放夜叉，是「小慈」之舉。這樣的思想，也是具有

普遍性的哲理，別的不說，儒家、道家，都極為注重明辨大小輕重緩急之宜，佛家學說，倒反而是有講「小慈」而害「大慈」的嫌疑的，洪昉禪師，就體現了這樣的「小慈」。因此，唐代小說作家所描繪的高僧形象，實在是具有超越佛家學說的意義。

唐代小說中的法術僧人與另類僧人

　　唐代是中國佛教的黃金時代，僧人異常活躍，其中有不少是在我國佛教史上和思想史上了不起的人物。要瞭解唐代僧人的情況，有《續高僧傳》等僧人傳記在。不過，《續高僧傳》出於僧人之手，因此，在選擇入傳人物方面，當然都是選高僧，至少是在某一方面有些建樹的僧人，不會有普通的僧人，更不會有有損於佛門形象的僧人，此其一。其二，此類僧人傳記中所體現的立場、觀點、方法，都是佛家的。因此，我們要瞭解有唐一代僧人的總體情況，以及當時社會對他們的評價，《續高僧傳》等僧人傳記有明顯的不足。唐代小說中的僧人形象，可以對這兩個方面作很大程度的彌補。

　　唐代小說中的僧人，當然也有高僧，但是，除了唐代初年唐臨《冥報記》卷上所載信行、慧如等六七位外，唐代小說中的高僧，也只有屈指可數的幾位了，而且，這些高僧形象，也沒有體現多少佛家思想。筆者有專文論之。與高僧形象形成鮮明對比的是，唐代小說中，法術僧人和另類僧人的形象要多得多。法術僧人，是指主要以法術稱的僧人，即使他是個高僧，小說對他的描寫，不重其道德操行和佛學修養，而是重其法術。另類僧人，是指行為卑劣、作奸犯科、甚至以卑鄙毒辣的手段害人的僧人。唐代小說中的法術僧人，見之於

《續高僧傳》的，只是極少幾位而已，小說中所寫他們的法術故事，《續高僧傳》中則未載。而另類僧人，則《續高僧傳》中當然一個也沒有。小說中有關這些僧人的故事，未必都是實有，但總是反映了一定的歷史真實，因此，這些僧人形象，對我們全面認識唐代僧人的總體面貌、唐代佛教的狀況和人們對僧人、對佛教的態度，能起到《續高僧傳》所不具備的作用。探討這些僧人形象，其意義也正在於此。

服務型法術僧人形象：缺乏佛家色彩

服務型法術僧人，是指那些以法術為人服務的僧人。他們的法術，以預知為多。牛肅《紀聞錄》中，《明達禪師》云，僧人明達，能預言士人的前途等，曾經成功地預言了李林甫當宰相和安史之亂。張讀《宣室志》卷九中，某僧人預知有人會派刺客行刺宰相唐休璟，乃為唐設計，以二巨犬制刺客，其間過程，頗為曲折。同卷，一老僧預言相國李德裕將貶南方，後果然。同書《輯佚》，一僧成功地預言了國子祭酒趙蕃將出為東南某郡刺史。康軿《劇談錄》中，一僧以一串玉念珠贈商人潘某，云可助其成將軍，後果然。佚名《廣德神異錄》之《僧普滿》云，僧人普滿成功預言朱泚之亂。韋絢《戎幕閒談》之《范氏尼》云，范氏尼預言顏真卿仕途狀況和結局，後一一應驗。趙自勤《定命錄》中，一僧人能預言當時尚為臨淄王的李隆基會當皇帝。在此類善預測的僧人中，萬回也許是比較典型的。鄭蘊武《開天傳信記》云：「上在藩邸，或遊行人間，萬回於聚落街衢高聲曰：『天子來！』或曰：『聖人來！』其處信宿間，上必經過徘徊也。安樂公主，上之季妹，附會韋氏，熱可炙手，道路懼焉。萬回望其車騎，道唾曰：『血腥不可近。』不旋踵而滅亡之禍及矣。上知萬

回非常人，內出二宮人，日夕侍奉，特敕於集賢院圖形焉。」胡璩
《譚賓錄》也有相似的記載，並云萬回還曾經為武則天服務。《酉陽
雜俎前集》卷三，又有萬回使大臣免於被酷吏陷害的故事。除了預測
外，唐代小說中當然還有其他由法術僧人所施法術故事。如《紀聞
錄》中《僧伽大師》云，僧伽曾經居住在宮中，被尊為國師，長期受
到朝廷禮遇，以法術為人治病，應中宗之求為京畿求雨等。同書《和
和》云，僧人和和，為代國公主求子成功。袁郊《甘澤謠》中，僧人
懶殘施展法術，為刺史祭嶽清除當道巨石。段成式《酉陽雜俎前集》
卷一云，僧人一行，為救恩人之子，施展法術，讓唐玄宗大赦天下。
裴鉶《傳奇》之《聶隱娘》中，聶之師為一尼姑，精於劍術，以劍術
授徒弟，命徒弟暗殺大僚。聶隱娘甚至參與當時軍閥之間的紛爭暗
殺。

　　從這些故事中，我們可以看到，此類僧人，十之八九，都與政治
或官場有關，他們所服務的對象，主要是官員，其中還有朝廷重臣、
貴族，有時候，他們甚至間接或直接地為皇帝或未來可能當皇帝的人
服務，預言政治事變、士人前途等等，甚至直接參與政治鬥爭。這在
唐代是比較突出的現象。

　　佛經中，釋迦牟尼本人，儘管常成為君主、官僚的座上客，不
過，他為他們服務，是為他們宣講佛法，解說因果，勸他們相信佛教
理論，而不問政治，不為政治服務，不預言政治事件，更不直接參與
到政治鬥爭中去。佛經中的其他高僧，也都是如此。從東漢到魏晉南
北朝，僧人中也多與高層有密切關係者，他們不僅像釋迦牟尼那樣向
帝王、貴族、大臣等宣揚佛法，還利用法術等預言政治、影響政治，
甚至間接或直接地參與政治，像佛圖澄、寶志、支遁等，就是著名的

例子。他們所為，與釋迦牟尼相比，已經走樣，但他們這樣做，是為了更好地弘揚佛法，主旨仍與釋迦牟尼基本相同，因此，還是可以理解的。

　　反觀唐代小說中這些以法術為人服務的僧人，就完全不同了，他們只是以法術為人服務，特別是為政治、為官員服務，除了極為個別者外，我們看不到他們以法術弘揚佛法的言行。其下者，乃是以法術牟利，他們多為政治、為官員服務，乃是因為政治、官員，乃厚利之所在。更下者，以法術為政治、為官員服務而不講是非邪正，那就更不可言了。因此，從這方面看，這一類僧人，實際上不過是普通的江湖術士，他們身上，有多少佛家色彩？

　　就此類僧人的法術而論，也沒有什麼佛家的色彩。姑且就預言論之。佛經中，釋迦牟尼和許多高僧，有預言的本領。他們是憑什麼預言的呢？根據因果報應理論，此身所受，乃是前身、前若干世身所作善惡諸業之報。根據因緣理論，人生世界，無不是因緣假合而成。知某人前身、前若干世身所作善惡諸業，又知因緣湊合之妙，就能知道他的未來。釋迦牟尼和佛教中的高僧，就有這樣的神通。我國神秘文化中的預測術非常古老，也五花八門，有根據《周易》占卜者，有根據陰陽五行、天干地支占卜者，有根據各色各樣的兆占卜者等等，當然，不用這些法術，根據各種可靠的情報進行綜合分析研究，也有可能成功地預測未來的事件。唐代小說此類法術僧人的故事中，其預測法術有明顯的佛家色彩的，僅有一例而已：張讀《宣室志》卷九云，韋皋出生才一個月，一胡僧就云他是諸葛亮的後身，並預言他以後當為蜀門帥。韋家異其言，遂以「武侯」為韋皋的字。後來，韋皋果然官蜀地十八年。此僧能以知前世未來之法術，明佛家因果報應之理。

其餘的預測故事中，這些僧人（或尼姑）是用何種法術預測的，都絲毫沒有提及。其他法術，如搬開當路巨石之類，我國神仙故事中，更加奇妙的也有不少。因此，唐代小說中此類僧人用的法術，也未必是以佛教為基礎的。

鬥法型法術僧人形象：佛教失敗的象徵

佛經中的許多故事，寫佛、菩薩或其他神靈，用超凡的法術，戰勝邪魔外道，來顯示出佛法的無邊威力，以此弘揚佛法。此類故事的結局，總是以代表佛教的一方為勝。

唐代小說中，僧人參加鬥法的故事不少，但這些故事的結局，總是與佛經中佛教人物與人鬥法無往不勝者恰恰相反，僧人一方，沒有不失敗的。如李冗《獨異志》卷上云：「傅奕常不信佛法。高祖時有西國胡僧，能口吐火以威脅眾，奕對高祖曰：『此胡法，不足信。若能火燒臣，即為聖者。』高祖試之，立胡僧於殿西，奕於殿東。令胡僧作法。於是跳躍禁咒，火出僧口，直觸奕。奕端笏曰：『乾元亨利貞，邪不干正。』由是火返焰燒僧立死。」劉鼎卿《隋唐嘉話》卷中云，貞觀中，有胡僧能以咒術死生人，太常卿傅奕不信。唐太宗命二人鬥法。此僧使法術咒傅奕，傅無所覺，久之而胡僧竟死。傅奕是唐初反對佛教最激烈的官員，在佛教史和思想史上，有很大的影響。盧肇《逸史》云，金剛三藏與方士羅公遠鬥法，三藏屢鬥屢敗。段成式《酉陽雜俎前集》卷二云，一胡僧欲使法術咒乾昆明池水，取龍腦為藥，龍神求救於宣律和尚，宣律云他無能為力，讓龍神求救於孫思邈。孫思邈以對方交出治病仙方為條件，使昆明池水復漲，胡僧羞憤而死。

　　此類鬥法故事中，一方是僧人，代表佛教文化。此類僧人，又基本上都是胡僧，這是因為胡僧更能代表佛教文化，或者說他們所代表的佛教文化更為純粹。另一方是士大夫或道士，代表中國本土文化。如果作理性的分析，某法術僧人的法術水平，未必代表佛家法術的水平，某士大夫或道士的法術水平，也未必能代表中國傳統文化中法術的水平。此其一。其二，佛家的法術，決不能代表整個佛教文化，中國本土文化中的法術，也不能代表整個中國本土文化。佛家法術即使敗於中國本土文化法術，也根本不能證明中國本土文化優於佛教文化。這與球隊實力的高下不代表國家總體實力的高下和國民的優秀與否，是同樣的道理。但是，無論如何，勝利的一方，總會有一種優越感，這種優越感，並不只是參加比賽者的，而是他們所代表的一方所共有的，在他們看來，他們一方就是優於對方。因此，唐代小說中此類故事，鬥法的雙方，就是各自文化的代表，換言之，兩種文化的鬥爭，兩種文化優劣的比較，形象地表現為雙方鬥法。也正因為如此，鬥法雙方就顯示出各自的文化色彩。僧人一方所用的法術，不再是服務型法術僧人所用的法術那樣屬性含糊，而是有明顯的佛教色彩了，例如持咒、請金剛相助等。另一方，中國本土文化的色彩就更為濃厚，或鬥法時念「乾元亨利貞」（這是《周易》中語），或請中國本土文化中的神靈相助等。這就很清楚地表明，這種鬥法，實際上是代表雙方文化的較量。

　　這些鬥法故事，即使是有真實的事例為基礎者，也具有極大的虛構成分，結局尤其是如此，僧人一方總是必敗，編造的痕跡就更為明顯了。因此，這些故事，是當時佛教與中國本土文化之間矛盾鬥爭的產物，人們以此宣傳中國本土文化優於佛教文化，進而達到弘揚中國

傳統文化、排斥佛教文化的目的。

另類僧人形象：意在打擊佛教

僧人當然應該是佛教的實踐者。粗略地說，佛教分大乘和小乘兩大派。僧人如果修大乘法，就應該大慈大悲，普度眾生；如果修小乘法，就應該捨去俗念，明心見性。就一般來說，僧人應該精修佛學，弘揚佛法，戒律精嚴，至少也應該超凡脫俗，有高尚的品格。身為僧人、名為僧人而與這樣的標準相差甚遠的僧人，我們稱之為另類僧人。

唐代小說中，另類僧人的形象很多，其數量還在「法術僧人」之上。《酉陽雜俎前集》卷九中一僧人，實際上是武功高強的強盜，還生有一個兒子。除了打扮和自稱「老僧」以外，他全沒有僧人的氣息。皇甫氏《原化記》之《華嚴和尚》中，一僧乃吝嗇鬼，愛缽如命。一沙彌不小心打破了他的缽，他「怒罵甚至」，竟然為此而病死，死後投生為蟒蛇，還想殺沙彌報破缽之仇。《張老》中，術士張老欲擒殺惡龍，僧人受惡龍明珠之賄，讓張老饒恕惡龍。陳劭《通幽記》的《東岩寺僧》中，東岩僧人利用法術，攝民女為樂，被長於道家法術的崔簡所破。《酉陽雜俎前集》卷五中，一僧勢利，招待客人時，侮辱一秀才，受到秀才的懲罰。張讀《宣室志》輯佚中，僧人師夜光獲沙門惠達資助，赴京師求富貴，臨行時，信誓旦旦，云獲富貴後必報惠達。到京師後，師夜光果然成了玄宗幸臣，「賜甲第洎金錢繒彩以千數」。惠達訪之，夜光不懌，惠達知其意，乃啟程歸。夜光慮其復來，竟以謀逆罪名相誣陷，置惠達於死地。張文成《朝野僉載》卷二云，有僧人「著衲帽弊衣，掐數珠」，自稱五戒賢者，在旅

館住宿時，還禮佛誦經，半夜不歇，以此騙得旅伴信任而殺人奪財。同書卷五云，有僧自稱五戒賢者，與同夥十餘人，以舉行佛事為名，使邪術殺人取財。同卷云，婆羅門僧惠范，以左道弄權，從武則天時到唐明皇時，他都受到朝廷的優待，作威作福。劉肅《大唐新語》卷四，說僧人惠範強奪人妻，而州縣竟不能理。其權勢可知。同卷云，武則天朝，恒州鹿泉寺僧淨滿高行，眾僧妒忌之，竟誣陷他反對武則天，幾乎將他害死。陸長源《辨疑志》有《紙衣禪師》云，大曆中一僧為苦行，著紙衣，人稱「紙衣禪師」。此僧以苦行名，被召入宮，深受人們尊敬，但後來，此僧竟然盜竊禁中金佛像，被殺。又同書《裴玄智》云，化度寺僧人裴玄智，在寺中灑掃十餘年，戒行精勤，眾僧以其德行高尚，乃推舉他管理收藏施主施捨的財物，不料他利用職務之便和眾僧的信任，偷盜黃金不計其數。范攄《雲溪友議》卷十一中，載僧人作奸犯科受罰事極多。總之，這些另類僧人，輕則品格醜陋，作奸犯科，重則左道弄權，殺人搶劫。

　　佛經所記載的僧人中，幾乎沒有反面形象，品格有缺陷的僧人形象，也很少，而且，那些品格缺陷，也大多很輕微，由此所導致的錯誤，也遠沒有到作奸犯科的地步。這很好理解，因為佛經是佛教思想的載體，弘揚佛教是它的任務，自然不會自貶僧人形象。

　　唐前小說中，另類僧人的形象極為個別，且程度也很輕，無非是守戒律不嚴之類，幾乎沒有算得上作奸犯科的僧人。那麼，是不是當時沒有品格醜陋、作奸犯科的僧人呢？當然不是。《高僧傳》卷九《佛圖澄傳》云：「澄道化既行，民多奉佛，皆營造寺廟，相競出家，真偽混淆，多生愆過。」後趙政權大臣王度奏請禁止屬地百姓出家，石虎未准其奏，「於是慢戒之徒，因之以厲。」北朝如此，南朝

的情況也不妙。宋武帝劉裕曾經下《沙汰僧徒詔》云：「佛法訛替，沙門混雜」，「加以奸心頻發，凶狀屢聞，敗道亂俗，人神交忿。可付所在與寺耆長，精加沙汰。後有違犯，嚴其誅坐。主者詳為條格，速施行。」然則當時僧人流品之不純，何以沒有在小說中反映出來？原因是多方面的，我認為，主要有二。首先，當時的小說，基本上是寫士大夫圈子內的事。當時的士大夫圈子，都是世族巨室的天下，崇尚清高脫俗。寫小說只寫士大夫圈內的事，也是清高脫俗的表現。當時能進入士大夫圈子的僧人，流品一般都比較高。士大夫圈外的卑污庸劣之徒，不管是不是僧人，都不在小說作家的關注之內，他們即使知道，也恥於遣之於筆端。其次，當時士大夫反對佛教，多於義理言之，尚未注意到運用多種手段作反佛宣傳。因此，信佛者受佛經啟發，利用小說輔教，寫了不少宣傳佛教的小說，反佛者卻沒有寫小說來反對佛教。

到了唐代，情況又發生了不少變化。首先，僧侶的流品更加複雜。《舊唐書》卷一《高祖紀》中記載，唐高祖下詔汰僧人，詔書中云許多僧人借出家聚斂財產，嗜欲無厭，「至乃親行劫掠，躬自穿窬，造作妖訛，交通豪猾，每罹憲綱，自陷重刑。」李綽《尚書故實》中，甚至有「京城佛寺，率非真僧」等語。隨著佛教的繁榮，國內的出家者更多，出家的原因，有種種不同，僧品之濫，也就在情理之中。域外來僧，也是多而濫。此前來華傳法的僧人，大多是出於信仰，以真正的僧人居多。唐王朝高度開放，來華僧人遠比以前多，許多僧人並非為傳播佛法而來，而是為覓利、甚至覓寶而來。其次，士大夫階層較此前遠為擴大，與其他階層的界限較此前遠為模糊，活躍於士大夫階層的僧人，相應地大大增加，其中當然會有不少另類者。

因此，士大夫們所見所聞中，另類僧人也就較多了。再次，小說描寫的對象，也不像此前那樣，主要是局限於士大夫階層，而是擴大到廣闊的社會生活，與此相應，小說所網羅的另類僧人，也就不限於活躍在士大夫階層者，角色也就更為豐富多彩了。第四，士大夫利用小說反佛教。

除了紀實以外，這類小說，當然有鮮明的反佛教的意義。僧人並不能代表佛教，僧人不好，並不能因此說佛教就不好，這是顯而易見的。但是，許多僧人品格卑下，人們就會認為佛教虛偽、卑下，為什麼？因為僧人是佛教文化的具體體現者，是佛教文化的載體。大多數人習慣於通過僧人來認識佛教、評價佛教。因此，唐代小說中另類僧人的形象，事實上是用來抨擊佛教的。這與歐洲文藝復興時期文學好以揭露教會人員的卑劣行徑來抨擊基督教，方法如出一轍。清代乾隆年間，紀曉嵐《閱微草堂筆記》中反對理學，很少從學術方面來作理性的分析，而是較多地描繪理學家醜陋的形象，其方法，也正與唐代小說中以另類僧人形象反佛教一樣。

還有必要指出的是，唐代小說所描寫的僧人形象中，還有幻化型這一新的品種，而這一類幻化型的僧人，幾乎都可以算是另類僧人。如《東陽夜怪錄》中，一駱駝化為老病僧人智高，雪夜，對烏驢、老雞、貓、刺蝟、牛、犬等所化之精靈談佛理，並用諧音、雙關等術相互譏嘲取笑，作者以此嘲弄僧人及聽他們說法的佛教信徒。李隱《瀟湘錄》之《嵩山老僧》中，一鹿化為小兒，求為老僧弟子，誓修來世福業。老僧慮其不耐寂寞，此小兒信誓旦旦，云：「若心與言違，皇天后土，自不容耳。」老僧遂納之。「小兒為弟子後，精進勤劬，罕有倫等，或演法於僧，僧不能對。或問道於僧，僧不能折。老僧深重

之，以為聖賢也。」但後來此小兒終究脫卻僧衣，化為鹿，隨群鹿而去。此乃諷刺僧人無恒心，不耐寂寞而還俗。《傳奇》之《馬拯》中，一老僧居衡山，「眉毫雪色，樸野魁梧」，儼然高僧，但竟然是猛虎所化，食人無數。張讀《宣室志》卷一云，商人石憲道中野臥，夢中，一僧來以禍福語相動，引石憲到一池旁，聽念梵音。池中眾僧，合聲誦經。一僧拉石憲入池，石憲受冷水刺激而醒。後石憲見不遠處有一池，池中群蛙亂鳴，正是他夢中所到之處。夢中所見的僧人，原來就是這些青蛙！此雖是寫蛙鳴如誦經，實是云僧人誦經如蛙鳴，又暗示僧人勸人聽經，乃迷人惑人以害人的勾當。同書卷八云，一老僧居住在深山中，自稱：「常慕歌利王割截身體及菩薩投岩飼餓虎，故吾啖橡栗，飲流泉，恨未有虎狼噬吾。」當一個病人家屬要他捨心救病人時，老僧騙得對方一頓施捨，然後歪解《金剛經》，化為一猿而逃去。此乃諷刺僧人殺身利他之類高論的虛偽性，揭露他們以此沽名釣譽、謀取利益的真面目。

動物化成的僧人形象，佛經中很難找到。佛經故事中，有大量的動物角色，其中不少滿口佛理，但就外形而論，它們並沒有化成僧人。以佛教的觀點來看，眾生平等，動物不一定要化為人形以後，才能修習、宣講佛法。六朝小說中，也沒有動物幻化的僧人形象。在我國傳統文化中，動物無文明可言，遠不能跟人類相比。它們化為人類，非妖即精，而妖精是為人類社會所不容的，至少在士大夫們看來是如此。六朝小說與佛教有關者，都是宣傳佛教的，其中怎麼會有動物幻化的僧人形象呢？唐代小說中，這些動物幻化的僧人形象，比起紀實性的另類僧人形象來，反佛教的傾向更為明顯。首先，這類故事不受事實的制約，完全是出於虛構，完全是作者反佛教意識的形象

化，主觀意識強烈。其次，如上所云，在我國文化中，特別是在士大夫的觀念中，動物化為人，非妖即精。小說中寫動物幻化成的僧人，出醜露乖，惑人害人，等於斥此類僧人為妖精，其激烈的反佛情緒，表達得酣暢淋漓。

餘　論

唐代小說中「服務型法術僧人」形象，缺乏佛教色彩，其中有些僧人的形象、品格，不無可譏之處。「鬥法法術型僧人」形象，只是佛教與中國本土文化矛盾鬥爭中一個個失敗的象徵。他們無一例外地失敗，意味著在這樣的矛盾鬥爭中，佛教一方必敗無疑。「另類僧人」形象，揭露、諷刺形形色色醜陋僧人的卑劣行徑，反佛教的主旨更加明顯。所有這些，都體現了唐代小說的反佛教傾向。

在此前的小說中，有不少被魯迅稱之為「釋氏輔教書」的小說，亦即佛教信仰者用來宣揚佛教的小說，有些小說中，還有以佛教文化壓中國本土文化的內容。可是，令人奇怪的是，我們竟然找不到一篇宣傳反對佛教的小說！不僅如此，揭露和諷刺僧人的小說也沒有，批評僧人的小說也罕見。

同樣令人奇怪的是，唐代小說中，竟然有那麼多反佛教的小說！宣傳佛教的小說固然也有，但數量不多，而刻意站在佛教立場上，用佛教文化來壓中國本土文化的小說，完全沒有。從六朝到唐代，小說在對待佛教問題上，為什麼轉這個很大的彎？

除了以上已經論及的一些原因外，還有其他一些原因。南北朝時，帝王、貴族、大臣和一般士大夫，信佛者很多。不信佛而不反佛的人也很多，許多人把佛教僅看成是一種有價值的玄理，看成是老莊

以外又一種玄妙的哲學思想。反佛者儘管有之，但隊伍很小，主要是幾位思想家，他們反佛，是用思想家的方式，講道理。小說作家，沒有參加到反佛的隊伍中去，沒有以小說來反佛。因此，當時的反佛聲音，既孤單，又單調。

　　唐代，朝廷以詩文取士，士人要在科舉中獲勝，就要用力於中國傳統文化。在科舉這根指揮棒下，就總體而言，人們對中國傳統文化之重視，遠遠超過前代。中國傳統文化，塑造了士大夫。士大夫之於中國傳統文化，如兒子之於母乳。當然，某些士大夫因為不如意的生存狀態及由此形成的相應的心理狀態等關係，也會到佛教文化中去吸取我國傳統文化中所不足的營養，這就像吃母乳長大的人因為身體有問題等原因而吃些羊牛奶一樣。這樣的吃羊牛奶的人，無論如何也不會為了羊牛奶的緣故而反對母乳。也就是說，即使是信仰佛教的士大夫，也決不會以佛教文化為本位文化，更不會站在佛教文化的立場上來反對中國傳統文化。中國文化與士大夫之間天生的親緣關係，在唐代得到了大大的加強，相形之下，佛教文化與士大夫的關係，就大大地顯得薄弱了。因此，在中國傳統文化與佛教文化發生矛盾之時，士大夫中，反佛者自然是絕大多數。此從士大夫本身言之。再就對方，亦即佛教一方來看，佛教儘管加速中國化的進程，以求在中國生存、發展，但是，它本身的弊端、以及在發展中不斷產生的弊端，也越來越嚴重和明顯，給社會造成種種危害或潛在的危害，這就導致了富有傳統的社會責任感的士大夫們起來反對佛教。可以說，唐代發生的歷次反佛事件，反佛的士大夫們都列舉佛教的社會危害。再次，就環境來看。唐代帝王，除了極少數外，都是公開提倡儒釋道三教並尊，朝野通用「三教」之名，就是從唐代開始的（任繼愈《從佛教到儒教》，楊

曾文、方廣錩編《佛教與歷史文化》，宗教文化出版社 2001 年版，第 2 頁）。
這就使士大夫反佛，有所憑藉，獲罪的可能性，就比較小。

正是以上種種原因，士大夫反佛的隊伍，較此前遠為壯大，他們
利用各自所擅長的方式反佛。當然，小說家們，也就利用小說反佛
了。因此，唐代小說中的反佛傾向，也就如此地明顯。傳統文化與士
大夫之間的親緣關係之深厚，又使即使是信佛教的士大夫，也不可能
站在佛教的立場上來反對傳統文化，因此，唐代小說中，以佛教文化
來反對傳統文化的內容幾乎沒有。如此則唐代小說的反佛傾向，也就
更加突出了。

《子不語》：調侃佛教，發其妙論

清代中葉，袁枚是個個性色彩極強的人物。他好以靈心慧舌，發
為奇妙之論。現實政治，他有所顧忌，不敢輕論。在文化範圍內，他
則是放言無忌。文化權威，文化名流，甚至文化偶像，統統無法引發
他的敬畏，相反，他看不順眼的，還會被他肆意譏嘲，很少能夠倖
免。儒家經典堂皇正大，包括清王朝在內，許多封建王朝，都奉之為
立國之本，但在他看來，「六經皆糟粕」而已。於各種宗教，他一概
不信奉。其《子不語》一書，以短篇志怪小說的形式，將佛、儒、
道、民間宗教及其偶像，肆意調侃，並藉以發揮他自己與傳統思想不
大相合的觀點。本文僅就其中有關佛教者言之。

佛教經像崇拜，從佛教傳入我國起，就得到大力傳播，到袁枚所
處的時代，已經登峰造極。袁枚調侃經像崇拜，不一而足。佛教神
靈，在我國普及度最高者，首推觀音。奉觀音像而獲善報一類故事，

各類小說、筆記中,不知凡幾。《子不語》中的觀音靈異故事,不是宣揚經像崇拜之神效,而是多生別解。

如是書卷七《狐仙冒充觀音三年》云,周生從張天師過一旅店,一美婦向天師求人間香火,天師慮其恣威福而祟人間,不與。周生愛其美而代求之,天師乃予美婦三年香火。三年後,周生過蘇州,聞上方山某庵觀音極靈,遂前往拜禱。至山下,同往者告云,上山必步行,否則觀音怒,轎杠必折。周入廟,見觀音像幛以錦幔,問其故,僧云此觀音像太美,恐見者生邪念,故障之。生啓示,見像果妖冶,竟是三年前在旅店所見美婦,遂大斥其威福自恣,又斥其忘恩負義,責其守三年之約,而像仆地而自碎。僧重修其像,而靈響寂然。

寫觀音被假冒,這對觀音來說,已是不敬,又與美婦色相相聯繫,不敬益甚,意涉不莊。狐仙所化美婦冒充觀音作威作福,這雖然與佛教中的觀音無關,但與觀音崇拜,不能無關。為什麼這狐仙不冒充其他神靈,而偏冒充觀音?信徒竟然認可此假觀音,信為真神,認可她的所作所為,這是否意味著,威福之盛、女色之冶,世所奉觀音時有之?甚至為觀音理所應當如此?此觀音是假,然則世所奉觀音,真假又如何呢?此觀音為一邪神所托,已自恣威福如此,如奉一觀音而一益邪之神附之,其害更不可勝言了。這樣說來,崇奉觀音,豈不危險?袁枚不去論真觀音如何,但言觀音崇拜之危險,如此則於佛教之傳播,自然不利。此就這故事淺層意思而言。若就其深層次意思而言,則為諷刺忘恩負義者,而於官場下級官員之忘恩負義者,最為相近,或有所指。玩其情節,似為一人求為州縣官,初未成,後得奧援而獲任,既獲任而威福自恣,甚至將威福施之於當初援手者,後者怒而使其去位。如此寓意,本與佛教無涉,而以狐仙冒充觀音故事表

達，如此則這一故事之思想，又不限於其所寓之意矣。

　　是書卷十九《觀音作別》云，袁枚侍姬方氏奉一檀香觀音像，僕婦張媽奉之尤虔。一日，袁枚索物甚急而張媽忙於拜觀音像。袁枚怒而取像擲地，踐踏之。張媽泣云，昨夜夢觀音來別，云次日將有小劫，當退去，此日果為袁枚所踐踏，豈非天數？袁枚云：「佛法全空，焉得作如此狡獪？必有惡物憑焉。」這觀音如果是真的，其所為與「佛法全空」之說相矛盾，且她自己也難逃天數，無法避免袁枚的踐踏污辱，這樣的觀音，有什麼法力，奉她幹什麼？這觀音是個假的，是惡物，那麼，奉她又有什麼好處？

　　佛教認為，流布、念誦佛經，亦為功德。此類功德，可以消災邀福，也可以超度鬼魅，故被世俗當成了可以有條件或無條件轉讓的「奇貨」，常用於追薦亡人，賄退鬼邪。就經而論，唐前故事中，《法華經》靈異為最多，唐宋以下，以《金剛經》、《心經》靈異故事為多，而其方法，亦主要是念誦、流布而已。《子不語》中，於《金剛經》、《心經》二經之崇拜，亦作調侃，而其構思方式，則有不同。

　　卷十九《金剛作鬧》故事，對念誦《金剛經》超度亡魂作出新解，主旨與佛教所提倡者完全相反。云某司寇卒，其戚徐姓者，為誦《金剛經》，日八百遍。一日，徐某夢入閻羅殿。原來，某司寇罪案甚多，閻羅正在審理，忽然金剛闖入，大吵大鬧，硬將某司寇要去放了。閻羅因逃脫人犯，不敢復奏上帝，只得查到地藏王處，方知徐某在陽間多事，為之念《金剛經》，致有金剛闖殿救護之事。地藏出手，攔住金剛，使他不能胡鬧，閻羅方能將某司寇押回重審。因此，閻王將徐某召到冥間，責其妄召尊神，罰陽壽一紀。世俗認為，念

《金剛經》超度亡魂，乃是請金剛呵護亡魂，使亡魂在冥間不受痛苦。如此思維，則矛盾生焉。若亡魂本善，至冥間不必受苦，因而也就無所謂救護。若亡魂本為大惡者，則按佛法，至冥間理當受種種折磨。審理、折磨之施行，主其事者為閻王，亦為佛教中之神靈。若審理、責罰某有大惡的亡魂時，某因有金剛救護而免於受審、受責罰，不僅閻王未能克盡其職，與佛家「自作自受」、「眾生平等」等道理，也是相違背的。試想，一人作有大惡，死後，其親友為其誦《金剛經》，其亡魂得金剛呵護，就免於受審、受責罰，另一人只犯有小過，死後無人為其誦《金剛經》，其亡魂受審、受罰，佛光下的冥間世界，當如是耶？從這一角度而言，念誦《金剛經》超度亡魂，則實屬不宜。袁枚編為故事，形象地說明此理。此乃從佛教中找出不合邏輯、甚至不合佛理之處，編為故事，突出其矛盾，以明其佛教活動之非。結尾引吳西林語云：「金剛乃佛家木強之神，黨同伐異，聞呼必來，有求必應，全不顧其理之是非曲直也。故佛但坐之門外，為壯觀禦負之用。誦此經者，宜慎重焉！」在此之前，大量的《金剛經》靈異故事，幾乎都是「有求必應」的，佛家以此宣揚其功效之神奇。然以此故事觀之，金剛之「有求必應」，則並非美事，很可能製造矛盾，闖下大禍，於亡魂無補而於念誦者有大損！削去陽壽一紀，一紀為十二年，此禍還小嗎？當然，這故事也是個社會政治寓言，袁故以此調侃佛教，也以此諷刺世風，諷刺官場。

如果說《金剛作鬧》是逆世俗之所為而作，《續子不語》卷三《心經誅狐》則是順世俗之所為而作，而調侃佛教之意，亦甚為明顯。

《心經誅狐》略云：鄭秀才之妹遭妖狐及隨從鬼魂繆三姑祟，鄭

家禱於觀音，許刊施二千部《心經》。舉家朗誦大士寶號，觀音遂現身驅狐。繆三姑復為祟，鄭家許誦《心經》三百卷超度，繆求先誦幾卷，又求「燒酒牛肉，銀錠五百，菸筒荷包」。鄭家許之。繆報鄭家云，妖狐欲鑽地逃出，再害鄭女。鄭家又禱於觀音，願再刊施《心經》千卷。繆又索要銀錠、裙襖、菸袋、荷包、燒酒、牛肉等物而去。妖狐被觀音送審，伏法後，其魂時來騷擾鄭女。觀音托夢鄭女，叮嚀：「我之《心經》重大，汝兄須加敬奉。」鄭家又誦《心經》三百卷，超度妖狐，鄭女始安。

民間佛教信仰中，《心經》之念誦刊施，早已被俗化，如同財貨，可以實施種種交換。此故事中，這始終被著意突出。請觀音遣女鬼也好，退妖狐也好，《心經》之念誦刊施，竟成不變靈藥，幾乎就是貨幣，神效卓著。而念誦、刊施的《心經》數目，清楚明確，如人間之於金錢數目，作者著意突出強調念誦、刊施《心經》之貨物化。最可笑者，乃將《心經》與燒酒牛肉，銀錠五百，菸筒荷包並舉，一篇之中，三次復之。鬼索《心經》事，志怪小說、傳說中很多，索「燒酒牛肉」和「銀錠」等物者，志怪小說、傳說中更多，而同時索《心經》，又索「燒酒牛肉」等者，則未見之。此故事中，此鬼既索《心經》，又索「燒酒牛肉」等，將《心經》與「燒酒牛肉」同樣看待，調侃之意甚明。「繆三姑面色微紅，似有酒氣，胸懷銀錠，口含菸筒，手捧白紙卷，口誦『般若波羅蜜多』而來。」如此形象，甚為滑稽。佛教戒酒、戒葷、戒貪，女鬼貪酒肉、銀錠、菸筒荷包外，又貪《心經》，此數者集中在同一形象上，其不和諧甚為明顯，而調侃之竟則益著矣。

此故事中，觀音與妖狐、女鬼，正邪絕然相反，然求正神、驅邪

鬼，皆賴《心經》為資：他們都以得《心經》功德為進退條件。從這一點上說，觀音與妖狐、女鬼，正復相同，皆以《心經》功德為重而求之於世人，如此則邪魅固邪，正神亦未必能稱正矣。再從《心經》功德言之。鄭家初禱求觀音驅妖，許刊施《心經》二千部。再禱觀音，更許刊施《心經》千卷，「共三千卷」。《心經》篇幅甚短，一部即是一卷。事成之後，鄭家齋供觀音，觀音又叮囑鄭女，「我之《心經》事重大，汝兄須加敬奉」，似恐鄭家不兌現。鄭家許為繆三姑念誦《心經》三百卷，又從觀音吩咐，為妖狐之亡魂念誦《心經》三百卷。此事從始至末，鄭家所費《心經》之用如此。就卷數而論，一狐一鬼，各所獲者，不過三百卷之念誦，而觀音獨得，則為三千卷之刊施。刊施之費，當然遠過念誦。如此說來，所謂正神也者，為民之累，不下邪神。佛家戒貪，而觀音貪欲如此，鄙吝又如此，幾同市儈，而胃口之大，又遠甚於其所驅之狐鬼。袁枚以此故事，寓其諷世之意，官僚雖為百姓除盜賊，而為民之累，甚於盜賊多矣。世間祭祀、祈求、酬報正神，驅使、遣送邪神，也正是如此。袁枚以觀音驅狐鬼事寓其意，而反佛意識甚明。

入冥故事，此前志怪小說中極多。《子不語》中入冥故事，值得注意者有二。一是以冥間喻陽世，揭露官場醜惡，所謂冥間，實在就是陽世的反映。如卷十《趙文華陰司說情》中，奸臣趙文華為七世孫說情，冥官竟然接受。卷九《地藏王接客》中，冥間店裏，多掛世間將貴之人所作書法，至於書法佳否則不論，因為「陰司最勢利」，故人們「掛之以為榮」。其間又重紙錢，因為「紙錢正是陰間所需」，有人要見地藏王，必須「先賄地藏王侍衛之人，才肯通報。」裘生入冥，欲見地藏王訴冤，果然有「胸前繡『勇』字補服」的侍衛向他索

取門包：「陽間有門包，陰間獨無門包乎？」地藏王教訓裘生，理當、義正、辭嚴，令人歎服。此時，侍衛報「朱大人到」，地藏王便下閣出迎，而所謂「朱大人」者，只是一位捐納的刑部郎中而已。地藏王為中國佛教中四大菩薩之一，勢利如此，哪有一點佛教氣息，而完全是世間某些官僚的作派。而此冥間之種種勢利，實是陽世種種勢利漫畫式的誇張而已。

第二值得注意之處，乃是利用地藏王、閻羅或其他冥官之口，表現袁枚自己對社會、人生的觀點。在前人小說中，如此借閻王等權威宣傳作者自己的思想，也頗為常見，而袁枚此類故事，有其特點。

他以此抨擊當時的士風。如卷九《地藏王接客》中，地藏王云：「狂生裘某，汝焚牒伍公廟，自稱能文。不過作爛八股時文，看高頭講章，全不知古往今來多少事業學問，而自以為能文，何無恥之甚也！」當時士風，醉心八股以取科名，以博富貴，狹隘鄙陋，空疏迂腐，地藏王所言，可謂切中時弊，然此實乃袁枚的觀點。

此外，袁枚在此類故事中，借閻王等之口所發議論，有超越傳統思想之處。例如，《續子不語》卷十《淫諂二罪冥責甚輕》云，袁枚之老僕朱明入冥，見某婦因孝而投生富貴家為公子，某叟因慈而托生富家為女兒，乃大不服，以此婦有淫行、此叟好諂告判官，判官云：「此乃所以謂之是是非非、明明白白也。何也？男女帷薄不修，都是昏夜間不明不白之事。故陽間律文，載捉姦必捉雙，又曰非親屬不得擅捉。正恐暗昧之地，容易誣陷人故也。……古來周公制禮以後，才有婦人從一而終之說。試問未有周公之前，黃農虞夏，一千餘年，史冊中婦人失節者為誰耶？至於貧賤之人，謀生不得，或奔走權門，或趨蹌富室，被人恥笑，亦是不得已之事。……至於因淫而釀成人命，

因諂而陷害平人，則是罪之大者。」此論甚當，而如「閻羅王乃尊嚴正直之神，豈肯伏人床下，而窺察人之陰私乎」等，出語俏皮，的是袁枚風格。這些，明顯與傳統道德中重婦節、重氣節之說不合。又如卷十《趙文華在陰司說情》中云，趙某性方嚴，婢誣以與之私通。趙某無以自明而自殺。冥官云：「趙某生為男子，通婢事，有何承認不起？而竟至輕生，亦殊可鄙。」這樣說來，此事乃小事一樁，雖然不是他幹的，但承認下來，也無不可，反倒顯得通脫大度，值得讚揚，而為自明心迹而自殺，倒是「殊可鄙」了。又卷一《鍾孝廉》中，冥官將淫婢狎妓，只看作是小罪。譏彈別人文章之類的口過，其罪益小。這些，不獨與佛經不合，也與我國傳統道德不合，只是袁枚的私臆而已，而以冥官之口表達，蓋冥官於善惡賞罰之解釋有權威也。

佛教是與世俗相結合在一起的。它之所以和世俗結合在一起，是為了教化世俗、對治世俗，使世俗一歸於其道，而其本身，則並不世俗化，而是相反，超凡脫俗。《子不語》中，袁枚常將佛教活動、佛教神靈世俗化，有時甚至是庸俗化，以寓抨擊世俗之意，而其調侃、貶斥佛教之意也甚明。

《閱微草堂筆記》中的因果理論觀

因果理論是佛教最基本、最重要的理論。可是，在佛經中，這一理論並不細密。佛教傳入我國後，信仰者和傳播者根據我國具體的社會、歷史、文化背景，對因果理論作了若干修正和補充，但還有不少明顯的疏漏之處。《閱微草堂筆記》中，紀昀在前人的基礎上，修正並發展了因果理論，使之愈加趨向於細密，並更加符合我國的國情。

其說大致有如下數端。

強調因果報應理論的教化功能

《閱微草堂筆記》卷二《灤陽消夏錄》二云，老儒林生斥責佛家福田之說，以其「有所為而為，其事雖合天理，其心已純乎人欲矣。」地府判官作論云：

> 聖人之立教，欲人為善而已。其不能為者，則誘掖以成之；不肯為者，則驅策以迫之。於是乎刑賞生焉。能因慕賞而為善，聖人但與其善，必不責其為求賞而然也。能因畏刑而為善，聖人亦與其善，必不責其為避刑而然也。苟以刑賞使之循天理，而又責慕賞畏刑之為人欲，是不激勸於刑賞，謂之不善；激勸於刑賞，又謂之不善：人且無所措手足矣。況慕賞避刑，既謂之人欲，而又激勸以刑賞，人且謂聖人實以人欲導民矣，有是理歟？蓋天下上智少而凡民多，故聖人之刑賞，為中人以下設教。佛氏之因果，亦為中人以下說法。儒釋之宗雖殊，至其教人為善，則意歸一轍。先生執董子謀利計功之說，以駁佛氏之因果，將並聖人之刑賞而駁之乎？（以下引用此書者，不再注明書名。）

佛家之因果，提倡善有善報，惡有惡報；儒家之刑賞，使行善者得獎賞，行惡者受刑罰：二者都是勸人為善而戒人為惡，其旨其理，並無不同。儒家聖人主刑賞，歷朝皆實行刑賞，儒者自然也就不能否定刑賞。刑賞不能否定，否定與刑賞同旨同理的因果，自然也是不合情理

的。

　　刑賞與因果，確實同旨同理，這還不足以證明因果之必要，因為還存在著這樣的問題：此二者既然是同旨同理，那麼，既用刑賞，是否還有必要用因果？答案當然是肯定的，因為，刑賞與因果，二者不能相互取代，其旨其理雖同，而其用則大異。世間所為善惡，有大小，有顯晦。其小者、晦者，皆刑賞之所不及。其小者，尚有社會輿論予以褒貶，補刑賞之所不及，而其晦者，則社會輿論亦不能及。為惡之人，其為惡若是機密隱蔽，就可以逃避刑罰或社會輿論之譴責，惡之大小，皆無論焉。為惡之代價，僅是被發現後所受之刑戮、責罰、貶語耳，如此則不免啟欲為惡之人僥倖之心，而與勸人為善之旨相失。卷十四《槐西雜誌》四一故事中記冥間一囚後悔語云：

　　　　吾為吾師所誤也。吾師日講學，凡鬼神報應之說，皆斥為佛氏
　　　　之妄語。吾信其言，竊以為機械能深，彌縫能巧，則種種唯所
　　　　欲為，可以終身不敗露。百年之後，氣返太虛，冥冥漠漠，並
　　　　毀譽不聞，何憚而不恣吾意乎！不虞地獄非誣，冥王果有。始
　　　　知為其所賣，故悔而自悲也。

因果理論，正是對治為惡之人此種僥倖心理。就官府之刑賞、社會之褒貶而論，某事某人所為之認定，其善惡性質、大小之確證，相應刑賞、褒貶之施行，皆由人為。既由人為，則不能保證無誤。就因果報應而論，凡此種種，皆非人為，而是由超自然、超社會之力量，於冥冥之中施為，無隱無偏，客觀公正。凡刑賞、褒貶之所未及，亦能遮覆無遺，雖機械巧而彌縫深之惡，亦無隱遁。如此則於絕欲為惡者僥

倖之想，其功甚大，而勸人為善、戒人為惡之旨，遂大大加強矣。

以儒家思想為善惡標準

根據因果理論，善有善報，惡有惡報，此固無疑焉。然則善惡之辨，不可不明。孰為善，孰為惡，此有時分明，有時則殊為難言。何者為善，何者為惡，此為善惡觀。善惡觀決定果報理論的性質，體現果報理論的道德導向，實為至關重要。故論果報理論，不可不論善惡觀。卷二《灤陽消夏錄》二借冥間判官之口云：「佛氏所謂善惡，與儒無異；所謂善惡之報，亦與儒無異也。」是則以佛氏之善惡觀與儒家之善惡觀同。

觀《閱微草堂筆記》中果報故事中的善惡觀，大致為儒家思想，包括紀昀自己對儒家思想的發揮，與佛家思想，雖多相通之處，然則不無差異。

此書所載故事中，凡是行孝者，都得好報；凡是不孝者，都受惡報，沒有例外。此類以因果勸孝故事甚多，反反覆覆，強調這樣的主題。如卷一《灤陽消夏錄》一中，云無賴呂四死後，托夢其妻云：「我業重，當永墮泥犁。緣生前事母尚盡孝，冥官檢籍，得受蛇身，今往生矣。」佛經中，也以孝為善，以不孝為惡，然此非其著意宣傳者。且佛經中言孝，尚有兒子出家為父母修功德之大孝，而《閱微草堂筆記》中所提倡之孝，乃世俗之孝，純粹是儒家所提倡之孝，與佛家之所言孝，並不相同。

佛經中，雖然於女性多所偏見，其偏見甚至不亞於見之於儒家文化中者。然言妻子必須絕對服從丈夫、必須事事與丈夫同心，此說未見於佛經。卷十七《姑妄聽之》三云，某人夢至冥間，見其亡妻方受

楚毒，乃驚問何罪，其妻云：「坐事事與君懷二意。初謂為家庭常態，不意陰律至嚴，與欺父欺君，竟同一理，故墮落如斯。」然所謂「二意」者，「不過骨肉之中私庇子女，奴隸之中私庇婢媼，親串之中私庇母黨，均使君不知而已。」紀昀此故事，則是以儒家「三綱」中「夫為妻綱」為原則，以此為標準衡量善惡，再以果報理論編為故事，來宣傳這一思想。

在佛教中，佈施是最重要和最基本的善業。信徒實踐佛教思想，佈施是最常用的方法。他們的佈施，也是寺廟僧侶賴以生存的最重要的經濟來源之一。佛提倡佈施，旨在讓人們通過佈施，去掉貪欲之情，進而達到明心見性的境界。佛經中，宣揚因佈施而獲得福報的故事，連篇累牘，不知凡幾。這當然也可以視為勸誘人們佈施的一種形象化的方式。但是，在佛教信仰的實踐中，就佈施者方面而言，他們佈施，絕大部分不是為了去掉自己的貪欲之情，而是為了獲取福報，故稱佈施為治「福田」。佈施種下善業，收取福報，此符合因果理論，而究其心迹，與投資獲利益，乃出一轍，與佛通過佈施而去貪欲之旨，正好相反。就接受佈施者而言，勸人佈施，本是為人，讓對方通過佈施去掉貪欲。然而，在佛教信仰實踐中，勸人佈施，多是為己，為己聚斂財產，故勸誘佈施，實際上往往成為誘騙。就客觀效果而言，佈施正是大大催化了人們私欲膨脹，成了一種披著宗教外衣的商業行為：佈施者用所佈施錢財為代價，買到了確信會在將來兌現的豐厚回報；寺廟僧侶，以其佛記資格，收取錢財。所有這些，與佛提倡佈施的本旨相違背。因此，紀昀認為，如此佈施，並不是造善業。是書卷九《如是我聞》三云：「緇徒執罪福之說，誘脅愚民，不以人品邪正分善惡，而以佈施有無分善惡。福田之說興，而瞿曇氏之旨晦

矣。」

　　若以佈施之有無分善惡，以佈施之多少分善之高下，則不義之人，可以施不義之財，而獲取福報，此則去佛之本旨益遠，而勸舉世為不善，與情與理，亦殊相違矣。如：

> 沈瑞彰寓高廟讀書，夏夜就文昌閣廊下睡。人靜後，聞閣上語曰：「吾曹亦無用錢處，爾積多金何也？」一人答曰：「欲以此金鑄銅佛，送西山潭柘寺供養，冀仰託福佑，早得解形。」一人作啐聲曰：「咄咄大錯！佈施須己財。佛豈不問汝來處，受汝盜來金耶？」再聽之，寂矣。善哉野狐，檀越云集之時，倘聞此語，應如霹靂聲也。（卷十三《槐西雜誌》三）
>
> 外祖家一僕婦，以一布為施。尼（慧師父）熟識之，曰：「佈施須用己財，方為功德。宅中為失此布，笞小婢數人，佛豈受如此物耶？」婦以情告曰：「初謂布有數十匹，未必一一細檢，故偶取其一。不料累人受捶楚，日相詛咒，心實不安。故佈施求懺罪爾。」尼擲還之曰：「然則何不密送原處，人亦得白，汝亦自安耶？」（卷二十二《灤陽消夏錄》二）
>
> 外祖雪峰張公家，一范姓僕婦，施布一匹。尼合掌謝訖，置幾上片刻，仍舉付此婦曰：「檀越功德，佛已鑒照矣。既蒙見施，布即我布。今已九月，頃見尊姑猶單衫。謹以奉贈，為尊姑制一絮衣，可乎？」僕婦跼踖無一詞，惟面頳汗下。（卷十三《槐西雜誌》三）

　　此三故事，正是說明當以人品邪正分善惡，而不當以佈施之有無

多少分善惡。此三人皆佈施，然二人為不義，一為不孝。如此佈施，固不能稱善業。就此三故事，可以看出紀昀對佈施的見解：佈施不當出於利己之目的；佈施之錢財，當以正當手段獲取，此與儒家「臨財廉」之說相一致；佈施之行為，不能與佈施者之社會責任相矛盾，即社會責任為重，而佈施為輕，而重社會責任，正是儒家的思想。與此見解相合之佈施，方能稱善業而能獲善報。然如此論佈施，於佛經所言，多所超越矣。

注重心業

佛家所謂惡業，既指某人惡的言行舉止，也包括所起的惡念。這一點，與社會生活實踐，頗有不同。在社會生活實踐中，人們必須對自己的言行舉止負責，而不必對自己的念頭負責，因為任何念頭，都尚未產生任何客觀效果。社會不可能因某人的惡念而懲罰他，更何況，惡念於心中而未形於言行舉止，在實踐上，人們是很難認定的。但是，從另一方面看，惡的言行，卻往往是從惡念開始的。因此，品行修養之要，在於消除惡念。消除惡念，就思想方法而論，其端有二。一是自覺努力向善，而自覺努力消除惡念；二是有所畏而消除惡念。此二者，儘管高下有別，而去惡念之功則一。就佛教中而論，提倡向善而使人去惡念而向善，與懲戒起惡念者而使人有所畏而去惡念，二者皆有之。使人有所畏而消除惡念，其法乃是使人知惡念亦會成惡業，而招致惡報。誠然，人間社會無法認定某人之惡念，但在佛教中，超自然、超人的神，能夠做到這一點。人們有所畏而惡念不生，諸惡不作，便至善境。紀昀並不精通佛教，未必知道佛家的這一理論，但其所重，與佛家這一理論暗合。如：

（伶人方）俊官，自言本儒家子，年十三四時，在鄉塾讀書，忽夢為笙歌花燭擁入閨閨，自顧則繡裙錦帔，俯視雙足，亦纖纖作弓彎樣，儼然一新婦矣。驚疑錯愕，莫知所為。然為眾手挾持，不能自主，竟被扶入幃中，與一男子並肩坐，且駭且愧，悸汗而寤。後為狂且所誘，竟失身歌舞之場，乃悟事皆前定也。（倪）餘疆曰：「衛洗馬問樂令夢，樂云是想。汝殆積有是想，乃有是夢。既有是想是夢，乃有是墮落。果是因生，因由心造，安可委諸命耶？」余謂此輩沈淪賤穢，當亦是前身業報，受在今生，未可謂全無冥數。餘疆所言，特正本清源之論耳。後蘇杏村聞之，曰：「曉嵐以三生論因果，惕以未來；餘疆以一念論因果，戒以現在。雖各明一義，吾終以餘疆所論，可使人不敢放其心。」（卷九《如是我聞》三 177 頁）

方俊官身為儒家子而成為藝人，這是否為墮落，為「沈淪賤穢」，是否為其惡業所導致的惡報，這是另一個問題，我們可以撇開不談。這件事情本身，並不重要。其重要之處在於，紀昀以此為例，討論因果報應。紀昀的見解、倪餘疆的見解，都符合佛教的因果理論。說方俊官的「墮落」，「沈淪賤穢」，為前生所造惡業所致、此生所造惡業所致、甚至二者兼而有之，在佛教因果理論中，都說得通，不存在誰是誰非的問題，如果各執一論相爭，也是「後息者勝」，沒有什麼意義。但是，他們所持之論本身，確實是有意義的，這就是蘇杏村所概括的，紀昀之論，能使人「惕以未來」，而不為惡事；餘疆之論能使人「戒以現在」，不生惡念。二者之中，他肯定了後者，因為「戒以現在」，不生惡念，最為切近，而心無惡念，即使犯過失，也是無心

的過失了。因此，紀昀也認為倪餘疆所持乃「正本清源之論」。值得
注意的是，儘管在行文中，紀昀表達了自己的觀點，但他又讚揚了倪
餘疆的觀點、引述蘇杏村對他們二人觀點的概括與評論，行文一波三
折，除了稱述友人之論而不掠美外，紀昀自己的傾向，其實也是很明
顯的，這就是同意蘇杏村的概括和評論，也就是說，諸業之中，他也
是更重視心業，特別是惡念所造成的惡業，因為提倡警惕惡念，這對
個人修養、對社會教化，都是很有好處的。

　　紀昀之重心造之惡業，有過於佛經所云者。佛經中，眾生必須對
自己所作負責，包括其人在無心狀態下所作。佛經中有些故事，就宣
揚這樣的思想。《閱微草堂筆記》中，頗有與這樣的思想不同的故
事。是書卷十六《姑妄聽之》二朱介如入冥故事中，云閻王以業鏡重
播出罪人作惡時的情景，以使罪人伏罪。朱以此為問，冥官云：「人
鏡照形，神鏡照心。人作一事，心皆自知；既已自知，即心有此事。
心有此事，即心有此事之象，故一照而畢現也。若無心作過，本不自
知，則照亦不見。心無是事，即無是象耳。冥司斷獄，惟以有心無心
別善惡，君其識之。」無心為惡，既為之後，尚不知之，此惡不存心
中，業鏡當然無法照見，也就不以惡業計了。

　　要之，紀昀之論因果，特別重心業。

消除惡業諸法

　　在佛經中，是惡業，就一定會導致惡報。在所導致惡報實行之
前，是不可能消除的。中國佛教中則不然，惡業既成而尚未導致惡
報，或是所導致的惡報尚未充分實行之際，通過某些方法，將它消
除。惡業既消除，當然也就不會導致相應的惡報了。這些方法不一。

紀昀對其中主要的幾種，發表了他自己的見解。

懺悔法

六朝小說《冥祥記》晉沙門慧達入冥故事中，觀世音說法云：

> 沙門白衣，見身為過，及宿世之罪，種種惡業，能於眾中盡自
> 發露，不失事條，勤誠懺悔者，罪即消滅。如其弱顏羞慚，恥
> 於大眾露其過者，可在屏處默自記說，不失事者，罪亦除滅。
> 若有所遺漏，非故隱蔽，雖不獲免，受報稍輕。若不能悔，無
> 慚愧心，此名執過不反，命終之後，克墮地獄。（《古小說鉤
> 沈》，人民文學出版社 1973 年版《魯迅全集》本）

根據這樣的說法，一個人即使所造的惡業極多極重，只要他依法懺
悔，他所有的惡業也就消除了。惡業既消，當然也就不會產生相應的
報應了。紀昀認為，真誠懺悔，確實也能消除惡業，如：

> 白衣庵僧明玉言：昔五臺山一僧，夜恒夢至地獄，見種種變
> 相。有老宿教以精意誦經，其夢彌甚，遂漸至委頓。又一老宿
> 曰：「是必汝未出家前，曾造惡業。出家後，漸明因果，自知
> 必墮地獄，生恐怖心；以恐怖心，造成諸相。故誦經彌篤，幻
> 相彌增。夫佛法廣大，容人懺悔，一切惡業，應念皆消。放下
> 屠刀，立地成佛。汝不聞之乎？」是僧聞言，即對佛發願，勇
> 猛精進。自是宴然無夢矣。（卷四《灤陽消夏錄》二）

許人懺悔，許人自新，這也合於儒家思想。《論語·述而》云：「與

其進也，不與其退也，唯何甚！人潔己以進，與其潔也，不保其往也。」這樣說來，懺悔消除惡業之說，有利於勸人改惡。

　　然戒人為惡，懺悔法又明顯乏力。如果懺悔果真能消除懺悔者此前所造一切惡業，那麼，必有人作如是思維：反正只要到最後關頭作一次懺悔，就可以消除一切惡業。那麼，在到最後關頭之前，放心放手作惡，又有何妨？若是如此，則懺悔消除惡業之說，就會導致慫恿、寬容人們作惡業之社會效果，與佛家勸人為善之旨相失了。卷十四《槐西雜誌》四所載一故事云，冥間一囚，誤解佛家「雖墮地獄，經懺即可以超度」之說，而無所不為，至冥間方知不然，而被重罰，悔之晚矣。因此，佛家之懺悔消除一切惡業之說，其發生效用，是有條件的，這就是，懺悔能消除聞此說之前所造之一切惡業，但不能消除聞此說之後所造之惡業。這樣，就可以加強此說戒人為惡之功效。

功德消除法

　　功德之為義，甚為廣泛，其中亦有種種不同。例如，經像崇拜是功德。印度佛教中即提倡經像崇拜。人們修習佛教，不斷地向更高的境界邁進，這當然是不錯的。但是，修習者身單力薄，無人引導，無人援引，修煉進程，就會很慢，也難以達到高境界。因此，修行者可以通過外在的力量，來使自己加快修行的進程，幫助自己進入更高的境界。這外在的力量，來自佛、菩薩、羅漢等，來自佛家的經典。佛、菩薩、羅漢等，人們難以遇到他們的真身，就只能崇拜他們的像，來求他們的幫助。於是，就有了經像崇拜。經像崇拜，有多種形式。例如，製造（或出錢製造）、禮敬、供養佛、菩薩、羅漢等的像，誦讀或請人誦讀佛經、以各種方式傳播佛經，這些，都是經像崇拜最為基本的方式。我國古代故事中，通過經像崇拜而獲得福報的故事，

不知凡幾。

　　但是，在經像崇拜的實踐中，其目的並不是加快修行進程、到達修行的高境界，而幾乎都是消除災難、獲取福報。佛教信徒中，關注自己修行進程、所達到境界的，只是極少數，而關注現實生活中災祥禍福的，則是絕大多數。因此，若以加快修行進程、提高修行境界為誘，經像崇拜，必不能盛，而以消除災難、獲取福報為誘，則必能大盛。從佛教方面考慮，經像崇拜，能弘揚佛教，使佛教興盛，當然，也能給僧侶帶來直接的利益。因此，佛教方面，當然就宣揚經像崇拜能消除災難、獲取福報。也正因為如此，實踐經像崇拜而消除災難、獲取福報的故事，也不知凡幾。

　　就實踐經像崇拜而消除災難的故事看，其思維方式大致是這樣的：佛教神靈受到了崇拜（崇拜佛教經典，也是對佛教神靈的一種崇拜），就會保護崇拜者，使他不受傷害。一個人有惡業，導致惡報，此人就會受傷害，這就叫做自作自受。但是，如果他崇拜佛教經像，佛教神靈就保護他，他所作惡業，也就不會導致惡報，當然也就意味著被消除了。進而，人們認為，經像崇拜可以消除惡業。

　　經像崇拜可以消除惡業，此說之弊病，是極為明顯的。一個人有力行經像崇拜，就不妨放手作惡業，因為他的經像崇拜能消除他所造的惡業。這樣，作惡業還有什麼顧忌的呢？如此之人，世必有之。因此，此非戒人為惡之道。紀昀編為小說，責此說之非：

> 奴子李福之婦，悍戾絕倫，日忤其姑舅，面詈背詛，無所不至。或微諷以不孝有冥謫，輒掉頭哂曰：「我持觀音齋，誦觀音咒，菩薩以甚深法力，消滅罪愆，閻羅王其奈我何！」後嬰

惡疾，楚毒萬端，猶曰：「此我誦咒未漱口，焚香用竈火，故
得此報，未有他也。」愚哉！（卷九《如是我聞》三）

（冥間一囚犯云）佛家之說，謂雖造惡業，功德即可以消滅；雖墮
地獄，經懺即可以超度。吾以為生前焚香佈施，歿後延僧持
誦，皆非吾力所不能。既有佛法護持，則無所不為，亦非地府
所能治。不虞所謂罪福，乃論作事之善惡，非論捨財之多少。
金錢虛耗，舂煮難逃。向非恃佛之故，又安敢縱恣至此耶？
（卷十四《槐西雜誌》四）

紀昀以此二故事，向人展現恃經像崇拜等功德能消除惡業而為惡無忌
之大患，以為世人之戒。

以善業消除惡業

就絕大多數人來說，一生之中，既有惡業，也有善業，那麼，按
照果報理論，是善惡分而報之，還是善惡相抵而報之？就佛經故事中
來看，是分而報之的。不過，如果分而報之，所作惡業必報，對已作
惡業者來說，對其既作惡業，就無可奈何。此說可戒人為惡，而勸人
為善，則似乎未足。在這個問題上，紀昀也對佛經中「分而報之」之
說，作了修正：

歐羅巴書不取釋氏輪迴之說而取其天堂地獄，亦謂善惡不相
抵，是絕惡人為善之路也。大抵善惡可抵，而恩怨不可抵。所
謂冤家債主，須待本人是也。尋常善惡可抵，大善大惡不可
抵。曹操贖蔡文姬，不得不謂之義舉，豈足抵篡弒之罪乎？至
未來生中，人未必相遇，事未必相值，故因緣湊合，或在數世

之後耳。（卷十三《槐西雜誌》三）

以下故事，形象地詮釋這樣的觀點：

> 有富室子病危，絕而復蘇，謂家人曰：「吾魂至冥司矣。吾嘗
> 捐金活二命，又嘗強奪某女也。今活命者在冥司具保狀，而女
> 之父亦訴牒喧辯。尚未決，吾且歸也。」越二日，又絕而復蘇
> 曰：「吾不濟矣。冥吏謂奪女大惡，活命大善，可相抵。冥王
> 謂活人之命，而復奪其女，許抵可也。今所奪者此人之女，而
> 所活者彼人之命；彼人活命之德，報此人奪女之仇，以何解之
> 乎？既善業本重，未可全消，莫若冥司不刑賞，注來生恩自報
> 恩，怨自報怨可也。」語訖而絕。（卷十三《槐西雜誌》三）

這故事明「大善大惡不相抵」、「恩怨不可抵」。

> 有貴家姬問之曰：「我輩為妾媵，是何因果？」曰：「冥律小
> 善惡相抵，大善惡則不相掩。姨等皆積有小善業，故今生得入
> 富貴家；又兼有惡業，故使有一線之不足也。今生如增修善
> 業，則惡業已償，善業相續，來生益全美矣。今生如增造惡
> 業，則善業已銷，惡業又續，來生恐不可問矣。然增修善業，
> 非燒香拜佛之謂也，孝親敬嫡，和睦家庭，乃真善業耳。」
> （卷十二《槐西雜誌》二）

卷十四《槐西雜誌》四一故事中，一惡少不孝父母，入冥，知道當被

重罰，叩頭求救。冥吏云：「此罪至重，微我難解脫，即釋迦牟尼亦無能為力也。」惡少泣求不已。冥吏乃為述「解鈴還須即繫鈴人」的故事，惡少顧慮罪孽深重，吏乃以「放下屠刀，立地成佛」為喻。惡少回到人間，痛改前非，孝順父母，轉為父母愛憐，年至七十餘乃終。此二故事，乃詮釋如何解恩怨。

「尋常善惡可抵」，此乃勸人為善，以救已造之惡業，且戒人為惡。芸芸眾生，消除惡業有望矣。「大善大惡不可抵」，乃戒人為大惡，而勸人為大善。就情理而論，此說亦當。例如，殺人大惡，救人大善，此人人皆知之。有人於此，其人曾殺三人，而亦曾救十人。救十人之善，能消殺三人之惡嗎？顯然是不能的。這裏有個道德底線的問題。

總之，紀昀在《閱微草堂筆記》中，根據我國的國情，修正並發展了佛教的因果理論，力圖用這種理論，來推行儒家教化服務。在當時大眾文化水平低下的情況下，這對提高社會的道德水平、維護社會秩序，是有一定作用的。

清代小說《諧鐸》與佛教

沈起鳳，字桐威，江蘇吳江（今蘇州）人。弱冠中舉，應進士試，五薦不售。年未四十，絕意仕進，乃以著書為娛。所作戲劇，不下五十種，以此負時盛名，亦擅詩詞。然其所好，乃在儒術，著有《十三經管見》、《人鵠》等，惜未行世。文言小說《諧鐸》，乃其在兩淮鹽運使幕中作。以上見《諧鐸》沈清瑞跋。清瑞，起鳳弟也。

《諧鐸》是一部志怪小說。此書在寫作上捨簡約而尚繁縟，取法

《聊齋誌異》之以傳奇手法寫志怪小說，而工致又過之，如其中之篇名，皆取兩兩相對，如《狐媚》對《虎癡》、《奇女雪怨》對《達士報恩》、《隔牖談詩》對《垂廉論曲》等等。小說情節，大多曲折，描寫細緻，而又富有哲理，諷世勸人之意，無篇不寓。

《諧鐸》之於佛教，約有如下數端：

一、以小說紀禪語

是書卷三《嬌娃皈佛》云，王公家青衣沈綺琴，幼從閨中伴讀，年十五而工吟詩，兼擅小令。後掃除綺業，皈依佛教。時名僧戒律慧公至東院，綺琴往投座下，乞參三昧法，與慧公以禪語問答。慧公授一蒲團，令坐禪悟道，云蒲團破，即其證盟之候。綺琴如法坐禪，蒲團未破，而紅粉先埋。是篇主體，乃是以禪語問答，以此體現沈綺琴之文才慧根，靈心妙舌，突出其向佛才女之形象。然篇中禪語問答太多，超過了突出其向佛才女形象的必要，所超過者，便成贅言。贅言一多，就顯得冗長、沈悶，文氣鬱滯。此是其短。此前文學作品中，特別是戲劇中，大篇的禪語問答也有之，然尚不如此小說多，且以其表演手段調劑其中，就少了累贅、沈悶，鬱滯之弊。乾隆間小說《鏡花緣》，為突出才女們之文才，亦多鋪敍她們的詩歌甚至酒令之類，失之太多，亦成一弊，且較此篇小說，又嚴重得多。

禪語出之於優美的形象而又能體現音韻之美者，便為詩句，若有情韻，則更大佳。此篇小說中之禪語亦是也。不以小說論而以詩論，亦頗可觀。句如：「簾密厭看花並蒂，樓高怕見燕雙棲」；「休教攏笛驚楊柳，未許吹簫惹鳳凰」；「只為有情成小劫，卻因無礙到靈臺」等等，傷獨傷春傷情，壓抑感情，懺情而自我寬慰，非深情女郎

而何！唐人志怪小說中，有反復以詩相贈答者，此小說多用禪語而似
詩者，或承此傳統而變化之。

美女懺情歸佛，此前文學作品中亦有之，而美而才者歸佛，難求
其例，文言小說中，益為難求，故此小說，尤值得注意。禪門枯寂，
得紅粉麗句點綴，大為生色矣。

二、以地府描寫抨擊世風，特別是貪官污吏

落魄書生，多憤世疾俗，於當道官員，特別是貪官污吏，多所不
滿。沈起鳳久困科場，一生潦倒，又曾作過幕僚，於官場中事，非不
熟悉者，此益增其痛恨。發之於小說，於貪官污吏，抨擊甚為激烈，
其程度超過了《聊齋誌異》，也超過了當時其他小說。卷六《森羅殿
點鬼》云，地府三十年未清查鬼之名冊，閻王恐生積弊，遂親自蒞臨
檢查，發現八萬四千催命鬼投生人世，為醫為娼，而地府中餓了千百
年的餓鬼盡數逃出，大半作縣令。為庸醫為娼妓者多，追財逐色，道
德墮落之末日世風，可知矣。餓鬼轉世為縣令，縣令之貪酷可知矣，
百姓之苦亦可知矣。此乃利用佛家輪迴之說，編為故事，抨擊世風，
抨擊貪官污吏。

同卷《香粉地獄》云，楊世倫被誤拘入冥間，與已為冥官的亡友
殷某一起，偶至「香粉地獄」。「陽世官宰犯貪酷二字敗露者，遭國
法；稍有漏網，冥府錄其幼媳愛女，入青樓，以償孽債。今之倚門賣
笑者，皆閨閣中千金姝也。」楊、殷被拉入，由一縣尉女和一典史女
相陪。忽一女子被押入，「披髮嬌啼，玉容無主」，楊視之，乃其未
婚妻，大驚而問，女云：「嚴君受盜金八百，誣人名節，罰奴至此，
以填贓款。」楊、殷二人，竭力周旋，才勉強使該女免受九幽殿三舍

人之蹂躪。為免遭辱，楊與此女，只得「以青樓作洞房」。後女之父（郡守）擬捐金八百設六門義學，地府乃將其女放歸，而楊亦還陽。後楊訪岳父而言及捐金設義學事，岳父大驚，云初有是念，尚未施行，訝楊何以知之。楊述其始末，岳父愕然。作者曰：「婦女入官妓，前明酷政，不謂陰司中猶沿是律也。父貪白鏹，女墮青樓，是宦囊百萬，皆閨閣中纏頭錦耳。然一日回心，千秋保節。陰司律例雖嚴，未嘗不許人自贖。」

　　與此前的「入冥故事」相比，此小說有兩點值得注意。一是懲罰對象。印度佛經中的入冥故事也好，此前我國小說中數以百計的入冥故事也好，冥中懲罰的對象，都是作惡業者本人。佛家的果報理論，乃「自作自受」，一個人必須對自己所造的惡業負全部責任，但他不必為別人所造惡業負責，別人也不必對他所造惡業負責。佛經故事中，自作惡業而報在家人的故事很少，且其業其報，性質多相對應，如殺人子者己子被殺，騙人女者己女被人騙，害人妻者己妻被害等等。我國佛教故事中，一人自作惡業，報在家人者，則極多。究其原因，乃在社會。我國古代社會中，個人榮辱，對其家庭、家族乃至親族，影響甚大。准此例，而一人自作惡業，報在家人之觀念，遂產生而流行，就有了許許多多宣傳「一人作惡業，報在家人」這一觀念的故事。但是，「報在家人」故事雖多，人入冥受罰故事雖多，然此二類故事，無相融合者，亦即一人作惡業，報在家人，但家人不會下冥間受報。因此，一人自作惡業，雖然會報在家人，但是，其報尚有度，未造其極，──冥間之報為極。沈起鳳這一故事，將佛家因果報應與犯人家屬「婦女入官為妓」這一「前明酷政」結合起來，於因果報應中行此酷政，而又與入冥受報相結合，將「一人作惡，報在家

人」的觀念，推到一個前所未及的高度。雖然作者有「未嘗不許人自
贖」之類的話，但此小說有傷忠厚之道，這一點，是很明顯的。作者
激憤之甚，於此可見。父貪白鏹，那是父所造惡業，女未預其謀，何
辜而入青樓？當然，這是時代、歷史的局限。

二是懲罰的方式。此前冥間懲罰造惡業者的故事中，懲罰方式，
千奇百怪，為人們所能想像慘酷之極，如油鍋、湯鑊之類，而此故事
中，則是別開生面，讓被罰女子入青樓服務，故稱為「香粉地獄」。
這樣的構思，也顯然是受「婦女入官」這一「前明酷政」的啓發。

三、宣揚色空思想

《諧鐸》之前，我國文學作品中，宣揚佛教「色空」思想者不
少，如「夢中富貴」一類故事，就有多個。這些故事的作者，幾乎都
是失意士人，而這些故事的主角，也幾乎都是不得意的。吃不到葡
萄，就說這些葡萄不是耐吃的，就是吃到這些葡萄，滋味轉眼就盡，
因此，不吃也罷。這樣，失意之情也就容易消釋了。沈起鳳是個失意
者，《諧鐸》中，也有幾篇這樣的小說。

這幾篇小說，與此前同類小說相比，在藝術構思方面，不無特
色，顯示了作者的創造力。卷六《夢中夢》寫「夢中富貴」，舉人曾
某於赴會試途中，宿一廟中，夢中中狀元，又以狀元身份做夢，得四
絕色女子淫樂，意未盡而被夫人喚醒，乃怒斥夫人，狀元夢於是而
醒。「夢中富貴」是個老題材，老主題，但「富貴夢中的風流夢」，
則有創意。風流夢醒了，不意仍在夢中而不自知，還在作威作福。那
麼，一個人夢醒之後，是不是還有可能他仍在夢中呢？也就是說，此
夢已醒，而此身是否尚在夢中？這樣的構思，就明顯強化了「人生如

夢」、「一切皆空」的主題。

　　卷十《螅蛄郡》亦是同類題材、同類主題，而與唐人《南柯太守傳》為近。云書生戴笠醉眠，夢入螅蛄郡，與郡主結婚，享榮華富貴六十餘年，歸而夢醒，而人間實二月餘耳，乃歎曰：「百年富貴，頃刻間耳。世有達者，不當作如是觀哉！」以前此類故事，亦總是「富貴夢中數十年，而人間片刻」，而「數十年」與「片刻」之間的差異是如何形成的，則未作解釋。而《螅蛄郡》則突出人間世界與螅蛄世界在時間上的對應關係：「以日為年，朝則春，晝則夏，晚則秋，夜則冬。」正因為如此，螅蛄世界中，時序之遷流，萬物之變異，都是那樣的迅速，生老病死，只在很短的時間內完成。這樣的榮華富貴，有什麼值得留戀呢？人類視螅蛄世界，光陰如此迅速，即富貴亦不足留戀，那麼，如果有一個世界，以人類世界的春夏秋冬為一日，生活在這個世界的人，視人類世界，不也像人類世界視螅蛄世界嗎？即使在人間世界體驗，也是「百年富貴，頃刻間耳」，轉眼成空！

　　卷六《身外身》一篇，最為奇妙。某翰林好佛，未第時，欲至靈隱寺高僧法瓚門下出家，而法瓚則云其必待領取十二年富貴後，才能出家。後來，此公中進士，官翰林，入則玉堂，出則絳帳，而一心向佛如一日。十二年後，乞休歸里。某夜，宿距靈隱寺十五里之一旅館。次日，僕人只見一根禪杖在床，而某公已失蹤。眾人尋至靈隱寺，而某公在焉，儼然一老僧。原來，他本人一直在此寺修行，中進士、官翰林者，乃是一禪杖所化替身而已！佛家認為，人生擾擾，世事紛紜，乃至整個世界，只不過是短暫的幻化，唯有佛性，方是真實，方是永恒。此小說正是宣揚這樣的思想。

四、以殺戒淫戒勸世

卷九《眼前殺報》乃宣揚佛教殺戒之作。略云：某夫人性暴戾，好種種肉食，日以屠戮種種眾生為快。其生日，「豬羊作隊，雞鵝成群，延頸哀鳴，將就死地。」其夫規之，不為所動。夫人晝入夢，其魂入廚，先後逐一與豬羊雞鵝魚等合為一體，逐一體驗被殺的恐懼與痛苦。醒後，夫人罷生日宴，自此「斷葷茹素」。倡戒淫者，則有同卷《腦後淫魔》一篇，主角是作者本人。作者至棲霞山寺禪師豁堂處，求參大乘法，禪師令其懺除淫魔，並授其法。作者如法趺坐，垂眉閉眼，而粉白黛綠數十輩前來騷擾。原來她們是作者所作劇本中的女子。作者不為所動，這些女子乃化為敗紙，為風吹散。作者又自燒曲譜，不敢以歌場綺語，造作口業。

佛教中有許多戒，殺戒淫戒，為其中之大者。殺戒乃戒殺一切眾生。佛經故事中，中國佛教故事中，戒殺故事極多，唐人戴孚《廣異記》云，張縱平生好食魚，被閻王派鬼追入冥間，罰為魚，體驗被捕、被削鱗、被殺，然後還陽。（李時人《全唐小說》卷 13，第 339 頁）張縱嗜魚而其魂化為魚，體驗被捉、被殺的整個過程，此似為《眼前殺報》所本。戒殺之意，極為明白，容易理解。《眼前殺報》中報應之迅速、之真切、之慘酷，動人心魄。

相比之下，《腦後淫魔》一篇，則要深刻得多。佛教諸戒之旨，在於斷人世俗欲念。世俗欲念之中，情欲一項，最為難除。佛經故事中，述其情欲難除者不少。戒淫之義，在於戒耽於女色，比世俗之所理解、佛經故事之所演繹者，實為寬泛得多。也就是說，此「淫」之為義，既包括其行，亦包括其意。佛教中所言之業，包括言行所造，

也包括意念所造。就淫而言，其行是耽於女色，造了惡業，其意也是耽於女色，也是造了惡業。因此，「淫意」也是淫，也屬淫戒所戒的範圍。佛經倡淫戒的故事中，淫之為其行者多，而淫之為其意者絕少，且這些故事中，淫之所向，都實有其人或動物。故《腦後淫魔》之詮釋淫戒，其超越佛經故事者有二。其一，淫僅止於意而無行。其二，此意之對象，實無其人，乃文學作品中所描寫的人物，而這些作品，正是出於被認為有「淫意」者之手。作者創作文學作品，虛構其中女子形象，對她們的美德、才華、容貌等，不免攙雜讚美、欣賞、甚至愛慕之情，這算不算犯淫戒？答案是肯定的，因為這也是耽於女色，儘管這些女色是虛構的，讚美、欣賞、愛慕等語，也只不過是「空中傳語」而已，並無實指，但是，這種種「意」是真實的。此小說中眾女子云：「文章之靈，通於鬼神。故《驚鴻》一賦，洛水傳神；行雨數言，高塘入夢。誰謂陶令閑情，非實蕩心於裳帶衣領間乎？」所言也是這樣的意思。耽於虛構的女色，也犯淫戒，此理前人未嘗發之，而與佛家「心能造業」之說，也是相符合的。

　　殺戒淫戒，當然不合情理，不合人性。正如《眼前殺戒》中某夫人所論：「若遵佛教，禁男女而戒殺生，則數十年後，人類滅絕，天下皆禽獸矣。」如果人人恪守佛教的淫戒，則人類無法延續，同時生活在世界上的禽獸，它們絕不可能持淫戒，繁衍無礙，而人若皆恪守殺戒，則禽獸無人制約，當然會泛濫無疑，世界也就成了禽獸的天下。故作者也說：「禁男女而戒殺生，抉其流弊，諸天佛子，亦無辭以應對。」在殺生和性愛這兩大問題上，儒家的觀點，無疑要比佛家高明得多。儒家不禁殺生，但又反對無節制的濫殺，提倡「釣而不綱，弋不射宿」，「方長不折，開蟄不殺」。儒家不禁止男女之愛，

只是強調男女之愛要合於禮，不能超越禮的範圍。如果超越了，那就是「非禮」，就會受到社會的譴責。對合於禮的夫婦之愛，儒家是提倡的，其所重「五倫」之一，就是「夫婦」之倫。總之，儒家提倡，男女當「有禮」，殺生當「有度」，這些，勝佛家之禁男女而戒殺生多矣。

　　沈起鳳認為，「聖門之書，為賢者說法；佛門之書，為愚不肖者說法。」而為「愚不肖者說法，只辦得個戒字」，而二者「設教之心，有以異哉？」儒、佛設教之心，有異無異，當於不同層次論之，而設教之法，則有大異，這是很明顯的。至於說它們分別為賢智者與愚不肖者說法，因而有方法上的不同，則不合事實。儒家不僅為賢智者說法，也為愚不肖者說法。孔子云：「君子學禮則愛人，小人學禮則易使也。」子游以弦歌教化百姓，孔子也予以讚揚。這些都是明證。佛經中，釋迦牟尼和其他高級僧侶，為官僚、貴族乃至國王說法者多，而為大眾說法者則不那麼突出。中國佛教中，僧侶也常為上層人物說法，並不是僅為「愚不肖者」說法。就接受的情況來看，我國大眾，既接受了儒家學說的影響，也接受了佛家學說的影響。兩種影響相比，還是以儒家學說的影響為大。特別是兩種學說相矛盾之處，我國大眾，多從儒而捨佛。例如，佛家禁男女而戒殺生，儒家於男女倡有禮而於殺戮主有度，其間取捨，在我國大眾中，是極為明顯的。信佛不結婚者，基本上只有僧尼而已，而僧尼也不是都能恪守淫戒者。至於能堅守殺戒者，也是極少。原因何在？取合理者行之而已。《眼前殺報》中的女主人公，為滿足口腹之欲而大肆殺戮動物，實不必以佛家殺戒律之，不必禁其殺戮，而宜以儒家之說責以殺戮過度，使其宰殺有度可也。《腦後淫魔》之作者，對其所作文學作品中女子

形象，即使有情，也不必責也，「發於情，止於禮義」，其未有越禮
之行也。

第四編
佛教與中國文學作品研究
（三）

論鄭廷玉佛教劇二種

鄭廷玉，彰德（今河南安陽）人，元代初年雜劇作家，生平無考。本文擬對其二種佛教劇作一探討。

《崔府君斷冤家債主》

《崔府君斷冤家債主》情節大致為：張善友與崔子玉為好友，張妻為李氏。有趙廷玉者，因母亡無錢殯葬，乃潛入張家，盜去了張善友一生積蓄銀子五兩，誓下世相報。次日，五臺山僧人前往張家，寄存抄化銀十兩。李氏貪財心起，背著丈夫，乾沒了這筆銀兩。此後善友得二子，長名乞僧，次名福僧。二子長成後，作風大異。乞僧勤儉異常，為張家積下鉅額家財。福僧吃喝嫖賭，賒酒借債，敗壞家業，終將家產化完。李氏、乞僧、福僧相繼卒。其時，崔子玉已為官，善友遂至崔子玉處，狀告閻王。崔子玉使術，使善友作夢。夢中，善友

至閻羅處。閻羅召來李氏、乞僧、福僧之魂相對質，善友方知其中因
果：乞僧為趙廷玉轉世，前來還債；福僧為五臺山僧人轉世，前來討
債。債務已清，二子之魂，不再與之親近。李氏以乾沒銀兩罪，歷遍
十八層地獄受罪。善友由此省悟。

發家子和敗家子，永遠是習見的社會現象。發家子之所以為發家
子，敗家子之所以為敗家子，各有許多原因，例如家庭環境、社會環
境等等。此劇中，將發家子、敗家子放在同一個家庭中，一個辛勤勞
苦，極端節儉，以聚斂財產；另一個胡作非為，揮霍財產。這樣處
理，有諸多好處，如矛盾集中、易於展開情節、對比鮮明，二者相得
益彰等等。但是，最大的好處是，這樣更有利於突出主題。

這劇的主題是什麼？是通過解釋敗家子、發家子現象，來宣傳佛
教因果報應的思想。

乞僧、福僧，兩人同父母，同處一家，家庭背景、社會背景完全
相同，何以行事會如此截然相反？這時，他們個體方面的原因，就更
加突出，人們自然會注目於此。那麼，所謂「個體方面的原因」，又
是什麼呢？佛教理論中，個體是極為豐富的，其從無始以來歷世的所
有善惡諸業中部分「業力」次第釋放，就成了其人這一輩子的命運，
以及與之相關的性格、品德、行事方式等等。在此劇中，張家此兩兄
弟上一輩子與張家金錢糾葛的業力截然相反，這兩種截然相反的業
力，就導致了他們這輩子在張家截然相反的所作所為。張家是他們上
一輩子發生大筆金錢糾葛的對象，這一點是相同的，因此，他們這輩
子都來到了張家。趙廷玉偷了張家的錢，正是這行為的業力，這輩
子，他作為乞僧來到張家，還上一輩子他作為趙廷玉所偷張家銀子的
本利，因此，他勤懇、節儉，使張家家財萬貫。五臺山僧人是被張妻

李氏賴了錢，正是這行為的業力，這一輩子，他作為福僧投生張家，來取他上一輩子作為五臺山僧人被張妻李氏賴去的錢。因此，他胡作非為，敗壞張家的財產，這樣，兩人都是同一對父母所生，處於同樣的家庭環境而行事截然相反，這一難以理解的現象也就得到了圓滿的解釋。佛教的因果理論，又一次得到了典型而又集中的證明。果報如影如響，法戒昭然，而教化之旨，也就寓乎其中。

此劇中的崔子玉，是我國民間傳說中著名的冥官，所謂「崔府君」是也。歷史上，崔子玉實有其人，名珏，子玉其字，唐太宗時人，為官決獄，有聲於時，此劇中，崔子玉唱：「想當日有一個狄梁公能斷虎，有一個西門豹會投巫，又有包待制，白日裏斷陽間，他也曾夜斷陰司路。」「狄梁公」即狄仁傑，武則天時期人。他被封為梁公時，崔子玉早已去世，不可能知道「狄梁公」。「包待制」是包拯，宋代人，崔子玉更不可能知道。此類失誤，古代戲劇中甚多，其原因是多方面的。其中一個重要原因是，歷史文化，對戲劇作者、觀眾來說，都只是一種渾為一體的存在，而不是按時間排列的縱向存在。

劇中人物語言，也有足稱者。如張善友罵福僧揮霍遊蕩，不做營生時，福僧道：「我打了一日雙陸，曲的腰節骨還是疼的，你可知道我受這等苦！」的是敗家子語。乞僧死後，福僧與幫閒謀利用喪事之機奪壺瓶臺盞，而以無淚為憂。幫閒柳隆卿云：「我手帕角頭，都是生薑汁浸的，你拿去眼睛邊一抹，那眼淚就尿似流將出來」，的是幫閒語。

《看錢奴》

此劇情節大致為：秀才周榮祖將家中金銀埋在牆下，攜妻子張氏，兒子長壽，進京赴考。窮漢賈仁，一貧如洗，偶然間竊得周榮祖所埋金銀，暴富起來，貪財吝嗇，為富不仁，但無兒女。周榮祖功名不遂，回到家鄉，所藏金銀被盜，一貧如洗，探親不遇，衣食無著，遂將長壽賣與賈仁。二十年後，賈仁病故，長壽掌家中錢財，仗義疏財。一日，已成乞丐的周榮祖夫婦，與長壽相認，從長壽所贈金銀上的印記，知為自家故物，當初所埋金銀，原來為賈仁所盜。賈仁代掌這些財物二十年，而本利終歸周家，賈仁止一看錢奴而已。

中國文學作品中的守財奴形象，此前也有之。但極為簡單，如《世說新語》中的王戎等即是。若論描繪充分、豐滿、生動者，則無疑首推賈仁。這是此劇的第一大可貴之處。吝嗇有兩種，一種是自奉甚薄，一種是刻意算計他人之錢財，而自奉又甚薄。若只是自奉甚薄而已，雖可悲可歎，但不必深責，因為他的吝嗇行為，只是於他自身不利，未損害他人利益，於社會無妨。若是後一種，則有必要予以抨擊。

賈仁之吝嗇，正是最後一種。劇中表現賈仁吝嗇之戲，有買子、得病、病榻誡子等，在這些事中，他都是刻意算計人家，又自奉甚薄。如第三折中他臨終前與養子的對話云：

> 養子：父親，你孩兒趁父親在日，畫一軸喜神，著子孫後代供養著。
> 賈仁：我兒也，畫喜神時，不要畫前面，則畫背身兒。

養子：父親，你說的差了，畫前面才是。可怎麼畫背身兒的？

賈仁：你哪裡知道，畫匠開光明，又要喜錢。

養子：父親，你也忒計算了。

賈仁：我這病覷天遠，入地近，多分是死的人了。我兒，你可怎麼發送我？

養子：若父親有好歹呵，你孩兒買一個好杉木棺材與父親。

賈仁：我的兒，不要買。杉木價高。我左右是死的人，曉的甚麼杉木、柳木！我後門頭有那一個餵馬的槽，盡好發送了。

養子：那餵馬槽短，你偌大一個身子，裝不下。

賈仁：哦，槽可短。要我這身子短，可也容易。使斧子來把我這身子攔腰剁做兩段，折疊著，可不裝下也！我兒也，我囑咐你，那時節不要咱家的斧子，借別人家的斧子剁。

養子：父親，俺家裏有斧子，可怎麼問人家借？

賈仁：你哪裡知道，我的骨頭硬，若使我家斧子，剁卷了刃，又得幾文錢鋼！

顯然，作者所用，乃是帶有明顯誇張成份的漫畫筆法，未必有其事，而守財奴必有其心。其心也者，正是其精神實質。也就是說，作者用誇張的漫畫筆法，成功地寫出了守財奴之神。

賈仁的形象，並不限於吝嗇之心，另有深廣的意義。於此劇第二大可貴之處中可見之。

此劇的第二大可貴之處是，並不只是抨擊賈仁其人，而且還抨擊貧時想富而為仁，真富後，又為富不仁的社會現象。第二折寫賈仁赤貧時夢見神靈乞求財富來，他對神靈說：

我則說世上有那等人，穿羅著錦，騎鞍壓馬，吃好的，用好
的，他又有錢鈔使。他也是一個人，偏我賈仁衣不遮身，食不
充口，吃了早起的，無那晚夕的。燒地眠，炙地臥，兀的不窮
殺賈仁也！則怨我小人的命薄，怎敢埋天怨地？上聖可憐見，
則與我些小衣祿食祿，我也會齋僧佈施，蓋寺建塔，修橋補
路，惜孤念寡，敬老憐貧，我可也捨的。……你但與我些小富
貴，我也會和街坊，救鄰里，識高卑，知上下。

應該說，這是貧賤者中最為普通的心理，本無可厚非。可惜，如果他
們真的能如願，不少人就不會去實踐他們當初所作富貴後的為善設
想，所作所為，與這些為善設想背道而馳。對這些人，此劇中作了強
烈的抨擊。靈派侯對增福神云：「尊神，這等窮兒乍富，瞞心昧己，
欺天誑地，只要損別人安自己，正是一世兒不能夠發迹的。」增福神
也唱道：

這人沒錢時無些話，才的有便說誇。打扮似大戶豪家。你看他
聳起肩胛，逆定鼻凹，沒半點和氣謙洽。每日在長街市上把青
驄跨，只待要弄柳拈花。馬兒上扭捏著身子詐，做出那般般樣
勢，種種村沙！……則說街狹，更嫌人雜，把玉勒牢拿，玉鞭
忙加。攛行花踏，見的白蹓，問甚麼鄰家，那肯道攀鞍下馬，
直將窮民來傲慢殺。他雖則消乏，也是你鄰里家，須索將禮數
酬答，則你那自尊自貴無高下，真是井底鳴蛙。似這等待窮民
肚量些兒大，則你那酸寒乞儉，怎消得富貴榮華！

儘管賈仁一再在神靈前為自己辯護，說自己「不是這等人」，但事實上，賈仁在知道神靈讓他做二十年財主後，就不由自主地說道：「我若做了財主呵，穿一架子好衣服，騎著一匹好馬，去那三山骨上贈他一鞭，那馬不刺刺。」他想到的，只是自己的威風，而不是如何行善。劇中賈仁這一人物，正是貧時願富後為仁、真富後為富不仁這一社會現象形象而又集中的體現，因而具有深廣的社會意義。脫貧求富，是永恒的社會主題，因此，這一形象也有永恒的意義。

仗義疏財也好，吝嗇刻薄也好，背後都有社會價值觀念在驅使。賈仁吝嗇刻削，其價值觀念，當是以積聚錢財為尚。這一價值觀念之形成，自然，有長期處於貧困、被貧困壓怕了等因素在，當然頗為複雜，不易探討、解釋清楚，亦不是此劇任務所在。此劇作者，將賈仁之吝嗇刻削，歸之於命運，簡明直截，容易使百姓接受，又容易行教化。

命運由什麼決定？劇中便用佛家因果理論釋之。命運皆是其人業力所致，亦即皆由其人善惡之行所合成，佛教認為，任何人的命運，都是如此。劇中周、賈兩家亦然。周榮祖之祖父周奉記「敬重釋門，蓋起一所佛院，每日看經念佛，祈保平安」，於是，百業興旺。榮祖之父出於節儉，拆毀佛院，修為宅舍，於是一病身亡，餘殃延及榮祖夫婦，遂有二十年赤貧生活，且所生兒子，賣與別姓，骨肉阻隔。

賈仁赤貧，是因為他前生、今生多造種種惡業之故，神靈說他：「此人平日之間，不敬天地，不孝父母，毀僧謗佛，殺生害命，當受凍餓而死。」「這等人何足掛齒牙，他前世裏奢華，那一片貪財心沒亂煞，則他油鍋內見錢也去摸。富了他這一輩熱，窮了他那數百家。今世裏受貧窮還報他。」「你前世裏造下，今世裏折罰：前世裏狡

猾，今世裏教化；前世裏拋撒，今世裏餓殺。」只是神靈們「體上帝
之好生之德」，才將周家福力，權且借與他二十年，待到二十年後，
再讓他交付本主。這二十年中，賈仁守著鉅額家產，但吝嗇刻剝，自
奉甚薄，不可理喻，違背常情，這是因為，他僅僅是這些財產的暫時
擁有者，或者更恰切地說，是看護者，並非這些財產的真正主人。他
命中注定，只能享受極為有限的錢財，因此，即使守著鉅額的家財，
享受卻不能超過命運所注定的範圍，而只能如此菲薄。劇中雖然沒有
明確他是否凍餓而死，但就臨死前想吃豆腐而只買五文錢豆腐來看，
他死時也是夠悲慘的了。

　　鉅額的財產，改變不了命運。決定命運的，是其人自身的善惡業
力，而不是財產。善惡業力，都是人自造，那麼，人們的命運，歸根
到底，也都是自己造的。此劇抨擊「賈仁現象」這一普通的社會現
象，並用佛教的因果理論來解釋這一現象，客觀上也宣揚了這一理
論，對社會有教化作用：消除人們追求財富的情結，勸人向善。我國
文學作品中，有不少小說、戲劇，甚至是一些主要部分是寫實的小說
和戲劇，被加上宗教（特別是佛教）的邊框，用宗教來作解釋，或是從
宗教的角度為故事情節提供依據。此劇是這類作品中比較早的一部。

　　安排劇中這一切變故的，是靈派侯與增福神。他們是何等樣神
靈？且看靈派侯的自報家門：「吾神乃東嶽殿前靈派侯是也。想東嶽
泰山者，乃群仙之祖，萬峰之尊，天地之孫，神靈之祚，在於兗州地
方。古有金輪皇帝，妻乃彌輪仙女，夜夢吞二日，覺而有孕。所生二
子，長曰金虹氏，次曰金蟬氏。金虹氏乃東嶽聖帝是也。聖帝在長白
山有功，封為古歲太嶽真人。漢明帝封為泰山元帥，管十八地獄、七
十二司生死之期。自堯舜禹湯，周秦漢魏，則有都天府君之位。自唐

武后垂拱三年七月初一日，封為東嶽之神，至開元十三年，加為齊天王。宋真宗朝封為東嶽齊天生神聖帝。」而增福神則是「掌管人間生死、貴賤、高下、六科、長短之事，十八地獄、七十二司」。

　　他們都是我國道教中的神靈。靈派侯自報家門，大段地宣揚道教知識，而此劇發揮的思想，則是佛家因果報應的思想。宣揚佛家的因果報應，是此劇的主旨所在。因此，此劇也體現了佛道的結合。這種結合，也像我國文化中佛道結合的許多現象一樣，是以佛教為主的：神靈雖然是道教的神靈，但思想、思維方式，則是佛教的。這種結合，是不是道教的佛教化？

論元初山西佛教雜劇二種

吳昌齡雜劇《花間四友東坡夢》

　　吳昌齡，西京（今山西大同）人，元初雜劇作家。

　　《花間四友東坡夢》雜劇情節略云：蘇東坡友人謝甫，字端卿，出家為廬山東林寺僧，法名佛印，為一有道高僧。蘇東坡攜妓女白牡丹相訪，使牡丹「魔障」佛印，意欲破他色戒，讓他還俗為官。佛印拒絕白牡丹引誘，又施展法術，讓東坡在夢中受夭桃、嫩柳、翠竹、紅梅四女精靈誘惑，與他們一起行樂。東坡、牡丹想用禪語問倒佛印，反被佛印問倒。牡丹在佛印點化下，削髮為尼，出家修行。東坡因夢中之事被佛印說破，知佛印為真僧，表示「從今懺悔，情願為佛家弟子」。

　　此劇所演，實是儒、釋兩種思想的矛盾。東坡代表儒家思想，主

入世，建功立業，享受人生；佛印則代表佛家思想，主出世，潛心修行，戒絕世俗嗜欲。東坡想以儒家思想去感化佛印，要佛印「娶了牡丹，與小官同登仕路。佳人捧硯，壯士擎鞭，不強在深山古刹，遁迹埋名？吃的是瓢漏粉，菜饅頭，有何好處？你與我惜芳春，罷經文。」但是，雙方交鋒的結果是，牡丹削髮為尼，東坡也願為佛家弟子：他們失敗了。

入世與出世的矛盾，可以說是我國歷代知識份子思想中的基本矛盾之一。這兩種思想的交鋒中哪一種思想占上風，很大程度上取決了知識份子的生存狀態。就某個時代的知識份子而論是如此，就某知識份子個體而論，也是如此。知識份子的生存狀態好，入世思想就占上風，反之，則相反。從本質上說，知識份子都有入世思想，而出世，則往往是無奈的選擇。此劇中所反映的，正是兩種思想的矛盾鬥爭，而最終以出世思想勝利為結局。其實，這也是元代知識份子入世思想幻滅、出世思想滋長的一種反映，這自然與元代知識份子地位低下，生存狀態不佳的嚴峻現實有很大的關係。

那麼，此劇的佛教色彩又表現在哪裡呢？主要表現在禪語問答。問者答者，機鋒側出，鬥智鬥捷，很適合於戲劇表演，而佛教思想，又時寓其中。如東坡始訪佛印，雙方問答云：

> 東坡：眉山一塊鐵，特地來相謁。
>
> 佛印：急急上堂來，爐中火正熱。
>
> 東坡：我鐵重千斤，恐汝不能挈。
>
> 佛印：我有八金剛，將汝碎為屑。
>
> 東坡：我鐵類頑銅，恐汝不能爇。

佛印：將你鑄成鐘，眾僧打不歇。

東坡：鑄得鐘成時，禪師當已滅。

佛印：大道本無成，大道本無滅。心地自然明，何必叨叨說。

從開始到「鑄得鐘成時，禪師當已滅」，都是鬥智鬥捷之語，而此下數語，則歸結為佛理。此所云「大道」，即是佛性。萬物有成有滅，然佛性本空，無所謂成，當然也就無所謂滅，而「心地」二句，則是禪宗精義所在。這些問答，並非二人面對面問答交鋒，兩人所言，都由行者傳語，傳語時，他再加些點染、評論和相應的戲劇表演，裝瘋賣傻。如此安排，戲劇效果非常顯著。

　　第四折中，禪語問答，最為集中，然東坡、四精靈與佛印之問答，內容主要圍繞東坡夢中與四精靈的風流快活，佛印只是屢屢暗示已知一切，而罕及佛理。只是行者問禪，佛印答道：「癡迷性改，分毫不采。色即是空，空即是色。」後二句，正是《心經》中的名句。

　　就歷史上的東坡其人而論，其思想中包括儒、釋、道三家。其出世入世思想，一生中此消彼長，隨著其生存狀態的變化，多次反復。不管如何，其佛教思想和對佛教的興趣，在當時就很有名。正因為如此，在北宋年間，就有關於其前身為「五祖戒和尚」的傳說。宋話本也有《五戒禪師私紅蓮》一篇，其中有蘇軾、佛印相交往，二人都成正果之事，見《清平山堂話本》。略云錢塘淨慈寺僧人五戒與明悟交甚厚。寺中道人清一，得一女棄嬰，五戒命其撫養，是為紅蓮。十六年後，五戒忽然想起此事，命清一將紅蓮送至其房中，見紅蓮十分漂亮，遂私之。明悟知之，作偈諷之。五戒坐化。明悟知之，亦圓寂。五戒轉世為蘇軾，明悟轉世為佛印，二人為詩友。在佛印影響下，蘇

軾由不信佛、不喜僧到敬佛禮僧，終為大羅天仙，而佛印終為至尊古佛。《盛明雜劇》第二冊古越涵三館編、新安如道人評《紅蓮債》即演其事，又云清一道人轉世為妓女琴操，與蘇軾善，而蘇軾愛妾朝雲，即為紅蓮轉世。因此，《東坡夢》雜劇反映元代知識份子入世思想幻滅，無奈地選擇出世，而以東坡、佛印編為故事，也是事出有因。

月明和尚度柳翠

李壽卿，山西太原人，元初雜劇作家，歷官縣丞。其所作劇本，除了《月明和尚度柳翠》外，尚有《船子和尚秋蓮夢》等。就題目來看，《船子和尚秋蓮夢》當是佛教劇，然已佚，未能詳其事。《月明和尚度柳翠》行於世，亦為一佛教劇。

此劇情節略為：觀音淨瓶中之楊枝，偶染微塵，罰往人間為妓女，是為柳翠。柳父去世十周年，柳家請顯孝寺僧人作佛事。此寺為充十僧之數，將廚下瘋僧月明亦邀往柳家作佛事。明月利用這一機會，與柳翠相識，進而施展法術，步步緊逼，使柳翠出家，繼而使柳翠開悟。柳翠開悟後坐化。其魂隨同明月，見觀音而知前身及因果。原來明月乃第十六尊羅漢，而他前來度柳翠，則是觀音的安排。

此劇之結構與元代雜劇中神仙度化類作品常用結構完全相同：世間某人有成仙的緣份，某神仙奉上級之命，前去度化——度化對象反度化，度化者施展法術，死纏硬磨，將度化對象置於絕境，度化對象為擺脫絕境，同意出家。——度化對象在度化者的幫助下，戰勝世俗的誘惑（一般是親情、愛情的誘惑），堅定地出家修行。——神仙出迎，歸入仙班。此外，神仙度化戲中的度化者，往往是以不為世所重的人

物出現的，此劇也是如此。

那麼，此劇與神仙度化劇相比，有什麼不同呢？當然，神仙度化戲是道教劇，而此劇則是佛教劇，那麼，此劇的佛教色彩，又表現在哪些地方呢？主要表現在以下幾個方面。

一，月明勸度語。月明和柳翠初次相見，月明在柳家門前跌了一跤。柳翠道：「由他鐵腳禪和子，到俺門前跌破頭。」月明答云：「則俺那天堂路上生荊棘，都是你這地獄門前滑似油。」二人對答，頗有禪意。在茶房中，月明勸柳翠「發心修行，出離生死」，柳翠答云：「本無生死，何求出離？」月明云：「凡情滅盡，自然本性圓明。」佛家認為，眾生在成為眾生之前，無所謂生，也無所謂死，即是超越生死，但因緣湊合，成了眾生，有了貪欲，有了追求，有了作為，也就有了業障，於是就有了生死輪迴。生死輪迴是非常痛苦的事。修習佛教，就是要超越生死輪迴，出離生死。如何出離生死？當然一是要使既作諸業，都已報訖，也就是宿債都已還完；二是要在還宿債之時，不要再借新債，也就是不要再造新業。第一項，自己很難把握，有誰知道，自己自無始以來，造就了多少善惡之業？又了卻了多少？這本賬何等複雜？第二項，則是可以把握的，其要在於：滅盡世俗之情。沒有了世俗之情，沒有了貪欲，沒有了追求，也就不會造成新的業。這樣，一個人就可以恢復固有的佛性，也就不必來到這個世界上，甚至不必存在於這個世界上，因為對他來說，已經無業可了了，所以就能超越生死。第四折中，柳翠出家前的相好牛員外前來撩撥已經出家了的柳翠，柳翠表示堅定出家，決不還俗，當然也不對牛員外生情——如果生情，又是造了新業，業力又會導致相應的果報，她就又要墮落，輾轉紅塵，不能馬上超越生死了。月明歌云：「暑往

寒來春複秋，從知天地一虛舟。雖然墮落風塵裏，莫忘西方在那頭。
花上露，水中漚，人生能得幾沈浮？去來影裏光陰速，生死鄉中得自
由。」此歌亦以超越生死為歸。

　　二，惡境頭。神仙度化劇中，度化都常用「致夢法」給度化對象
—「惡境頭」，亦即是惡夢。在這夢中，度化對象或渡河落水，或赴
刑場處斬，或因病生命垂危等等，由此悟得「人生無常」之理，知道
人生短暫，神仙則能長生不老，遂棄世俗生活而修神仙之道。此劇
中，月明給柳翠的「惡境頭」，則是柳翠在夢中被牛頭鬼力擒入地
府，閻王以「在人間觸汙聖僧羅漢」之罪，命牛頭鬼力將柳翠斬首。
柳翠求救，月明出現。柳翠表示願意出家修行，以超越生死。月明請
閻王放過柳翠，而閻王不從，催鬼力下手斬柳翠。柳翠至此驚醒，乃
悟「我待道死來卻又生，待道生來卻又死，生死原本是幻情，幻情滅
盡生死止。」月明又告之以「雲來雲去，虛空本淨；花開花謝，田地
長存。」於是，柳翠省悟，願意出家修習佛教。地府是佛教虛構的文
化景觀。柳翠所悟，月明所說，都是佛教思想。這些，與神仙度化戲
中度化者使度化對象所見「惡境頭」及其意蘊，也不相同。

　　三，隨物說法。這集中體現在第三折中。柳翠出家後，不願落
髮，說是「我心清淨，何須落髮？」月明認為：「纖毫不淨，便隔幾
重天。你落了髮，才叫做有無並遣，空色俱忘，方為正道。」柳翠不
肯落髮，說明她凡心未淨，對她進一步勸度，還是有必要的。月明、
柳翠路過柳家，入門吃齋。柳翠回家後，索玩舊物如棋、雙陸、氣球
等，月明就此數物，一一化作偈語。我國詠物詩，在元代以前，已有
很多，且早已達到了很成熟的境界。詠物詩中，有就所詠之物發為哲
理一路。宋人詠物，走此路者尤多。此劇中這幾首偈語，實際上也是

這一路的詠物詩，而所發哲理，乃是佛理，如說棋者：

> 未去爭交意，先忘黑白心。一條無敵路，徹了無人尋。

這既是為了柳翠母女所發，也是為「好爭」之世態而發。

又說雙陸骨牌云：

> 一把枯骸骨，東君掌上擎。自從有污點，拋擲到今生。

所言本指柳翠為觀音淨瓶中的柳枝，因「偶染微塵」而罰下人世。就佛家看來，佛性一派空明，眾生只因有世俗之情，其佛性上遂染「污點」，佛性因被染「污點」而迷失，於是就有生死輪迴，直到今生尚然。因此，此偈可以視作宣講佛家普通的哲理，雖隱指柳翠而不為柳翠所限。

月明又將柳翠比作氣球，就氣球說偈云：

> 地水與火風，包含無為公。一朝公去後，四大各西東。

佛教認為，世間萬物，皆「地水火風」四大物質假合而成，人也是如此。四大因緣湊合在一起，便成了一個人，或是一件物。一旦四大分離，此人此物，也就不復存在。柳翠如此，任何人，任何物，都是如此。

聽了月明這幾偈，柳翠有所悟，遂將昔日「當官身」之衣服（官妓為官府服務時所穿出場服裝。）燒掉，並說偈云：

> 五漏作形骸，半生全不悟。脫卻驢馬身，正果天堂路。今日遇
> 真僧，燒衣便歸去。

月明說偈云：

> 避雨遮云更護風，瞞人全借你包籠。今日個脫身伴月還歸去，
> 似影相隨總是空。咦，樹頭尋不見，身外更無蹤。

所言亦為佛理。

四，禪語問答。這主要集中在第四折中，知瘋和尚月明原來是個
神僧後，眾僧都來問禪。這些禪語問答，機智有趣，有的形同智力遊
戲，很能吸引觀眾，而其中又有佛教思想存在。如長老問：「甚得明
來明如日？甚得暗來暗似漆？甚得苦來苦似柏？甚得甜來甜如蜜？」
月明回答：「佛性本來明如日，」「眾生迷卻暗如漆」，「苦是阿鼻
地獄門」，「甜是般若波羅蜜。」行者問禪：「瓦片將來水上撇，有
如步步踏清波。」月明云：「有力之人登彼岸，無力之人落奈何。」
佛家所云「登彼岸」，即是擺脫生死輪迴。行者云：「無眼和尚往南
走。」月明云：「合眼靜坐到西方。」此言坐禪悟道，能成正果。

柳翠為什麼會墮落風塵？此劇中只是說她本是觀音淨瓶之中楊
枝，因「觸汙微塵，罰往人世，填還宿債。」但「觸汙微塵」的情節
是什麼？不知道。既是「填還宿債」，那麼，這「宿債」當是風流
債，因為柳翠做的是妓女營生。那麼，這樣說來，「觸汙微塵」也當
是風流罪過。然就此劇來看，詳情不得而知。正因為如此，這為後人
就此戲劇新編故事，埋下了契機。

　　馮夢龍《喻世明言》（《古今小說》）卷第二十九《月明和尚度柳翠》，就是由此劇改編而成的，而創為柳翠前身故事，以此為生出故事之因，即所謂「宿債」之詳細情節，不用「淨瓶柳枝」之說而用「高僧」之說。此小說情節略為：南宋紹興年間，柳宣教奉命赴臨安府尹之任，屬吏乃集各界名流至接官亭迎接，唯水月寺玉通禪師未至。宣教大怒，詢問原因，人云玉通乃古佛出世，在寺修行已五十二年，未曾出來，每遇迎送，都由徒弟代勞。宣教為報玉通之不敬，命妓女吳紅蓮往水月寺，誘騙玉通犯了色戒，以資嘲諷。玉通發覺上當，寫下八句《辭世頌》，云：

> 自入禪門無掛礙，五十二年心自在。只因一點念頭差，犯了如來淫色戒。你使紅蓮破我戒，我欠紅蓮一宿債。我身德行被你虧，你家門風還我壞。

寫畢，沐浴圓寂。淨慈寺長老法空，為其下火。玉通圓寂後，托生為柳宣教之女兒，是為柳翠。宣教去世後，柳翠因生活所迫，墮入風塵為名妓。顯孝寺住持月明和尚，是玉通生前契友，知柳翠乃玉通轉世，遂度化柳翠。柳翠得月明度化，又游水月寺，遂悟前身而逝。此小說之情節，遠比此劇豐富，主題也不同。明徐渭雜劇《四聲猿》，其中有《玉禪師》，即演玉通故事。

　　吳士科所作《紅蓮案》亦以此事為題材，而情節大異。士科，字名翰，江西臨川人，此劇已佚。《曲海總目提要》卷二十三云：「明嘉隆間，山陰徐渭作《四聲猿》，內有《玉禪師翠鄉一夢》，用宋月明和尚度柳翠事。士科之意，以紅蓮無結果著落，則玉通之恨，未能

盡銷，借徐渭殺紅蓮結局，以了前案，故曰《紅蓮案》也。玉通、徐渭，相隔數百年，士科以渭曾演此事，故扭合於渭，又以渭才高未遇，借此以舒鬱吐奇，作後人談柄耳。大略言山陰諸生徐渭，與月明、玉通兩禪師，本系舊交。杭州守柳宣教，用紅蓮計，致玉通化去。渭知其事，心惡紅蓮。渭建會文書院於西湖，與越王孫等為社友，而其鄰即紅蓮所居，曰紅蓮院。渭誓不一往。諸生人甫寸者，纖人也，為蓮父紅擡賜謀，欲占書屋，訟之錢塘令匡羅輸。渭屋契買於鐵剛方，紅屋契買於莫沙水，本不相涉。羅輸始以公斷，既而宣教以紅蓮故，力屬羅輸，羅輸又於驛中狎蓮，為其所制，竟奪書院與紅，而渭適又以誤殺繼妻事，令乃用刑拷渭，錮之獄中。時胡宗憲為浙閩總督，侍郎諸南明、太史張元忭，交薦渭於宗憲，聘入幕中。宗憲訪宣教、羅輸款迹，下獄抵重罪。其後兩人皆狼狽以歿，而宣教女柳翠，自賣身紅蓮院，以完父贓銀。宗憲既討倭有功，軍中又屢致白鹿，兩次皆屬渭作表。世宗嘉之，賜宗憲鈔幣。宗憲兵至定海，用渭策窮追蕩寇，遂具表辭官，而薦渭為浙閩總督。渭乃仍作寒士，私行至紅蓮家。時羅輸之子穎禿兒，貧窶不能自存，夜竊越王孫箱篋。越王孫無聊，人甫寸拉往紅蓮院以散悶。穎禿兒又約莫沙水等白日為盜，劫紅蓮家。衆方大窘，官兵突入，奉渭命盡擒之。至公署鞫問，盡斬紅擡賜、紅蓮、人甫寸、莫沙水、穎禿兒等，以越王孫無罪，釋之。渭見柳翠，若與相識，遂並釋翠。翠遇月明，證悟夙世，遂從月明為尼僧。渭訪玉通舊居於竹林寺之水月庵，而月明率翠亦至。暨開玉通之塔，則翠忽變為通，與月明相攜謝去。」東晉高僧慧遠等十八人，結白蓮社，共修淨土，故白蓮為淨土之象徵。諸劇及小說中以「紅蓮」名破僧人色戒之妓女，乃故與「白蓮」相對，有諷刺之意。

前已云《五戒禪師私紅蓮》故事中紅蓮之命名，其意亦如此。

論明代佛教雜劇三種

劉君錫《龐居士誤放來生債》

　　劉君錫，燕山（今北京市西南）人，明洪武年間人。所作雜劇，今僅存《龐居士誤放來生債》一種。

　　龐居士之事迹，最早見之於《景德傳燈錄》卷八，云：「襄州居士龐蘊（按：當作蘊）者，衡州衡陽縣人也，字道玄，世以儒為業，而居士少悟塵勞，志求真諦。唐貞元初，謁石頭和尚，忘言會旨。複與丹霞禪師為友，石頭問曰：『子自老僧已來，日用事作麼生？』對曰：『若問日用事，即無開口處。』復呈一偈云：『日用事無別，唯吾自偶諧。頭頭非取捨，處處勿張乖。朱紫誰為號，丘山絕點埃。神通並妙用，運水及搬柴。』石頭然之，曰：『子以緇邪？素邪？』居士曰：『願從所慕』。遂不剃染。後至江西參問馬祖云：『不與萬法為侶者是什麼人？』祖云：『待汝一口吸盡西江水，即向汝道。』居士言下須領玄要，乃留駐參承。經涉二載，有偈曰：『有男不婚，有女不嫁。大家團圞頭，共說無生話。』自爾機辯迅捷，諸方向之。嘗遊講肆，隨喜《金剛經》，至『無我無人』處，致問曰：『坐主既無我無人，是誰講誰聽？』坐主無對。居士曰：『某甲雖是俗人，粗知信向。』坐主曰：『只如居士意，作麼生？』居士示一偈云：『無我復無人，作麼有疏親，勸君休歷坐，不似直求真。金剛般若性，外絕一纖塵。我聞並信受，總是假名陳。』坐主聞偈，欣然仰歎。居士所

至之處，老宿多往復問酬，皆隨機應響，非格量軌轍之可拘也。元和中，北遊襄漢，隨處而居，或鳳嶺鹿門，或廛肆閭巷。初住東岩，後居郭西小舍。一女名靈照常隨，制竹漉籬，令鬻之，以供朝夕。有偈曰：『心如境亦如，無實亦無虛。有亦不管，無亦不居。不是賢聖，了事凡夫易復易，即以五薀（按：當作蘊）有真智。十方世界一乘同，無相法身豈有二？若捨煩惱入菩提，不知何方有佛地？』居士將入滅，令女靈照出視日，早晚及午以報。女遽報曰：『日已中矣，而有蝕也。』居士出戶觀次，靈照即登父坐，合掌坐亡。居士笑曰：『我女鋒捷矣』。於是更延七日。州牧于公問疾次，居士曰：『但願空諸所有，慎勿實諸所無。好住世間，皆如影響。』言訖，枕公膝而化。遺命焚棄。江湖緇白傷悼，謂禪門龐居士，即毗邪淨名矣。有詩偈二百餘篇，傳於世。」宋代晁武公《郡齋讀書志》卷三下著錄云：「《龐居士語錄》十卷。右唐龐蘊，襄陽人，與其妻子皆學佛，後人錄其名言，成此書。」可知龐居士乃一辯才無礙、長於機鋒禪悟之遊士，官場江湖兩界，皆有時名。

《唐詩紀事》卷四十九有《龐蘊》一條，錄其詩數首，又云其「字道元，衡陽人，嗜浮屠法，厭離貪俗，挈所有沈之洞庭，鬻竹器以為生。」又云後居襄陽，臨終，召刺史于頔，說偈「但願空諸所有」云云而卒，時為貞元年間。所載與石頭和尚、馬祖之問答，皆與《傳燈錄》所載略同，而蘊與谷隱道者論道，則為《傳燈錄》所無。《新唐書》卷五十九《藝文志》三著錄龐蘊《詩偈》三卷，云有三百餘篇。《全唐詩》卷八百十錄龐蘊詩七首，皆見於《唐詩紀事》。據此，龐蘊又是一詩人。

劇中龐居士家人，女兒靈照見之於《傳燈錄》，而其妻、子則不

可考，殆據《郡齋讀書志》中「與其妻子皆學佛」一語而來。龐居士
沈財寶於大海之情節，則明顯由《唐詩紀事》中「挈所有沈之洞庭，
鬻竹器為生」而來。

　　《龐居士誤放來生債》之劇情概要：李孝先窮困潦倒，向龐居士
借二兩銀子為賈，本錢虧折，無法償還，路過衙門，見拷打追征之
酷，驚憂成疾。龐居士知之，前去探望，並又給孝先兩錠銀子，進而
知其病由，鑒於欠債者處境之苦，便將家中所有借據，都付之一炬，
將這些金錢都散於欠債者，不再追討。二十年後，一日，龐居士將一
兩銀子送給長工磨博士。是夜，磨博士因牽掛銀子，折騰一夜，通宵
未得睡，次日，竟將銀子還給龐居士。龐居士乃悟人一生消受銀子，
為前生注定。他又無意中聽到家中驢、馬、牛等牲畜對話，知它們都
是前生欠他債務未還，而投生到他家勞作還債者，大驚，知清除欠債
者債務，實是放來生債，害得欠債者為牛為馬。於是，龐居士將家中
所有金銀，全部沈入大海，全家靠編賣笮籬為生，同時修行體道。終
於，全家成道。原來，龐居士前身為賓陀羅尊者，龐妻是執幡羅剎
女，兒子鳳毛為善才童子，女兒靈兆則為觀音菩薩。

　　此劇意蘊，甚為豐富。作為佛教劇，此劇所表現的思想，遠比其
他佛教劇深刻。

　　佛教理論認為，修習佛道、求得解脫，從此岸世界渡到彼岸世
界，有許多方法。「佈施」是其中最為基本，也是最為重要的一種。
佈施的對象，是眾生，包括人，也包括動物。佈施之物，可以是財
物，體力，也可以是智慧，但在佛教實踐中，則是以財物為多。在小
乘佛教中，佈施的目的，在於破除佈施者自身的吝嗇貪欲之心，求得
精神上的進步。《翻譯名義集》云：「若內在有信心，外有福田，有

財物，三事和合，心生捨法，能破慳貪，是為檀那。」所謂「檀那」，也就是「佈施」的意思。又說：「此人行施，越貧窮海」，亦即佈施還可以使自己來生不受貧困。大乘佛法中，佈施為「六度」法之一。《六度集經》第一章云：「佈施度無極者，厥則云何？慈育人物，悲潛群邪，喜賢成度，護濟眾生，跨天逾地，潤弘河海。」佈施即是以大慈大悲之心，幫助眾生。我國佛教修行實踐中，佈施是最為普通的方法之一，發賑、散錢等，在文學作品和各種記載中，十分常見，元曲中就有不少。

佈施並不是單方面的事。有佈施者，有受施者，佈施才能實現。我們從受施者的角度來考察，佈施就不一定都是那麼美妙了。據佛教最基本的理論因果報應說，任何眾生，此生的命運，所能享受的福澤，所當遭受的苦難，都是無始以來他（或它）所作善惡諸業的部分業力所致。業由自作，也由自受，這就是「自作自受」一語最為原始的意義。某人（或某動物）處於困苦之中，其時，佈施者予以佈施，讓他（或它）脫離困苦。這也有不同的兩種情況。一是受佈施者自身業力，注定此時當受佈施而且脫離困苦，受畢此罪，這當然不會有什麼進一步的問題。二是受佈施者的業力注定，他還要在困苦中繼續處下去，此時卻接受佈施，脫離了困苦。如果是這樣，那麼他該受的困苦沒有受盡，此後還會受。這還罷了，他接受佈施這件事本身，又造了新的業。這業當然是對受施者不利的，他將要在此後（或下輩子，或下輩子以後的若干輩子）償還此世所受佈施者的佈施。他受得越多，回報也就越厚。佛家「此人行施，越貧窮海」一語，也可以這樣來理解。這樣說來，這種佈施，就像放債務，是佈施者對被佈施者施放的「來生債」！此劇中的龐居士，正是如此，誤放了這樣的「來生債」！

　　其實，在印度佛教中，某些人也是抱著「放來生債」的觀念來佈施的。例如，佛經中將佈施稱為「埋伏藏」，即把多餘的金銀財寶埋起來，到以後再用。在我國，佈施者也多以放「來生債」的觀念來行佈施，並不以為這有什麼不妥。此生財富有餘者，最怕下輩子受窮。佛經中說，佈施能使下輩子免於貧窮。於是，他們就佈施財物，廣種善業，希圖來生能得到受佈施者的回報，而享受富足的生活。其心術動機，與佛教宗旨，相違背可知。此劇作者，正是敏銳地看到了這一點，設為龐居士誤放來生債並對此進行反思的情節，來否定了這種「放來生債」性質的佈施行為。

　　此劇又是個社會劇。作為社會劇，其意義在於揭露金錢社會的病態，提倡自食其力。此劇除了大段引用魯褒鋪排金錢神威和罪惡的《錢神論》外，多用鋪排的方式，描繪富人的勢利醜態和人們為貪圖金錢而道德墮落，金錢給人們帶的災難等諸多社會現象。在這樣的金錢世風中，龐居士燒債券、沈財寶，自食其力，無疑是憤世嫉俗之行，欲以自己的行為，矯治世風。在金錢崇狂熱的社會裏，其意義更為明顯。在古代文學作品中，此劇在這方面是比較突出的。

　　從佛教的角度看，龐居士以富人而自棄財產，自食其力，這倒正與佛教提倡平等相合。

　　此劇事迹，後又被人編入《兩生天》中，《曲海總目提要》卷十八（頁 889）云：「《兩生天》，又名《一文錢》，不知何人所作，演盧至、龐蘊兩人事。盧至見《四大癡》中，龐蘊事，即《元人百種》中《龐居士誤放來生債》也。此以兩劇合而為一，而中間關目事迹，又與前兩劇大同小異。兩人皆以帝釋點化證果，故謂之《兩生天》，以至發端，故又名《一文錢》也。」惜此劇已佚，故據《提要》錄其

劇情：「西安盧至，襄陽龐蘊，前生皆大羅漢，以凡心未淨托生為人。至為富翁，極貪慳。蘊則清修好施。如來佛謂貪慳固必墮落，施捨亦非第一義。施與人造福，同自己作福，施與人造業，亦同自己作業也。因命帝釋化身指引兩人入道。……蘊全家好善，常取其所藏券，悉焚之。有求輒應，周急無倦。養濟院有一夫一婦，婦瘋而夫聾。婦善歌，夫負其婦，歌以乞食。至蘊門，蘊聞其歌《忠》、《孝》、《節》、《義》四曲，大喜，厚恤之。蘊過磨坊，憐打麥人羅和辛苦，給以銀，使歸休息。和持銀去，一心系銀，終夜不得睡，乃以銀還蘊而出家。有僧來見，蘊以為必化緣也，及見，一無所請，但勸蘊勿輕施。蘊不喜，僧謂『子不信吾言，頃必有聞見也。』薄暮，過馬櫪，聞馬、牛、騾皆作人語，各吐其前生為人，負蘊財不得償，今生為馬、牛、騾以償之。蘊始悔平日好施，反造業也。乃盡載其家資沈海中，與妻、女入山修道，亦得帝釋引見如來，與至俱復為阿羅漢云。」

　　以龐蘊為主角編為戲劇者，尚有《竹瀝籮》。作者周果，字坦綸，號果庵，一號西疇老圃，江蘇昆山人，活動時期在清代中葉。此劇未見傳本，茲將北嬰《曲海總目提要補編》所載有關情節，移錄如下：

　　　　龐蘊，字道玄，衡陽人，父為襄陽守，遂家焉。妻蕭氏，女靈
　　　　照，子鳳毛。有弟次恭，鄙吝特甚。蘊性耽空宗，嘗參石頭禪
　　　　師，頓契其旨。惟以利人濟勿為念，廣行佈施。次恭每哄其
　　　　愚。地藏菩薩化為老僧，募次恭濟糧，不捨一文，僧化清風而
　　　　去。次恭疑為魅。儒生李孝先逋銀不償，次恭元旦往索，孝先

氣憤，驚悸而斃。胸尚溫，其妻守之。次恭默愧，遂病，恍惚
見化齋僧及孝先，地藏攝其魂而遊地獄。殆醒，以告蘊。而孝
先復活，乃還其券，然各惜如故。而蘊則取平日借券盡焚之，
廣行善事不已。增福神化為秀士，贈以如意寶珠，隨心所欲，
悉皆具足。蘊勸次恭佈施，以珠轉贈之。次恭歸試之，所得皆
瓦礫也。蘊惜弟終不悟，自以舟載家資，鑿穿其底，沈湘江
中，隱居鹿門，使子鳳毛斫竹編竹漉籬，女靈照持鬻，以自
給。嘗作偈云：「有男大不婚，有女長不嫁，大家團圞敘，共
說無生話」。歷參諸善知識。次恭以貪怨蘊，地藏復化身引與
蘊遊歷天宮，至忉利天，菩薩云：「今缺天主，次恭當補其
位，七珍八寶悉具。」次恭遂省悟，亦結茅庵山中，菩薩以猛
獸試之，蘊不畏，次恭驚走。菩薩謂：「次恭當遲十年證
果。」時李孝先得第，為諫議大夫，因唐德宗望氣，見牛女分
野，金光互天，占候官奏為善人之瑞。孝先遂以蘊名上達，有
詔征之。孝先詣鹿門，蘊以衰邁辭，使鳳毛入覲。問儒書內
典，並皆通達。德宗次女瓊英公主，素習《楞嚴經》，嘗立誓
願：「有能背誦此經並悟其義者，始尚之。」使鳳毛背誦，一
字無訛，及命講，深達經旨，乃賜第尚主。贈父蘊為龐公，母
為夫人。

無名氏《龍濟山野猿聽經》

　　此劇本事，見於明人李昌祺《剪燈餘話》之《野猿聽經》。此劇
第三折有「明宗胡人」等語，當是明人作品無疑。

　　情節略云：第一折：士人余舜夫為樵夫，打柴來到龍濟山普光寺，與此寺長老修公禪師閒話。第二折：一千載玄猿入寺中經堂玩耍，長老令山神將其趕走。第三折：退職官員袁遜訪寺，與修公論儒釋。第四折：長老升堂說法，答眾人問禪。袁遜聞長老所說，恍然大悟，坐化歸空，其魂由金童玉女接引，聖僧相迎，進入西方極樂世界。而余舜夫，袁遜，實際上都是那千載玄猿所化。

　　此戲之主題，乃是表現知識份子經國濟民思想之幻滅，反映當時社會政治之黑暗。中國傳統知識份子，大凡都有經國濟民的理想，而其結果，則有種種不同。他們中，能有經國濟民機會的，只是其中的一部分，況且，有經國濟民的機會，也未必能實現其經國濟民的理想，能在一定程度上實現其理想的，也很難充分實現其理想。就沒有經國濟民機會的知識份子而言，他們可以為了這種理想而爭取經國濟民的機會，但是，他們也可能終究會放棄這種爭取。因此，傳統知識份子儘管有經國濟民的理想，但他們很難將這種理想堅持到底並為之奮鬥終身。他們堅持這種理想並為之奮鬥的力度如何，這種堅持和奮鬥持續時間的長短，都與外部環境，有直接的關係。

　　余舜夫是落魄知識份子形象。他有才學，有抱負，但社會不公，使他困於窮途，無法實現其經國濟民的理想。第一折中，余舜夫道：

> 小人雖是個樵夫，幼習儒業，爭奈家業凋零，功名未遂，常只是在此山中采樵為生，想俺這讀書的，空有經綸濟世之才藝，產的在此窮暴之中，好是傷感人呵！【仙侶】【點絳唇】空學得五典皆通，九經皆誦，成何用。將儒業參攻，受了十載寒窗冷。【混江龍】我將《周易》講誦，《毛詩》《禮記》貫胸

中。《春秋》討論，《史記》研通。不能夠治國安邦朝帝關，
常只是披霜戴月似簷中。我可便胸藏牛斗，志隱霓虹。文章錦
繡，氣壓雷風。怎能夠身居臺省，智輔皇宗，治平國政，廣播
儒風。幾時鯨鼇一躍禹門中！鯤鵬萬里春霄奮，只便是文章有
用，顯耀亨通。【油葫蘆】想著那顏子簞瓢陋巷中，孟子便窮
通，是儒道宗，養浩然，這怎般氣衝衝。想著那車書一統山河
共，卻怎生衣冠不許儒人共。聰明的久因在閒，愚蠢的爵祿
封。自俺那寒窗風雪十年凍，不知俺受貧的卻也甚日榮。【天
下樂】每日家淡飯黃齏腹內充，常好是匆也波匆，怎受這般
窮。歎今生，這怎般運未通。守清貧書舍間，伴殘燈曉夜攻，
幾時得遂功名一笑中！

在這樣的情況下，他很難再將他的理想堅持下去，很自然地嚮往出世
生活。他在修公禪師陪同下觀看山中景致後，唱道：

【後庭花】我只見直云寬仰大空，更和這接蒼虛忉利宮。飄渺
煙籠柳，飄搖風撼著松。我只見遍西東，悠然如夢。怎如俺步
青霄三島峰，玩名山千萬重。

這種思想再向前發展，不是入道，就是入佛，「聽經」而生佛教信
仰，無疑是順理成章，水到渠成之事。
　　第二折中，野猿入寺，坐禪床，弄法器：

【牧羊關】我將這經文從頭念，袈裟身上穿，把幡幢傘蓋拿

著，飲了些膽瓶中淨水馨香，嗅了些瓦鼎內沈檀飄渺，我這裏
上側畔蒲團倒，近經案吹笙簫，我這裏轉身跳躍觀覷了。（云）
此一會料想無人來至，窺如來經典，穿佛祖袈裟，非小可。故
佛經云，著衣聽法，獲福無量，必生忉利天宮。

野猿只是個象徵，象徵沒有經國濟民思想的知識份子。這一類人，更
容易入道入佛。「族大以蕃，不樂仕進」，表面上隱指猿猴群落，實
際上就是隱指這一在野知識份子群體。不管有沒有經國濟民的理想，
我國傳統知識份子，都很有可能學仙學佛，走出世之路。因此，我國
傳統知識份子的特性中，是否天生就有一種出世的傾向在？

　　袁遜有志功名，且「幼遂官居輦下」，但「明宗胡人，暮年昏
惑，賢士良才，莫得而進，留滯數年，竟無所就。」賴知己之薦，為
端州巡官，不逾年，妻妾子女盡卒，「悴憔一身，遂不復仕。」在歷
盡官場險惡、人生坎坷之後，他不復有功名之想，也就是說，不再堅
持經國濟民的理想並為之奮鬥，而選擇出世，以佛門為皈依，正如他
自己所說：

　　若如遜者，天地毫毛，山林蹤迹。悲來抱樹，誰憐淒惻其傷
　　弓；窮則投林，疇暇從容於擇木？無家可返，有佛堪依。

這裏，所說的「無家可返」，表面是說他家人盡無，故云無家，其
實，這「家」也是指這一類知識份子的精神家園。早年的經國濟民理
想，已經破滅，精神家園已經喪失，要尋找新的精神家園，佛門廣
大，正是其依歸之所，正是其新的精神家園之所在。

第三折中，修公與袁遜的三組問答，頗值得注意：

禪師云：先生，卻不道富貴功名，人人皆羨？以先生理先王之
道，傳儒教之風，學之以禮，習之以道。十載青燈苦志，一朝
榮顯家門。為儒官者，可以出金門入紫闥，享琴堂之祿位，受
聖主之洪恩。據先生之學，胸藏錦繡，腹隱珠璣，端的是有賈
馬之才能，蘇張之謀略，如何在激流中退步也？

袁遜云：太師不知，諺語有之：用捨之道，行藏之中，不可不
慮也。【鬥鵪鶉】想咱人塵世榮華，卻便是朝霜暮霞。空學星
斗文章，逃不出蕭何律法。今古興亡可鑒察，小生也不戀那。
我無意為官，無福受高車駟馬。

禪師云：先生豈不聞，為官者，打一輪皇蓋，列兩行朱衣，親
戚稱羨，鄉黨賓服，比那出家，較是不同也。

袁遜云：太師，你哪裡知道小生的心事呵？【滿庭芳】我寧可
衣冠不加，我樂的是山林清趣，我再不告蝶陣蜂衙。將心猿意
馬都拴罷，棄卻了玉鎖金枷。怕的是紅塵混雜，愁的是業海交
加。隱遁桑田下，向白云那榻，小生樂道出河沙。

禪師云：先生的意，貧僧盡知了也。先生，爭奈你若頂巾束
髮，在我教謂之沐猴而冠；若使削髮披緇，在公教謂之儒名墨
行：若斯二者，何以處之？

袁遜唱【上小樓】：太師道衣冠不佳，你教我皈依削髮，卻不
道心本元明，色相皆空無點差。只待要念經文，參話頭，塵緣
棄下，便是那禮禪師永無牽掛。

問和答，正是官場失志一類知識份子思想中的兩個方面。不甘失敗，再行進取，仍堅持自己的理想並為之奮鬥者，取修公所言；反之，則取袁遜所言。知識份子由儒入佛，其思想障礙，正是修公所問這三個方面。這三個方面的思想障礙一旦消除，入佛就不難了。

就此劇而言，這三組問答，其核心當然是放棄入世而選擇出世，並以佛教為依歸。修公所言，雖是從儒家角度而言，但修公本人的立場，又無疑是在佛家。他並不是站在儒家立場上來宣揚儒家思想，而是將袁遜頭腦中或許存在的由儒入佛的障礙一一提示出來，其目的正是引導對方消除這些思想障礙，進而引導他歸向佛門。此劇這些情節的創作動機正是消除社會上失意知識份子由儒入佛的思想障礙，引導他們歸向佛門，也由此宣洩對社會黑暗的不滿，特別是對官場黑暗的不滿。

余舜夫，野猿，袁遜三個形象，其間也存在著邏輯關係。傳統士人，大凡青少年時期，總有經國濟民的理想，余舜夫就是如此。他有壯志高才，但落魄不遇。此後，他會有兩種可能：一是仍然沒有實現自己經國濟民理想的機會，而放棄這種理想，選擇出世逍遙，而傾向於佛家，這就是野猿的形象。二是得到經國濟民的機會，但經歷官場險惡、人生坎坷以後，也會放棄經國濟民的理想，選擇出世，也很容易以佛家為依歸，這就是袁遜的形象。

我們還可以從另一個角度來看這三個形象。身懷壯志高才的落魄士人、出世逍遙的士人、經歷官場險惡和人生坎坷後出世的士人，每個時代都有。就元代而言，前二類士人較多，後一類較少，因為在元代，漢族士人出仕的機會比別的朝代少得多。到了明代，後一類士人的數量，就較在元代大幅度地上升了。漢族士人進入官場的機會大大

增加，因而他們中出仕者很多。然而，官場險惡，當時法律嚴酷，官員動輒得咎，因而退出官場者也多。就此戲而論，寫余舜夫、野猿之篇幅、情節都比較少，而寫袁遜者，則要比寫余舜夫、野猿者多出許多，因此，此戲顯然是以寫袁遜為重點的。蓋當時現實社會中，經歷官場險惡、人生坎坷後崇尚出世者多，袁遜是其代表。作者以其形象，反映這一類人的精神面貌，也一定程度上表達他們的心聲。修公問袁遜如何捨棄功名，袁遜道：「不圖富貴顯撐達，只恐怕違條犯法，因此上隱迹歸家。」「空學星斗文章，逃不出蕭何律法。」可見，當時苛酷的刑法，殘酷的現實政治，是袁遜們退出官場、選擇出世的重要而直接的原因。趙翼《廿二史劄記》卷三十二《明初文人多不仕》云：「蓋是時明祖懲元季縱弛，一切用重典，故人多不樂仕進。」可與此戲相參證。

此劇的佛教內容，主要見之於第三折中修公、袁遜論儒佛和第四折修公昇堂說法，與衆人以禪語問答。這些佛教內容中，也沒有什麼高深的思想，而主要是佛教知識。如第三折袁遜文章道：

> 竊以生一拳夢幻之身，蓋由惡業；熟三峽煙霞之路，亦自善緣。凡居覆載之間，悉在輪迴之內。恭維龍濟山主修公禪師，性融朗月，目泯空花，衍術數則允過於圖澄；逞神通則端逾於杯渡。菩提本無樹，機鋒肯讓於同袍；明鏡亦非臺，泡影等觀於浮世。……欲出類而拔萃，除非捨妄而歸真。指示迷途，使入涅槃之路；引歸覺岸，遄登般若之舟。

這些，有宣傳和普及佛教的作用在。劇中介紹了我國佛教中的許多宗

派，那麼，此劇所主，是何宗派？就劇中以禪語問答來看，應該是禪宗。

楊景賢《西遊記》

楊景賢，名暹，後改名訥，字京賢，一字景賢，元末明初戲劇作家。本為蒙古人，祖上已遷居浙江錢塘，故為錢塘人。賈仲明《錄鬼簿續編》言其「善琵琶，好戲謔，樂府出人頭地。錦陣花營，悠悠樂志。與余交五十年。永樂初，與舜民一般遇寵。後卒於金陵。」田汝成《西湖遊覽志餘》云：「永樂初，錢塘楊景言以善謎名。成祖時重語禁，召景言入直，以備顧問。」此殆即賈仲明所謂「寵遇」者也。然此已是其晚年事矣。又朱有燉《煙花夢引》云，楊曾為京都樂妓蔣蘭英「作傳奇而深許之」。則楊之為人，多才藝而不遇，然亦非嚴肅之士人。

《錄鬼簿續編》，著錄景賢所作雜劇十七八種，今所存而完整者，唯《西遊記》、《劉行首》二種，而後者尚有爭議，故現能確定可據以言其戲劇創作之完整作品，唯《西遊記》而已。

《西遊記》凡六本，二十四折，為元雜劇中最長的劇本。劇情大略為：海洲弘農縣陳光蕊，攜妻殷氏，赴洪州知府任。時殷氏已有八個月身孕。途中，水賊劉洪將光蕊推入江中，劫其財產、官誥、妻子，冒任洪州知府。殷氏分娩得男，劉洪強令棄子。殷氏遂將嬰兒連同訴其事之血書、金釵等放入一匣，流於江。一漁人得此匣，交予金山寺長老丹霞禪師。丹霞將此兒收養為徒，取法名為玄奘。玄奘十八歲時，已通佛典。丹霞禪師告之以身世，玄奘乃尋得母親，借助官府，將劉洪擒得正法。光蕊從江中浮出後復活，闔家團圓。玄奘奉

旨，前往西天取經。途中，有白馬、孫行者、沙和尚、豬八戒相繼被唐僧收為徒弟，經歷了鬼子母、女人國、火焰山等磨難，到中天竺國，與賣餅貧婆論禪，參佛取經，然後回到東土朝元。

唐僧取經，乃佛教盛事，然此劇的神話背景，則不盡屬佛家，亦有道教、民間宗教傳說的內容在。這在神靈方面，表現得最為明顯。下面將此劇中之神靈，簡要列於下。（以出場先後為序）

觀世音：此劇最先出現為觀世音，其自報家門云：「旃檀紫竹隔凡塵，七寶浮屠五色新。佛號自稱觀自在，尋聲普救世間人。老僧南海普陀洛伽山七珍八寶寺紫竹旃檀林居住，西天我佛如來座下上足徒弟，得真如正遍知覺。自佛入涅槃後，我等皆成正果。」觀世音為菩薩，非佛，「佛號自稱觀自在」，已覺不妥，然若將「佛號」理解為「佛門之號」，則似亦能含糊得通。至於下文劇中徑直稱之為「觀音佛」，如第四折提示有「觀音佛上」，唱詞中有「觀音佛法旨」，第八折「華光署保」中華光也說「觀音佛相請」，則明顯以觀音為佛。此違背佛教常識，然亦反映觀音在我國大眾心目中地位之高。其居住之處，為南海普陀洛伽山，此與唐以下民間傳說和小說相同。然在唐代以後，觀音已女性化，此劇中觀音自報家門稱「老僧」，此下多有其例，則明顯作男子身，與時已通行之觀音為女身者大異。

玉帝：觀音儘管地位崇高，法力廣大，但其地位還在玉帝之下。第七折「木叉售馬」中，南海火龍行雨差遲，玉帝命其到斬龍臺問斬，火龍便向觀音求救。觀音直上九天，朝奏玉帝，救下此龍，將它化為白馬，隨唐僧前往西天取經。佛經中亦有天帝，然是上天之首腦，非宇宙之主宰。此劇中之玉帝，乃宇宙之主宰，為我國民間信仰中所固有，亦是道教中神靈世界之最高神靈。佛教傳入我國後，佛教

神靈，亦受玉帝支配。

毗盧伽尊者：此劇以玄奘為毗盧伽尊者所托生，第一折「之官逢盜」中，觀音就這樣交代，此下屢見。

木叉行者：劇中為觀音之徒弟。觀音救得南海火龍，將它化為白馬，命木叉將馬送給唐僧。見第七折「木叉售馬」。「木叉行者」不見於佛經，當出於虛構，而有佛教色彩。「木叉」在佛經中是「解脫」的意思。

眾保官：唐僧西天取經，路途遙遠。觀音奏過玉帝，差十個保官，保唐僧路途無事。十保官聚於蓬萊三島，在作保書上簽名。此十保官，有屬佛家者，也有屬道家者。他們是：觀世音、李天王、哪吒三太子、灌口二朗神、九曜星辰、華光天王、木叉行者、韋馱天尊、火龍太子、回來大權修利。這實際上是將稍有知名度而法術較勝的神靈擺給觀眾看，以增加熱鬧程度，渲染唐僧取經之隆重，也顯示劇作者知識之淵博。

李天王和哪吒三太子：此二人為十保官中之二。除在保書簽名外，此劇中，他們還有打敗孫行者的出色表演，即此劇中第九折《神佛降孫》是也。李天王自稱「毗沙門下李天王」，並稱哪吒為「吾兒」。毗沙門為四大天王中的「北方多聞天王」，因為他的形象造型是手中托一寶塔，所以俗稱「托塔天王」。哪吒自稱「某乃毗沙王第三子哪吒是也。」他是毗沙門天王五太子之一，為佛教的守護神，神通廣大，英勇善戰，其事迹見《最上秘密那拏天經》卷上等。他們本該是佛教中的神靈，此劇中，都成了玉帝的戰將，奉玉帝之旨，維護宇宙秩序。他們部下，天兵天將甚多。戲臺上有他們出現，十分熱鬧。

　　第二十折《水部滅火》中滅火諸神，雷公、電母、風伯、雨師等，無不是我國本土神話傳說和道教中之神靈，但他們卻都聽觀音差遣，滅火焰山之火，為唐僧師徒上西天取經掃除障礙。

　　此劇中，儘管諸宗教神靈混在一起，為唐僧取經服務，但其中起主導作用並組織、協調的，當然是觀音。這與觀音在我國佛教信仰中的地位和此劇所寫取經這一佛教題材所分不開的。

　　此劇取材於佛教事件，有許多佛教神靈出現，用了不少佛教名詞。此外，還涉及到一些佛經故事，如給孤長者以黃金鋪地購祇園作道場、維摩詰生病等，還將《佛說鬼子母經》中鬼子母皈依的故事改編成第十二折《鬼母皈依》，將紅孩兒寫成是鬼子母幼子愛奴兒所化，讓紅孩兒擒唐僧去，以此作為度化之由，又與唐僧取經故事相聯繫起來。所有這些，應該說是此劇宣揚了不少佛教知識，當然，如以上所云，如稱觀音為佛等，是違反佛教常識的。

　　那麼，此劇的主題，是否是宣揚了佛教思想呢？其實，此劇熱鬧固然熱鬧，思想則是平平。總的來說，此劇只是個娛樂劇，不以思想勝。

　　就故事而論，無非：一是善惡報應。陳光蕊放魚，所放魚實為龍王。陳光蕊被劉洪推入江後，龍王既承觀音法旨，又懷報恩之情，細心守護光蕊身體，使光蕊後來終於能闔家團圓。劉洪殺人搶劫，終被正法。二是改邪歸正。孫悟空、沙和尚、豬八戒等，都是如此，最後都能成正果。當然，這一點，在鬼子母身上，體現得更為明顯。這些，都是極為平凡的道理。

　　就直接發為議論者而論，篇幅不多。如第二齣《詔餞西行》中，唐僧將西行，眾人來觀看，多問「法語」。虞世南代表官員相問，唐

僧以「為臣盡忠，為子盡孝」為對。製斗、製秤者為問，唐僧則答以
公平誠信。又其答一婦人語云：「陰無陽不生，陽無陰不長。陰陽配
合，不分霄壤。」「能將夫婦人倫合，免使旁人下眼看。」這些，或
與佛家思想不合，而合於儒家思想。因此，與其說這是在宣揚佛家思
想，還不如說是在宣揚儒家思想以行教化。當然，這既是長期以來儒
佛一定程度上合流的結果，也是儒佛在通俗文化中合流的體現。

　　此劇中，有時所宣揚的，確實是佛家思想，以鬥禪機出之。所以
生動。如第六折第二十一齣《貧婆心印》中，賣餅貧婆云孫行者不省
得《金剛經》，行者順口念了幾句聽來的《金剛經》中的話敷衍：
「過去心不可得，未來心不可得，見在心不可得。」隨即，就提出買
點心。貧婆道：「你說道要點心，卻是點你那過去心也？見在心也？
未來心也？」行者不能答，告於唐僧，唐僧乃前去應對貧婆，云：
「心無所住，將何以點？」貧婆云：「人無心何主？心乃人之根
本。」唐僧云：「未得時，在他非在我；既得時，在我非在他。如筏
喻者，法尚應舍，何況非法？」貧婆云：「兀的不是也，你若是能傳
心印，休說是心，則你那幻軀也猶是微塵。」其實，這些，就是佛家
所講的「空」而已。行者與賣餅貧婆關於《金剛經》中「過去心不可
得」一段文字的問答，當從唐代德山宣鑒禪師受挫於賣點心婆子的故
事而來。

佛教武戲兩種敍論

一、《雙林坐化》劇情

此劇題目正名為「惡魔王苦勸世尊，釋迦佛雙林坐化」。見《孤本元明雜劇》第四冊。

此劇情節，頗為簡單：釋迦牟尼在靈山雙林說法，魔王前來，請佛涅槃。釋迦答應，在三日之內涅槃。魔王去，釋迦仍說法。毗婆達多假扮婦人，前來誹謗佛，干擾說法。佛命阿陀修羅使之現出原形。佛向弟子迦葉等傳法而坐化。眾神如四天王等，知魔王波旬勸佛入滅，不知佛是否答應，商議如何應變。韋馱至，告諸神佛入滅之事。眾神知佛已坐化，恐妖魔擾害乾坤，乃向雙林進發。毗婆達多知佛已坐化，點起十萬魔鬼，欲先去靈山奪如來法座，再燒毀佛之遺體，殺死僧人。佛家神吉祥華光講主恐佛坐化後有鬼魅妖邪為害，巡察四處，遇毗婆達多，大戰，後者不敵而降，皈依佛教。佛母知佛坐化，大悲。阿難等將世尊入滅佛龕，供在雙林下，差迦葉護法，請十二諸天等神。眾神與佛母次第來到，一起痛悼世尊。佛竟出棺，與母訣別。佛母悲傷，眾神安慰。佛母悲傷不已，乃唱《心經》。魔王波旬上，概括劇情，令諸神各歸本位而劇終。

二、《猛烈哪吒三變化》劇情

《猛烈哪吒三變化》，見《孤本元明雜劇》第四冊，作者佚其名。

此劇情節大致為：佛向阿難、迦葉說法，護法天神來報，云「焰

魔山下，五鬼作孽，傷生害物，不遵佛法，恣逞兇頑，好生神通廣
大。又與夜叉山四魔女鬥，損害生靈，痛遭荼毒」。「諸天鬼神，莫
能禁止」。佛乃命哪吒前去平定。正末扮哪吒，自報家門：「吾神乃
善勝童子是也。千百億化身，實乃哪吒三太子。世尊見吾威猛，自從
皈依佛道，化身童子，在如來佛座下聽經，悟明心性，護持佛法。」
哪吒先降伏五鬼，五鬼皈依佛教。哪吒又命五鬼戰四魔，五鬼不敵。
哪吒親往，降伏四魔，四魔全部皈依佛教。最後，哪吒率五鬼王四魔
女參見世尊。世尊為說佛法。

此劇重用賦法，濃墨重彩，渲染誇張。如五鬼王的神通，先是通
過護法天神，向哪吒介紹，其威力已經給人很深的印象。第二折五鬼
上場，異鱗鬼王、八角獅頭鬼、鐵頭藍天鬼、百眼金睛鬼、無邊大力
鬼，都逐一自報家門，顯示非凡的神通，氣焰非常囂張。五鬼王的神
通，雖用濃墨重彩刻意渲染，但哪吒勝五鬼的過程，則極為簡單，僅
哪吒使五鬼諸般法術失靈而已。哪吒僅有護法天神相隨，且護法天神
並未出手，事遂告成。渲染五鬼王神通，實際上是為表現哪吒神通服
務的。

降伏四魔女，則較伏五鬼王可觀多矣。四魔由天魔女代表自報家
門：「我乃天魔女，這一個是地魔女，這一個是運魔女，這一個是色
魔女。俺因侍從九天玄女，後來偷了他隱遁術法，變化多般，不怕天
地鬼神，挾制山神土地。俺四人專一迷惑世人，邀求祭祀。近有五鬼
王爭奪夜叉山，被俺眾妖鬼，將他戰退。」哪吒先命五鬼前驅降伏四
魔，雙方大戰，五鬼不勝。哪吒親往，施展法術，破了四魔邪法，然
後召來金頭揭諦、銀頭揭諦、波羅揭諦、波羅僧揭諦這四大揭諦和多
聞天王、持國天王、增長天王、廣目天王這四大天王（亦即俗所謂「四

大金剛」是也。）擒拿四魔女，迫使她們皈依佛教。其中有曲折，與降
伏五鬼相比有變化，所以可觀。

三、二劇的佛教色彩與結構

此二劇的佛教色彩，表現在哪些方面呢？當然，從最淺的層面上
說，其中正面的形象，都是佛教的神靈。除此之外，還有以下幾點。
一是反映佛法無邊。這又表現在兩個方面。從較淺的層面上說，佛法
或佛家戰無不勝，這表現在戲臺上，最為形象，最為直觀，文化層次
再低的人，都能一目了然。五鬼王、四魔女何等厲害，哪吒一動法
術，還沒有必要動武力，他們就一敗塗地了。毗婆達多十萬魔鬼也不
是吉祥華光的對手。這對宣傳佛法、引人敬信，鼓舞信仰者，確實有
很大作用。從深層次上說，是佛法無所不容。毗婆達多、五鬼、四魔
都罪大惡極，然而最後都皈依佛教，可見佛門廣大，同樣是引人敬
信。這對促使惡人向善，也確實有很大的作用。在這一點上，佛家的
武戲與其他的武戲，有著根本的區別。歷史題材的武戲，常有殺戮，
特別是敵方將領被斬殺，尤為常見。神仙題材的戲，也有殺戮，如
《斬犍蛟》、《斬黃龍》等即是，就是《八仙過海》中，龍太子也被
呂洞賓在陣上所殺。非佛教的神魔戲中，殺鬼斬妖也不乏其例。然
而，在佛教故事中，在佛教武戲中，反面形象如妖魔鬼怪等，最終的
結果，都是失敗後皈依佛教，而不會被殺，絕少例外。這與佛家的
「戒殺」思想是一致的，也是與佛經中的鬥法故事、降魔故事中的思
想相一致。佛經文學作品中，佛或佛門人物，與外道或妖魔、惡人鬥
法，都是戰勝對方並使對方皈依佛教，而不是殺戮對方，消滅對方。
度化未必鬥法，而鬥法常是度化，絕無殺戮。

　　此二武戲，也像絕大多數佛教劇一樣，直接宣揚了佛教思想和文化。這主要是通過佛對弟子的直接宣講和他與弟子們的對話來實現的。在此二戲中，佛所宣講和其弟子們所言，都是佛教常識。就常理論之，佛對弟子們所講的佛法與弟子們所言，不可能如此淺近。劇中之所以如此淺近，是因為他們所言，實際上是作者對戲劇觀眾說法，要讓觀眾瞭解這些思想和知識，所以不可能不淺近。我們研究文學作品，不能只是研究文學作品本身，「知人論世」也還是不夠的，還要注意到這些作品的傳播和接受的問題。

　　此二劇中，佛教方面的人物眾多，除熱鬧和紛繁可以滿足觀眾外，也直接宣傳了佛教文化，當然，這肯定不完全是印度佛教中的文化，甚至並不是中國佛教中眾所公認的文化，而是經過劇作者、導演甚至是演員加工過後的，如《雙林坐化》中，四大天王自報家門：多聞天王：「吾乃北方多聞天王是也。久居北方毗沙天宮，護持如來教法。因吾神通廣大，變化多般，世尊加吾護世大藥叉教主。」東方持國天王乾達婆：「吾神乃東方護世乾達婆主持國天王是也。尊持如來，護持教法，威鎮東方。」增長天王：「吾神乃南方護世鳩盤荼主增長天王是也。威鎮南方，邪魔外道，不敢出世害人。」廣目天王：「吾神乃西方護世大龍王主廣目天王是也。威鎮西方，鬼魅不行。」此外，八部、天蓬、天猷、阿修羅、功德菩薩、大辯才菩薩、密迹金剛、領堅牢地神、菩提樹神、龍王、大梵天王、閻摩羅王、摩醯首羅天、散脂大將軍、日宮天子、月宮天子、摩利支天、鬼子母、韋陀天尊等，大多自報家門或由他神代報家門，給觀眾以經過加工、誇張並能迎合觀眾口味的佛教文化，把戲臺搞得轟轟烈烈。當然，其中的大部分角色，不可能有多少表演的機會，是地地道道的跑龍套而已。

《三變化》中，雖然熱鬧的程度比不上《雙林坐化》，出現的佛教人物也少得多，但四大揭諦、四大龍王，也可以使佛教陣營足夠強大，把舞臺搞得足夠熱鬧了。總之，此二劇中，佛教神靈大量出現，使觀眾能直觀地認識這些神靈。這些神靈的名號、形象也許與佛經中所載有差別，也許佛經中就根本沒有，但是，即使與佛經不合，卻符合佛經之要旨：佛經中的神靈，還不都是編造出來為弘揚佛法服務的嗎？又有多少出自於佛口？即使如此，戲劇中此類佛經中沒有的佛教文化，有什麼值得指摘的呢？

這兩個武戲，結構上也有相似之處，都是「兩頭說法，中間除魔」。《三變化》表現得更為清楚、典型些。第一部分，佛說法，引出五鬼四魔事而命哪吒征討之。第二部分，哪吒征討五鬼四魔。第三部分為佛說法而哪吒帶五鬼四魔復命。第二部分是故事的主體，作為戲劇，是最精彩的部分，對演員來說，最易於也最需要展現表演功夫；對觀眾來說，也是最具有吸引力的。至於佛之說法，他與弟子們的對話，戲劇表演的意味是不強的，演員難以施展表演功夫，觀眾對佛表演說法的熱情，實在很難與對降魔伏鬼的熱情相比，這是毋庸諱言的。《雙林坐化》中開頭也是佛說法，中間是伏魔，諸神上臺亮相顯聲勢、添熱鬧，最後是佛母唱《心經》。唱《心經》跟說法也差不多。因此，這也是「兩頭說法，中間降魔」的結構。就戲劇本身、表演、欣賞而言，二劇都是「兩頭平庸，中間精彩」。這種結構，和講經文的結構有同有異。講經文前後常用「押座文」，「押座文」也稱「壓座文」，為韻文，實際上是詩，多用七言，富有音樂性，內容多與所配講經文相互獨立。同一押座文，可用於不同的講經文。也就是說，開頭結尾是押座文，中間是講經，講解者的目的是宣傳經文佛

理，觀衆去聽經，目的是想知道經義佛理，因此，講經文以講經爲主體。押座文作爲引子或尾聲，可以吟誦或吟唱些題外的內容，或者小故事，或者閒言碎語，作爲講經的添加物，觀衆可聽可不聽。因此，押座文用於開頭，許多觀衆還未到時，吟著唱著可等待觀衆，維持秩序。正文結束，觀衆正在離去，若一擁而出，秩序可能會亂，演講者便又吟著唱著押座文，給個「添頭」，讓觀衆不要急著走，同樣起到維持秩序的作用。正因爲如此，這個部分才叫「壓座」。戲劇就不同了，觀衆是爲看戲而來，他們所關注的，是所演的故事，是演員的扮相和表演，而不是佛理經義，劇本必須爲他們提供盡可能精彩的故事，劇團必須爲他們提供盡可能精彩的表演。因此，故事和戲劇表演，必須是主體。劇團也必須保證盡可能多的觀衆能欣賞到該劇的主體部分。於是，用於等待觀衆所演，用於觀衆可能離場時所演，只能是次要的部分，於故事、於表演說來都是次要的部分。這並不難以理解。故此，此二劇就有了這種「兩頭說法，中間降魔」，或「兩頭平庸，中間精彩」的結構。

論明代佛教諷刺劇《一文錢》

《一文錢》，作者徐復祚。復祚（1560－1630 以後）原名篤儒，字陽初，號三家村老，常熟（現屬江蘇省）人。精於曲學，其《三家村老委談》三十卷，論曲部分甚有見地。

清代雍正間常熟人王應奎《柳南隨筆》卷二（中華書局 1983 版）云此劇乃復祚爲諷刺其族人吝嗇鬼徐啓新而作。然此劇之題材，實出佛經《盧至長者因緣經》（《中華大藏經》第三十六冊 383 頁）。復祚取佛經

中吝嗇鬼盧至故事作為題材來諷刺現實中的吝嗇鬼，亦在情理之中。然此劇之所諷刺吝嗇鬼，固遠非僅限於啓新人，因此，此劇有更為深廣的思想意義。

　　諷刺吝嗇，無疑是此劇之旨。與此相應，盡情地暴露吝嗇及其醜惡，是此劇的任務。情節設計，人物刻畫，筆法運用，都圍繞著這一中心展開。

　　情節設計方面，此戲全由「吝嗇」驅動情節發展。所有關目，都在吝嗇和吝嗇鬼的基礎上設計，極為自然：

　　盧至上場自報家門，又自表吝嗇，云：「小生盧至員外，字善長，累世仕宦，家道富饒，區宅童牧，何止數百千？水碓膏田，不下億萬計。小生又百道營求，千方省儉，遂至財帛如山，門庭如市。陶白難稱獨步，猗卓甘拜下風。雖然人稱有餘，我道實還未足。每每見人家業稍豐，輒生奢侈。我說天下最難得的是錢財，錢財入手，豈宜浪費？」這些並不錯。但又云：「以此身上穿的，口裏吃的，件件減省。人人叫我臭盧員外，這也由他。」若僅止於自己一身，尚不至於妨人，然又云：「只是妻兒奴婢，人口眾多，甚是費事。被我限定他，每人一日給米二合，其餘一些不管。前日後園李子熟了，我去發賣，不想小孩兒也隨去了，見了李子，苦死要吃，沒奈何由他吃一個，被我除了他二合米。不是小見，一個李子不打緊，就不見了一個錢。且是孩子們不要吃得口慣。」一般劇作的自報家門只是人物介紹自己的身份背景等，此則著重介紹其品格及與之相應的觀點、作為、逸事等，故與一般劇作的自報家門相比，有所超越。

　　盧至因饑餓欲吃豆屑飯時，其妻至，他因吝嗇，怕妻子陪他吃飯而耗損他的份額，省下她自己的份額，乃故意延遲吃飯。好不容易送

走妻子,正欲吃飯,忽然想到此時是阿蘭節會,遊人必盛。出於吝嗇心理,他想外出走走,「倘或撞見相熟的朋友,吃他一碗飯,可不省了自家的!」於是,他就忍饑出遊,路拾一錢,欣喜異常,見乞兒聚餐,欲伺乞兒吃完後尋些剩餘之物充饑,而不可得。肚既饑餓,又聽了乞兒背地裏嘲笑他吝嗇,故痛下狠心,用拾得一錢購芝麻,欲以美餐一頓,又怕別人分食,乃出城至郊外食之。至城外無人處,才欲食之,聽見鳥鳴,怕鳥飛下去搶食,為避鳥進一空房,卻又見房中有狗,怕狗搶食,於是決定「我且到山頂上樹木叢密的所在去,鳥又飛不下,犬又搶不上,可不是吃得自在,吃得安穩的!」盧至終於找到一個理想的所在吃芝麻,很是暢快:「方才那乞兒說我不如他,如今我飽餐芝麻,就是諸天帝釋,也不如我快活!」

天帝釋以建寶塔為名,前來向盧至化三千銀子,為盧至所拒,乃請盧至喝酒,盧至大悅,飲至醉臥。

天帝釋化成盧至形象,來到盧家,對家人道,以前他如此吝嗇,乃是有吝嗇鬼附身控制之故,適才遇聖僧,將其身所附吝嗇鬼驅除,此後不復吝嗇,然此吝嗇鬼必尋找回來,「他若來時,你們闔家人同去打罵他,趕他出去,使他永不敢上門便了。」天帝釋遂用盧至家大量財物奢侈享受,無度佈施,闔家快活,百姓歡欣。

十日後,盧至醉醒回家,途中遇佈施之人。知其家大量佈施錢財,至家見狀,大駭。家人見盧至至,誤以為已被驅逐之吝嗇鬼,取桃木棒、雞狗血等驅之。一時二盧至,莫辨真偽,而真盧至無法解釋為何十日不歸,無以自明,又見其家享受奢侈,佈施無度,無法制止,大痛,決意到國王處申訴,請國王詳審。告狀需要銀子,家中錢財無數,但盧至已無法支配,好在還有幾窖銀子藏在城外野墳裏,連

妻子都不知道，他還能支配。只是吝嗇之性，使他捨不得動用，只找了不值錢的十匹白布，他還是捨不得，最後只獻了五匹，指望國王能據實審明，斷還家產。可是，因為吝嗇，他沒送錢給守門人，守門人不肯代奏，自然他也就無法請國王審理。於是，他「如今想起來，那人性情面貌，與我一般，此必是妖魔鬼怪。佛力最大，一應邪祟，力能追攝」，便前去求佛，認為佛「以慈悲為主，方便為門，定然與我作主，可不連白布也省了。」還是不忘吝嗇。在佛面前，真假盧至相爭，佛徒四人，又化盧至出。盧至以左脅下有七黑痣為證，衆假盧至脫衣驗看，竟與盧至一模一樣，盧至大懼，迷惘，佛為說法，盧至省悟，摩頂受記。

此劇刻畫盧至形象，正面描寫很有特色。

對盧至的正面描寫中，最為成功的是心理描寫，亦即刻畫其吝嗇鬼的心理。戲臺上表現人物心理，動作和語言當然都是有效的手段，但是，若要表現豐富曲折的心理活動，相比之下，語言就更為有效些。其中原因很多，最明顯的是動作表現心理，除了表現一些顯而易見的心理外，難度較大。觀衆文化水平不高，也難以從動作來理解人物心理，再者，並不是心理活動的全部內容，都可以用動作來表現的，例如，可以用動作表現「猶豫」、「憤怒」、「悲傷」，但為什麼猶豫，為什麼憤怒，為什麼悲傷？猶豫時，憤怒時，悲傷時，人物心裏在想些什麼？動作是難以充分表達的。

我國古典戲曲的人物語言，有賓白和唱詞等。用來表現人物豐富心理，以獨白與唱詞為主，而獨白又是專門用以表現心理的，且與唱詞相比，更容易使觀衆明白。此戲中，就大量運用獨白來表現盧至的吝嗇心理，特別是其吝嗇心理的種種活動。如第一齣中，盧至云：

「坐已良久,肚中甚饑。不知豆屑飯熟了沒有?正要進去吃飯,娘子
來了。倘或他陪我吃了飯,可不他又落了自家名下的二合米去做私
房?且忍了餓再坐一會,打發他去,才好吃飯。」「好省儉時須省
儉,得便宜處且便宜。正好吃碗飯,不想被娘子絮絮叨叨,說了半
日,如今他去了,這碗飯吃得自在。且住,今日阿蘭節會,郭外遊人
必盛,我也只做看會去走走,倘或撞見相熟的朋友,吃他一碗飯,可
不省了自家的!」既充分體現了他的吝嗇心理,又以此推動了情節的
發展。

當然,盧至的吝嗇也還通過劇中他人來表現,如盧至妻、眾乞丐
等對盧至的勸諫、嘲諷等即是。

在筆法方面,此戲最大的特點是鋪陳渲染。其鋪陳渲染,又有兩
個主要特色。一是與誇張相結合。這突出的表現在第二齣「四乞丐論
盧至」的戲中。舍衛城東南西北四門各有一乞丐頭目。阿蘭節會這
天,四大頭目在東門飲酒。其間,相約行酒令,各說各自地盤一個最
富貴者,而四頭目說的都是盧至。他們形容道:

東門乞丐:【皂羅袍】:甲第王都相近,看曲房窈窕,阿閣嶙
峋。香飄複道轉春去,花凝藻井飄紅粉。那更朱闌犯閽,雕甍
次鱗,朝迎日馭,夜送月輪,恍疑是蓬萊仙境壺天隱。

南門乞丐:【前腔】他的田畝通畦接畛,看春疇綠繞,秋稼黃
分。千家捆載若雲屯,三秋儲積連車軫。饒你南箕為畚,北斗
作囷,天廚半爛,太倉粟陳,怎比得他千倉萬廩經年運?

西、北門乞丐:【前腔】他的質當從來饒豐,有的是隋珠和
玉,赤仄黃銀。刀錐可起寒士貧,周流未許錢神論。只見他朝

銀千櫃，暮金萬鈞，人人求潤，家家望恩。這的是財星照世，
豈與凡人混？

當然，描繪盧至的富有，也是為突出其吝嗇服務的。接著，四乞
兒又行酒令，舉一個生活不如乞丐的人，或云原憲，或云陳仲子，或
云孔夫子在陳蔡七日不食，東門乞丐則舉盧員外，衆疑之，則云：
「你不曉得，盧員外雖是日招財夜進寶，不拚得穿不拚得吃，妻子日
日凍餒，哪裡有這等酒肉，可是不如我們？」衆人稱是。

二是細緻入微，工致逼真。這主要表現在描寫盧至吝嗇心理方
面。如盧至撿到一錢後的獨白：「可不是造化到，是一個好錢！快活
快活，我且藏過了，倘或掉的人來撞見，被他認去，不是當耍的！且
住，藏在哪裡好？藏在袖子裏，恐怕灑掉了；藏在襪筒裏，我的襪又
是沒底的；藏在巾兒裏，巾上又有許多窟窿。也罷，只是緊緊的拿在
手裏吧。」在聽了乞丐的譏嘲後，他下決心享受一回：「其實是小子
雖有家私，孔方是我命根。一些也不曾受用，怪他們說不得。也罷，
方才拾得一文錢，把來撒漫罷，省得被人嘲笑。好錢好錢，天下有這
樣人，錢財在手，不小心照顧，容得他掉在街上。若是小子掉了這一
文錢，夢裏也睡不去。不是你不小心，還是我有造化。」「乞兒笑我
不受用，只是撒漫吧！但一文錢，嫖又嫖不來，賭又賭不著，怎麼樣
用他？是了，買東西吃罷。」但是，他又沈吟起來：「雖然饑餓，
難道就吃這錢在肚裏？不可暴殄。這些乞兒，方才在此吃酒，倘有遺
失，我拾來充饑，且又作福，可不是省了這錢？」然而乞兒竟然什麼
都沒剩下，他又餓得慌，只好花此一錢，可又實在捨不得，只好找個
宿命的理由安慰自己「錢，錢，不是我浪用你，想是你不該我上串的

東西！為甚的入門便出難留頓！」終於下了最後的決心，用這錢買吃的。但問題又來了：「只是買吃的吧，不知什麼東西好買？豆腐不堪生吃，青菜又要油多，從來蒲菔白人頭，亂性須知黃韭，後圃生瓜未熟，前村濁酒新葰，饞涎虢虢響饑喉，要去沽時不夠。」經過多方比較，嚴密論證，才終於決定，用此錢去買芝麻受用一把！

這些，將盧至的吝嗇心理在動態中刻畫得淋漓盡致！此劇的前半部分，戲劇衝突不多，盧至獨自表演的戲很多，這就必須以細膩地表現曲折變化的心理活動為主，這樣才能引人入勝。這些曲折變化必須有一個指向，才能曲折變化而不離其宗，這個指向，就是吝嗇。這樣，就有效地突出了諷刺吝嗇的主題。

此劇也屬於佛道度化劇。佛道度化劇是元明戲劇中的大宗，其模式為：某人乃天界某神，因過失謫下人間者，現貶謫期將滿，故一高級神人命一個或數個神人下凡超度。度化者經過曲折，終於使被度化者省悟，重返天界。此劇也是如此。第三齣中，帝釋云：「這舍衛城中有個臭盧員外，原是一個阿羅漢，只因貪心未淨，雖已罰降下方。奈何賊賊相乘，心心轉惑，既生凡界，忘卻本來，貪欲成性，妄生癡慳。如來於寂光土中，佛眼所照，恐他輪迴六趣，長劫受苦，發大慈悲，假諸方便，特命貧僧到此點化他回頭，使之出離生死苦海，同登彼岸。」劇結束時，盧至省悟身亡，佛命帝釋將他火化，其靈魂與妻子上前謝佛，佛云：「你原是那樓盧迦尊者，止因塵緣未盡，謫降下方，竟被銅臭昏迷，幾入盧獵地獄。今幸言下了悟，永脫輪迴。眾徒弟，辦取香花，我親送入西方極樂世界！」

然而，作為仙佛度化劇，此劇有自己的特色。一般的仙佛度化劇，被度化者總是在度化者死纏爛打式的作法陷逼下，甚至所施展的

法術恐嚇下，走投無路，身處絕境，甚至面臨殺身之禍時，才悟道歸真的，此劇中，盧至也被帝釋逼得走投無路，身處絕境，但他也沒有因此而悟佛道，而是轉而求佛，請佛來除妖邪。以此為契機，佛對盧至作法並說法，雙管齊下，盧至方悟佛道。這既顯示了佛法和佛理的力量，又使情節發展符合情理，較為自然。其他佛道度化劇，劇中被度化者悟道，就不免顯得突兀，有的簡直是不講道理，簡單粗糙。此劇這樣的安排，當然是承《盧至長者因緣經》而來。

與《盧至長者因緣經》相比，此劇情節有增有刪，增刪主要體現在以下四處：

1.佛經中沒有盧至待家人刻薄吝嗇的具體描寫，劇中則不僅有之，且大加渲染，又明顯具有誇張的成分。

2.佛經中，盧至至倉庫中取三錢購酒等獨食，慶賀節日，喝醉後狂言，大叫諸天帝釋也不如他快活，帝釋正好在空中經過，聽到此言，乃下界變為盧至形貌，演出「真假盧至」的鬧劇。此劇則並非如此。

3.乞兒們極口言盧至富有，後又認為盧至不如他們。這些情節，佛經中完全沒有，純是此劇作者所增，用以刺激盧至，使他「撒漫一把」，用拾得的一文錢買芝麻吃，以此來表現其吝嗇。

4.佛經中，國王判真假盧至一案而未能決，這一情節，此劇中完全排除，且國王這一角色，也沒有像佛經中所描寫的那樣，在佛斷此案時始終在場。此劇中，表現盧至欲求國王而轉求佛，加強了盧至的吝嗇。

總的看來，前三處都是為了突出盧至吝嗇鬼的形象，第四處也許是出於政治上的原因，而也有突出盧至吝嗇的功效。當然，就結構上

說或敍事上說，也是省去枝蔓。這樣的增刪，都是成功的。可以這樣說，作為文學作品，此劇要比《盧至長者因緣經》成功得多。

《盧至長者因緣經》也好，此劇也好，其主旨是諷刺吝嗇。吝嗇作為一種卑下的品格，幾乎在每一種文化中，都是被鄙視、被諷刺、被批判的對象，在佛教文化中，當然也是如此。可是，佛教之反對吝嗇，自有其特點，即是從佛教理論的特點，來反對吝嗇的。盧至待己，甚為苛刻，自奉極薄，這一點，與佛教的苦行，外表相似，而實質正好相反，因為，其目的是為了聚斂更多的財產，骨子裏是貪，而「貪」、「瞋」、「癡」正是佛教所說的「三毒」，是眾生產生煩惱的根本，因此也稱為「三不善根」。《別譯雜阿含經》卷十一云：「能生貪欲、瞋恚、愚癡，常為如斯三毒所纏，不能遠離，獲得解脫。」也正因為如此，「貪」是佛教修行要破除的首要對象。《盧至長者因緣經》中諷刺吝嗇的意義，也正在與此。此經結尾，佛手指帝釋而問，帝釋即恢復本相，真假盧至，頓時即明。盧至謂帝釋：「我辛苦所集一切錢財，汝不用我財物賜耶？」帝釋道：「我不損汝一毫財物。」佛語盧至：「還歸汝家，看其財物。」盧至云：「我所有財物，皆已用盡，用還家為！」帝釋云：「我實不損汝毫釐之許！」盧至言：「我不信汝，正信佛語。」「以信佛語之故，即得須陀洹果。」佛所言，簡淡玄遠，而盧至竟然以此得悟而成初果。盧至悟性如此之強，決非鈍根。然讀經者之悟性，未必皆如盧至，大眾之悟性，更是未必都如盧至。有些語言簡淡玄遠，這是佛經的不足之處，常人很難觀此而明白其理，更不要說悟其道。當然，經中盧至所得須陀洹，僅是初果，離徹底悟道，像此劇中那樣得證菩提，還遠著呢。可是，對凡夫俗子來說，到須陀洹階段，也是談何容易！

此劇中佛對盧至的說法，就明白得多了。盧至見假盧至與他一摸一樣，道：「盧至盧至，今番連你自己也認不真了。世尊，他既是盧至，我是何人？我非盧至，何有此名？」佛云：「只緣你認賊作子，所以顛倒，若還轉識為智，何至昏迷若此？」盧至省悟，皈依佛教。佛又云：「盧至盧至，無始已前，誰為盧至，誰非盧至？種種形象，皆出前塵，分別留礙。誰是我體？誰為物象？盧至既無，家業何在？譬如目中生翳，便見空中有花，目翳既除，花於空滅。忽有愚人，於彼空花所滅之處，待花更生，你道是癡是智？」「萬法千門總是空，莫使計教與牢籠。這番打出翻筋斗，跳入毗盧覺海中。」盧至大悟而死，真如佛所言：「盧至一言得悟，立證菩提！」劇中佛之所說，以佛家「四大皆空」的理論，來破除貪欲，以弘揚佛法。觀此，人們不難明白其中的道理，進而就有可能自覺捨棄吝嗇，破除貪欲。吝嗇和貪欲，作為醜陋的人性，無論是誰，無論通過何種思想方法，拋棄其吝嗇和貪欲，對社會而言，對其自身而言，總是件好事。這也是此劇思想意義所在。

除了佛對盧至所說法外，此劇中宣講佛教思想者，還有一些。如第三齣中帝釋上場云：「諸法原來本是空，浮雲會散兩無蹤。悟得本來常寂寂，恰如熱病遇涼風。貧僧乃西天帝釋，改作僧裝來此。向來久處岩中，得聞大道。若說俺家法門，真個非無非有。要說修持妙訣，不須不即不離。鏡去形空，色相盡歸何有；風吹鈴響，鏡緣畢竟俱無。全心即佛，全佛即人。真是饑人見飯，心不是佛，智不是道，何殊矮子現場？世人識少情多，便道須彌山難藏芥子。不想孤星獨懸，萬象何以悉照？眾生存情覓佛，盡說污泥中爭長蓮花，不想野航無渡，終朝只在河濱。有一等濁愛纏心，盲修瞎練，期望身後生天，

這便是買鐵思金，定見沈淪永劫。有一等顛倒喪志，投東覓西，失卻其眼前至寶，這便是認賊作子。須知流浪死生，逞著馬嘴驢唇，由他喝佛，由他罵祖，少不得打那鬼骨口，入到拔舌地獄，若能脫籠解繩，析骨還父，析肉還母，安排了這個臭皮袋，自登忉利天宮。言下悟時，小兒有智百歲；路頭錯處，百歲無智小兒。咦，圓通何處不如來，春至山花處處開。若向個中尋歇腳，魔王佛祖總靈臺！」這樣大段的說白，恐怕難以吸引大部分觀眾。但是，其語言形象、通俗、警策，切中世俗修行中的種種弊病，對一部分觀眾，還是有一定效果的。第六齣中，佛出場，除了自報家門外，還大段宣揚佛法，其中充滿了許多佛教名詞，且未作闡述，如三途、六道、六度、三乘、三觀、三惑、三德、六塵、六根、六識等，觀眾很難聽明白，再加長篇念詞，戲臺效果，自然不會好。這兩大段說白，對刻畫人物形象，表現諷刺吝嗇、破除貪欲的主題，完全沒有起什麼作用，就故事而言，也是完全游離於情節之外，從藝術上說，無疑是蛇足，唯一的作用，是用以拉長此戲的時間。

就雜劇藝術形式而言，此劇也有突破之處。元代雜劇的典型結構，是「四折一楔子」，而此劇則是六齣，實際上就是六折。元代雜劇，除少數外，只能由一個主角一唱到底，男主角唱的叫「末本戲」，女主角唱的叫「旦本戲」。此劇中盧至固然唱，但帝釋、佛、盧至妻子、乞丐都唱，並不拘泥旦本、末本之說。此劇中，盧至的角色是「生」，而雜劇中無「生」的角色，實本當稱「末」。不稱「折」而稱「齣」，不為篇幅所限，劇中各種角色皆可以唱，男主角稱「生」，這些都是南戲（戲文）的規定。明代大盛的傳奇，就是由南戲演化而來的，因此，《一文錢》作為雜劇，對雜劇既有形式的突

破，當是受傳奇的影響，或是吸收傳奇的若干長處，以豐富雜劇的表現力。

《曲海總目提要》卷十八著錄無名氏《兩生天》演龐蘊、盧至事。其所演盧至事，與《一文錢》相比，有增加的情節，如云盧至：「其家門神，七年不換。歲終，負債者以所畫准利百文，將易之，至猶以為侈，減口食以補百文之數。其司閽者夢舊門神踞位不肯去，與新門神爭。家中井竈諸神悉出解紛，而爭不已。遇九天糾察善惡司，叱退舊者，而新者始得就廡。」這段情節，是《一文錢》所沒有的，很明顯，乃從明人茅坤雜劇《鬧門神》中化來。《四大癡》中也有盧至事，作為「財癡」。

論明末佛教短劇二種

葉憲祖《北邙說法》雜劇，見《盛明雜劇》。憲祖（1566－1641），字美度，號桐柏，浙江餘姚人，明萬曆進士。以氣節著稱，官南京刑部郎等。信佛，與僧人湛然交往甚密切。好度曲，每一曲脫稿，即付演員排練，刻日演出。可見乃知舞臺藝術者，並非只能為案頭劇者。

《北邙說法》之部分情節，源自佛經。《經律異相》卷四十六《鬼還鞭其故屍》云：「昔外國有人死魂還，自鞭其屍，旁人問曰：『是人已死，何以復鞭？』報曰：『此是我故身，為我作惡，見經戒不讀，偷盜欺詐，犯人婦女，不孝父母兄弟，惜財不肯佈施。今死，令我墮落惡道中，勤苦毒痛，不可復言。是故來鞭之耳』。」

此劇情節大致為：北邙有一具枯骨，一具死屍。枯骨原為甄好善

（諧音「真好善」），死屍原為駱為非（諧音「樂為非」）。

　　已經成為天神的甄好善發現自己的枯骨，當作恩人禮拜，因為有了他上一輩子的苦苦修行，他才得以成為天神：「虧你一生好善，勤苦修行，我今做了天神，享許多快樂。你是我恩人了。」土地神也說他應該禮拜這枯骨。已經成了餓鬼的駱為非見了死屍，罵道：「只為你貪求快樂，積惡為非，連累我做了個餓鬼，受許多苦惱。你是我仇人了。」他便折下柳條，抽打死屍。土地神也說該打。

　　空禪師知道這樣的事情，便對甄好善和駱為非說法，認為「拜的也不消拜，打的也不消打。」因為，「生死海中，略回身就分人共我。誰知前生作善、作惡者，即是伊家；今世受苦、受樂的，原是別個？」

　　那麼，既是如此，又如何理解佛家「苦是樂因，樂是苦因」之理呢？二人以此為問。空禪師云，枯骨也好，死屍也好，都已經不知道什麼苦樂，拜它既不會答禮，打它也不會知道疼痛。拜枯骨不如拜自己，鞭死屍不如鞭自己。

　　「自己」也就是「我」，一切都從「我」努力，從「我」考慮，這不就「認了我」麼？而佛教是提倡「無我」的。這又是如何理解呢？二人又以此為問。禪師云：「對他名我，緣我生他，總是一般病痛。譬如甄好善，既做天神，難道天神外更無墮落？駱為非既為餓鬼，難道餓鬼後並沒有騰挪？才起執心，益增幻態。『我』是認不得的。」不管是小乘佛教也好，大乘佛教也好，都提倡破除「我執」。什麼叫「我執」呢？就是堅定地、固執地認為「我」的存在，以及由此生出「我所」等等，生出「我」與「他」的分別等等。佛教認為，任何事物，都是虛幻的，不真實的，暫時的，空的，包括「我」也是

如此。當然，與「永恒」相比，確實是如此。現實世界，不過是「無」、「空」的幻化形式，並且不斷地在幻化之中。堅定地、固執地認為「我」的存在，執著地強調「我」和「他」的區別，無法認識「空」、「無」幻化形式（現實世界）的變化運動，亦即不斷的幻化，更無法看破這些幻化形式及其變幻運動，把握到世界「空」、「無」的本質。例如，一心記著自己是高貴的天神，一心記著自己是卑下的餓鬼，不知道這些也會變化，不知道「善惡無常，升沈易變。天神稍自驕矜，安知不為餓鬼？餓鬼若知慚愧，未必不做天神」，難以在修行的道路上進步，說不定還會墮落，這樣的人更不知道天神、餓鬼這些身份本身都是虛幻的，就與佛教「眾生平等」、「四大皆空」等理論背道而馳。所以，「我」是認不得的。

「人」（他）「我」難分，也不能去分別，更不能執著地記在心裏，要忘記人，也忘記我。那麼，作為個體，又如何來修持呢？二人以此為問。於是，空禪師開示修行法門云：「修持法，無過持名。解脫門，只求生淨。不分天人鬼獄，一時同證菩提。」「度脫無奇法，修為有妙機。辦誠心討個波羅密，念彌陀仗彼慈悲力。出娑婆，會得清涼意，從今苦海免沈淪，行看彼岸須輿濟。」他的主張，只是念佛而已，通過念佛，靠佛的法力，來度向彼岸世界。

此劇所宣揚的持「阿彌陀佛」名求生淨土的修行法門，沒有多少新意，更加沒有什麼積極意義。破除「我執」，也是佛教中的常談。此劇的精華，在於「天神稍自驕矜，安知不為餓鬼？餓鬼若知慚愧，未必不做天神」二語。此二語，遠不為其佛教思想所限，而富有社會人生的哲理：身處富貴者也有可能至貧賤，身處貧賤者也有可能得富貴。道德高尚者有可能墮落，道德卑劣者也有可能至高尚。當然，這

不是決定於念佛與否，而是決定於個體自己的磨練和修養。

雜劇《城南寺》，僅二折，黃家舒作，見《雜劇三集》。家舒，字漢臣，無錫（今屬江蘇）人，明諸生，天啓、崇禎間，與錢陸燦等為「聽社十子」。入清，以隱居終。

此劇寫唐代杜牧中狀元後，十分得意，遊城南寺，見無名禪師。無名為說法，杜牧為折服，皈依佛門。

就主題而言，此劇的精華部分，是杜牧向無名問佛法時無名的說法之辭：「有甚佛法？則問恁未入寺時，曉得自己是個狀元，既入寺後，還曉得自己是個狀元麼？若說曉得的是假，那不曉得的從何處來？若說不曉得的是真，那曉得的往何處去？則老僧道未入寺門時，原沒有狀元杜牧之，只有個不曉得狀元的杜牧之，急需認取，便是無上菩提也。」這也是破「我執」，但破得並不徹底，連「不曉得狀元的杜牧之」，也不能認取的！在此劇中，作者只有到了破除「名心」的地步，離得到「無上菩提」，還差得遠呢！當然，就佛家修行而論，也不能一蹴而就，也要一步步來。就劇的內容來看，此劇當是作在明代滅亡之前。

這兩個短劇，都是借題目說法，以宣揚作者的佛教思想。

論清代佛教劇《人天樂》傳奇

《人天樂》傳奇，清黃周星著。黃周星（1611－1680），字景虞，號九煙，上元（今江蘇南京）人，明崇禎十三年進士，官戶部主事。入清，不仕。朱彝尊《明詩綜》卷七十五云：「周星，字九煙，上元人，育於湘潭周氏。中崇禎庚辰進士，疏請復姓。」又《詩話》云：

「九煙晚變名曰黃人，字曰略似，又號圃庵，又曰汰沃主人，又曰笑蒼道人。布衣素冠，寒暑不易。人有一言不合，輒謾罵。嘗賦詩云：『高山流水詩千軸，明月清風酒一船。借問阿誰堪作伴，美人才子與神仙。』年七十，忽感愴於懷，仰天歎曰：『嘻，而今不可以死乎？』自撰墓誌，作《解脫吟》十二章，與妻拏訣，取酒縱飲，盡一斗，大醉，自沈於水。時五月五日也。」卓爾堪《明遺民詩》云其詩文所存者「皆鼎革以後所作，頗近於《騷》。」可以想見其為人。

　　關於九煙之姓氏，現在的幾種文學家辭典，都從朱彝尊之說。而《黃九煙先生遺集》卷首周系英所作《九煙先生傳略》云：「先生姓周氏，諱星，字景虞，號九煙，湘潭人也，於先高祖為從父，江西布政使之屏曾孫，廩生應之孫，穎州學正逢泰長子。穎州年二十，遊金陵，愛其山水秀麗，卜居焉。先生生於上元，育於黃氏。……崇禎庚辰成進士，授戶部，未就職，即於是年隨父挈家歸故里，明年父歿，先生於族人不相能，憤然去，自是遂冒黃姓，為上元人矣。……先生不以黃易周，而但冠於其上，是猶有不忘本之心，吾族不絕之於家乘。」是書卷一《芥庵和尚詩序》中，周星自云：「余本湘人，今寄迹白門，於湘不忍遽忘，猶複往來覊棲於湘者數四，不知者多以余為非湘人，余亦不欲自明其為湘人也。」據此，則九煙本周姓，湘潭人，育於黃氏，故居金陵，與朱彝尊所云，正好相反。

　　《人天樂》傳奇，可以分為三個部分。第一部分是前二折。第一折概括介紹劇情，第二折由造化之神介紹四大部洲，結合演員的表演，使觀眾明白四大部洲的大致情況。四大部洲之說，出於佛經，即東勝身洲，西牛貨洲，南贍部洲和北俱盧洲。劇中天神的介紹和演員的表演，也本於佛經。第二部分為第三折到第三十二折，寫兩個世

界，一是北俱盧洲人民的生活場景，一是南贍部洲的軒轅生的言行事迹。第三十三折以下為第三部分，兩個世界被軒轅生聯繫了起來，最終兩個世界都被超越，軒轅生進入了神仙世界，定居天堂。

第一部分對四大部洲的介紹，雖然本於佛經，但有作者的感情和再創造在，也有作者的用意在。

【鵲踏枝】他那廂人面似半邊甌，人身可丈餘修。交易食用的是穀帛珠璣，肉飯魚饈。他那裏不宰殺，一般的聯姻會友。享天年有二百過頭。（東勝身洲）

【寄生草】他那廂產珠玉，還多馬牛。市廛也有行商輳，門楣也喜良緣媾。庖筵也用衆生肉。但見他面龐渾似月輪圓，誰道他春秋倒有冥靈壽。（西牛貨洲）

【六么序】他那廂閻浮樹，綠葉稠，布散著百萬閻疇。那人的形象呵，七尺班儔，直准橫眸，似車箱地面相伴。是人呵，但相逢笑臉和甜口，更有那狠謙盧曲背低頭。若將心事閒參究，咳，端的是通身鱗甲，滿腹也那戈矛！他也不為別的，總只為名因利郵。致使心曲如鈎，意毒如蠆！便待把天理民彝一筆勾。那管他骨肉冤仇，酣笑才休，矢石旋投。這的是口堯行蹠心禽獸。空使盡萬種計謀，算到頭有幾個期頤叟。大古來百年瞬息，枉做那鬼蜮蜉蝣！（南贍部洲）

【金盞兒】他那裏貴的呵位五侯，富的呵擁瓊鏐，那貧賤的便鶉衣藿食哪能夠？總有朱門金穴向誰求？因此上，人懷著虎狼意，家蓄著虺蛇謀，正是那起心天地怕，眨眼鬼神愁。那貧賤的也罷了，就是那富貴的呵！（南贍部洲）

【後庭花】他享珍羞想禦饌，著緋貂望袞旒，則待要粉黛成林樹，金玉積土丘，肯輕丟，思前算後，要與萬代兒孫作馬牛。越官高，越不休，越金多，越不夠，便占斷天宮白玉樓，他雄心還過北斗！（南贍部洲）

【一半兒】他那廂四方八面好林丘，花鳥長春不識秋。他歷劫能將十善修。非天眷，豈風流，一半兒癡憨一半兒秀。他自然衣食百無憂，宮殿隨身樹色幽。個個千年不白頭。真快樂，盡風流，一半兒清高一半兒壽。（北俱盧洲）

　　四大部洲相比較，北俱盧洲最勝而南贍部洲最下，而南贍部洲，正是這個人間世界！作者這些描寫，正是用北俱盧洲等三大洲來否定南贍部洲，這雖與佛經中相合，但憤世嫉俗的感情，是非常明顯的。

　　我門先來看第二部分中的北俱盧洲世界。劇中非常細緻地表現該洲的種種美妙，如自然環境、宮殿、衣服、飲食、婚姻、生育、娛樂等，都幾乎好得無以復加，壽命也有千歲之久。當然，這些，是分折來表演的，到第三部分的第三十四折《人樂》，又將前面表演過的部分概括起來，再介紹一遍，以作強調，加深觀眾的印象。為了便於論述，集中引用有關內容，故引用該折之描繪：

　　　　底下純是眾寶，那諸山浴池，皆以七寶砌成，花果豐茂，眾鳥
　　　　和鳴。……那些樹木，能直能彎的，名為曲躬樹，葉葉相次，
　　　　天雨不漏，就是諸男女止宿之處了。……你看前頭一帶，都是
　　　　香樹，那樹上果熟皮裂，自然香出，或出種種衣食，或出種種
　　　　器具，真是無所不有。……你看許多人都在那裏吃飯。那飯乃

是自然粳米，不種自生，如白華聚，猶忉利天之食，衆味具
足。安在自然釜中，也不用柴薪吹煮，只將一顆焰光珠置於釜
下，其飯自熟，珠光即滅。主人不起，飯終不盡。……這些人
都到河中去洗浴了。那河中有衆寶船，他們脫衣彼岸，入河洗
浴，乘船中流遊樂訖，渡水，遇衣便著，不求本衣。……我和
你行到園林邊，看他們都到曲躬香樹之下，那樹上有生成種種
弦管樂器，他們手取樂器，以妙聲和絃而行，好不快樂！……
你看你看，這些男女們都各尋配偶，到曲躬樹下去取樂。若是
不該交合的，那樹便不彎曲，各自散去。若是該交合的，樹便
彎曲遮護，任他兩人在內娛樂。一日二日，或至七日，方才分
散。……他這裏婦人懷孕，七八日便生產。所生男女，置於四
衢路頭，有諸行人經過，出指與兒含漱，指出甘乳，充遍兒
身，過七日之後，其兒長大，即與彼人相等，全不費一毫力氣
的。……這裏人不但福祿勝於三洲，抑且壽命皆千歲，並無中
夭，亦無衆病。顏貌少壯，無有衰耗。真是難得。

這些，都是從佛經中來。《黃九煙先生遺集》卷五《郁單越
頌》，有序言云：「自聞衲子述俱盧洲之樂，云自然衣食，宮殿隨
身，窮愁中每思此二語，輒為神往。頃見《法苑珠林》所載《長阿含
經》一篇，始得其詳，因釐為七則，喜而頌之，不復問其真妄也。」
七則前各有小序，比較詳細地敍述北俱盧洲的妙處。此劇中關於北俱
盧洲的描寫，當由此而來。

查佛經中，將北俱盧洲的自然環境、社會環境，都寫得美到了極
致，作了詳盡的描繪與渲染，其鋪陳、誇張的筆法，遠在漢大賦之

上。現只從《佛說長阿含經》卷十八《郁單曰品》中舉一些與此劇有
關者列於下：

> 其河中有眾寶船，彼方人民，欲入中洗浴遊戲時，脫衣岸上，
> 乘船中流，遊戲娛樂，訖已渡水，遇衣便著，先出先著，後出
> 或著，不求本衣。次至香樹，樹為曲躬，其人手取種種雜香，
> 以自塗身。次到衣樹，樹為曲躬，其人手取種種雜衣，隨意所
> 著。次到莊嚴樹，樹為曲躬，其人手取種種莊嚴，以自嚴飾。
> 次到鬘樹，樹為曲躬，其人手取種種雜鬘，以著頭上。次到器
> 樹，樹為曲躬，其人手取種種寶器，取寶器已，次到果樹，樹
> 為曲躬，其人手取種種美果，或啖食者，或口含者，或瀘汁飲
> 者。次到樂器樹，樹為曲躬，其人手取種種樂器，調弦鼓之，
> 並以妙聲和絃而行，詣於園林，隨意娛樂，或一日二日，至於
> 七日。……其土豐饒，人民熾盛，設須食時，以自然粳米置於
> 釜中，以焰光珠置於釜下，飯自然熟，珠光自滅。諸有來者，
> 自恣食之。其主不起，飯終不盡。若其主起，飯則盡賜。其飯
> 鮮潔如白華聚，其味具足如忉利天食。彼食此飯，無有眾病，
> 氣力充足，顏色和悅，無有衰耗。……若其土人，起欲心時，
> 則熟視女人而捨之去，彼女隨後往。造詣園林，若彼女人是彼
> 男子父親母親骨肉中表，不應行欲者，樹不曲蔭，各自散去。
> 若非父親母親骨肉中表應行欲者，樹則曲躬，回蔭其身。隨意
> 娛樂，一日二日，或至七日，爾乃散去。彼懷妊七日八日便
> 產。隨生男女，置於四衢大交道頭，捨之而去。諸有行人，經
> 過其邊，出指令漱，指出甘乳，充適兒身。過七日已，其兒長

成，與彼人等。……其土人民，無所系戀，亦無蓄積。壽命常
定，死盡生天。彼人何故壽命常定？其人前世修十善行，身壞
命終，生郁單越，壽命千歲，不增不減。……若有不煞，不
盜，不淫，不兩舌、惡口、妄言、綺語，不貪取、嫉妒、邪
見，身壞命終，生郁單越。……郁單越者，其意云何？於三天
下，其土最上最勝，故名郁單越。（郁單越，秦言「最上」。）

　　《大樓炭經》卷一《郁單曰品》所載，與《長阿含經》所載相似
而稍簡。「郁單曰」與「郁單越」同，都是北俱盧洲的別稱。

　　我們再來看第二部分中對現實世界中的軒轅生的描寫。這又可以
分為兩個方面。一是表現軒轅生立身不苟，恪守「十善」。有關折
名，就是以「十善」中名目立名，並寫一二件有關的事來加以表現。
如第五折「不殺」，寫其家裏戒殺，因此，即使是祭祀關帝，也是用
素品。第七折「不盜」，寫窮困潦倒中的軒轅生，無意中挖掘到了大
量銀子而不取，仍將銀子埋好。第九折「不淫」，寫軒轅生先後拒絕
兩個主動上門勾引他的美貌女子。第十一折「不貪」，化用佛經中功
德大天與黑暗女神的故事，表現軒轅生不貪財富。（見本書「相似情節
考」部分）第十三折「不嗔」，寫軒轅生對流言蜚語和惡意攻擊平靜處
之。第十五折「不邪」，寫軒轅生不為所謂「邪說」所迷惑。第十七
折「淨口」，寫軒轅生不作淫詞豔曲。又，第二十折「濟困」，寫軒
轅生幾件資助貧困者的事；第二十二折「解冤」，寫他解人冤仇之
事；第二十四折「贖女」，寫他贖出被擄掠的幾個女子，還為其中一
姑娘擇一拔貢為配；第二十七折「鬼傳」，寫他為一堅持民族氣節的
遺民作傳，第三十一折「救鬼」，寫他救一在陰間受到不公正待遇的

鬼魂。其中「不殺」等項，實際上並不為佛家的「十善」所限，其餘的，超越佛家思想之處就更多了。

　　另一個方面，乃是表現軒轅生對社會現象（包括文化現象）的見解。其中以兩段最為典型：

　　一是對金錢罪惡的譴責，由此表現他對社會所盛行的金錢觀念的抨擊：

> 由他賣弄，由他賣弄，橫行直撞無人攔擋好倡狂！端的是生死顛倒、窮通任主張！你們不信，但看那魯褒《錢神論》和馮商《歎銀歌》，便知這東西乃是天地古今來第一惡物也呵。……我想人心世道，原都是好好的，只為這件東西，弄得七顛八倒，千奇萬怪。不然，人心如何得壞，世道如何得亂？可見種種惡業，皆因此物而生。……我想天地間最重者莫過五倫，那五倫之中，哪一倫是少得銀子的麼？假如君無俸祿，誰仕其朝？父子無財，各尋道路。夫婦凍餓，勢必分離。至於兄弟朋友，一發不消說了。我常說五倫如一個木桶，銀子乃是桶箍。桶若無箍，立時破散。有一前輩聞之，說道此非君家創論，從來銀子別號先五，他原在五倫之先，故此一日也少不得。這也還是道其常。更有許多犯上作亂、骨肉成仇的，也只為這件東西。豈不可恨？言之真令人痛心切齒也。

他一方面恨銀子，認為銀子是一切罪惡之源，但他又知道，社會確實也少不了銀子，在一定程度上肯定了銀子的作用。因此，他對銀子既痛恨，又無奈。

二是他對文化現象的批評：

> 如今通天下的書，不過經史子集四種盡之。六經為聖人之言，
> 自不容贊一詞。若史書便有多少異同。至於子集一類，尤不勝
> 駁雜。曾記得幼年時子書盛行，舉業家專喜用盜賊凶殺戰血等
> 字面，後來遂貽數十年刀兵之禍，豈不可畏？……（莊騷左史之
> 類）都是宇宙間絕妙文字，自當與天地相終始，但其間議論亦
> 未必盡合於聖賢，正當用捨短取長之法。……李卓吾之書，小
> 弟幼時也多看過。他原是一個聰明才人，其手筆爽快，兼時帶
> 詼諧，頗能令人擊節解頤，只是意見偏僻，議論乖張。自此書
> 一行，世道人心，皆從此壞。此正所謂邪說橫議，其為害不在
> 楊墨之下。……且無論他別種，只如今盛傳的是一部《藏
> 書》，他的是非顛倒，已不可言，開口便說無以孔子之定本行
> 賞罰，輒敢公然抹倒孔子。其論人臣，則以叔孫通為應時大臣
> 之首，馮道為吏隱外臣之終，明明教人師法此兩人。……如此
> 異端邪說，種種不一。……那金聖歎，也是個聰明才人，筆下
> 幽儁，頗有別趣。其持論亦不甚邪僻，只是每每將前人之書，
> 任意改竄，反說是古本。其改竄處，又甚是穿鑿不通。這是才
> 人的大癡。……不要說別的，只據他改竄《西廂》一節，那
> 《西廂》上說「怎當他臨去秋波那一轉」，他卻改做「我當他
> 臨去秋波那一轉」，即此一字，便有可殺之道。

此劇的第三部分，呂洞賓下凡，超度軒轅生昇天。軒轅生此前的
目標，是超生北俱盧洲，現在得以昇天，喜出望外，但猶以未見北俱

盧洲真實狀況為憾，呂洞賓乃使其一遊北俱盧洲。至此，兩個世界得以銜接起來，通過這個世界的軒轅生之眼、之口，來向世人介紹北俱盧洲，使對這個世界的人說來北俱盧洲更加真切。在參觀完北俱盧洲後，軒轅生昇天堂。其所居之處，按照他以前在人間所作《將就園記》所建造的將園已經完成，就園也即將完成，他是此兩園的主人。神仙對他說：「任你朝夕遊玩，無所不可。少不得時時還有仙侶往來，處處還有仙姬陪侍，那瑤草琪花，珍禽異獸，種種不可名狀，不但南贍部較此有仙鬼之別，就是北俱盧，亦有天人之分，你煞是受用不盡也。」一家老少，亦皆昇天，前來與軒轅生團圓。

　　根據劇中軒轅生的言行事迹，我們可以來探討他的思想，分析他的形象。

　　軒轅生所標榜的，是儒釋道三家合一的思想。他在第十七折《淨口》中論「十善」云：

> 一不殺生，二不偷盜，三不邪淫，四不貪欲，五不嗔恚，六不邪見，七不兩舌，八不惡口，九不綺語，十不妄言。反此則為十惡。這也是釋家之戒，也是道家之戒；也不是釋家之戒，也不是道家之戒，就是儒家之戒。……豈不聞吾夫子說道：君子有三戒，那少色、壯鬥、老得三件，豈不就是淫、殺、盜麼？又說道忿思難，見得思義，又說道攻乎異端，豈不是貪嗔邪麼？至於謹言寡尤之訓，不一而足，則四種口過，盡在其中。可見這十件乃是三教總戒。……只是殺盜淫三者是身業，貪嗔邪三者是心業，兩舌、惡口、綺語、妄言是口業。

從根本上說，儒釋道三家的思想是不同的，但是，就表層而言，它們也不乏相通甚至相同之處。其實，遠遠不止此三者是如此，除了邪惡的學說與宗教外，許多學說和宗教都是如此。例如，淫邪、偷盜，有多少學說和宗教都是明確反對的！但是，從另一方面看，即使從表層而論，此三家也有種種不同，甚至矛盾。例如，佛家戒殺生，而儒家、道家是不禁止殺生的。孔子「釣而不綱，弋不射宿」，他畢竟還「釣」，還「射」，而「食不厭精，膾不厭細」是他一貫奉行的。儒家祭祀天地山川神靈，祭祀祖宗，都很講究，要用什麼「太牢」「少牢」之類。實踐儒家思想，奉行儒家禮儀，怎麼能不殺生？儒家講「仁」，「仁」是「愛人」的意思，並不是愛禽獸。儒家提倡「仁及禽獸」，是從人類自身的利益出發的，並不是愛禽獸，不殺生。道家也是明確不禁止殺生的。軒轅生奉行「不殺」之戒，用素品祭祀關帝這屬於儒家的神靈，就顯得不倫不類。此外，佛家的「不殺」，當然也是包括，而且首先是不殺人，佛經中，佛及佛門神靈，從來也沒有殺過人或神，哪怕是作惡多端、殺人如麻的鬼子母、央掘羅魔等，佛家也沒有將他們殺死，只是將他們感化、超度。可是，為了表現自己的「不邪」，軒轅生認為，就憑金聖歎改《西廂記》中的一個字，就有可殺之罪！認同殺戮金聖歎，難道符合佛家的戒律？

因此，從總體上說，軒轅生的思想歸屬還是儒家。他的言行事迹，除了「不殺」之外，無一不是嚴格遵循儒家思想。「不淫邪」等，扶貧救困、排難解紛等，只是遵守一般的社會道德觀念，很難確指他是奉行何種學說或宗教戒律，但他對李卓吾、金聖歎的批判，儒家思想表現得更為突出。在譴責金錢的罪惡時，他也明確說「我想天地間，最重者莫過五倫」，這正是儒家的觀念，而與佛家、道家是相

反的。此外，此劇中，還鮮明地表現了軒轅生強烈的民族意識。在第二十七折《鬼傳》中，他為在明清之際因抗拒清朝的剃髮令不肯剃髮而幾陷於死的明遺民作傳，劇中他唱道：「落筆如飛，將這獨行遺民，闡隱微，綱常繫，西山窮餓小夷齊。他當日蹈凶危，只為顛毛數縷。難輕剃，致使梃刃交加血指撝。今亡矣，只餘數卷風霜字，好伴那井中心史、心中心史！」這豈是佛教徒的心聲？

此劇本中的軒轅生，其實就是作者黃周星自己。劇中寫到的軒轅生因為「復姓事件」而受到某些人的攻擊，而寫《復姓紀事》以辯之，這正是黃周星的事。黃周星有《復姓紀事》一文傳於世。劇中軒轅生的種種議論，正是黃周星的議論，如對李卓吾、金聖歎的批評，就是如此。劇中的軒轅生作《將就園記》，而《將就園記》正是黃周星的作品，共有四篇。《黃周星先生遺集》卷二中，又有《將園十勝》和《就園十勝》，詳細介紹他那只見之於文字的兩所園林的諸般勝景。同書卷五《仙凸紀略》，寫其《將就園記》獲得神仙賞識事，與劇中也大體相同。

黃周星無疑是個儒家人物，這一點是非常明確的。他與佛家也肯定有關係，這一點也是肯定的。他與佛家的關係到底如何呢？首先，他讀了佛教的經典，至少是《法苑珠林》之類入藏的著述，有不少佛教的知識，否則，他就無法寫成此劇。這與時代有關。明清易代，士大夫學佛者眾多，一時幾乎成為風氣。當然，各人的情況不同，但他們多多少少學到了佛學的知識，並為己所用，這肯定是相同的。在這樣的背景下，黃周星接觸佛經，是很好理解的。「一生幾許傷心事，不入空門何處銷？」此王維詩也。明王朝滅亡，作為一個身受明王朝恩澤的封建士大夫來說，亡國之痛，當然是深切的。

　　黃周星儘管讀佛經，或關於佛教的書籍，但是，他是經過儒家思想多年薰陶的人，不可能棄儒入釋，這是肯定的。他頭腦中可能會有些佛教思想，但他決不會奉行佛教的戒律，例如，他的喝酒是有名的，臨終前還喝了許多，而佛家是戒酒的。對他說來，連到最基本的「戒殺」都難以做到，因為他不大可能不吃葷，儘管他未必親自動手宰殺，但既然吃葷，也就不能稱得上是「戒殺」的了。

　　那麼，現在的問題是，他為什麼要在此劇中，將儒、釋、道三家捏合在一起呢？注意，是「捏合」，而不是「融合」，因為實在顯得有些勉強，顯得生硬，例如，將「戒殺」也算成「三教總戒」，就是如此，其他一些戒律，作儒家的解釋而貼上三教的標籤，而體現出佛家的功效，也顯得不倫不類。他這樣做，是否定現實社會的需要。

　　用理想社會來否定現實社會，此前人早已有之，例如，孔子以堯舜之世來否定當時的社會，陶淵明用世外桃源來否定當時的社會，就是最普通的例證。可是，先儒對堯舜社會，沒有作細緻的描繪，到底那時的世界好到什麼樣的程度，人們不知道。陶淵明的世外桃源，也不過如此，且格局到底很小。在黃周星時已有的文化存在中，論理想社會，當然是佛經中描寫得最多、最細緻、最恢弘，也是最美好、最神奇，我國古代為數不多的對理想社會的描寫，與佛經中此類描寫比起來，簡直是沒有辦法比。佛經中這些理想世界中，有的過於神奇，沒有了人間的味道，例如，連飯都用不到吃，只要聞聞香味，肚子就飽了，人們成天心如死灰，這樣的理想世界，對現實世界中的絕大多數人來說，缺乏吸引力，而郁單越那樣的理想世界，對他們來說，當然是很有吸引力的。因此，黃周星就用郁單越這一理想世界，來否定現實社會。這一點，在劇中是很明顯的。

　　由否定現實社會，可以導致兩種人生態度，一是改造社會，一是逃避社會。對普通的在野知識份子來說，改造社會體現在用文化來推行教化，簡而言之為「勸世」；逃避社會，不問世事，隱居生活，或幻想逃出這個社會，到另一個理想的社會中去生活，簡而言之為「遺世」。這兩種人生態度，能不能兼而有之？應該是能的，事實上，許多知識份子在面對著黑暗社會時，常是如此的。知識份子好以天下為己任，沒有建功立業的機會，也會自覺地以社會導師的身份教化大眾，信奉「以先覺覺後覺」，而總是以先覺自居，這是一個方面。另一個方面，知識份子面對黑暗的社會，多不會加入到名利的紛爭中去，選擇「隱」，至於隱於朝、隱於市，隱於山林，還是隱於別的什麼地方，那是另外一回事了。其身「隱」而「遺世」，其文則「出」而「勸世」，這二者不是兼而有之了嗎？

　　劇中的軒轅生也是如此。他是個明朝的遺民，是個隱士。第三折《述懷》中，他道：「弱冠而登賢書，壯齡而叨甲第。一官才授，自知素無宦情；九鼎俄遷，誰道頓遭世變。因此籬邊采菊，藏典午之衣冠；井底函經，留本穴之世界。」其中有強烈的民族意識在。另一方面，他又發表言論，抨擊世風，為遺民立傳，排難解紛，這些，甚至連「籬邊采菊」之類隱居行為本身，又都是「勸世」之舉。黃周星也正是如此，我們從上文對他的簡單介紹中，就能得出這樣的結論，已沒有必要作更詳細的闡述。

　　其人，其思想，反映到這劇本中，就形成了「勸世」與「遺世」這兩個方面，而這兩個方面，都有必要借助於佛家文化。

　　先說「勸世」方面。郁單越世界，盡善盡美，相比之下，現實世界是何等醜惡！這就用郁單越世界，來否定現實世界。那麼，我們為

什麼會生活在這樣的世界？第三折中，軒轅生云：「我們只為前世不修，以致墮落於此。」我們又怎樣才能進入郁單越世界？那當然只有精修「十善」之類。第二折中，造化之神道：「世間修十善行及積德累功的好人，命終之後，便得托生其地」，又說軒轅生就是會如此。於是，此劇有了「勸世」的效果。傳統儒家推行教化，也是「勸世」，而黃周星為什麼要捏合進佛家文化來「勸世」呢？第一，正如上文所云，儒家的理想社會，無法與郁單越相比，對大眾的吸引力，也是如此。第二，儒家雖然也講「因果」，但遠沒有佛家那樣突出，佛家之「因果報應」，是一條鐵律。也正因為如此，對缺乏文化、文明程度不高的普通大眾來說，佛家教化的效果，要比儒家教化的效果來得好，這是個事實，也是佛教在我國得以發展得蓬蓬勃勃的主要原因之一。「十善」內容，此劇中都在儒家思想範疇內，作了解釋，也就是將「十善」作了儒家化，將儒家思想的內容，捏合進某些佛家思想，貼上佛家的標籤，既借助於佛教因果報應的鐵律，以增強儒家教化的功效，又為進入郁單越世界，提供了邏輯上的工具，也使劇情得以展開。

再說「遺世」方面。古代文人，面對黑暗的世界，面對惡劣的環境，常常會產生「遺世」的思想感情。蘇軾欲「羽化而登仙」，欲「乘風歸去」，就是最普通的例證。文學作品中，種種幻想的世界，其中許多就是「遺世」的相關體現，人們幻想著離開現實世界，到他們所幻想的世界中去。如黃周星本人，在其《楚州酒人歌》中，就描繪過這樣的世界：「以堯舜為酒帝，羲農為酒皇。淳于為酒伯，仲尼為酒王。陶潛、李白坐兩廡，糟粕餘子蹲其旁。門外醉鄉風拂拂，門內酒泉流湯湯。幕天席地不知黃虞與晉魏，裸裎科跣日飛觴。一斗五

斗至百斗，延年益壽樂未央。請為爾更詔西施歌、虞姬舞，荊卿擊劍，彌衡撾鼓。玉環、飛燕傳觥籌，周史、秦官奉罍甒。與爾痛飲三萬六千觴，下視王侯將相皆糞土！」他幻想「遺世」而進入那樣的世界。此劇中「遺世」的思想感情，是通過軒轅生來表現的。他遺棄現實世界，進入到郁單越、天堂這樣的超現實世界，這與前人相比，有很大的不同之處。屈原想遺棄他的現實世界——他的祖國，而終於未能，他難以割捨他對祖國的感情，因為，他是與國君同姓之卿，只能與其宗國共存亡，與異姓之卿有很大的不同，所以，他不能離開祖國到別的諸侯國去謀求發展，甚至在想像中，他也不肯離開祖國，這在他的《離騷》中表現得非常明顯。蘇軾欲「羽化而登仙」而終於沒有，「我欲乘風歸去」而還是恐怕「高處不勝寒」，而覺得「起舞弄清影，何似在人間」，終於選擇不離開現實世界。可是，黃周星卻選擇了離開。這說明，至少是在他看來，他所面對的社會比前人所面對的更加糟糕！糟糕在什麼地方？因為在他看來，他所忠於的明王朝已經滅亡，國土已經淪為異族的天下，不僅是亡國，而且是「亡天下」！明清之際，許多士大夫採取確確實實的遺世行為——自殺，正是出於這樣的亡國之痛。八大山人朱耷畫蘭，畫蘭裸根而不畫蘭生土上，也是寓國土淪喪的亡國之痛！此劇中黃周星使軒轅生離開現實世界而進入超現實的郁單越、天堂，最後永久地居住在天堂，後來黃周星投水自殺，真正地「遺世」，也都是出於同樣的原因！他這種「遺世」思想和行動的背後，是宗教的力量，還是儒家思想的力量？就其時代來看，就其全人來看，主要是儒家思想的力量。一種思想到了僵化的程度，與宗教的差別也就不多了，儒家思想也是如此。

　　在劇中，長期強烈吸引軒轅生的，是郁單越，但後來，他只是參

觀了一次郁單越,最後永久定居在天堂。這樣的安排,我們也可以放到「勸世」和「遺世」中來分析。本來的目標是郁單越,但最後不僅可以到郁單越,而且可以到天堂,天堂比起郁單越來,有仙、凡之殊,因此,其喜遠遠地超出了希望之外,這就大大加強了「勸世」的功效。就「遺世」而論,這稍微複雜一些了。四大部洲都是人間,都屬於上天管轄,天堂高踞其上。四大部洲之中,郁單越儘管遠遠勝於南贍部洲,但從空間而論,它們是並列的,從性質而論,也都是人間世界,也是並列的。對生活在南贍部洲的人而言,郁單越也就是「外國」而已。「遺棄」自己生活的世界,「遺棄」祖國,「遺棄」祖宗墳墓所在的父母之邦而赴「外國」享受生活,這是頭腦中充滿了「夷夏之辨」的傳統士大夫、甚至普通老百姓所難以接受的。再說,佛教儘管在黃周星生活的時代早就已經中國化,但它畢竟是外來宗教,郁單越是佛教中的地方,以其地為歸宿之處,具有正統儒家思想的士大夫,也是無法接受的。天堂是四大部洲所共同的,主其事者,出入於其間者,都是中國文化中的神靈。就是儒家經典中,也有天帝的存在。「遺世」以後,其人何往?不往「外國」,不往外來宗教中的理想世界,而是以中國文化中的理想世界為歸,而到此時我們才明白,佛教中的理想世界郁單越,只是突出天堂的鋪墊之物而已!對充滿儒家思想的士大夫說來,這才是他們「遺世」後欲所往之處。蘇軾「羽化而登仙」,到有「瓊樓玉宇」之處,是如此,軒轅生是如此,黃周星也是如此。我們真心地希望黃周星抱著「遺世」後昇天堂的憧憬而投水,也希望他確實地昇入天堂,永久地生活在那裏!

　　古代的知識份子,面對著不如意的社會環境,常一身而兼「勸世」、「遺世」,而此劇則是一劇而兼「勸世」、「遺世」,而「遺

世」之中，又有強烈的民族意識和時代激情在。這就是此劇的主題所在。

此劇在結構方面，有個很明顯的特點：第二大部分中，寫兩個世界：郁單越世界和現實世界。這兩個世界，是平行展示的，也就是說，在主要的篇幅中，是一折隔一折分別寫這兩個世界的。這相互隔絕的兩個世界，用這樣的方法來展示，就效果而論，對觀眾來說，是拉近了這兩個世界的距離，近似於現代電影藝術中的「蒙太奇」，突出了其間的聯繫：在現實世界修行，就有希望進入郁單越世界，郁單越世界離現實世界並不遙遠。

此劇在結構上的另一個特點是：奇峰突起。對郁單越世界細緻的表現和盡情的渲染，最後，天堂出現，對天堂並沒有多少描繪和渲染，但呂洞賓等的評論和軒轅生的選擇，天堂顯然是壓倒了郁單越。對郁單越世界細緻的表現和盡情的渲染，都成了寫天堂的鋪墊：郁單越夠美的了，天堂之美，還在郁單越之上，有多麼美，觀眾自己去想象吧！觀眾可以在郁單越的基礎上，根據各自的生活經驗和知識，展開豐富的想象，而此劇對天堂的描繪，就通過如此的避實就虛，可以收到很好的效果。

此劇也有不足之處。這突出地表現在，沒有多少戲劇衝突，更沒有中心的戲劇衝突，太散文化。展示郁單越世界是如此，表現軒轅生的言行事迹也是如此。散文化的戲劇，適合於人像展覽式，但此劇除了軒轅生外，又沒有成功地展覽什麼具有鮮明個性的形象，更沒有以此來反映人生百態。散文化的戲劇，應該由一個個的小衝突組成，這樣才能在沒有中心衝突線索的情況下，以吸引觀眾，但該劇也沒有做到這一點，顯得相當平淡，若用於演出，整體戲劇效果怕不會怎麼

好。

　　對郁單越世界的展示，特別是直接展示其美妙的部分，根本沒有戲劇衝突可言，只是展示而已，這就很難繼續下去，用兩個世界交叉展示的方法，也是為了在一定程度上彌補劇情單調的不足。這樣兩個世界交叉展示，又會有新的問題：軒轅生的言行事迹遠沒有展示完，但郁單越世界就沒有什麼可以在戲臺上展示了。於是，作者又增添了有關武戲，來與現實世界繼續保持平行，這就是第十九折《魔訌》、第二十一折《籌魔》和第二十三折《戢魔》。阿修羅魔王作亂，欲興兵佔領郁單越。郁單越的保護神毗沙門天王與哪吒等謀求對策，並求得了摩支利天大士的支援。阿修羅領兵進犯郁單越，毗沙門、哪吒等與戰，不敵，摩支利天大士相助。阿修羅戰敗，入蓮池藕孔中藏身。郁單越洲居民，卻竟然對這些絲毫不知，可見他們的福分是多麼大！這三折戲，儘管好像是為了拉長篇幅，可以與現實世界的部分繼續平行下去，但卻可以稱為這部戲中的神來之筆！在沒有什麼戲劇衝突、沒有什麼吸引人的情節的表演拉了好長時間的情況下，突然來幾折武戲，觀眾的興味，會陡然大增，免得他們會感到乏味而戲沒有演完就走掉。此外，這樣的安排，還有很深的意義在。明清易代之際，百姓飽受了戰亂苦難，這些苦難，對絕大部分觀眾，當是記憶猶新，看了這折戲，即使未必唏噓，感慨一番，那是肯定的。於是，現實世界與郁單越世界的差別，在觀眾頭腦中，也就更加深刻了。

　　戲中對超現實世界的描寫，固然是超現實的，但對現實世界中軒轅生的描寫，有些部分，也是超現實的，如功德大天與黑暗女神兩姐妹試軒轅生、軒轅生救被地獄中貪官污吏迫害的鬼魂之類即是。這就使得此劇神話劇的色彩得到了突出。不過，有些部分，卻是地道的寫

實，如軒轅生批評李卓吾、金聖歎、復姓風波等，事實上這些都是黃
周星自己的事，助貧、排難解紛等，也很可能有本事。因此，此劇也
體現了高度寫實與高度虛構的一種結合。

論馮惟敏雜劇《僧尼共犯》

　　人們諸欲望之中，色欲最是難除，佛經中屢屢言之。我國士大
夫，也有「養生難在去欲」之歎。正因為如此，佛家列色戒為大戒。
也正因為如此，色戒最容易被突破。

　　我國文學作品和各類記載中，犯色戒的僧尼和男女道士很多。再
作進一步的考察，就會發現這樣一個現象：和尚和道士犯色戒者，幾
乎都是被否定的，都是反面形象。尼姑和女道士犯色戒者，倒是有被
肯定的，成為正面的形象，例如，元石子章雜劇《秦修然竹塢挺琴》
中與書生秦修然相愛的女道士鄭彩鸞，明人高濂《玉簪記》傳奇和話
本小說《張于湖誤宿女貞觀》中與潘必正相愛的女道士陳妙常，明末
清初無名氏傳奇《玉蜻蜓》和小說《赫大卿遺恨鴛鴦絛》、彈詞《玉
蜻蜓》（芙蓉洞）中明宰相申時行的尼姑母親等，只是這樣的例子不
多。這是什麼原因呢？古代社會中，就總體而言，女子是男子支配的
對象，人們的觀念如此。男子出家為僧道，意味著脫離了世俗世界，
不結婚，也就是不參與對世俗世界女子的支配。僧人道人犯色戒，涉
及的女子，一般是世俗社會中人，這意味著脫離了世俗世界的男子，
又來染指於本當由世俗世界男子支配的女子，這是世俗世界的男子所
無法容忍的。尼姑和女道士犯色戒，所涉及的男子，一般也是世俗社
會中人，像陳妙常等一樣，這意味著已經脫離世俗社會、已不由世俗

男子支配的女子，仍然接受世俗男子的支配，因此，只要沒有危害世俗社會、危害男子的行為，尼姑或女道士犯色戒，就可以為世俗男子所接受，為世俗社會所接受，就像陳妙常等那樣。古代社會是以男性為主流的社會，涉及到僧尼和男女道士犯色戒的文學作品，都出於世俗男子之手，他們在此類問題上的觀點，代表著社會的觀點。正因為如此，社會對出家人犯色戒，有著性別方面的不公平。

那麼，如果出家人犯色戒，對世俗社會不構成任何危害，不涉及到世俗的男男女女，只是他們出家男女之間的事，上文說的對犯色戒僧尼和男女道士的不公平，即使不完全消除，其程度也會輕得多。明代山東作家馮惟敏所作雜劇《僧尼共犯》就是一個特出的例子。此劇情節，很是簡單：龍興寺青年和尚明進，與碧云庵青年尼姑惠朗偷情，被巡夜者拿住送官。巡捕官吳守常知其情，乃判兩人還俗成婚。二人欣喜從命。

此劇的主題，十分明確，乃是提倡、鼓勵出家人拋棄空門的清規戒律，回到世俗社會，追求世俗的幸福生活。此劇中，犯了色戒的僧尼，都是作者肯定乃至讚揚的對象。可以這樣說，我國文學作品中，僧犯色戒而被肯定者，明進是第一人。尼犯色戒而被肯定的，為數不太多，但惠朗是一個。

此劇作者，慫恿出家人還俗，而取色戒為突破口。作者讓明進突破色戒，在選擇相關的女性這一問題上，是有講究的。且看明進自己的選擇：

> 俺和尚家要向俗家抄化佈施呵，遇著不老實的婦人，和他擠眉溜眼，調順私情，俺也會跳牆，他也會串寺，這個也是常事。

則怕一時間被人拿犯了，布瓦擦頭，卻難禁受哩。

不能選擇世俗女子，於是，他把目光轉向出家女子：

> 古往今來，天下庵觀，有僧人便有尼姑，有道士便有道姑。這
> 都是先代祖先遺留下來的，俺想起來，這便是為俺出家人放一
> 條生路。

於是，他選擇了尼姑惠朗。於他自己而言，這樣的選擇，可以避免世
俗的干擾。如上文所言，世俗女子是世俗男子的支配對象，男子既已
出家，就已不在支配者之列了，不要說有夫之婦、待字之女，就是寡
婦，社會也不能讓他染指了。於作者而言，若是寫作品鼓勵出家人中
的青年男子以色戒為突破口追求世俗的幸福生活，而選擇世俗女子為
賴以突破色戒的對象，就很難為社會所接受，甚至無法為社會所容
忍，選擇出家人中的年輕女子，則是安全的。其間道理，上文已言
之。此外，劇本作這樣的安排，讓一對佛門男女雙雙以對方為自己突
破色戒的對象，能使主題更加突出：出家人不分男女，都應該回到世
俗社會，追求世俗的幸福生活。

　　我國士大夫反對佛教，一般是以儒家思想為武器，此劇在開頭也
是如此，明進云：

> 古先聖賢有云，有天地，然後有夫婦，有夫婦，然後有父子。
> 男女居室，人之大倫。古先聖人，制為婚姻之禮，流傳後代，
> 繁衍至今。

佛門清規戒律，與此相違背。不過，這段文字，明顯是裝點門面的，因為，佛教戒出家人結婚，固然不合「先古聖人」所制定的「婚姻之禮」，而偷情當然也不合此「婚姻之禮」。實際上，此劇不是用儒家思想來反對佛教，而是用人性來反對佛教。人性與佛教的反人性之間的矛盾，是此劇的基本矛盾。

此劇中，明進、惠朗代表佛門中追求人性解放的力量，而沒有角色代表佛門中反人性的力量。明進、惠朗嚴重違反戒律，而佛門之中，竟然無人出來「護法」，佛門因為反人性而不得人心，也就可想而知了。既然如此，戲劇矛盾又如何展開呢？

矛盾在主人公的心裏展開。作為佛門弟子，男女主人公對佛門的種種清規戒律、觸犯這些戒律（特別是色戒）的後果，都是很清楚的。此其一。其二，佛家很大程度上是通過形象來推行其教化的，因此，古人常把佛教稱為「像教」。佛寺中那些佛教神靈的像，就起到強化佛理教育的功能。這些神靈的形象，對接受過佛門教育的青年出家人來說，其威懾力，應當大於它對普通人的威懾力。明進、惠朗偷情之處，就是擺著這些奇奇怪怪神靈形象的佛堂！這時，他們所受到的威懾力，又當遠遠大於平時所受。但是，在他們心裏，對愛情幸福的追求，完全壓倒了平日所受佛門的教育和恐嚇，也完全壓倒了眼前這些神像的威懾力！更何況，這些神靈的像，就在準備偷情的他們眼前！這樣的安排，既是對佛教的盡情嘲弄，又是對人性戰勝佛教的刻意渲染：

（明進）【六么序】呀，釋迦佛鋪苫著眼，當陽佛手指著咱。把
　　一尊彌勒佛笑倒在他家。四天王火性齊發，八金剛怒發渣沙，

　　　掄起金甲，按住琵琶，撚轉鋼叉，切齒磨牙。挪著柄降魔杵神
　　　通大，則待把禿驢頭擄了還擄。羞的個達摩面壁東廊下，惱犯
　　　了伽藍護法，赤煦煦紅了腮頰。

　　對正準備在那裏偷情的他們來說，恐怖之甚，是不難想像的，明進就
不免害怕起來。可是，惠朗云，釋迦佛鋪苦著眼，是「那垂簾打坐的
像」如此，並不是不願意見到他們偷情；當陽佛手指所指，也是其像
本來就是如此。彌勒佛大笑，是笑這個世界不好，不是笑他們偷情。
神像們如此兇惡，「是風調雨順的法緣，降伏邪魔的意思而已。」達
摩面壁，是取其面壁九年的故事，伽藍護法臉紅，是因為關羽是個紅
臉漢，如此而已，與他們偷情，都沒有關係，因此，他們沒有必要怕
這些神靈。他們也知道，按照佛家的說法，作惡業之人，「入地獄，
墮輪迴，椎搗磨研」，但是，他們「說來的磨研椎搗都不怕，見放著
輪迴千轉，也只索捨死捱它。」「想人生夢一場，且不上西天罷。鎖
不住心猿意馬，使做到見性成佛待怎麼，念甚的《妙法蓮華》。」他
們所受的佛門教育，佛教提倡者苦心經營的神靈威懾，在他們追求愛
情幸福的激情的衝擊下，頃刻便崩潰無遺了。

　　　第二、第三折巡捕官審問偷情被捉拿的明進、惠朗，其形式上也
表現為佛家戒律與犯戒律者之間的矛盾。巡捕官不信佛教，深知佛家
戒律的反人性和佛門戒律之虛偽，但他就其職責發問，問二人的持戒
情況。二人不知對方真實思想，誇張地表現自己守戒之嚴，戲劇效
果，由此而生，諷刺戒律之反人性、佛門子弟守戒之虛偽的主題，也
隨之而得到加強：

> 官問：「那禿廝們，既不肯守戒，也會吃酒麼？」
>
> 明進答：「小僧一點酒珠兒也不吃。」
>
> 官問：「也慣吃肉麼？」
>
> 明進答道：「小僧一點兒肉星兒也不吃。」
>
> 惠朗云：「俺自幼天戒，從小做好孩兒，葷酒不曾嘗著，但聞著葷酒氣兒，就頭疼惡心，恰似害孩子的一般，成月家不好。」
>
> 官云：「你們說的來都是老實話？只是俺這樣胡突官兒，不十二分信你。」

　　更可貴的是，在此劇中，兩佛門青年男女所追求的，不僅僅是愛情，而是整個世俗的幸福，是整個人性的解放，這就使得此劇避免墮入低格調，反佛教意義也就更加深廣，不僅僅是反對佛教之禁色欲，而且反對佛教對整個人性的壓抑與摧殘，鼓勵佛門弟子求人性解放，擺脫佛教的統治，回歸世俗社會，享受世俗的幸福。

　　第四折著意渲染二人回到世俗社會後的歡快與幸福：

> 明進云：「往常時和你吃鍾酒兒，也是偷嘴，配個對兒，也是偷情。今日要大擺筵席，明白成親，請證人，叫吹鼓手，準備著行禮者。」
>
> 惠朗云：「咱們也會吹打一弄兒。」「穿一套彩羅衣，畫兩道遠山眉，打疊起降龍法，丟剝了遮虎皮，再不受孤淒。一弄兒油調蜜，也不怕離，一團兒膠共漆。」

女為悅己者容。惠朗著意打扮，明進評論，更是化用漢樂府詩中常用的鋪排、渲染手法，而又以問答出之，合於戲劇體制。如云：

> 明進云：「你怎麼打扮出來，我試看者。」
>
> 惠朗云：「此時正是暮春天道，我做了一套羅裙衫兒穿著，你看如何？」
>
> 明進云：「正好可體。又合時樣。不強似北布直綴，老鼠皮中袖也。再看你那頭腦如何梳妝？」
>
> 惠朗云：「我買了三件兒，一頂醬蓋似大鬏髻戴著，一綹黑鬒鬒長珊珊的頭髮，挽著一方金花大手帕，連耳帶腮，緊緊的勒著，你與我剃兩道曲曲彎彎柳葉眉耳，方才相稱者。」
>
> 明進云：「又好又好。再看你那刀麻兒如何縶作。」
>
> 惠朗伸足云：「你看。」
>
> 明進云：「滿面繡花鞋，比常時添上了個翹生生尖頭兒。若不是這花樣呵，還像僧鞋差不多兒。」
>
> 惠朗云：「要也不難，只是還欠工夫。」
>
> 明進云：「天下無難事，只怕慢慢來。人都道蘇州頭，杭州腳，似這等人物，蘇杭也去得了。」

除了這些形象的誘惑外，劇中毫不掩飾地鼓勵出家人還俗。明進云：「俺看那不還俗的僧尼們，幾時能夠出水呵！」「再過幾年不出寺門，俺做了老法師，你做了老姑子，再有什麼出產也？」勸出家人還俗、提倡解放人性之旨，十分明顯。

此劇之產生，有其社會背景。馮惟敏（1511－約 1580）生活在明代

後期，其時，人文思潮興起，人性被推到前所未有的高度，思想界、文學界，肯定人欲的內容不少，而作為人欲重要內容的色欲，其被張揚的程度，亦前所未有。這些，前人都已經做了詳細的論述，此不贅述。社會風氣如此，叢林亦受影響。如《僧尼孽海》等通俗小說，記僧尼犯色戒事極多。此劇中不止一次地暗示，佛門之中，已經無人守戒。如明進云，出家人有男有女，「這便是為俺出家人放一條生路，若無這條路兒，哪一個獸狗骨頭肯出家也？」當二人不肯承認偷情時，巡捕官吳守常云：「俺自小在寺院讀書之時，不知見了多多少少的事，怎生瞞的我？」全劇沒有一個守戒的和尚，更不要說護法和弘法了。叢林已然如此，出家人何不還俗，堂堂正正地過世俗的生活，坦坦蕩蕩地張揚人性？

第五編
佛教與中國文學作品研究
（四）

佛教對中國古典詩歌影響概觀

一、東晉、南朝詩與佛教

　　佛教對我國古典詩歌的影響，始自東晉。兩晉之時，玄風大暢，其學號為玄學。沈約《宋書·謝靈運傳論》所謂「為學窮於柱下，博物止乎七篇」是也。其時佛經正開始大量傳入。佛經亦多玄理，啓人玄思，助人玄談，自然為玄學提供了新的天地。於是佛教遂在士大夫中流行。達官名流研習佛經、與僧人往來諸事，見諸《世說新語》、《搜神記》、《晉書》等載籍者不少。

　　玄風之行，及於詩壇。西晉末，玄言詩風開始形成，至東晉而大盛。鍾嶸《詩品》云：「永嘉時貴黃老，稍尚虛談，於時篇什，理過其辭，淡乎寡味。爰及江表，微波尚傳。孫綽、許詢、桓（溫）、庾（亮）諸公詩，皆平典似《道德論》。」與佛理注入玄風的現象相

應，時人詩歌中，始有佛理。於是玄言詩中，有言佛理者這一新品種。《宋書·謝靈運傳論》云，東晉後期，「（殷）仲文始革孫（綽）許（詢）之風，叔元（謝混）大變太原之氣。」「孫許之風」、「太原之氣」，皆指玄言詩風。劉勰《文心雕龍·明詩》亦云：「宋初文詠，體有因革。莊老告退，而山水方滋。」一般也認為，劉宋謝靈運、謝朓等山水詩風興，玄言詩就告消歇。事實並非如此。玄理山水，並非水火，同存於一詩者，在在有之。包括言佛理在內的玄言詩風，一直終六朝而未息。

六朝玄言詩歌中之言佛理者，或直以議論發之，或於描繪山水風景時發之，或由事件發之，而按其因緣言之，實主要有以下數種。

一，僧俗交往而作詩歌言佛理。張翼乃最早於詩歌中言佛理的詩人之一。其《贈沙門竺法頵三首》之一：「鬱鬱華陰嶽，絕雲抗飛峰。峭壁溜靈泉，秀嶺森青松。懸岩廓崢嶸，幽谷正廖籠。丹崖棲奇逸，碧室禪六通。泊絕清神氣，緬邈矯妙蹤。止觀著無無，還淨滯空空。外物豈大悲，獨往非玄同。不見舍利弗，受屈維摩公。」詩中用「丹崖」二句承上啓下，連接上下兩部分。前部分純寫景，後部分純言佛理。又《答庾（康）淵僧詩》云：「茫茫混成始，豁矣四天朗。三辰還須彌，百億同一象。靈和陶氤氳，會之有妙常。大慈濟眾生，冥感如影響。蔚蔚沙彌眾，粲粲萬心仰。誰不欣大乘，兆定於玄曩。三法雖成林，居士亦有黨。不見蚪與龍，灟鱗凌霄止。沖心超遠寄，浪懷邈獨往。眾妙常所希，維摩余所賞。苟未體善教，與子同仿佛。悠悠誠滿域，所遺在廢想。」此則純言佛理者。西域僧人康僧淵《代答張君祖（翼）詩》幾乎純言佛理，《又答張君祖詩》則佛理而參乎寫景。竺僧度出家後，其未婚妻楊苕華贈書信和詩歌勸其還俗，僧度

作《答茗華詩》，針對茗華所言，一一以佛理答之。

二，詠及寺院等而言佛理。此類詩歌，多山水與佛理共存一詩者。謝靈運《登石室飯僧詩》云：「迎旭臨絕嶝，映泫歸激浦。鑽燧斷山木，掩岸墐石戶。結架非丹甍，藉田資宿莽。同遊息心客，暖然若可晞。清霄颺浮煙，空林響法鼓。忘懷狎鷗鰷，攝生馴兕虎。望嶺眷靈鷲，延心念淨土，若乘四等觀，永拔三界苦。」此詩描寫山水，的是大謝特色，後幾句則純為佛理。又其《石壁立招提精舍詩》則寫景與言佛理相間，而以後者為多，然「絕溜飛庭前，高林映窗裏」之句，寫景如畫，亦可賞。此外，此類寫景與言佛理共存的詩歌還有蕭統《開善寺法會詩》、《鍾山講解詩》，蕭綱《往虎窟山寺詩》、《望同泰寺浮屠詩》、《旦出興業寺講詩》，孔燾《往虎窟山寺詩》，王臺卿《奉和往同泰浮屠詩》，釋慧遠《廬山東林雜詩》，廬山道人《遊石門詩》等。

三，由佛教活動而言佛理。此類詩歌多以言佛理為主，而於具體之事情，反不詳及。如江淹《吳中禮石佛詩》，沈約《八關齋詩》，蕭統《同泰僧正講詩》、《東齋聽講詩》、《講席將畢賦三十韻詩以次韻》，梁宣帝蕭理孫《迎舍利詩》，江總《營涅槃懺還途作》、《至德二年十一月十二日昇德施山齋三宿決定罪福懺悔詩》，支遁《五月長齋》、《八關齋詩三首》等，皆滿篇佛理。蕭統《同泰僧正講詩》則稍殊，於其事情描繪稍多。蕭子良《後湖放生詩》云：「釋焚曾林下，解細平湖邊。迅翮摶清漢，輕鱗浮紫瀾。」僅言其事情而不及佛理，可視為此類詩歌中之別調。

四，專為宣講佛理而作。如王齊之《念佛三昧詩四首》，支遁《四月八日讚佛詩》、《詠八日詩三首》、《述懷詩二首》、《詠大

德》、《詠善見道人詩》，廬山沙彌《觀化決疑詩》，釋史宗《詠懷詩》，釋慧淨《雜詩》，蕭衍《會三教詩》、《十喻詩五首》，劉孝綽《賦詠百論捨罪福詩》，蕭綱《蒙預懺直疏詩》、《蒙華林園戒詩》，王筠《奉和皇太子懺悔應詔詩》、《和皇太子懺悔詩》等，都宣講佛理。此類詩，理勝於文，表現得最為突出。然蕭綱《十空詩六首》中，佛理以詠物出之。如其中《水月》云：「圓輪既照水，初生亦映流。溶溶如潰璧，的的似沈鈎。非關顧兔沒，豈是桂枝浮。空令誰雅識，還用喜騰猴。萬景若消蕩，一相更何求。」形象何等美麗，佛理又隨而發之。可惜這樣的詩在六朝極少。

其時北周詩壇的情況，與南朝詩壇形成鮮明的對照。北朝詩歌中，很難找到佛教內容。庾信詩歌中有之，如《奉和闡弘二教詩應詔詩》、《奉和同泰寺浮屠詩》、《奉和法筵應詔詩》等數首，不過都是他在南朝梁時所作。他入北周後所作，幾乎沒有佛教內容，即如《和侃法師三絕詩》這樣的題目，詩中也全無佛理佛語，與和士人所作毫無分別。《廣弘明集》所載周僧人亡名所作《五苦詩》、《五盛陰詩》，俱言佛理。然亡名曾事梁武帝，深獲武帝禮遇，梁亡，又遠客岷蜀，故此二詩，當是他在南朝所作，至少不大可能在北朝作。時南北雖為敵對，官員士大夫，不能自由往來，然僧尼往來，不受當局阻攔。例如，侃法師能自由赴南朝，庾信則不能。佛經之傳播，亦未受南北隔閡多少影響。北朝帝王和高級官員，也大多好佛。然則何以北朝缺乏寫佛教內容的詩歌？

問題在於社會政治、文化環境。六朝帝王高官，絕大多數有較高的文化修養，好玄學，好風雅。他們好佛，所重者乃佛理義理之學，亦即所謂「義學」，這是他們好玄學的擴展。以佛理入詩，是他們寫

老莊道家思想玄言詩的擴展。上行下效，以佛理入詩，就形成了風氣。特別是帝王、太子好之，影響力尤大，觀以「奉和」一類為題寫佛理的詩可知。北朝社會的政治文化環境，與南朝的大不相同。北朝帝王和貴族，起自朔漠，文化修養都不高。佛理深奧玄妙，他們既缺乏研習能力，更沒有那種興趣。他們之好佛，唯在於求福報而已。好在佛教研習方法，不限於明瞭義理一途，如供養僧人、佈施、製造經像等皆是也。他們之好佛，正是表現在刻佛像和請僧人坐禪、誦經等等，以此希求福報。上行下效，遂成風氣。北朝自然也有士大夫，但是，在這樣的環境中，他們既不宜仿效南朝士大夫煽玄風、講佛理而在詩歌中表現佛理，又不屑於將那些頗為初級的信佛方式寫入詩歌中而貽笑南朝士大夫，故寫詩歌時，便幾乎不涉及佛教內容。

二、隋唐詩與佛教

隋唐詩歌之有佛理、佛典者，大致有三類。一是基本上沿六朝之風，發為佛理，原本經論，語尚典雅。或純為言佛理而作，或於與僧尼、居士交往詩歌中發之，或點綴於山水描繪之中，或由佛教活動發之。如王維《與胡居士皆病寄此詩兼示學人》、《酬黎居士淅川作》等，白居易《讀禪經》，柳宗元《晨詣超師院讀禪經》、《法華寺石門精舍三十韻》、《巽公院五詠》，劉禹錫《謁柱山會禪師》等等。與六朝相比，此類詩歌中，佛理的比例明顯為小。

第二類，以王梵志和寒山、拾得的詩為代表。此類詩歌言佛理，不假山水，不假寺院或僧人居士為因由，就是言佛理而已。與六朝言佛理詩之語言典雅、原本經論、深奧玄妙大不相同，他們所作，通俗易懂，明白淺顯。六朝士大夫寫詩言佛理，為求時髦也好，為固寵求

位而學步也好，確有領悟而作也好，都是將佛學當作一門高深的學問，他們詩歌的閱讀對象，不出士大夫圈子。王梵志、寒山和拾得所作，則是佛理的普及作品。所言佛理，也經過一番融化改造功夫，與六朝相比，離經論為遠。王梵志把佛理的某些部分與我國固有的道德禮儀一起宣揚，以行教化。不分儒釋道，他認為社會教化需要的，就入詩歌宣傳。這體現了儒釋道的相容相補，共同作用於社會。可以說，王梵志是最早合這三種學說為用的人物之一。其詩言佛理者如：「欺誑得錢君莫羨，得了卻是輸他便。來生報答甚分明，只是換頭不識面。」又：「世無百年人，強作千年調。打鐵作門限，鬼見拍手笑。」又：「城外土饅頭，餡草在城裏。一人吃一個，莫嫌沒滋味。」寒山所作，教化意味弱於梵志所作，形象性則強於梵志所作。如：「大海水無邊，魚龍萬萬千。遞互相食啖，穴穴癡肉團。為心不了絕，妄想起如煙。性月澄澄朗，廓爾照無倫。」又：「東家一老婆，富來三五年。昔日貧於我，今笑我無錢。渠笑我在後，我笑渠在前。相笑倘不止，東邊復西邊。」從總體而言，寒山所作，語言雅於梵志。拾得所作佛理詩，遠多於寒山，然說理性較強，形象性遠不如寒山。如：「世間億萬人，面孔不相似。借問何因緣，致令遭如此？各執一般見，互說非兼是。但自修己身，不要言他己。」又：「若解捉老鼠，不在五白貓。若能悟理性，那由繡荷包。真珠入席袋，佛性止蓬茅。一群取相漢，用意總無交。」此類詩歌是六朝言佛理詩風的一種新變。白居易、范成大一些言佛理的詩歌，一定程度上受此類詩歌的影響。宋王安石、清江湜則分別有仿寒山、拾得之作多首。但是，總的說來，此類詩歌在後世繼響無多。

比以上所論兩類詩的總和還要多得多的是第三類詩。這類詩是以

佛理佛典為表現主題服務。在這一類詩歌中，詩人不是利用寫景敘事
抒情之機會宣講佛理或者羅列佛典，而是以佛理佛典為抒情言志達
意、寫景狀物敘事服務。隋煬帝楊廣《正月十五日於通衢建燈夜昇南
樓詩》云：「法輪天上轉，梵聲天上來。燈樹千光照，花焰七枝開。
月影疑流水，春風含夜梅。幡動黃金地，鐘發琉璃臺。」唐人崔液
《上元夜》云：「神燈佛火百輪張，刻像圖形七寶裝。影裏如聞金口
說，空中似散玉毫光。」此乃以佛理佛典美其景其事。王維《過福禪
師蘭若》：「羽人飛奏樂，天女跪焚香。」《過香積寺》：「薄暮空
潭曲，安禪制毒龍。」《登辨覺寺》：「竹徑連初地，蓮峰出化
城；」「空居法雲外，觀世得無生。」《青龍寺曇壁上人兄院集》：
「眼界今無染，心空安可迷。」《投道一師蘭若宿》：「鳥來還語
法，客去更安禪。」《燕子龕禪師》：「救世多慈惠，即心無行作。」
用佛理佛典，或美其地，或美其人。沈佺期《九真山淨居寺謁無礙上
人》，孟浩然《還山貽湛法師》、《登總持寺浮屠》，王縉《遊悟真
寺》，劉長卿《喜鮑禪師自龍山至》、《贈普門上人》等，也是如
此。杜甫《贈蜀僧閭丘師兄》：「漠漠世界黑，驅車爭奪繁。惟有摩
尼珠，可照濁水源。」讚佛法而其旨在抨擊黑暗現實。白居易《贈曇
禪師》：「欲知火宅焚燒苦，方寸如今化作灰。」抒發其經歷宦海沈
浮後的感受。《寓言題僧》：「劫風或起燒荒宅，苦海波生蕩破船。
力小無因救焚溺，清涼山下且安禪。」乃是對現實的失望。《題孤山
寺山石榴花示眾僧》：「色相故關行道地，香塵擬觸坐禪人。瞿曇弟
子君知否，恐是天魔女化身。」以佛理佛典，極言石榴花之美。柳宗
元《與浩初上人同看山寄京華親故》：「若為化得身千億，散上峰頭
望故鄉。」《聞徹上人亡寄侍禦楊丈》：「空花一散不知處，誰采金

英與侍郎？」皆以佛理佛典抒情。劉長卿《獄中見壁畫佛》：「不謂
銜冤處，而能窺大悲。獨棲叢棘下，還見雨花時。地狹青蓮小，城高
白日遲。幸親方便力，猶畏毒龍欺。」此則以佛理佛典抒發其怨憤，
尤為切合。至於呂溫《戲贈靈徹尚》：「僧家亦有芳春興，自是禪心
無滯境。君看池水湛然時，何曾不受花枝影。」此則是利用佛理跟僧
人開玩笑了。

隋唐詩歌中，凡是與佛教有關的題目，絕大多數總要涉及一些佛
理佛典。甚至一些與佛教無關的題目，也是如此，如白居易《臨水
坐》等。《全唐詩》中，有佛理佛典的詩歌，較為常見。究其原因，
實與其時文化環境有關。隋唐時，佛教興盛。佛經漢譯、對佛教義理
之學的研究，都成就斐然。中國佛教的宗派，大多形成並極盛於隋
唐。隋唐寺院，較南南朝四百八十寺更多。許多外國僧人，來到中國傳
播或學習佛學。這些都是佛教繁榮的主要事實。其次，其時達官顯
貴、士大夫，好佛者多，與僧人居士交往，幾乎成為一種風氣。《全
唐詩》中，稍有一點名氣的詩人，總有若干首與僧人交往的詩。連以
辟佛著稱的韓愈也是如此。再次，佛學自東漢傳入我國，佛教常識，
包括基本觀點、常用典故辭彙等等，至唐代已經普及，詩人取為詩
料，實乃自然而然。

三、宋代及宋以後詩與佛教

宋代詩歌之於佛教內容，有兩點值得注意。一是宋詩中的佛教內
容，多非原本印度經論，而屬於我國之禪宗，即有源於印度佛經者，
亦無粘滯之病。如王安石《寓言》詩云：「太虛無實可追尋，葉落松
枝謾古今。若見桃花生聖解，不疑還是有疑心。」唐代僧人志勤，見

庭中桃花盛開而悟禪機，此詩即用其典。其實，見庭中桃花盛開而悟
禪機，不過是《百喻經》中見荷花而得道的翻版而已。蘇軾《聞辨才
法師復歸上天竺以詩戲問》：「神光出寶結，法雨洗浮埃」讚對方法
力、道行。「昔年本不住，今者亦無來，」則以禪語調之。蓋辨才本
為杭州上天竺寺僧，受排擠而被迫離開，後排擠者去位，辨才復歸。
《贈東林寺長老》：「溪聲便是廣長舌，山色豈非清淨身。夜來八萬
四千偈，他日如何舉似人？」以佛理佛典，寫山景之美及自己的神妙
領悟，禪機活潑，禪意盎然。黃庭堅、陳師道、陸遊、范成大等，都
各有數首有佛教內容的詩。一些僧人，當然也有些佛理詩。這些詩
歌，幾乎都是以佛理佛典來為表現主題服務。二是宋詩中有佛理佛典
的詩，遠不如唐詩中常見。絕大多數與佛教有關的題目，其詩中全無
佛理佛典。如蘇舜欽《贈釋秘演》，梅堯臣《吊礦坑惠燈上人》，林
和靖《送長吉上人》、《寄思齊上人》、《寄輦下傳神法相大師》、
《孤山寺》等，王安石《登寶公塔》，黃庭堅《乙卯宿清泉寺》、
《丙辰仍宿清泉寺》，陳與義《八閩僧房遇雨》，楊萬里《宿峨橋化
城寺》、《送鄉僧德璘監寺緣化結緣歸天童山》、《題劉寺僧房》
等，都不涉及佛理佛典。就是連蘇軾這樣好佛並精通佛學的大詩人，
其包括《遊金山寺》在內的許多與佛教有關的詩題，詩中竟然沒有佛
理佛典。即使寫佛教活動的詩，如晏殊《盂蘭盆》、田況《大慈寺觀
盂蘭盆詩》，竟然全無佛理佛典。王十朋《浴佛無雨》，僅用了四五
個佛教名詞而已。佛理佛典於元、明詩中出現的頻率，猶在於宋詩中
之下。這種現象，其原因也在社會政治、文化環境。

　　北宋，許多有影響的士大夫，承韓愈之風，捍衛儒道，排斥佛
教。如歐陽修《酬學詩僧惟悟》云：「子佛與吾儒，異轍難同輪。」

蘇軾雖然並不排佛，但是他反對好以佛理佛典入詩的詩風。其《贈詩僧道通》云：「語帶煙霞自古少，氣含蔬筍到公無」。自注云：「謂無酸餡氣也。」所謂「蔬筍氣」、「酸餡氣」者，即謂以佛理佛典入詩。僧人作詩好用佛理佛典，他尚且不贊成，更何況士大夫作詩。理學諸公，排佛就更為激烈了。朱熹《論語集注》第二《為政》「攻乎異端」章引程頤語云：「佛氏之言，比之楊、墨，尤為近理，所以其害為尤甚。學者當以淫聲美色以遠之，不爾，則駸駸然入於其中矣。」明代理學，承有宋而大之，亦排斥佛教。明代以八股文取士，八股文中由儒家經典所發議論，必以朱熹之說為標準。士風不好佛，佛教不復輝煌，宋元明詩中少佛理佛典的現象，也就不難理解了。

清初，原明士大夫遁入空門者不少，一時幾乎成為風氣。著名文人中，就有錢澄之、金堡、屈大均、方以智等。儘管他們中的絕大多數人，出家後也不可能靜下心來精研佛學，但是身在佛門，總會受些薰陶，即使是利用佛門為掩護進行反清活動者，也總要學點佛學裝點門面。因此他們總要比常人多一些佛學知識。還有許多士大夫，在經歷了巨大的社會悲劇和個人悲劇以後，到佛學中去尋求精神寄託，雖然不出家但研究佛學，信仰佛教，例如，錢謙益就是其中最有代表性的一個。僧俗交往，相互感蕩，士大夫學佛之風，於是復行於世。這些有不同程度佛學修養的士大夫中，絕大多數不可能真正耽於禪悅，他們對社會悲劇和人生悲劇的強烈感情，實際上並未稍減。因此，他們有可能以佛理佛典入詩，來表現自己的思想感情，況且佛理佛典，深奧玄妙，含蓄曲折，詩人還可藉以逃避其詩可能招致的政治迫害，這一點，在清統治者以高壓手段力圖消除人民反清意識之時，尤為重要。

　　於是，在宋代開始斷斷續續低吟了好幾百年以後，有佛理佛典的
詩在清初詩壇上驟響起來。吳偉業《清涼山讚佛詩》以佛理佛典寫當
時順治帝因董鄂貴妃死而出家的傳聞。文廷式《純常子枝語》云：
「梅村詩當以《清涼山讚佛詩》四首為壓卷，凄心沁脾，哀感頑豔，
古人哀蟬落葉之遺音也。非香山《長恨歌》所及。」評價可謂高矣。

　　錢謙益精於佛學，所作詩有佛理佛典者遠多於吳偉業。其《禪關
策進詩有示》：「漫天畫地鬼門同，禪板蒲團在此中。遍體銀鐺能說
法，當頭白刃解談空。朝衣東市三生定，懸鼓西方一路通。大小肇師
君會否，莫將醒眼夢春風。」此詩乃為因從事反清復明活動而被捕的
某友人作。錢曾《秋夜宿破山寺絕句十二首》，所用佛理佛典不少，
以抒發亡國之痛。錢謙益《吾炙集》特別欣賞其中「莫取琉璃蒙眼
界，舉頭爭忍見山河」二句，云其「取出世間妙義，寫世間感慨，如
忉利天宮殿樓觀，影現琉璃地上。殆亦所謂非子莫證，非我莫識
也。」又天然和尚《悼袁特邱中丞》，寫明大臣袁繼咸為清兵所俘，
不屈被害事，詩中亦用佛理佛典。僧人在柯《此身》亦以佛理佛典，
抒明清易代之感。

　　有清一代，學問研究之領域、成就，俱超越以前歷代。在學術
界，各種學說、學派之間，免不了有矛盾鬥爭，但是對不少學者來
說，漢學、理學、詩文之學等等，並非只能作單一的選擇，而是能夠
兼治的。因此清初以後，也有不少人在研究其他學問之外，研究佛
學。他們中的有些人，也以佛理佛典入詩。其中較為有名的，有姚
鼐、王又曾、王曇、龔自珍、姚燮、黃遵憲、文廷式等等。清人以佛
理佛典入詩，至清末著名學者、詩人沈曾植為登峰造極。其《海日樓
詩集》中，有佛理佛典的詩歌，隨手翻閱即可得。其《病僧行》，以

大量佛理佛典，描繪「病僧」形象。自注云：「詩作於庚子之春，國事方新，群言競起。臥病江潭，有感而作。」此「病僧」乃詩人自己，而當時政治狀況等等，亦有所反映。蘇曼殊詩，是我國古典詩壇上的臨去秋波，其用佛理佛典的詩，也是我國古典詩壇上的絕響。如其《為調箏人繪像》之一：「收拾禪心侍鏡臺，沾泥殘絮有沈哀。湘弦灑遍胭脂淚，香火重生劫後灰。」《寄調箏人》之二：「懺盡情禪空色相，琵琶湖畔枕經眠。」《本事詩》之二云：「生身阿母無情甚，為向摩耶問夙緣。」用佛理佛典寫愛情、身世之感，已臻化境。

四、結語

六朝時，我國佛學，尚處於初級階段。將佛教知識寫入詩中，也只是在嘗試階段。人們遇有關題目，就藉以言佛理。其弊往往有之，大致有三端。一，所言佛理，原本經論，未經溶融，難以理解。二，言佛理而少形象，少感情。形象與感情，正是詩歌最為基本的特徵，詩歌能動人也正賴形象與感情。言佛理而少形象、少感情，詩歌就殆同偈語。此與玄言詩犯「平典如《道德論》」之病，同一原理。三，未能同整體內容融為一體，往往給人以外在點綴之感。有之固可，無亦不妨。例如，有些詩中，寫景歸寫景，言佛理歸言佛理。隋唐以下，中國佛學，已趨成熟，佛學基本常識已經普及，並融化到中國文化中，融化到人們生活中。在以佛理佛典入詩方面，人們也積累了經驗。因此，其時詩歌中的佛理佛典，多能與整體內容融為一體，能與社會現實、作者自我融為一體。其主要特徵，就是佛理佛典被用以為表現詩人的思想感情服務，而不僅僅是表現對象。這標誌著詩歌創作受佛教影響的成熟。清初以下，佛理佛典又被用來描寫社會政治，體

現了對唐人的發展。

　　從以上所述佛教對我國詩歌發生影響的大致過程，我們可以看到，外來學說對中國文學發生積極影響，有兩點是相當重要的。一是要有適宜的社會政治、文化環境，二是必有一個從初級階段不斷走向成熟的過程。在初級階段，文學作品往往稚拙地以體現其學說為務，而不顧及其他，甚至包括文學性。成熟階段，在作品中，其學說為更好地反映現實、表現作者自我服務，並與作品的內容融為一體。當然，在走向成熟的過程中，將該學說研究、消化、吸收和中國化，並運用到文學創作中去，也是不可缺少的。

注：本文所引晉南北朝隋詩，俱據《先秦漢魏晉南北朝詩》，中華書局 1988 年版；所引唐詩，俱據《全唐詩》，中華書局 1960 年版；但王梵志詩則據《全唐詩外編》，中華書局 1982 年版。所引宋詩，俱據《全宋詩》，中華書局 90 年代陸續出版。所引清詩，據錢仲聯《清詩記事》，江蘇古籍出版社 1987 至 1989 年版。但蘇曼殊詩，則據劉斯奮《蘇曼殊詩箋注》，廣東人民出版社 1981 年版。

佛教對中國俗文學影響概觀

　　本文所說的俗文學，包括志怪小說、傳奇、講經文、變文、話、話本、小說、戲曲、寶卷和民間文學等等。

　　我國上古神話，數量既少，完整者也不多，篇幅又大多短小，這是不爭的事實。西漢崇黃老，好神仙，宜其神幻之風盛行而見之於文

學，然蓬萊三島，世無飄渺，求仙、訪道、煉丹等等，非尋常百姓所能從事，故除一部《淮南子》追述上古神話外，神幻故事並不多，僅《神異經》、《漢武故事》、《列仙傳》、《蜀王本紀》等屈指可數的幾種。東漢讖緯之學大盛，然其學之旨，僅在於預言符命，亦未能對文學產生顯著的影響，故其世神幻故事，僅《洞冥記》、《十洲記》等而已。

魏晉六朝，志怪小說驟然大張其軍，有《列異傳》、《神異傳》、《神異記》、《博物志》、《玄中記》、《搜神記》、《志怪》、《靈鬼志》、《甄異傳》、《搜神後記》、《幽冥錄》、《宣驗記》、《冥祥記》、《集異記》、《齊諧記》、《續齊諧記》、《神鬼傳》、《冤魂志》、《窮怪錄》等二十餘種。除《神仙傳》、《拾遺記》等數種為神仙方術故事之遺外，其餘絕大多數明顯受有佛教的影響。其時正是佛經開始大量傳入我國之時，佛經之傳入與志怪小說之大盛，其間之關係，十分明顯。與神仙之說和讖緯之學大不相同，佛教的學說和修習方法，具有極強的大眾性。它關懷一切眾生，人人都能修習以獲福報。正因為如此，佛教易於流行，融化到人們的思想和生活中去。佛教的學說、神靈和神怪奇幻的故事，激發出人們的許多奇思幻想，人們習於以靈異之事相互感蕩，神幻故事遂多，更何況，佛家又有意識地編造神幻故事，來宣揚佛教思想文化，志怪小說於是大盛。六朝以下，止於清末，代有志怪小說，名著疊出，如唐人唐臨《冥報記》、戴孚《廣異記》、李冗《獨異志》、張讀《宣室志》、牛僧儒《玄怪錄》、李復言《續玄怪錄》，宋人劉斧《青瑣高議》、洪邁《夷堅志》，金人元好問《續夷堅志》，元人陶宗儀《幽怪錄》，明人瞿佑《剪燈新話》、李昌祺《剪燈餘話》、祝允明《志

怪錄》、陸粲《庚巳編》，清人蒲松齡《聊齋誌異》、袁枚《子不語》、紀昀《閱微草堂筆記》等等。志怪小說與佛經的關係，始終是非常密切的。完全可以說，沒有佛教的傳入，我國的志怪小說決不會如此之盛。

　　唐代小說，除志怪小說外，又有傳奇。傳奇涉及鬼怪神異者，也多與佛教有密切的關係。尤應注意者，唐代有些傳奇，實是我國武俠小說的先聲。古之寫俠者，重在突出其俠義，而於其武術技藝，則不加渲染。看《史記》中的俠客描寫，就可以知道這一點。唐代傳奇中之俠客，如裴鉶《傳奇》中的崑崙奴磨勒、聶隱娘，袁郊《甘澤謠》中的紅線女，薛漁思《河東記》（此三種傳奇俱見王汝濤《全唐小說》傳奇部分，山東文藝出版社，1993 版。）中的胡媚兒等，武術技藝之精，簡直是不可思議。這些故事與佛教之間，至少有兩個方面的關係。第一，佛教密宗經典，自唐開元年間開始傳入我國。密宗的特點之一，就是重法術。沈曾植《海日樓劄叢》卷五《成就劍法》云：「《妙吉祥最勝根本大王教經》有成就劍法，云：『持明者用鏷鐵作劍，長三十二指，巧妙利刃。持明者執此劍往山頂上，如前依法作大供養，及隨力作護摩。以手執劍，持誦大明，至劍出光明，行得持明天劍有煙焰，得隱身法。劍若暖熱，得降龍法，壽命一百歲。若法得成，能殺魔冤，能破軍陣，能殺千人。於法生疑，定不成就。』又有聖劍成就法。又云：『若欲成就劍法，及入阿蘇羅窟，當作眾寶像，身高八指』云云。按唐小說記劍俠諸事，大抵在肅、代、德、憲之世。其時密宗方昌，頗疑是其支別。如此經劍法，及他諸神通，以攝彼小說奇迹，固無不盡也。」其二，唐王朝對外開放，異國僧人在我國者多，這為法術傳播，提供了極大的方便。中外僧俗習法術者，唐代文獻中

不少。聶隱娘之師，即是一尼。隱娘學藝之初，也是「但讀經念咒」。其所云經咒，屬於密宗一派甚明。後世武俠小說中，總有僧人尼姑參與其間，武功中也有佛家一派，且多神秘色彩。即使現代新派武俠小說如金庸、梁羽生所作中，也大多如此。佛教與武俠小說的關係，源遠流長如此。

與志怪小說相比，唐代的說唱文學，與佛教的關係更為直接。而唐代的說唱文學本身，又與後來的小說戲曲，有密切的關係。

除少數外，佛經一般是散文中雜以韻文。韻文以五、七言為主，與散文的比例，或大或小。限於信徒的文化水平和傳播條件，古代對大眾傳播佛經，主要的方式是宣講和誦讀。南北朝時，南朝偏重宣講，北朝偏重誦讀。宣講也好，誦讀也好，都已經具有了說唱文學的形式。宣講或誦讀佛經，如果內容是佛經故事，這無疑就是實實在在的說唱文學活動了，只不過說唱的是外國文學作品罷了。因此，這種形式中，就埋下新的說唱文學甚至戲曲文學的契機。

實際上，對我國文學發展起極大作用的是佛經宣講。六朝宣講佛經，間有歌唱。蕭統《同泰寺僧講詩》自序云：「大正以貞俗兼解，鬱為善歌。」（《先秦漢魏晉南北朝詩·梁詩》卷 14，中華書局，1983 版。）又王筠《和皇太子懺悔詩》：「聖德及眾生，唱說兼信采。」（同上卷 24。）講經不同於誦經，必需對經文作解說，因而需要腳本。這種腳本，就叫做講經文。講經文，梁時當已有之。蕭統《鍾山解講詩》云：「輪動文學乘，笳鳴賓從靜。」（同上卷 14）這說明講經文還經過了相當的藝術化。但是其時的講經文到底如何，現在已經無法知道了。現存最早的講經文，都是唐代講經文，見於敦煌寫本。王重民編《敦煌變文集》所載有《無常經講經文》、《佛說觀彌勒菩薩上生兜

率天講經文》、《維摩吉講經文》、《父母恩重經講經文》、《長興四年中興殿應聖節講經文》、《佛說阿彌陀講經文》、《妙法蓮華經講經文》、《金剛般若波羅蜜多經講經文》、《說三歸五戒講經文》、《維摩碎金》等。講經文的內容，都是講解佛教經典和義理。就形式而言，講經文除了正文外，還有「押座文」和「散座文」，用於開場前或終場前的吟唱，列於講經文的首尾，可以獨立成篇。押座文用於開場，大約類似於話本中的「入話」或「得勝回頭」，用於靜場、吸引觀眾的注意力，或等候晚到的聽眾或觀眾的到來。散座文用於結束，則又有維護秩序的作用。

變文也是由講經文發展而成的。宣傳佛理或佛經故事的圖畫，叫做「變相」，簡稱「變」。根據佛經繪製的，叫做「經變相」，如《彌陀淨土變》、《彌勒經變》、《佛本生相變》、《地獄變相》等。據說唐著名畫家吳道子就畫過此類圖畫。這種圖畫，可以用作講經的輔助工具。後來利用這種圖畫講經，發展成一門藝術，即根據系列圖畫，就圖畫內容講解或演唱，來宣傳這種圖畫所表現的佛理或佛經故事。這種藝術就叫做「轉變」。「轉變」講解或演唱的文學腳本，就叫變文，又叫「變」、「緣」、「因緣」、「緣起」等等。變文一般韻散相間，但也有純用韻文的或純用散文的。如《捉季布傳文》（這幾種俱見王重民編《敦煌變文集》，人民文學出版社，1984 版。）《董永變文》純是韻文，直是七言敘事長詩。《舜子變》、《秋胡變文》，除了一二首詩外，都是散文。早期變文以佛經故事為題材，即據佛經故事改寫，保留其主要情節，或根據佛經中人物和故事進行再創作。如《四獸緣》、《醜女緣起》、《太子成道經》、《歡喜國王緣》、《難陀出家緣起》、《悉達太子修道因緣》、《目連緣起》、

《大目乾連冥間救母變文》、《破魔變文》、《降魔變文》等。其中
抒情議論，往往攙入中國文化，宣傳佛教的意圖，非常明顯。後來人
們又以我國歷史故事、民間傳說或時事為題材創作變文，內容可以與
佛教全不相干，如《伍子胥變文》、《漢將王陵變》、《李陵變
文》、《王昭君變文》、《孟姜女變文》、《張潮義變文》、《張淮
深變文》等。於是，變文脫離佛教，完全成為一種獨立的說唱文學樣
式。循語言通俗、韻文比重大這兩個特色發展開去，彈詞、寶卷、子
弟書、鼓詞等等說唱文學樣式就一一形成了。其中寶卷因多佛教內
容，與變文血緣尤近。

「話」是變文的姐妹文體。「話」是供講述的故事。「說話」即
是講故事，隋已有之。隋侯白《啓顏錄》云：「侯秀才可與玄感說個
好話。」唐代元稹《酬翰林白學士代書一百韻》詩自注云：「又嘗於
新昌宅說《一枝花》話。」（《全唐詩》卷 405，中華書局，1960 版。）後
人也稱話為「話本」。敦煌寫本中有《廬山遠公話》、《韓擒虎話
本》、《唐太宗入冥記》、《葉淨能話》、《祇園因由記》（此五種見
王重民《敦煌變文集》。）等等。內容方面，其題材或出佛經，或出中國
佛教，或為歷史故事、民間傳說，或為當時現實，但總的來說，其中
的世俗題材所占比例，要比變文中來得大。形式方面，與變文相比，
韻文很少，甚至完全沒有。就總體而言，其語言也較變文更口語化。

宋代以降，佛教在我國不再輝煌，然宋以後俗文學作品中，仍然
有佛教的影響。主要體現在以下幾個方面。

明清是白話小說的黃金時代，白話小說由宋話本發展而來，而宋
話本正是由唐代的「話」發展而來。白話小說中好點綴詩詞歌賦等韻
文，渲染描摹，發為論贊，如此形式，與「話」相同，也與佛經散文

中間有韻文的形式相一致。宋代說話，仍有以佛書為內容者，見無名氏《西湖老人繁勝錄》、耐得翁《都城記勝》、周密《武林舊事》等書。說話與講經在形式上的親緣關係，十分明顯。

元代為戲曲大盛時期，明清兩代，承元流風，亦蔚為大觀。然而我國戲曲，源遠流長，為什麼直到宋代，才開始興盛起來？唐代講經、變文之說唱表演，戲劇因素確然，對促進戲劇的發展，肯定具有較大的積極作用。宋代戲文，存者不多，而《鬼子母揭缽記》（錢南揚《宋元戲文輯佚》，上海古典文學出版社，1956 年版。）赫然其中，其題材正是源於佛經和中國佛教。這也說明戲曲與佛經、佛教之間的歷史關係。

宋話本中，涉及佛教內容的作品確實不多。宋元以下戲曲作品中，佛教題材，還不能跟道教題材和儒家倫理題材、愛情題材等相比。其原因還待研究，或許跟佛教在儒、道的夾擊下萎弱有關。《清平山堂話本》載宋話本小說《陳巡檢梅嶺失妻》中，紅蓮寺長老「佛法廣大，德行清高，是個古佛出世」，但是他的法力遠不如紫陽真人。元明闕名雜劇《呂純陽點化度黃龍（禪師）》，正是道教戰勝佛教的形象說明。但是，明以下小說涉及佛教內容，自有其特色：利用佛教的理論、思維方式、神靈、文化景觀等等，更好地反映社會生活，表現作者的思想感情。這一點，與六朝、唐代志怪小說受佛教影響往往表現為宣揚佛教思想、宣傳佛教常識、表現佛教靈異有很明顯的區別。例如，《西遊記》中寫佛教內容而著眼點在批判現實社會者，在在有之。《西湖二集》、《龍圖公案》等小說中，此類例證也不難找到。清人小說中，這一傾向更為明顯。文言小說如《聊齋誌異》、《子不語》、《閱微草堂筆記》中，幾乎所有寫到佛教內容處，其意

都在社會現實，都為表現作者的思想觀點而設。晚清白話小說葛嘯儂氏《地府志》、書帶子《新天地》、佚名《新鬼世界》、女奴《地下旅行》等，借佛教所說地獄、神靈、果報等等來批判現實，更為突出。這一現象也體現了我國文學作品接受佛教影響的成熟。

　　民間故事中的佛教內容，如佛教神靈、地獄和果報等等，還是比較多的。主要原因有二：第一，佛教在民間的影響，一直相當強大。儘管在民間佛教早已與道教、民間宗教甚至儒學合而為一的時代，其神靈的權威也仍然存在，果報等基本理論仍被人們所普遍接受。第二，人們利用佛教進行社會教化，於世事世風作刺美，體現道德導向。民間故事不必考慮到票房價值，就總體而言，其功用當是教化第一，娛樂第二。神道設教，歷來是民間行教化的有效手段，佛教神靈和果報等等，正適其用。

　　民間故事受佛教影響的另一大方面，久為研究者們所忽視，這就是化用佛經故事。具體表現，又有數種。或稍加改變，以合我國國情，或移花接木，或奪胎換骨。蓋最初經僧俗宣講，佛經故事傳播民間，遞相授受，久而忘其為佛經故事，且經不斷的修改，與我國固有的民間故事和不斷產生的新的民間故事沖蕩整合，漸融而為一，完全成為我國的民間故事。例如，《中國民間故事集成·吉林卷》所載《吳心與猴子》、《哪有猴心掛樹梢》，《康藏民間故事》所載藏族民間故事《猴子和青蛙》和《民間文學》1959 年第五號《烏龜與猴子》，都本於《六度集經》、《生經·佛說獼猴經》卷十、《佛本行經》卷三十一等所載鼈（虯）與獼猴的故事，只是換了一下角色的名稱而已。《雲南民間故事選》所載傣族故事《召瑪賀故事三則》中《搬園池》的故事，本於《根本說一切有部毗奈耶雜事》卷二十七大

藥童子故事。《中國民間故事集成·吉林卷》載《好心的和尚》，本於《雜寶藏經》卷十《老婆羅門諂偽緣》。《中國動物故事集》所載蒙古族故事《青蛙搬家》本於《舊雜譬喻經》卷下鼈與大鵠的故事。《中國民間故事選》所載錫伯族民間故事《鸚哥的故事》、《雲南各族民間故事》所載《八哥》、《嶗山的傳說》所載《八哥報恩》，都本於《根本說一切有部毗奈耶雜事》卷二十七大藥童子故事。此類例證，本人已經考得數十條。民間故事化用佛經的現象，要比文人作品中常見，但相比之下，前者一般較少加工，重在以情節關目引人聽聞，後者則一般較為精緻，重在賦予以深刻的意蘊。

綜上所述，佛教對我國的俗文學，有很大的影響。這些影響，或在內容方面，或在形式方面，或大或小，或直接，或間接。起源於佛教活動的諸文學樣式，最終都能擺脫佛教而獨立存在並發展，佛教文化最終在我國文學作品中被用來為反映社會現實、表達作者思想感情服務。這兩大現象，體現了我國文學接受佛教影響的成功。

佛教因果說與中國文學

佛教傳入我國之前，我國也有禍福因果的觀念。例如，《左傳·隱公元年》云：「多行不義必自斃。」《荀子·勸學》：「榮辱之來，必象其德。」此類觀念，都是從總體言善惡之行會導致相應的禍福趨向，而並非指具體的禍福諸行必然會導致相應的禍福之報。這無疑是不錯的。

佛教的因果說，則與我國固有的禍福因果觀念有很大的不同。佛教認為，一個人的善惡諸行，都會導致相應的報應。《瑜伽師地論》

卷三十八云：「已作不失，未作不得。」一個人的所有思想言行，小至一念之起，一言之發，一事之作，無不造成一種業力。這種業力，具有不報不休的特點，必然會導致相應的禍福之報。一旦此報應實現，業力才會消失。反之，如果沒有某念、某言、某事，也就沒有相應的業力，當然也就沒有相應的禍福之報。此有，則彼有；此無，則彼無。有因，則必有果；無因，則果必無。佛教的核心理論十二因緣，就是建立在因果報應理論基礎之上的。過去世的思想言行等一切活動，是因，導致了此世的果。此世的思想言行，對來世而言，又是因，會導致來世的果。這就是所謂的「三世二重因緣」。因此，在佛教學說中，因果報應，不受某一世的限制，往往是與輪迴結合在一起的，因果輪迴之說，由此而來。

佛教的因果報應，其謬誤之處，至少有三。一，其因果之間，鐵板一塊，堅確不可移，沒有偶然性存在的餘地，實際上就是取消了偶然性。這與客觀社會存在不相符合。二，所謂業力，只是在冥冥之中存在並起作用，它本身的規定性如何，它怎樣起作用，這些都是不可知的，只能通過臆想（神）來自圓其說，所以，具有神秘性。三，神秘性不可避免地導致臆造因果聯繫。或臆造某事為某客觀存在的因，或臆造某事為某客觀存在的果，或為若干本沒有因果聯繫的事之間臆造因果聯繫，或臆造數事以及它們之間的因果聯繫等等。

中國文學作品中，乃至世界文學作品中，「善有善報，惡有惡報」的主題或模式，十分普遍。原因大致有二。一是社會人生，公理自在，善惡各得其報，乃人心所認同。二是文學作品有教化功用，以勸懲體現社會的道德導向，是其重要任務。因此我們不能說中國文學作品中所有表現「善有善報，惡有惡報」主題者，都受有佛教因果說

　　的影響，但是不可否認，其中部分作品，確實受有佛教因果說的影響。認定的標準是，這些作品中所描寫的因果關係，與佛教因果說相符合，當然也有佛教因果說的謬誤，其中最明顯的特徵，就是它的神秘性和臆造因果。

　　大體說來，佛教因果說對我國文學作品的影響，主要表現在以下幾個方面。

　　一，加強文學的勸懲作用。一定的因，相應的果，如影隨形，如音隨響，如借債還債，放債收債。正因為是臆造的，所以，因與果，其間之迹，十分明顯，且大多符合公理。這樣，文學作品的勸懲作用，就得到了漫畫式的加強。例如《聊齋誌異》卷一《四十千》云，一富人夢見一人奔入其家，云，「汝欠四十千，今宜還矣。」富人之妻遂生下一子。富人知道是夙孽，乃以四十千錢置一室，專供此兒之費。此款尚存七百時，此兒遂卒。餘款乃全為葬費而盡。原文所云「此可為負欠者戒也」，正是該故事主旨所在。

　　二，因果說使作者設計情節更加靈活，容易使情節豐富。佛教認為，除極少數修到「斷生死輪迴之根本」者外，眾生總是輾轉紅塵，輪迴不已。導致輪迴的正是業力。業力之生，正是因。因此因果報應，不受某人生的限制，有著無限的時空。作者設計情節，完全可以不受時空的限制，擒縱起落，開闔動盪，創造出豐富複雜的情節而不難一一收束，綜合因果，清算了結。在描寫因果報應的文學作品中，因果報應的方式，主要有以下幾種。

　　1.現世報。某人所為善惡之行，在他去世前相報。如唐臨《冥報記》卷上《梁武帝》云：「梁武帝微時，識一寒士，及即位，遊於苑中，寒士牽舟。帝問之，尚貧賤如故，曰：明日可上謁，吾當與汝縣

令。此人奉敕而往，會故不得見。頻往，遇有事，終不得通，自怪
之，以問沙門寶志。……寶志迎謂曰：『君為不得縣令而來問耶？終
不得矣，但受虛恩耳。過去帝為齋主，君書其疏，許施錢五百，而竟
不與，是故今日但蒙許官，終不得也。』此人聞之絕去，帝亦更不求
之。」因報應而畢命，亦是現世報。因冤鬼索命而致人於死的故事，
在我國文學作品中是很多的。

2.現世地獄報。報應仍然在現世實施，但是實施的地點則在地獄
或云陰司。其人入冥受報應後，復出。同上書《補遺》云，隋趙文若
死後入冥，平生所食豬羊雞魚鵝鴨之屬競來索命，幸趙平生念佛，許
為超度，方免。然又受食釘、被釘釘頭和手足等罰而還陽。趙還陽
後，患頭痛、手足痛，久修行後，痛方消。戴孚《廣異記》云，張縱
平生好食魚，被閻王派鬼追入冥間，罰為魚，體驗被捕、被削鱗、被
殺，然後還陽。有的故事中，則是果報在冥間實施而其人在陽世受
之。《聊齋誌異》卷一《僧孽》云，張某暴卒入冥，見其為僧之兄
「紮股穿繩而倒懸之，號痛欲絕。」張問其故，冥吏云僧「廣募金
錢，以為飲博，故罰之。」張還陽，訪其兄，見其「瘡生股間，膿血
崩潰，掛足壁上，宛然冥間倒懸之狀。」張告以故，僧修善，方愈。
又卷五《閻王》中，陰罰而陽感之情節結構，一同《僧孽》。

3.地獄報。人死後，於地獄中受生前諸業的報應。《冥報記》
中，此類故事甚多。如《補遺》云，趙文信入冥，見庾信在地獄中受
龜身，且一身多頭，因為他生前「好作文章，妄引佛經，誹謗佛
法。」當然，這完全是為宣揚佛法不可非而撰。《西湖二集》卷七
云，南宋宰相史彌遠，生前為所欲為，死後一直在地獄受大苦。《聊
齋誌異》卷三《閻羅》云，直到清代，曹操仍在冥間受審受笞。

4.交叉報。當事人相互結下的善惡之業，在一方的此生、另一方的來生相報。袁枚《子不語》卷五《旁觀因果》云，一擔糞者被一老者誤推下高臺而卒，擔糞者轉生鄰居家為一男孩。後此男孩以石擲鴿而誤中該叟，叟驚，失足掉下此高臺而卒。而前後因果，又為馬某所見。石成金《雨花香》第十二種《狗狀元》云，鎮江甘露寺僧人韋明玉，某日踢聽經之犬，事後悔之，以半餅食之，犬三日後死去。十八年後，新科狀元至寺，無端責明玉五板，事後亦悔之，將明玉接至衙門，供養三年而明玉死。蓋狀元為那聽經犬轉世，責打供養，俱是果報，所謂「一腳還五板，半餅供三年」。債主轉生討錢財的故事，那就更多了。

5.異世報。某世所為善惡之業，在未來世或未來數世中相報。如清代坐花散人《風流悟》，云杭州秀才山雋之妻真娘，極為賢慧，然山雋視同陌路。後真娘夢見因緣簿，又得碧霞元君召見，方知自己前身乃唐人元稹，因慕崔鶯鶯才色不得，作《會真詩》污蔑之，使鶯鶯受淫奔之名於後世，故冥罰元稹為真娘，受鶯鶯後身山雋之折磨。又《西湖二集》卷十六《月下老錯配本屬前緣》云，南宋錢塘才女朱淑貞，被賭棍舅父抵債，嫁金氏殘疾子，痛苦不堪。原來，朱前身為士人何養元，未中進士之前，與奚二姐亂，中進士後，又遺棄之。陰判奚轉世為醜男，生金家，乃淫奔之報，何養元受女身為朱淑貞，嫁金受苦，乃前生於奚始亂終棄之報。而前生為何奚始亂終棄傳遞消息的丫鬟，則轉世為朱之舅父，於此世也促成金、朱婚姻。元代喬夢符雜劇《玉簫女兩世姻緣》則所報乃美事。

相比較而言，異世報最宜於展開情節，連綴故事。如清西周生《醒世因緣傳》，即由「因緣和果報」兩部分組成。第一部分寫知縣

公子晁源和其妻妾及一仙狐的恩怨糾葛事，後一部分寫晁源轉世的富家公子宗希陳娶其前生妻妾及那狐仙轉世的諸女子為妻妾，上一世的恩怨糾葛，一一得報。又如紫陽道人《續金瓶梅》云，西門慶在地獄被鑿去二目，判托生沈家為子，先為富人而後為乞丐，再轉世為太監，三轉為犬，乃姦淫縱欲、貪贓枉法之報。潘金蓮被罰托生為黎金桂，終身無偶，亦姦淫縱欲之報。春梅托生孔家，為某官妾，再托生為一醜女，終身不嫁而死。李瓶兒托生宦門為女。花子虛托生為鄭玉卿。陳經濟則為劉瘸子。小說由此展開情節，讓眾人物受前世之報，了結前世的夙業。

三，解釋社會歷史。用佛教的觀點來看，社會歷史無非是人們輾轉紅塵的輪迴史。在缺乏正確解釋社會歷史的科學理論的情況下，用佛教理論來解釋，無疑最為簡單便捷，而又容易使人相信。因此，一些作者在創作歷史小說或准歷史小說時，也會以佛教因果輪迴之說來解釋歷史，並根據果報模式，虛構因果關係。這不僅解釋了社會歷史現象，而且有時還有加強對歷史人物褒貶之效。如馮夢龍《古今小說》卷三十二《遊酆都胡母迪吟詩》云，宋高宗前身乃吳越王錢具美三子，入朝被宋太宗拘留，被迫獻吳越之地，轉世則為宋高宗，索取舊土，偏安杭州。卷三十一《鬧陰司司馬貌斷獄》則更為熱鬧、精彩。云漢靈帝時，賣官鬻爵之風盛行，士人司馬貌懷才不遇，不平而鳴，寫怨詞斥天，閻王拘而責之。玉帝憐之，使代理閻王半天，審理四大案件：韓信、彭越、英布告劉邦、呂后屈殺忠臣；丁公告劉邦恩將仇報；戚夫人告呂后專權奪位；項羽告王翳、楊喜乘危逼命。司馬貌為斷之：韓、彭、英三人分別轉世為曹操、劉備、孫權，三分漢家天下。劉邦、呂氏轉世為漢獻帝夫婦，倍受曹操欺辱；項羽轉世為關

羽，王翦、楊喜等轉世為曹操部將，統統被關羽過五關時斬殺；丁公轉世為周瑜，戚夫人轉世為劉備正宮。楚漢相爭時種種恩怨，都於三國時一一了結。玉帝見司馬貌所斷體現了天地無私、果報不爽之意，乃令其轉世為司馬懿，將三分天下歸為一。《五代史平話》之《梁史平話》、《三國志平話》亦載此故事。後人又有《憤司馬夢裏罵閻羅》、《補天地》、《大轉輪》等戲劇，可見影響之大。

　　中國文學作品所受佛教因果說的影響，佛經文學作品中也都體現了出來。中國文學作品中所寫果報的諸種形式，佛經文學作品中也都已有之。那麼，與佛經文學作品相比，在宣揚果報方面，除了故事情節、文化景觀等外，中國文學作品有沒有什麼不同之處？當然有。首先，從藝術形式方面看。佛經文學作品中寫因果報應者，以稚拙粗糙者為多，中篇很少，遑論長篇。我國文學作品中寫果報者，當然也有大量稚拙粗糙者，但佳構還是不少的。中篇和長篇小說多於開頭或結尾明因果報應者，將因果作為前奏或尾聲，或以之為展開情節的關目，此類作品，佛經文學作品中是沒有的。其次，從思想內容方面看。儘管佛經文學作品也好，中國文學作品也好，凡是宣揚因果報應者，都是以「善有善報，惡有惡報」為主旨，以勸善懲惡，然其善惡標準，則未必相同。佛教文學作品，其善惡標準當然為佛教思想。我國文學作品中寫因果報應者，其善惡標準，或為佛教思想，或超越了佛教思想。在超越佛教思想的作品中，因果報應成了作者宣揚其思想觀點的工具或模式。例如，在我國受因果報應說影響的作品中，重「忠君」者比較常見。《古今小說》卷三十二云，閻王帶領胡母迪參觀地獄，見陷害岳飛的秦檜等人都在受罪，或將托生為畜生。歷代忠良則享天倫之樂，或將托生為王侯將相。這就有儒家思想在其中了。

上文已經說過，因果報應說的謬誤之一就是其神秘性，因為誰也無法驗證它。因此作者能利用這種神秘性，容易而巧妙地假造因果以及其間的聯繫，來表現他自己的任何思想觀點，不必為佛教思想所限。有關這一觀點，在本書《閻王系列文學作品研究》一文中，有充分的論述可以參閱。

　　總之，中國文學作品從佛教中引進了因果報應思想及其思維方式，這對作品敘事之豐富多彩，構思之靈活方便等等，都有促進作用，在加強作品教化功能方面，作用尤為明顯，同時，也為作者宣揚其自己的思想觀點，提供了特殊的方便。

第六編
相似情節考論

狸貓換太子

　　狸貓換太子故事，流傳甚廣，云：宋真宗時，李劉二妃同時生產。劉妃與總管都堂郭槐密謀，以一狸貓換下李妃所生之子，以誣李妃產妖。李妃因此被貶入冷宮。繼而劉妃又設計火燒李妃之住所，李妃得助逃出。宮人寇珠和陳林冒死救出李妃之子，交八賢王撫養。後來此子即帝位，是為仁宗。包拯到陳州放糧，李妃告狀，包拯斷案，經過許多曲折，李妃仁宗，終於母子團圓。小說《龍圖耳錄》、《三俠五義》、《七俠五義》，皆有此情節。戲曲《狸貓換太子》更是為人所熟知。

　　明人安遇時小說《包龍圖判百家公案》第七十五回《仁宗皇帝認親母》，說唱詞話《仁宗認母傳》，小說《包公案》所載劉妃害李妃事，與《龍圖耳錄》等所載大體相同，然無「狸貓換太子」情節，而是劉妃以己女換李妃之子，李妃氣極昏迷，女嬰遂死。李妃因此被打入冷宮，非為其「產妖」也。《龍圖耳錄》等所載，用「狸貓」取代「小公主」去換太子，即改「公主換太子」為「狸貓換太子」。

　　「公主換太子」改為「狸貓換太子」，更見劉妃其人之殘酷毒

辣，且富有傳奇、怪異色彩，易於吸引讀者、聽眾或者觀眾。然「狸貓換太子」情節，或由佛經「豬兒換太子」情節而來。

《諸經集要》卷三引《大阿育王經》云，阿育王娶一夫人，身長八尺，髮亦稱是。眾相俱足。王令相師相之，相師言此女當為王生金色之子。王即封此女為第二夫人。後此女懷孕將產，阿育王緣事出行。王后妒忌，設計欲除第二夫人。她預先準備一將產之母豬。第二夫人臨產時，王后語之云：「卿是年少始產，不可露面視天。」遂以被覆蓋其面。第二夫人果然生一金色子，光照宮中。王后即以母豬剛產下之豬兒換下金色之子並殺之，又責第二夫人云：「汝云當為王生金色之子，何故生豬！」遂囚第二夫人於宮外一園中，令食菜，蓋以之為豬也。王還，聞之，不快。久之，王獨行，得見第二夫人，釋之，迎取歸宮。第二夫人俱說情狀，王知之，大怒，即遷怒旁人，殺八萬四千嬪妃。後阿育王知自己因殺如許嬪妃，死後將墮地獄無疑，便聽取僧人建議，建造八萬四千塔以贖其罪。

《龍圖耳錄》等所載，模仿佛經「豬兒換太子」情節，而創為劉妃以「狸貓換太子」情節，至於豬兒貓兒之異，無甚深意。將豬兒換為狸貓，乃避免雷同耳。

又許友年翻譯《印度尼西亞民間故事》所載《八哥猴》故事云，王妃那加寧隆將產，另一王妃德威斑仁熱普巧施詭計，用初生小狗換走那加寧隆所產兒子，誣陷那加寧隆產狗仔。此為「狗仔換太子」，似亦從佛經中化來。寶文堂書店 1985 年版《包公案》附錄趙景深《小說閒話·包公傳說》云：「《桑林鎮》就是『狸貓換太子』的故事，也是一個民間故事。鍾敬文說：『所謂狸貓換太子的，其實卻是流播於東西洋（尤其是東洋的印度、波斯等國）各地的民間故事。（關於此

事，胡適之先生作《狸貓換太子故事的演變》時，未曾提及。暇當為專文論
之。）』這話是很有見地的。這個故事在麥苟勞克的《小說的童年》
第十三章中是稱作季子系中的第六式的忌妒的姊姊式的。……此段所
說，狸貓換太子竟有二十處的傳說。」

肝在樹上

　　《六度集經》卷四云，鱉妻有疾病，思食猴肝，雄鱉乃以入水遊
玩為誘，騙一獼猴踞其背上游水中。至中流，鱉料獼猴已經無法逃
脫，乃以真情告之。獼猴云：「爾何不早言，吾肝懸彼樹上。」鱉聞
此言，乃送獼猴返岸取肝。獼猴上岸，罵鱉而去。類似故事，佛經中
屢見之，如《生經·佛說獼猴經》卷十所載，大體上與《六度集經》
所載相同。《佛本行經》卷三十一等所載，則是虯欲取獼猴之心，獼
猴以「心忘樹上」得脫，只是換了一下角色的名稱而已。

　　我國民間故事中亦有此類故事。《中國民間故事集成·吉林卷》
所載《吳心與猴子》、《哪有猴心掛樹梢》，《康藏民間故事》所載
藏族民間故事《猴子和青蛙》和《民間文學》1959 年第五號《烏龜與
猴子》，《中國民間故事全集》第三十六冊《蒙古卷》所載《烏龜和
猴子》，第四十冊《西藏卷》所載《龜與猴》等即是。亞洲其他國家
也有此類故事者，如姜繼編譯《東南亞民間故事》載馬來西亞民間故
事《猴子與海龜》，許友年譯《印度尼西亞民間故事》載《鱷魚和狒
狒的故事》，日本人關敬吾選編《日本民間故事》載《猴子的鮮
肝》，日本人坪田讓治選編《日本民間故事》載《沒有骨頭的海蜇》
等等。

　　儘管這些民間故事情節有繁有簡，角色也不盡相同，但是關鍵情

節都是如此：一兩棲動物或水生動物（或鱉、或龜、或青蛙、或鱷魚、或魚精，在中國此類故事中也有為惡人者。）欲取猴子（或狒狒）之肝（或心，或膽等重要內臟器官），騙猴子（或狒狒）隨之入水，遂告猴子（或狒狒）真情，或是其他水生物（在日本民間故事中，是章魚和刺河豚，或為海蟄。）以真情告猴子（或狒狒），猴子（或狒狒）乃以「我肝（或心，或膽等重要內臟器官）忘掛樹上」為辭，騙對方送之返岸取之，由是得脫。

夢中富貴

夢中享盡榮華富貴的故事，自六朝至於清代，代有作家為之。最早見之於六朝南朝劉宋朝劉義慶《幽明錄》，云：「焦湖廟祝有柏枕，三十餘年。枕後一小坼孔。縣民湯林行賈，經廟祈福，祝曰：『君婚姻未？可就枕坼邊。』令林入坼內。見朱門瓊宮瑤臺，勝於世見。趙太尉為林婚，育子六人，四男二女。選林秘書郎，俄遷黃門郎。林在枕中，永無思歸之懷，遂遭忤逆之事。祝令林出外間，遂見向枕，謂枕內歷年載，而實俄忽之間矣。」

又唐代沈既濟《枕中記》云，道士呂翁與書生盧生相遇於邯鄲道中一邸舍。盧生云：「士之生於世，當建功樹名，出將入相，列鼎而食，選聲而聽，使族益昌而家益肥」，極歎自己之不遇。時主人方蒸黍，呂翁乃授盧生一青瓷枕，云此枕能使之榮適如志。盧生枕之而眠。夢中，盧生娶名門女，中進士，入官場，經國濟民，政績卓著。提兵破敵，開疆拓土，戰功赫赫。五子已皆入仕途，一門簪纓。雖宦海沈浮，兩竄荒徼，但兩次重起。敭歷中外，回翔臺閣，赫赫巍巍，凡五十餘年。性頗奢蕩，甚好聲色。享盡榮華，但仍不免一死。盧生夢至己「死」方寤，見呂翁坐其旁，主人蒸黍未熟。呂翁謂生曰：

「人生之適，亦如是矣。」盧生憮然，了悟人生寵辱之道、窮達之運、得喪之理、死生之情。元明戲曲作品，如馬致遠、花季郎、李時中分別所作《黃梁夢》，谷子敬《枕中記》，湯顯祖《邯鄲記》，徐霖《枕中記》，車任遠《邯鄲夢》，佚名《三化邯鄲》，儘管人物、情節各異，但是皆化自沈既濟之《枕中記》傳奇，皆演「夢中富貴」故事。

　　夢入螞蟻穴享盡榮華富貴者，最早見之於晉人干寶《搜神記》卷十，云夏陽盧汾，夢入螞蟻穴，享盡榮華富貴而醒。又唐人李公佐《南柯太守傳》云，淳于棼夢入大槐安國，尚公主，任南柯太守二十餘年，政績卓著，遂得賜食邑，得賜爵位，居臺輔，生五男二女。一門榮耀顯赫。後公主死，政敵構讒，王乃勸歸。淳于棼遂醒。夢中倏忽，若度一世。此所謂大槐安國者，實為一大蟻穴耳。明代戲曲作品如車任遠《南柯夢》、湯顯祖《南柯記》皆本此。

　　唐代寫夢中富貴的故事，尚有佚名傳奇《櫻桃青衣》。明人陳與郊《櫻桃夢》傳奇即演此故事，情節大體相同。

　　元代以下夢中富貴故事，情節較以前此類故事更為豐富、曲折，且多寫「夢中富貴夢中敗者」。

　　元人趙道一《歷世真仙體道通鑒》卷四十五云，唐武宗會昌中，舉子呂洞賓再次落第，歇長安酒肆。一長髯碧眼之顧客至此酒肆，親自做飯。呂洞賓眠而入夢。夢中，呂洞賓中進士，入翰林，登臺閣，拜宰相，居朝政三十餘年。某日，上殿奏對，偶然失誤，獲罪，被謫南方。赴貶所途中，風雪交加，僕人和馬都凍死。呂洞賓孤身一人，一籌莫展，哀歎之際，忽然夢覺。長髯碧眼者笑謂呂洞賓云：「黃梁猶未熟，一夢到華胥。」呂洞賓聞言大驚，問何以知其所夢。對方

云:「富貴不足喜,貧賤不足憂。大抵人生窮通、榮辱、壽夭、得失,古往今來,皆是一夢。富貴則為好夢,貧賤則為惡夢;榮耀則為好夢,恥辱則為惡夢;壽長則為好夢,夭折則為惡夢;得利則為好夢,失利則為惡夢。汝適才所作為好夢,然終轉為惡夢。」呂洞賓頓悟,遂拜其人為師修道。其人即鍾離權也。此故事即本沈既濟《枕中記》。明代王世貞《列仙傳》卷六、清代苗善時《純陽帝君神化妙通記》卷一敘鍾離權於長安酒肆點化呂洞賓則本此,而情節較為簡潔。

元代人馬致遠《邯鄲道省悟黃粱夢》雜劇,演鍾離權點化呂洞賓事,亦仿《枕中記》。《歷世真仙體道通鑒》之仿《枕中記》,尚將此故事發生地點移至「長安酒肆」,而《邯鄲道省悟黃粱夢》,則仍《枕中記》故事之地點。劇中,鍾離權使呂洞賓入夢。夢中呂洞賓棄文就武,官拜兵馬大元帥,入贅高太尉家,生一男一女。吳元濟反,呂洞賓率軍出征,收敵方珍珠三斗,故意使兵敗。事發,呂洞賓被發配沙門島,兒女同行。途中,兒女被一獵人殺死。獵人痛斥呂洞賓罪行,欲殺之,呂洞賓乃驚醒,由此看破紅塵,出家修道。清代人汪象旭《呂祖全傳》敘述呂洞賓得道事云,呂洞賓赴試途中,遇一道人予之一枕,令枕此枕入睡。呂洞賓如其言。呂洞賓於夢中中狀元,娶文丞相之女,作高官,政績卓著。官至節度使,封荊國公,文氏為荊國夫人。呂洞賓欲辭官,朝廷不允。又五年,父母雙亡,正舉行喪事,羌兵入寇,斬殺甚眾。呂洞賓以失職遭到逮捕,全家被問罪。至此,呂洞賓驚醒,因大悟,隨著道人出家學道。

佚名雜劇《呂翁三化邯鄲店》則又演呂洞賓於邯鄲以使盧志做夢之法化之。夢中,盧志娶名門女,中進士,成高官,立大功。後因為剿寇不力,被逮捕進京,問成死罪,臨刑方醒,遂大悟得道。

　　清代蒲松齡《聊齋誌異》卷四《續黃粱》云，福建舉人曾某捷南宮時，至一佛寺，就一術士問卜。術士見其意氣揚揚，遂恭維之有二十年太平宰相之福。曾某大悅，氣益高。入僧舍，一老僧坐蒲團上，不為禮。曾於僧舍倦臥。夢中，曾某身為太師，權傾朝野，作威作福，酬恩報怨，枉法殺人，強娶美女，驕橫不可一世。後來，被包拯彈劾，繼而群臣交劾。心腹背叛，家產盡被抄沒。曾某充軍雲南，途中，被他昔日所害怨民所殺。曾某魂入地獄，於陽世所犯諸罪，一一得報，受盡刀山、油鼎等酷刑。投生為乞丐之女，受盡饑寒。十四歲，為秀才妾，受盡虐待。秀才為強盜所殺，大婦誣陷以謀殺親夫，刺史嚴鞫，屈打成招，律以凌遲處死。押赴刑場，冤氣扼塞，慘叫而醒。老僧以「宰相」之占相嘲，曾拜而請教。僧以「修德行仁，火坑中有青蓮」答之。曾由此淡於富貴，後竟然入山，不知所終。同類故事中，以此最為淋漓盡致。後沈起鳳《諧鐸》卷六有《夢中夢》以兩重夢寫曾某的「夢中富貴」，兩重夢都是「夢中富貴夢中敗」者。

　　此類故事，儘管角色不同，具體情節各異，但是皆演「夢中富貴」事。主角多為書生，或科場失意，或躊躇滿志，然醉心於功名富貴則一。其平生所求，皆在夢中得遂，而夢醒一切成空。主角由此悟得人生之功名富貴，窮達得失，亦不過如此一夢耳。

　　以上所舉不少「夢中富貴」故事，主角於夢中得富貴，享富貴而終於致敗。或因官場傾軋而敗，或因失職而敗，或因行不法事而致敗，或因驕奢淫逸、作威作福而敗，皆「夢中富貴夢中敗」者。「夢中富貴夢中敗」的故事，較僅敍述「夢中富貴」者，思想更為深刻。「夢中富貴」僅言「富貴如夢」，言其不真而且短暫也，未言其不幸也。富貴人所欲，雖不真而短暫如夢者何害？有如夢之富貴，總強於

無富貴者。「夢中富貴夢中敗」，除了言富貴不真且短暫外，又有富貴難善終、富貴致禍患之意在，雖是夢中之富貴，亦須於夢中食富貴所致之苦果。人處於險惡之中，皆希望此境不真，處於夢中。諸「夢中富貴夢中敗」之主角，皆因惡夢而醒，必喜此僅為夢耳，幸而非真，不無後怕。若真有此富貴，難保無此敗。富貴不獨虛幻短暫如夢，無可戀者，且於己有害。如此則於富貴不求之而逃之矣。非逃富貴也，逃禍也，逃富貴即逃禍也。

　　「夢中富貴夢中敗」故事，較僅敘「夢中富貴」者，其思想之深刻，不僅止於對富貴之理解，還在於對官場之揭露，對某些士人卑劣心態之刻畫。此類故事，雖為文人創作，又是寫夢幻中事，實則是史筆也。自古達官貴人不得善終者，史書觸目皆是，非敗於官場傾軋，即敗於徇私枉法、威福自恣，由時勢致敗者，且不論焉。「富貴致禍」，豈文人憑空虛構哉！豈盡夢幻中事哉！酸腐措大，雖然困頓科場，難保不作徇私枉法、威福自恣之想，一旦得志，便不免行徇私枉法、威福自恣諸事。蒲松齡《續黃梁》中之曾某，正是此等人物。白日做夢，尚騁其徇私枉法、威福自恣之情，況「一朝權在手，便把令來行」哉！此類夢正是此類人物宦途之預演耳。然此類人物豈少哉！

　　「夢中富貴夢中敗」類故事，多著力渲染主角於夢中享富貴徇私枉法、威福自恣之甚，其報應之酷，又有勸懲之意在。

　　「夢中富貴」，包括「夢中富貴夢中敗」之故事，結構大抵如此：一熱中功名富貴者，於夢中享盡富貴，或享富貴致敗，醒後即悟人生富貴貧賤、窮達得失之理，遂淡於功名富貴，甚至跳出紅塵，求仙學道。至於致夢之由，或奇枕，或奇僧異道，或精靈，故益增其神秘色彩，既能吸引讀者，又與故事所表達避世思想相契。

「夢中富貴」故事，與佛經亦大有關係焉。《大乘本生心地觀經》卷四云：「長者有一童女，年始十五，端正殊妙。爾時父母處三層樓，將其愛女受諸歡樂。於夜分中，母女同宿，在一寶床，而共安寢。於是童女夢見父母娉與夫家，經歷多年，遂生一子，端正殊妙，有聰慧相。日漸恩養，能自行步。處在高樓，因危墮落，未至於地，見有餓虎，接而食之。是時童女倍復驚怖，舉聲號哭，遂便夢覺。……世間生死，有為舍宅，長處輪迴，未得真覺爾。所分位恒處夢中，生老病死，三界舍宅。如彼童女，處於夢中，虛妄分別，亦復如是。琰魔鬼使，忽然而至，如彼餓虎，於虛空中接彼嬰孩而啖食之。一切眾生，念念無常，老病死苦，亦復如是。……無明暗障如長夜，未成正覺如夢中。生死世間常不實，妄想分別亦如是。」

我國「夢中富貴」故事，主角做夢，夢中久遠，如意或先如意而終遭險惡，覺而知非真，感現實世界亦如夢。諸結構關目，與佛經中此童女故事相同。其所表達思想，亦與佛經「色相俱空」、人生「恒處夢中」之類相合。沈既濟《枕中記》中，盧生夢中富貴如意已極而死至即休，與佛經「琰魔鬼使，忽然而至，如彼餓虎」云云，尤為相合。然則使人做富貴夢者如呂翁之流，不亦為夢中人耶？

又我國「夢中富貴夢中敗」故事中，主角夢中成富貴，遭到慘敗。無成即無敗，敗即從成而來，成乃敗之因。佛經故事中之少女，夢中得子，夢中失子。無得即無失，有得即有失，得乃失之因。所明成敗得失之理正相同。

雖然，我國「夢中富貴」故事，其社會內容之豐富博大，遠過於佛經中彼童女之故事。彼童女之夢，僅出嫁、生子、育子耳，一尋常女子之生活耳。而我國「夢中富貴故事」中，主角皆為士人，所夢皆

出將入相、歷歷中外之官場生活，因而如上所論，除了以此宣揚「富貴如夢」等出世思想外，又有批判社會現實之旨在。雖然宣揚「人生如夢」，逃避社會現實，其本身實為社會現實而作。佛經中彼童女之夢，則與批判社會現實無涉。此乃中國文學作品之所以為中國文學作品，而佛經故事之所以為佛經故事也。

禍福姐妹神

《古本戲曲叢刊二集》本《夏為堂人天樂傳奇》第七十一折《不貪》，情節大略為：功德大天女神有「菩薩心腸，真妃容貌」，所到之處，「貧者即富，賤者即貴，夭者長壽，孤者多男。吉祥利市，災難消除，凡有希求，無不如意。」有王員外者，百計圖財，為富不仁。功德大天至其家，王員外大喜，知其不用葷酒，益喜，每日安排半塊豆腐、兩碟芝麻「盡心供養」。醜陋的黑暗女，所至之處，「富者變貧，貴者變賤，使他人口損傷，家業破敗，多災多難，萬事無成」，也來到了王員外家。王員外大恐，驅趕黑暗女。黑暗女云她與功德大天為姐妹，姐妹倆住則同住，去則同去，不可分離。王員外從功德大天處證實黑暗女所說，求姐留妹去，不許；復求姐多作福而妹少作禍，亦不許。姐妹倆教訓王員外一頓，一起離去。黑暗女又建議姐姐去軒冠霞居士家，因為此人「身處貧賤，力行善事」，「如今姐姐先去，一則觀其為人，二則只當試他心術，」然後見機行事。功德大天來到軒冠霞家，說明自己非凡功能。軒冠霞以禮相待，道：「多感女菩薩美意，只是我弟子自揣福薄，不能消受，況且說到財寶，自古道一飲一啄，莫非前定。這件東西，分毫都有定數，一發不敢妄想。」功德大天知他不貪，道出實情，決定與妹同去，不復相擾。軒

冠霞以禮相送。

　　功德大天女神姐妹歷試二人之故事，來自佛經。《大般涅槃經》第十二《聖行品》云：「有女人入於他舍，是女端正，顏貌瑰麗，以女子瓔珞莊嚴其身。主人見之，即便問言：汝字何等，系屬於誰？女人答言：我身即是功德大天。主人問言：汝所至處，為何所作？女人答言：我所至處，能與種種金銀、琉璃、玻璃、真珠、珊瑚、琥珀、硨磲、瑪瑙、象馬、車乘、奴婢、僕使。主人聞已，心生歡喜，踴躍無量，我今福德故，令汝來至我舍。即便燒香散華供養，恭敬禮拜。復於門外，更見一女，其形醜陋，衣裳弊壞，多諸垢膩，皮膚皴裂，其色艾白。見已，問言：汝字何等，系屬誰家？女人答言：我字黑闇，復問：何故名為黑闇？女人答言：我所行處，能令其家所有財寶一切衰耗。主人聞已，即持利刃，作如是言：汝若不去，當斷汝命！女人答言：汝甚愚癡，無有智慧。主人問言：云何名為癡無智慧？女人答言：汝家中者，即是我姊。我常與姊進止共俱，汝若驅我，亦當驅彼。主人還入問功德天：外有一女，云是汝妹，實為是不？功德天言：實是我妹。我與此妹，行住共俱，未曾相離，隨所住處。我常作好，彼此常作惡；我常利益，彼作衰耗。若愛我者，亦應愛彼。若見恭敬，亦應敬彼。主人即言：若有如是好惡事者，我俱不用，各隨意去。是時二女共相將，還其所止。爾時主人見其還去，心生歡喜，踴躍無量。是時二女復共相隨，至一貧家，貧人見已，心生歡喜，即請之，言從今己去，願汝二人，常住我家。功德天言：我等先已為他所驅，汝復何緣，俱請我住？貧人答言：汝今念我，我以汝故，復當敬彼，是故俱請，令住我家！」

　　《人天樂》作者將此故事改編，寫入劇中，用以譴責「百計圖

財，為富不仁」者，突出軒冠霞的清高淡泊。然其中之哲理，則是一貫的，正如劇中功德大天所唱【畫錦堂】：「俺姊妹雙雙，行坐一處，從來並不開交。只是禍福分門，利益不同衰耗，蹊蹺。萬事完成終有壞，往來剝復皆天道。說甚麼千年調，試看漢殿唐宮，若個子孫保？」這就是老子「禍福相倚」之理，而歸乎「四大皆空」，有成必有壞而終歸於壞。

孝子郯子

　　《古典戲曲存目彙考》下編《傳奇五》之《二十四孝》條下云：「二十四孝故事，雖詳載舊記，未知起於何時。按《八義記》傳奇賓白，有二十五孝之說，葉盛《水東日記》中已道及之。是則二十四孝，當亦宋元人所編。」《曲海總目提要》，著錄《孝順歡》劇本，云一名《二十四孝》，明末人作，作者名失考。「其六剡子鹿乳。周剡子性至孝，父母年老，俱患雙眼，思食鹿乳，剡子乃衣鹿皮，去深山，入鹿群之中，取鹿乳供親。獵者見而欲射之，剡子具以情告，乃免。」相傳元人郭守正所編《二十四孝》中，所載相似，而「剡子」作「郯子」。上海信宜藥廠 1939 年編印《二十四孝彩圖》，所載事同，作「周郯子」，同郭守正所作《二十四孝》，「周」為朝代名。查我國典籍，無「剡子」其人，當是劇本或《提要》之誤。作為二十四孝中表彰的孝子，當是「郯子」，而非「剡子」。

　　郯子，歷史上實有其人。《春秋·襄公七年》：「郯子來朝」，同書《昭公十七年》也有這樣的記載。《左傳·昭公十七年》云：「秋，郯子來朝，公與之宴，昭子問焉，曰『少皞氏以鳥名官，何故也？』郯子曰：『吾祖也，我知之。』」於是郯子詳論少皞氏以鳥名

官之故。「仲尼聞之，見於郯子而學之。既而告人曰：『吾聞之，天子失官，學在四夷，猶信。」郯，古國名，少暤氏之後，己姓，故地在今山東郯城縣境。郯子為郯國國君。當是子爵，故稱郯子，與楚君稱「楚子」同一道理，郯子並不是其人自己的名字。遍查典籍，此作為國君之郯子，並不以孝行著，儘管他確實是「周郯子」，且以情理度之，作為一國之君，無論如何也不會去做「二十四孝」中郯子那樣的事。很明顯，作為一國之君的郯子，與「二十四孝」中的郯子並不是一個人。那麼，周朝是不是別有個郯子呢？典籍中也找不到有關的記載。此外，尚有一事，頗覺突兀：我國古人，成人絕少喝動物乳汁，喝鹿乳就更不可思議。

郯子事，實為佛經中睒子事演化而來。《中華大藏經》第十九冊有《佛說菩薩睒子經》，略云，睒子奉盲父母入山修道，對父母至孝。為其孝和修行之精勤所感，山中成為一盡善盡美的世界：「飛鳥翔集，奇妙異類，皆作音樂之聲，以娛樂盲父母。獅子熊羆虎狼毒獸，皆自慈心相向，無復相害之意，皆食啖草果，無恐懼之心。獐鹿熊羆雜類之獸，皆來附近，睒音聲相和，皆作娛樂之音。」「父母時渴欲飲，睒著鹿皮之衣，提瓶行取水。麋鹿眾鳥，亦復往飲水，不相畏難。」一日，迦夷國王入山打獵，誤將身著鹿皮之睒子當作鹿，一箭射中其胸口。國王發現所射中者為人，大悔。當他知道睒子在山中修道並孝養盲父母時，當即對將死的睒子表示，如果睒子死，他將留在山中，代睒子供養盲父母。睒子留下一番佛教式的遺言，便死去了。睒子父母知此，大痛。山中生靈知之，亦都哀痛。神靈為之感動，出手救活了睒子，並使其盲父母皆復明。國王從獵人員見此，「皆發願奉持五戒十善，終身不犯。」國王宣令國中：「諸有貧窮盲

父母如睒比者，皆當供養，不得捐捨，犯者令有重罪。」「於是國中人民以睒活故，上下相教，奉修五戒十善，死得昇天，無入三惡道者。」這睒子不是別人，就是釋迦牟尼的前身。《六度集經》卷五《睒道士本生》所載略同，而云睒奉佛、至孝，故得神助，死而復生。國王以睒子事迹教化百姓，也以奉佛、至孝為勸。《法苑珠林》卷四十九《忠孝篇》所載也大略相同。

睒子奉佛、至孝。為盲父母汲水，這是孝；身著鹿皮前去汲水，這是為了免於驚擾在那裏飲水的動物，體現佛家思想。儒佛有矛盾。睒子的孝，不難為全社會接受，但睒子的奉佛，則很難為全社會接受。因此，睒子故事就被作了一番改造，取其穿鹿皮衣被射的關目，改為「險些被誤射」，將「取水」改為「取鹿乳」，既解釋了睒子為何要披鹿皮，又避免了「奉佛」這樣的問題，使至孝的主題更為突出。佛經這故事中「奉佛」與「至孝」這雙重主題，難免有主題分散之弊。因此，儒家經過這樣的處理，把睒子作為行孝的範例，列入二十四孝，以教化世人。然睒子或睒，此名不像國人的名字。以「郯」與「睒」形近，而春秋（周）時卻有個「郯子」，儘管春秋時期的郯子，與睒子事迹毫無關係，也不以孝聞，也不妨借他的名字一用。且周時文化名人，亦多稱「子」，大者如孔子、孟子、荀子之類，次者亦有慎子、顏子、曾子等，「郯子」即使不是以子爵稱「子」，觀其論「少皞氏以鳥名官」而孔子主動從之學，亦為有學問者，以其學問而稱「子」，也完全有資格。

「郯」又與「剡」形近，故《孝順歌》劇本或《曲海總目提要》作「剡子」。

比武招親

　　我國通俗小說中，有「比武招親」的情節。如《征西說唐三傳》第七十七回《薛剛三掃鐵丘墳，西唐借兵招駙馬》，即寫西唐公主比武招親，薛剛獲勝事。武則天稱帝，揚州都督徐敬業打出擁戴盧陵王的旗號，興兵討伐武則天，武則天命李孝義前往征討。程咬金命薛剛至西唐國借兵助徐敬業。薛剛至西唐，適逢西唐公主比武招親，薛剛參與並獲勝，被招為駙馬，得借兵十萬。（據《中國通俗小說總目提要》第 521 頁）由「比武招親」擴展之「比藝招親」或潛在的「比藝招親」，通俗小說、民間文學作品中更多。

　　「比武招親」或「比藝招親」，佛經中早已有之。

　　《方廣大莊嚴經·現藝品》云：輸檀王太子已到結婚年齡，國王為之選妃。執杖大臣女耶輸陀羅，相貌端正，超凡脫俗，聰明異常，與太子兩相屬意。國王派人前往提親，執杖大臣不許，言其家族法，女子素配有技藝之人，太子長在深宮，未學技藝，故非其女婿人選。為此，執杖大臣云，七日之後，於城門外某試場比藝招親，擇優錄取。至期，青年雲集，願一試者甚多，太子亦在其中。國王命人牽一壯偉健碩之大白象往試場，供太子歸時乘坐。象至城門，被一與試青年名提婆達多者徒手擊死，橫堵城門。另一與試青年名難陀者隻手將象拖於路旁以利行走。太子知之前往，以左足趾抓象，橫空拋出，象落在數里之外，擊地成一巨坑。比賽開始，先比書法。眾人知太子書法無人能及，莫敢與試。次比算術。先是太子給五百釋氏青年數位令演算，此五百青年依次給太子數位令演算，太子之演算，既快且準，五百青年不及給數。繼而五百青年一齊給數，太子應聲作答，準確無

誤。三比角力。太子首先輕取難陀。提婆達多衝向太子，被太子抓起，拋擲空中數次，慘敗而去。五百釋氏青年一齊衝向太子，太子施展神威，五百青年一齊跌倒，無一倖免。四比射箭。難陀射穿二百步遠處二鐵鼓，提婆達多射穿四百步遠處二鐵鼓，孫陀難陀射穿六百步遠處六鐵鼓。執杖大臣技癢，射穿八百步遠處八鐵鼓，認為無人能及。太子射時，拉斷強弓。國王大喜，命人至天廟將其祖先所遺超強硬弓取來予太子用。太子拉超強硬弓發箭，驚天動地，將千步以外的諸鐵鼓、鐵豬、鐵樹全部射穿。此後又比便捷、跳騰、競走、越逸、相撲、書印、駕御、履水、騎術、勇健、鈎索、占相、畫工、雕刻、管弦、排譴、按摩、占夢、魔術、養殖等等許多技藝，太子無不遙遙領先。執杖大臣遂允將女兒耶輸陀羅嫁太子為妃。此太子為菩薩轉世，故有如許神通。後太子修道成佛，即釋迦牟尼是也。此故事又見之於《出曜經》卷三、《修行本起經·試藝品》等多種佛經，大同小異，要皆太子在比武招親中藝壓群雄，終娶所愛為妃。

拔鬍子或拔髮

《宋稗類抄·紕漏》云：「有一郎官，年六十餘，置媵侍數人。鬚已斑白，令其妻妾互鑷之。妻忌其少，恐為眾妾所悅，乃去其黑者。妾欲其少，乃去其白者。不逾月，頤頷遂空。」此故事似出佛經。《經律異相》卷四十四引十卷本《譬喻經》云：「昔有一人於兩業，有二婦。適詣小婦，小婦語言：『我年少，婿年老，我不樂住。可往大婦處作居。』其婿拔去其白髮。適至大婦處，大婦語言：『我年老頭已白，婿頭黑，宜去。』於是拔黑作白。如是不止，頭遂禿盡。二婦惡之，便各捨去，坐愁至死。」

此類故事，實西元前六世紀之《伊索寓言》中即有之。《頭髮斑白的人和他的情婦們》云，一頭髮斑白的男子，有二情婦，一年輕，一年老。老者覺得以比自己年輕的男子為情夫，大不光彩，每逢情夫至，拔其黑髮，欲使之顯得老，與自己相稱。少者覺得與老情夫親近，大不相宜，於是，每逢情夫至，拔其白髮，欲使之顯得年輕，與自己相稱。兩女子輪流拔此情夫髮，未久，此男子之頭遂禿。作者欲以此故事明「不管在何處，不相稱總是不宜的」之理。

《伊索寓言》中，二情婦各為使情夫容顏與自己相稱而拔其黑髮、白髮。佛經故事中，則是丈夫因二妻各嫌其相貌與自己不相稱而自拔其白髮、黑髮。中國故事中，則是丈夫為使自己顯得年輕以取悅於年輕姬妾，而令妻妾拔其白鬚鬚，不料被欲使丈夫容貌與自己相稱之老妻拔去黑鬚鬚，終於黑鬚鬚、白鬚鬚全失。《伊索寓言》與佛經故事中，斑白男子是被動拔髮，乃至於被迫拔髮，而中國這故事中，則是斑白男子主動令妻妾為他拔去白鬚鬚，只是入其老妻觳中而已。這更符合在古代中國家庭中男子支配妻妾之事實。至於是拔鬚鬚，而非拔頭髮，蓋拔鬚鬚較為可信，容易使人接受，而拔盡頭髮，則過於誇張矣。

眞眞假假

我國小說中，神靈幻化為世間某人者，舉不勝舉。神靈所幻化者與真者在同一場合出現，並各自力圖證明自己為真者，亦屢見之。此類情節，見之於通俗白話小說或戲曲者極多。元代高則誠《燈草和尚》中，知縣楊官兒之女兒長姑與商人李某之子李可白成親之時，忽有二長姑，莫分真假。可白竟然與假長姑交合，真者反而受冷落。後

來由假長姑而生出許多淫亂之事。明代安遇時《包龍圖判百家公案》第四十四回《金鯉魚迷人之異》中，有真假金線之故事，已見本書《觀音系列文學作品研究之二——以色設緣》中。《包龍圖判百家公案》第八十八回《老犬變作夫主之怪》，八十九回《劉婆子訴論猛虎》云，王十外出經商，一白犬化為王十至其家，與王妻周氏交合。王十歸，周氏不辨真偽，訴之於包公。包公將二王十收監，以猛虎驗之。假王十見虎大懼，化為犬，真假立判。包公殺白犬。第五十八回《決戮五鼠鬧東京》更是真真假假，鬧得一塌糊塗。一鼠精化為秀才施俊，入施家與施妻何氏交合。施俊歸，真假施俊，莫能辨，告至王丞相處。四鼠精俱化為王丞相，莫能分辨。真假王丞相遂入朝請宋仁宗辨之，三假王丞相忽然化仁宗，莫能辨之。遂請仁宗母辨之，二假仁宗忽然化仁宗母，莫能辨之。真假太后請包公辨之，一假太后忽然變為包公。一時有二施俊，二王丞相，二仁宗，二太后，二包公。後真包公魂入南天門拜見玉帝，方查知雷音寺中五鼠走落下界，眾假者乃五鼠精所化。又經反復周折，包公終於借得世尊玉面貓，消滅四鼠，一鼠逃走。又《西遊記》第三十九回《一粒金丹天上得，三年故主世間生》云，文殊菩薩坐騎金毛獅子下界為妖，孫悟空與戰。此妖不敵，乃化為唐僧。神通廣大如孫悟空者，竟然也無法辨認。五十七回《真行者落伽山訴苦，假猴王水簾洞謄文》，第五十八回《二心攪亂大乾坤，一體難修真寂滅》云，六耳獼猴冒充孫悟空，莫說唐僧八戒沙僧，就是諸天神天將包括擁有照妖鏡的李天王，甚至具有無邊佛法的菩薩，宇宙至尊玉皇大帝，亦都無法辨認孰真孰假。

　　文言小說中亦有此類情節。晉人陶淵明《搜神後記》卷九云：「太叔王氏，後娶庾氏女，年少色美。王年十六，常宿外，婦深無

欣。後忽一夕見王還，燕婉兼常。晝坐，因共食。奴從外來，見之大
驚，以白王。王遽入，偽者亦出。二人交會中庭，俱著白，衣服形貌
如一。真者便先舉杖打偽者，偽者亦報打之。二人各敕子弟，令與
手。王兒乃突前痛打，是一黃狗，遂打殺之。」此為我國最早之真真
假假故事。

　　此類故事，外國亦有之。柬埔寨民間故事《真假丈夫》云，某男
子奉命赴前線作戰，一妖怪知之，幻化成此男子，入其家，與其妻子
生活。真者歸，其妻子一時有兩個丈夫，真假莫辨，遂鳴之官，官亦
不能決。一野兔知之，為官設一法：以能入瓶者即為真者試之。官如
法告真者假者。假者大喜，變化入瓶，真假始分。野兔將瓶緊塞，妖
怪被擒。見姜繼翻譯《東南亞民間故事選》下冊。

　　此類真假難分情節，實以佛經所載真假盧至為最早。《盧至長者
因緣經》云，舍衛城中富長者盧至，極為吝嗇。天帝釋乘盧至不在家
中，化為盧至至其家，聚集父母僕人眷屬而告之曰：「以前有一大慳
鬼附我身，一切財物收支皆由慳鬼。今日出行，一道士以咒術除我慳
鬼。決不允慳鬼復來擾我，使我復慳。此慳鬼與我形貌相似，又詐稱
我名。若彼來我家，一切家人莫信，棒打驅之！」說畢，大開倉庫，
出諸財物，舉家錦衣玉食，又設歌舞音樂，極盡奢華，享受無度。舍
衛城中，聞盧至長者已除慳鬼，一改以前所為，咸來觀看，門庭若
市。假盧至又將財物廣為佈施。真盧至歸，聞家中歌舞音樂之聲，大
驚。入門，見假盧至居中，其母居其右，其妻處其左，服飾華麗，容
色熙怡，對酒當歌，益為大駭，上前力爭。家人不信其為真盧至，皆
以之為慳鬼。真盧至請母決之。母云：「爾慳鬼形貌甚似吾子」，轉
謂假盧至云：「觀汝孝順奉侍我，真吾子也。若此慳鬼孝順亦若汝，

吾真不能別矣。」真盧至又請其妻辨之。妻語假盧至云：「我寧在汝身邊死，終不在彼慳鬼身邊生也。」假盧至令家人驅趕真盧至，家人一擁而上，推拉牽打，將真盧至趕出家門。盧至無法，訴之於國王。真假二盧至至國王前，國王不能辨，乃請盧至母至。國王問盧至母，盧至身上有無瘢斑黑痣之類足資辨認者。盧至母云盧至左脅下有一小豆許黑瘢。驗之，二盧至皆有之。國王束手，遂帶二盧至以及衆人到佛處，請佛決之。佛當然已經知道真假，乃為真盧至說法，真盧至遂信佛悟道。

假作真時真亦假，無為有時有還無。若神靈幻化為假形亂真惑人以遂其私欲、危害世人，其醜惡固無論矣，然若以此術行善利人，則雖假何妨？為人子者當知孝養，為人夫者當知愛敬盡職。然如盧至長者者，不盡為子為夫之職，但以聚斂錢財為務，雖為其母之真子，為其妻之真夫，實假也，然天帝釋幻化之盧至，盡為人子、為人夫之職，雖為假子、假夫，何妨以之為真也？噫，真假之辨，難言矣！

狐狸爲王

《中國動物故事集》載《狐狸為王》故事云：一狐狸墜入染缸，染成青色，遂自稱奉玉帝之命為獸王。群獸覺其神秘莫測，遂奉之為國王。「國王」作威作福，又派狐狸使者前去迎其母，其母知道兒子為「國王」，由衆大獸保護服侍，便認為此乃非分之福，拒絕前往。狐狸使者還，謂衆獸云，「國王」之母亦普通一狐狸而已。衆獸欲試「國王」是否狐狸，便讓群狐狸大叫。「國王」聞之，不覺叫出狐狸之聲，群獸乃殺之。

此故事實從佛經《根本說一切有部毗奈耶破僧事》所載野干故事

而來，二者情節基本相同。野干，亦狐狸之一種。除主角一為狐狸，一為野干外，二故事所不同者主要有二。一，狐狸為王中，狐母言其子身為一狐，不當作王，不當如此作威作福。《史記·項羽本紀》云，秦東陽令史陳嬰，素信謹，稱為長者。東陽少年殺其令，強立陳嬰為王，陳嬰母謂嬰曰：「自我為汝家婦，末嘗聞汝先古之有貴者，今暴得大名，不祥。」陳嬰乃不敢為王。我國古代，好以某人家庭出身地位定其分，倡為本分、安分，不本分、不安分者，便為人所非。存非分之想，已是不該，非分之得，更為人所忌，往往禍亦隨之。若非分之得竟貴為王侯，則必岌岌可危矣。此狐母見識甚高，可與陳嬰母相匹。其子若知此理，本分、安分，便不會遭禍。以此觀之，《狐狸為王》故事，其旨乃在導人本分、安分。而佛經野干故事中，「國王」野干之母並未對其子之為王加任何評論，未言該與不該，僅表示喜愛山谷生活，不願前往。二，結尾一段，情節稍有不同。《狐狸為王》中，「國王」鳴叫，出不由自主，且此計出自眾獸。佛經中，「國王」則不然，野干使者奉「王命」前去接「國王母」時，「國王母」便告之：「汝去定當殺我子」，「子若不作野干鳴，得居象上安樂身。」野干使者返，報同類云，「國王」非王種，其母乃一野干。諸伴遂設計驗之。群野干鳴，「國王」於象背聞之，懼不鳴則身毛落地被識破，遂不得不鳴，一鳴即敗露，被象摔下踏殺之。相比之下，《狐狸為王》中，狐狸王聞同類鳴而不得不鳴，較為自然，且更顯其「顏色雖改而本性難移」。

產婦食嬰

　　唐代人牛肅《紀聞》云，開元二十八年，武德縣一婦人，生一男

嬰。剛生，產婦求食甚急。其婆婆具食進，產婦立盡之，又求。婆婆屢次進食，產婦屢次盡之，猶未足，起身親自煮食，其婆婆憤怒且恐懼，產婦乃提嬰而食之。口血流丹，不久亦死。

產婦食嬰兒事，佛經屢見之。《銀色女經》云，銀色女因故入一產婦家，見產婦因為饑餓欲食嬰兒，止之，並許為之覓食，但是產婦饑餓將死，不可稍待，不得食則立時死。銀色女乃割雙乳房予產婦食用，產婦與嬰兒遂得兩全。又《菩薩本行集》卷上所載不流沙城婆檀甯夫人跋摩竭提割自己之乳房施予因饑餓將食嬰兒之產婦，與銀色女事完全相同。

佛經產婦食嬰兒故事，其旨在頌揚施救者（割乳房者）捨己救人，亦投崖飼虎、割肉救鴿之類也。產婦食嬰兒僅僅為之提供場景，亦一關目而已。然此雖為一關目，但聳人聽聞，乃有過於割乳房救人者，故易於流傳，而終至失卻佛經故事原旨，與買櫝還珠同。輾轉相傳，易頭換尾，遂成「武德縣婦人」之類的故事。

鬼　母

《類說》卷八引《述異記》云：「南海小虞山中有鬼母，一產千鬼，朝產之，暮食之。今蒼梧有鬼姑神是也。虎頭，龍足，蟒眉，蛟目。」虎毒不食子，若食子者，其毒當甚於虎。日生千子而日食之者，當至惡、至凶、至毒矣。故鬼母神之形象如此，明集虎龍蛟蟒之兇狠、暴戾、惡毒於一身也。

此鬼母傳說亦來自佛經。《撰集百緣經》第四十九緣云，一餓鬼，肌肉消盡，肢節骨立，一日一夜生五百子，羸瘦尪劣，當生子之時，極為饑渴之所逼，隨生隨啖，終無飽足。佛言其因緣云，昔有一

大夫人，見小夫人懷孕，心懷妒忌，墮小夫人胎。小夫人親屬前來問罪，大夫人欲道其實，恐怕被打死，欲不道其實，對方打罵不休，乃發重誓云：「我若真墮小夫人胎者，令我捨生生餓鬼中，一日一夜生五百子，隨生隨啖，終不飽足。」對方見她發如此重誓，信之，捨之去。大夫人命終之後，即為餓鬼。佛家以此故事，諷世警人。

中國鬼母故事，雖然從佛經食子餓鬼故事而來，但是遺其「因緣」部分，而但取其晝夜生五百子而隨產隨啖，終無飽足，傳為「一產千鬼，朝產之，暮食之」，並創為至凶、至惡、至暴、至毒的形象。與原來的故事相比較，鬼母形象更為聳人聽聞，但是原故事諷世警人之旨則已經消失，人們但賞其怪異耳。

搬園池

《雲南各族民間故事選》載傣族民間故事《召賀瑪故事三則》，其一云，四大臣欲陷害傣族智者召瑪賀，使人謂召瑪賀曰：「王宮內有一蓮池，甚是孤單，國王命汝搬一園池進宮伴之。」召賀瑪乃找一力士，取一長繩，入宮見國王道：「蓮池赴宮，至半路，因羞不肯行。請國王命人將王宮內蓮池拉去迎接。」國王命四大臣為之。四大臣無法，此事遂罷。

此故事實源於佛經《根本說一切有部毗奈耶雜事》卷二十七大藥童子事。云國王欲試大藥童子才智，命使報大藥童子之父圓滿曰：「我需一園，林池具足，花果茂盛，可速將來。」圓滿無法，憂愁苦惱。大藥知之，即以「此處園池，長自荒野，進止法式，皆未諳知。若至都城，恐有輕觸」為由，要國王降一小園，暫來相引。王知此計出於大藥，不勝驚歎。

大藥為佛經中智者，召賀瑪為傣族智者，人們遂將大藥之智慧故
事歸諸召賀瑪，以進一步突出其智。然佛經中國王命大藥搬園，純為
試大藥之智，而四大臣之欲召賀瑪搬園池，乃欲害召瑪賀，故召瑪賀
此故事，又有以智慧抗邪惡之意義在，較大藥故事，內涵更為豐富。

姦夫竊本夫藏金案

佚名《龍圖公案》（一名《包公案》）云，小商人葉廣妻子全氏，
美似西施，聰明乖巧。葉廣外出經商，全氏與吳應私通。葉廣歸，恐
怕住屋門淺壁薄，遭小人暗算，乃將所賺銀子十六兩藏於舍旁陰溝
內，方回家。其時全氏正與吳應幽會，聞葉廣歸，急避之。全氏迎葉
廣，問此行所獲幾何。葉廣如實言數目及藏銀之所。吳應聞之，乃順
利竊之。葉廣發現銀子被竊，與全氏大鬧，告至包公處。包公認定全
氏必有姦夫，銀子乃姦夫所竊。全氏不肯招認，包公乃命將全氏枷號
官賣。吳應買此婦，包公根據吳所付之銀乃葉廣原物，輕易地破了此
案。此故事又見明人安遇時《包龍圖判百家公案》。《中國民間故事
全集》廣西卷《計叔的故事》之一《審樹》之情節也相類，計叔為智
者，失竊著為阮阿福，阿福妻子為黃氏，姦夫為小二。

姦夫竊本夫金事，佛經中即有之。《根本說一切有部毗奈耶雜
事》卷二十七云，婆羅門某甲，因娶妻花費甚多，遂外出求財，得五
百金錢而歸，恐怕妻生外心，乃埋錢於一樹下。其妻果然與一男子名
善聽者私通。知某甲歸，善聽不及逃走，乃避之於床下。某甲妻見某
甲，裝出萬般恩愛。某甲見精美飲食，問其故。其妻謊稱夢天神相告
某甲當歸，特為某甲設之——實為善聽設之也。某甲大喜，戒心全
消。妻問某甲此行得錢幾何，放在何處，某甲一一如實答之。伺某甲

熟睡，善聽潛出，竊某甲所藏之錢。次日，某甲前往取錢不得，乃訴之於智者大藥。大藥命某甲假作還願設宴會，與妻子各請四位婆羅門。至期，某甲妻子所請四人中，有善聽在。大藥使人密察，見某甲家之犬吠其餘婆羅門而獨不吠善聽。又見某甲妻與善聽相處時有異常情，遂知某甲妻與善聽有染，錢乃善聽所竊。鞫之果然。

《包公案》中葉廣故事，明顯受佛經中某婆羅門故事的影響，唯破案之法不同耳。破案之法各合於國情亦一。

溺於所愛

唐代柳宗元《柳宗元集》卷十八《哀溺文》云，永州有五六人乘舟渡湘水，水暴甚，中流船破，人皆游。一平素最善游者，以腰有千錢而後，衆勸之棄錢，不肯。有頃，益殆。已至岸者呼且號曰：「汝愚之甚，蔽之甚，身且死，何以貨為！」其人又搖首，遂溺死。此「要錢不要命」故事，在我國流傳甚廣。

宗元精於佛學，此要錢不要命的故事，定從佛經中一貧女人「要子不要命」的故事化來。《大般泥洹經·長者純陀品》第三云，一貧女人抱兒渡恒水，「水流漂急，不放其子，遂至沒溺，母子俱死。由是慈心救子功德，身壞命終，生淨妙天。」

二故事情節相類，但所表達思想則不同。二位主人公雖然都是「溺於所愛」，但所愛者不同。溺於湘江者，以愛錢而死，可哀可鄙，讀者固難生同情，此人「愚之甚、鄙之甚」，亦作者與讀者之同慨也。佛經故事中之貧女人以愛子而死，可憫可敬，讀者難以理智責其愚蠢。此婦人命終生淨妙天，雖然未必如此，卻也反映出作者與讀者的共同心理。

仁鹿説王

宋代劉斧《青瑣高議》後集卷九《仁鹿記》載「楚元王不殺仁鹿」故事。云楚元王大獵於雲夢，困萬鹿於一谷。鹿王突圍出，拜於楚王前，以古代聖主行仁義及禽獸說楚王，又云：「吾欲日輸一鹿與王，則王之庖不虛，吾類得以繁息，王得食肥鮮矣。若王盡取之，吾無噍類矣，王將何而食焉？」楚王乃擲弓於地，並下令：「有敢殺鹿者，與殺人之罪同。」遂放群鹿。後楚與吳戰，失利被圍。鹿王率萬鹿繞吳營奔走，吳軍以楚救兵至，遁去。鹿王見楚王，告以吳軍撤圍之故，楚王欲酬之，鹿王辭，復以「善修仁德」、「愛民行仁義」說楚王，楚王善之。

國王欲盡獵群鹿而鹿王以「日供一鹿」為約說王放群鹿事，佛經屢見之。《六度集經》卷十八云，昔者菩薩身為鹿王，率鹿數千。國王每出獵，恣意追殺，鹿死傷甚多。鹿王乃見國王，許以日供一鹿，請國王勿復行獵。國王許之。此後，雙方如約行之。鹿王每日涕泣喻赴供就死者云：「睹世皆死，孰有免之？尋路念佛，仁教慈心，向彼人王，慎無怨矣。」一日，一懷孕母鹿當供，以分娩後赴供辭，言己雖當死，而腹中兒不當死。鹿王命次者遞補，次者愛惜一日夜之命，不肯。鹿王不忍，乃親自赴供。國王知之，大為感動，極歎斯鹿王之仁德，遣之歸，並敕國中：若有犯鹿者，與犯人者同罪。此後，黎民受化，遵仁不殺。《大智度論》卷十六、《出曜經》卷九所載鹿王故事，也與此大致相仿。

儒者常稱古代聖王不竭澤、不焚山、不取巢卵、不殺乳獸、仁及飛走，使鳥獸得以繁衍。其最著者，乃湯「網開三面」。然儒家此類

言辭，乃頌古代聖君於禽獸取用有度，非頌其心懷慈悲而不殺禽獸。若說「仁及禽獸」，亦止此耳。「仁者，愛人」，非愛禽獸也。孔子「食不厭精，膾不厭細」，儒家不禁殺生甚明。上古之人，謀生大非易事，不殺禽獸，人難以為生，此理甚是淺顯。然濫殺禽獸無度，破壞動物資源，於人類亦不利。舜、湯等古代聖君不濫殺禽獸，非心懷慈悲為禽獸計，實乃為人計耳。「日取一鹿」，倒正與我國古代聖王於禽獸取用有度之旨合。然《仁鹿記》中，楚王為鹿王所感動，竟然不殺一鹿，並令國人不得傷鹿，此則非獨情節源於佛經鹿王故事，其思想亦為佛家思想——將儒家所稱古代聖王之於禽獸取用有度，推衍至慈悲為懷不殺生之佛教思想。

抒海移山

　　《佛說大意經》云，一居士子名大意者出生墮地時即發誓：「我當佈施天下，救濟人民。其有孤獨貧窮者，我當給護，令得安穩。」十七歲時，為普濟衆生，入海采寶。經歷千辛萬苦，得三明珠。其中最為寶貴者，八十里內珍寶盡歸之。大意於歸途中，經過大海，三珠為海神所奪。大意乃發誓抒竭海水奪回寶珠。海神知之，云：「卿志何高乃爾！海深三百六十萬由延，其廣無涯，奈何竭之？譬如日終不墮地，風尚可攬來，大海水終不可抒令竭也。」大意笑答：「我自念前後受身，生死壞積，其骨過於須彌山，其血流五河四海未足以喻。吾尚欲斷是死生之根本，但此小海，何足不抒！」並云：「我憶念昔供養諸佛誓願言，令我自行，勇於道決，所向無難，當移須彌山，竭大海水，終不退意。」遂抒海不止。為其精誠所感，諸天王下助大意抒海。海水三分，已去其二。海神大恐怖，乃還其明珠，大意乃

罷。海水復舊。又《六度集經》卷十《佈施無極》第一所載普施事，與大意事同。海神以「海深廣難測，孰能盡之，天日可損，巨風可卻，海之難竭，猶空難毀也」，止普施抒海。普施曰：「今世抒之不盡，世世抒之！」得到明珠而後止。《摩訶僧祇律》卷五、《生經·佛說墮珠著海中經》、《三慧經》所載抒海故事，亦大略相同。

佛經所載抒海故事，與我國《列子·湯問》所載「愚公移山」故事，極為相似。愚公因為太形、王屋二山當路，遂率全家移山。河曲智叟笑而止之，言愚公移山之妄。愚公答曰：「雖我之死，有子存焉。子又生孫，孫又有子，子又有子，子又有孫，子子孫孫，無窮匱也，而山不加增，何苦不平？」挖山不止。山神聞之，大懼，告之於天帝。天帝感愚公之誠，命二天神將二山移他處。

抒海、移山，皆不可能之事，然大意、愚公力為之。二故事中，都有角色以常理責難，強調抒海、移山之不可能，以此引出大意、愚公之論，辯抒海、移山之能辦，明其志之堅。此各為二故事核心部分。

大意生生世世抒海，直至於斷生死之根本，則抒如此小海，不在話下。此乃基於佛家之說論之。佛家認為，靈魂不滅，輾轉紅塵，生死輪迴，永無盡期。大意生死輪迴永無盡期而生生世世抒海不止，海安得不竭？愚公之論，則基於人類之延續。子子孫孫，生生不息，以至無窮。代代挖山不止，山安得不平？佛家言輪迴，故大意就輪迴論之。愚公之世，當未聞佛法，不知有輪迴之說，只知人之無窮，乃在生生，故就生生論之，以明其信心之堅定。

此二故事，結構、主旨都極為相似，其間不為無迹。懷疑《列子》部分出於魏晉人偽託或改寫，此乃又一依據。

以不狂為狂

《雜譬喻經》云:一國時有惡雨,若入水源,人食此水,必發狂,七日乃解。某日,國王見惡雨雲起,便蓋一井,令惡雨不得入。百官眾臣食惡雨水,大狂。國王食彼井水,得不狂。百官眾臣脫衣赤裸,泥土塗頭,見國王獨自衣冠楚楚,遂以國王為狂,共議救治國王之法。國王大懼,乃亦脫衣赤裸,泥土塗頭,眾乃欣然。七日畢,眾臣百官始慚,又以國王脫衣赤裸、泥土塗頭為狂。

《宋書·袁粲傳》載一故事,明顯源於《雜譬喻經》惡雨故事,只是將惡雨改為「狂泉」,並以國王被迫飲「狂泉」之水,「君臣大小,其狂若一,眾乃歡然」為結局。云昔有一國,國中有水,號曰狂泉。國人飲此水,無不狂。唯國君穿井而汲,獨得無恙。國人既並狂,反謂國王之不狂為狂。於是聚謀,共執國王,療其「狂疾」,火艾針藥,莫不畢具。國王不任其苦,於是酌狂泉水飲之,飲畢便狂。君臣大小,其狂若一,眾乃歡然。

惡雨偶然,狂泉難竭。故以不狂為狂者,亦有久遠之文化原因在,非天降之「無根水」也。然則《宋書》之以狂泉易惡雨,未必不具深意焉。

偽君子

《雜寶藏經》卷十第一百十八緣《老婆羅門諂偽緣》云:一老婆羅門,有一年輕後妻。後妻欲與年少婆羅門通,乃誑夫設會,欲請年少婆羅門至,以遂其奸。老婆羅門疑其有奸,不之許。妻乃設計惑其夫。一日,夫前妻之子墜於火,妻近在咫尺,竟不援手相救。老婆羅

門責之，妻云：「我自少以來，唯近己夫，決不近他男子，何況執手？」老婆羅門見其堅貞守禮如此，大喜，乃遂其所請，設大會集眾婆羅門。妻乃得便與年輕婆羅門通。老婆羅門知之，既憤怒且悔恨，即攜細軟寶物，棄妻而去。老婆羅門遇某甲，結伴而行。日暮，宿一人家。次日復行。行路已遠，某甲忽然道，身沾一草葉，乃主人家之物，「我自少以來，無侵世物。葉著衣來，我甚為愧」，並堅持返回將草葉歸還主人，請老婆羅門稍待。老婆羅門聞之，頓生敬仰，許待其返。豈知某甲行至老婆羅門視線之外，尋一低處，高臥休息，良久乃回，騙老婆羅門已將草葉歸還主人。老婆羅門信以為真，欽佩某甲品格高尚，戒心全消。未久，某甲竊老婆羅門細軟寶物而去。老婆羅門又受偽君子之騙。一日，老婆羅門於一樹下休息。一鸜雀盛情邀請眾鳥聚居此樹，並云當共相親愛。待眾鳥離開巢，此鸜雀卻到其他鳥巢中，啄破鳥蛋飲其汁，啄死幼鳥食其肉。老婆羅門乃歎鳥中亦有偽君子。老婆羅門復行，又見一外道出家人，衲衣徐步，邊行邊呼：「去去，眾生！」老婆羅門問其故，外道云怕踏死螞蟻和其他蟲子之類，乃喚它們避開。老婆羅門信此外道德行高超，戒律精嚴，乃喜而隨行。日暮，外道以「閑靜修心」為由，與老婆羅門分室而居。老婆羅門見其修行如此勤勉，益喜。半夜，老婆羅門聞音樂歌舞之聲，發現外道竟然和眾女子作樂！乃自念道：「天下萬物，不問人獸，無一可信者。」於是說偈曰：「不捉他男子，以草還主人。鸜雀詐銜草（銜草，表示友好也。），外道畏傷蟲。如是諂偽語，都無可信者！」

《中國民間故事集成·吉林卷》第五百三十二則《好心的和尚》云，某寺院雇傭一個幫工吳二。年底，吳二回家，下山甚遠，又復返回，云身上沾了寺院中幾根草，此乃寺院中之物，不可帶回家中，故

返回寺院還之。老和尚見之，大為感動，欽佩吳二人品高潔。次年，吳二回到寺院。某次，老和尚外出化緣，托吳二照看此寺院。待老和尚回到寺院，吳二早就偷了寺院中的金香爐逃走了。老和尚為了追贓，出寺院去找吳二。途中，見一王姓人家大擺宴席，乃前去化齋，饑餓之中，竟然誤破戒食葷。又知王家有一年輕寡婦張氏，守節不嫁，皇帝降旨，為其立貞節牌坊，故設宴會慶賀。夜間，老和尚無意間見張氏與其表兄幽會。老和尚遂覺世間無人可信，對人生喪失了信心，遂題詩自殺。詩曰：「不愛寸草愛黃金，出家和尚開了葷。貞節烈女送情人，哪有一個正經人！」

在其他此類故事中，「還草葉」又為「伙夫還笤帚」、「小商人還針」等所取代。要皆先以「極端高尚」之行為騙取人家的信任，然後幹與以前「極端高尚」的行為完全相反的勾當。

《好心的和尚》明顯由《雜寶藏經》中老婆羅門的故事中國化而來，主題和結構都完全相同，甚至「還草」這一關目亦同。老婆羅門換為和尚，容易使中國讀者或者聽眾所接受。中國故事之中，老和尚迂腐無能受盡欺負者較多。皇帝降聖旨為節婦立貞節牌坊，乃典型的中國化情節，卻被用來巧妙地改編佛經故事，換下原故事中「後妻」、「外道」等情節。其意義，除了中國化之外，一是使故事更為簡練，避免雷同重複者，因為「後妻」、「外道」均是暗行淫樂之偽君子；二是更增加了力度：後妻、外道騙老婆羅門一人而已，而張寡婦卻騙皇帝、騙天下！

《雜寶藏經》中，老婆羅門說偈；《好心的和尚》中，老和尚題詩。「偈」實際上也是「詩」之類，但是有宗教色彩。和尚說偈，固亦當行，但換偈語為詩歌，一是可以泯宗教色彩，更增加普遍性，即

不僅以佛教教義論之；二是通俗易懂，易於流傳，因為人人知詩歌之為詩歌，而未必人人知偈語之為偈語也。

《雜寶藏經》中老婆羅門所遇皆偽君子。《好心的和尚》中，老和尚所遇，亦皆為偽君子，而老和尚以和尚身份破戒食葷，在他自己看來，亦偽君子也。老婆羅門非偽君子，故其偈語諷刺世上之偽君子，而不包括他本人。老和尚臨終所作詩歌中所諷刺之偽君子，亦包括他本人在內。諷刺對象包括作者本人的諷刺作品，較純為諷刺他人者，意義更為深刻。中國諷刺文學作品，諷刺對象包括作者本人者，除了《阿 Q 正傳》等處於疑似之間者，為數極少，不意民間文學作品中一主人公之作即屬於此類。

以假代真

《百喻經》卷一云，一愚人之妻，欲與情人私奔，遂與鄰媼謀，設計覓一女屍自代，然後脫身。愚人歸，鄰媼告之以其妻已死。愚人見女屍，不辨真偽。大哭一場，依禮焚化，撿取骨殖，盛於一口袋，晝夜懷抱，不肯捨置。卻說愚人之妻私奔以後，對情夫日久生厭，便捨棄情夫歸家。然愚人堅執其妻已死，斥此女子妄稱其妻。其妻百般努力，亦盡無效。佛家以此故事明「真假難明」、「假作真時真亦假」及「真假由心生」之理。

此事由女子私奔而起，姦情昭昭。此女覓一女屍體自代，又潛存一命案在。姦情命案，乃通俗小說大好素材。至於「真假由心生」等玄妙哲理，乃老僧登壇說法所論，並非通俗故事作者所感興趣者。

明人陸文龍《型世言》第二十一回《匿頭計占紅顏，發棺立蘇呆婿》云，愛姐與表兄徐銘通姦，後愛姐嫁簡勝。徐銘設計，乘簡勝外

出之機，將家中一女僕騙至簡家灌醉，換上愛姐的衣服，殺之，匿其頭，以此無頭屍體置於簡家以代愛姐，真愛姐得以私奔，與徐銘共棲。簡勝因與愛姐新婚才幾日，不辨真假，誤將徐家女僕之屍體當妻愛姐之屍體。後石廉使審理此案，得白。

　　此故事雖然與《百喻經》所載愚人事大異，但其重要關目，為女子私奔，以他女子屍體代之脫身並隱其情，正與愚人妻事相似。

以欲止欲

　　佛經屢言，去欲最難。《佛說立世阿毘曇論》卷一云，國王夫婦出家後，仍行欲事，王后懷孕，至一婆羅門處，生一男一女。《分別功德論》卷下言鹿孩亦有欲。《中阿含經》卷五十二、《鞞婆沙論》卷十二云調象之法，有調心調形之別，而首在調心，調心之要，在於去其欲，此為最難者。調伏之象，火燒其頭亦不動，見母象則狂奔失控。生長荒山野林之人，食草根果實為生，且潛修有年，欲念仍難控制，竟然有與母虎行欲者。欲念大妨修習佛法。淫欲為孽不小，故佛家戒淫。佛門弟子，嚴禁淫欲。

　　妓女以淫欲媚人，佛家認為，其罪非輕，距佛法當然甚遠。然佛門廣大，人人能入，妓女亦然，但須盡去其欲方可。《觀佛三昧海經》卷八《觀馬王藏品》第七云，波羅捺國有一妓女，名曰妙意，與佛有緣。佛與難陀、阿難（佛之弟子）常往其處乞食。對佛，妙意不甚恭敬；對難陀、阿難則生愛心。佛知之，遂告難陀、阿難，勿往妙意處乞食，而自己獨自前往。佛連往三日，並施展法力，放金色光芒，化成天神，但妙意並不理會。次日，佛又帶難陀、阿難前往。妙意見難陀、阿難，便向他們撒花，並不禮佛。難陀、阿難勸之禮佛，妙意

方勉強禮佛。佛化一童子，年十五，容貌端正。妙意見之，大喜，忙棄難陀、阿難而向少年行禮，並表示願以身事之，不惜一切。少年便留下受她供養。飯未畢，妙意急請少年行欲。少年從之，行欲不歇。一日一夜，妙意尚不疲倦，欲心尚不滿足。次日，欲心漸息。三日，妙意請少年停止行欲，起床用餐。少年不依，仍纏綿不已。妙意漸生厭悔，問少年何以與常人大異，少年答云，其家先世之法，與女子行欲，不行則已，行則必連續不斷十二日方罷。妙意聞之，如人食噎，既不得吐，又不得咽，苦不堪言。此後痛苦日甚一日，至第六日，妙意以無法忍受此痛苦，想道：「我聞佛時時刻刻救苦救難，何故不來救我！」並自責道：「我從今日起，到死不貪色欲，寧與虎狼獅子同處一室，亦決不受此苦！」起身飲食。少年仍行坐與俱。妙意無可奈何。少年又罵妙意廢他事業，竟然自殺，屍體腐爛，臭不可聞，仍沾著妙意之身，無法脫去。此時佛經過其地，妙意乞求為弟子，佛應允之，爛屍臭腐，頓時全消。妙意大喜，即時表示，願將一切所珍施佛，佛為說法，妙意即得須陀洹道（初級之道）。妓女之修佛法，去欲為第一要事。然妓女淫欲成性，其欲必較常人遠為難去。妙意又為妓女中淫欲之尤者，去欲必較他妓女尤難。然佛竟然以「以欲止欲」之法，去其淫欲，使之皈依佛門，足見我佛法力廣大矣。去欲皈依佛門，即此妓女亦能，他人無論矣。

　　我國亦有「以欲止欲」故事，然行以欲止欲者非佛，乃觀音也。唐人李復言《續玄怪錄》補遺云：「昔延州有婦女，白皙，頗有姿貌，年可二十四五，孤行城市。年少之子，悉與之遊，狎昵薦枕，一無所卻。數年而歿。州人莫不悲惜，共醵葬具，為之葬焉。以其無家，瘞於道左。大曆中，忽有胡僧從西域來，見墓，遂趺坐具，敬禮

焚香，圍繞讚歎數日。人見謂曰：此一淫縱女子，人盡夫也，以其無屬，故瘞於此，和尚何敬耶？僧曰：非檀越所知。斯乃大聖，慈悲喜捨，世俗之欲，無不徇焉。此即銷骨菩薩，順緣已盡。聖者云耳。不信，即啓以驗之。眾人即開其墓，視遍身之骨，鉤結皆如銷狀，果如僧言。州人皆信之，為設大齋起塔焉。」此菩薩「徇欲」而未見其「止欲」之功。宋人葉廷珪《海錄碎事》卷十三云：「釋氏書，昔有淫女馬郎婦於金沙灘上施一切人淫。凡與交者，永絕其淫。死葬後，一梵僧來，云『求我侶』。掘開乃鎖子骨。梵僧以杖挑起，昇雲而去」。此故事乃從「延州婦人」故事而來，或與之同源，而突出「以欲止欲」之功：「凡與交者，永絕其淫」，明代人佘翹《鎖骨菩薩》雜劇，演「延州婦人」事，亦突出「以欲止欲」。《遠山堂劇品》評此劇云：「菩薩憫世人溺色，即以色醒之，正是禪門棒喝之法。」《觀佛三昧海經》卷八《觀馬王藏品》第七和馬郎婦等故事，錢鍾書《管錐編》已言之而未詳。

　　然佛門僧尼皆可仿佛、菩薩行「以欲止欲」法去人之欲以度人乎？非也，僧尼行欲，則犯淫戒！

　　馮夢龍《古今小說》卷二十九《月明和尚度柳翠》云，有柳宣教者，上臨安府府尹任，因竹林峰水月寺高僧玉通禪師未來參拜，大怒，乃設計遣妓女紅蓮使玉通禪師破色戒，以此羞辱玉通。紅蓮奉命，尋找機會在此禪寺中借宿，繼而云肚痛病發作，謊稱須男子熱肚皮貼其冷肚皮，此病方止，否則必死無疑。玉通念「救人一命，勝造七級浮屠」，遂如紅蓮所請之法施救。不料正入紅蓮轂中。玉通把持不定，為魔障糾纏，遂破色戒。次日，玉通寫《辭世頌》八句自責，沐浴圓寂。南山淨慈寺長老法空禪師與玉通下火，指點其魂歸於正

道,不墮畜生之中。後玉通轉世為柳宣教之女柳翠,為妓女,終得月
明和尚點化,皈依佛門而卒。玉通本為高僧,因中計誤犯色戒,「無
福向獅子光中享天上之逍遙,有分去駒兒隙內,受人間之勞碌」,
「阿婆立腳不牢,不免又去做媳婦」,致復墮紅塵,而且墮於紅塵中
最為低下之風塵女子。此故事流傳極廣。以此為題材之戲曲作品不
一,如元代李壽卿《月明和尚度柳翠》、明代陳汝元《紅蓮債》、徐
渭《玉禪師翠鄉一夢》等皆是也。

然則何以佛、菩薩可行「以欲止欲」,而僧尼(甚至高僧)卻不可
如此耶?《月明和尚度柳翠》中,法空長老將「金沙灘妓女」事作為
觀音菩薩事述之,並評云:「因彼有大法力故,自然能破除邪網。」
佛、菩薩能行「以欲止欲」,蓋其法力足以破邪網故也。僧尼輩則法
力有限,不僅不足以破邪網,而且還會被邪網所糾纏而不得脫,為魔
障所害。高僧玉通便是如此。

爭年長

爭年長故事,《韓非子·外儲說左上》中即有之,云:「鄭人有
相與爭年者,一人曰:『吾與堯同年。』其一人曰:『我與黃帝之兄
同年。』訟此而不決,後息者為勝耳。」

佛經中爭年長故事,不是兩個角色,而是三個角色。云一鳥,一
猴,一象為友,同在一必缽羅樹下住。一日,相謂曰:「我等不知誰
應為長?」大象云,我昔見此樹在我腹下,今此樹如是大,當我為
長。」猴子云:「我昔曾經蹲地手挽樹頭。以此推之,當我為長。」
鳥云:「我昔在必缽羅樹林中食必缽羅果,樹籽隨我糞出,長為此
樹。以此推之,當以我為長。」大象道:「先生宿舊,理應受我們供

養。」於是大象背負猴子，鳥踞猴子之上，周遊而行。禽獸見之受化，皆行禮教。人類見之亦然。此故事屢見佛經，大同小異。如《大智度論》卷十二、《出曜經》卷九、《四分律》四分卷三、《十誦律》卷六等皆載之。

　　佛經傳入中國後，中國小說中爭年長故事，也較多「三人爭長」模式。如蘇軾《蘇軾文集》卷七十三《三老人論年》云：「嘗有三老人相遇，或問之年。一人曰：『吾年不可記，但憶少年時，與盤古有舊。』一人曰：『海水變桑田時，吾輒下一籌。邇來吾籌已滿十間屋。』一人曰：『吾所食蟠桃，棄其核於崑崙山下，今已與崑崙山肩矣。』」又清代人王有光《吳下諺聯》卷一云：「鄉人飲酒，內有三老。主人以齒最尊者首坐，各使之年。其一曰：『東天日出亮赤赤，照見吾鬚牙雪雪白。盤古皇帝分天地，吾替伊捐曲尺。』其二曰：『東天日出亮赤赤，照見吾鬚牙雪雪白。王母娘娘蟠桃三千年撥一隻，是吾吃過七八百。』其三曰：『東天日出亮赤赤，照見吾鬚牙雪雪白。吾親眼看見你兩家頭搭雞屎，又來謊話騙吾老伯伯。』」《中國民間故事集成·吉林卷》有《比歲數》故事。老馬與老牛比年長，老馬以妻為賭，云：「南山一枝花，我活了八百八。」老牛則云：「北山一棵柳，我活了九百九。」老馬遂輸。馬妻云須老牛年長於她，她才願意嫁給他。老牛問其年，馬妻云：「高高山上一棵槐，開天闢地我就來！你媽過門我當迎親客，你媽生你我接胎！」老牛羞愧作罷。

　　「二人爭長」，雖然云「後息者勝」，但是於邏輯有違。一人在同一場合，不能稱自己有幾種歲數，否則前後不一，自相矛盾，豈能服人？而「三人爭長」，更能明「後言者老」之理，而於邏輯無礙。

《敦煌變文集》卷四《四獸因緣》則是「四者爭長」。云一鳥一兔一
猴子一大象，於一大樹邊爭長。象云：「我到樹邊之時，倚樹擦癢，
樹才勝我。」猴子云：「我於樹上捉其枝條騰躍跳擲，樹才勝我。」
兔云：「我吃樹葉，口到樹頭。」鳥云：「我昔於山中食此樹果，遺
子此地，乃生此樹。」故鳥為最長，兔次之，猴子再次之，象又次
之。此故事情節，明顯從佛經中鳥、猴子、象爭長而來，而同樣是
「後言者老」。

責備賢者

　　《春秋》責備賢者，人所共知。《墨子》則以寓言表達這一思
想。《耕柱》云：「子墨子怒耕柱子。耕柱子曰：『我毋愈於人
乎？』子墨子曰：『我將上大行（按：即太行山），駕驥與羊。子將誰
毆？』耕柱子曰：『將毆驥也。』子墨子曰：『何故毆驥也？』耕柱
子曰：『驥足以責』。子墨子曰：『我亦以子為足以責。』」佛經
《舊雜譬喻經》卷下云，一僧於求佈施途中內急，隨地小便，人譏
之。一外道見之，便想：「我等即赤裸行走，無人奇怪，莫說隨地小
便矣。可見本道無法則，而佛門之法，禮儀周全，遠勝於我道。」遂
捨外道而歸佛門。又《大智度論》卷十七云，有一比丘在蓮池邊行，
聞蓮花香，鼻受心著。池神責之曰：「汝何以捨林中清淨坐禪處而來
偷我香？」時更有一人，來到池邊，大采蓮花，挖根折莖，使蓮池一
片狼藉，持花而去。蓮神默然無所言。比丘語池神曰：「此人破汝
池，采汝花，汝都無一言！我但岸邊行，汝便罵我偷蓮花香！」池神
答云：「世間惡人常在罪垢糞中，不淨沒頭，我不共語也。汝是禪行
好人，而著此香，破汝好事，是故呵汝。譬如白氈，鮮淨而有黑物點

汗，衆人皆賤。彼惡人者，譬如黑衣，點黑人所不見，誰問之者！』」

然則儒、墨、釋皆有「責備賢者」之思想。

人吐人，所吐又吐人

晉人荀氏《靈鬼志》云，一外國道人，能吞刀吐火，吐珠玉金銀，嘗行，遇一擔擔者，欲求附擔上一升許小籠中，擔擔者奇而許之。行數十里，歇樹下，道人於籠中羅列器物飲食豐，餐未半，道人吐一女子，云是其婦，年二十許，衣裳容貌甚美，二人共食。食將竟，道人便眠。婦語擔者云：「我有外夫，欲來共食。夫君覺，君勿物道之。」婦吐一少年丈夫，與共食。三人同處籠中。有頃，道人動，欲覺，婦將少年丈夫納口中。道人起，語擔者可行，即以女子納口中。又南朝吳均《續齊諧記》載《陽羨書生》云，陽羨許彥，攜鵝籠山行，遇一書生求寄籠中，許彥許之。書生與二鵝同處籠中而鵝不驚，彥亦不覺重。「前行息樹下，書生乃出籠，謂彥曰：『欲為君薄設。』彥曰善。乃口中吐出一銅奩子，奩子中儲諸肴饌，珍羞方丈。其器皿皆銅物，氣味香旨，世所罕見。酒數行，謂彥曰：『向將一婦人自隨，今欲暫邀之。』彥曰善。又於口中吐一女子，年可十五六，衣服綺麗，容貌殊絕，共坐宴。俄而書生醉臥，此女謂彥曰：『雖與書生結妻，而實懷怨。向亦竊得一男子同行，書生既眠，暫喚之，君幸勿言。』彥曰善。女子於口中吐出一男子，年可二十三四，亦穎悟可愛，乃與彥敘寒溫。書生臥欲覺，女子口吐一錦行障遮書生，書生乃留女子共臥。男子謂彥曰：『此女子雖有心，情亦不甚。向復竊得一女人同行，今欲暫見之，願君勿泄。』彥曰善。男子又於口中吐一

婦人，年可二十許，共酌戲談甚久。聞書生動聲，男子曰：『二人眠已覺。』因取所吐女人還納口中。須臾，書生處女乃出，謂彥曰：『書生欲起』，乃吞向男子，獨對彥坐。然後書生起，謂彥曰：『暫眠遂久，君獨坐，當悒悒邪？日又晚，當與君別。』遂吞其女子、諸器皿，悉納口中。留大銅盤，可二尺廣，與彥別曰：『無以藉君，與君相憶也。』」清人袁棟雜劇《鵝籠書生》即演其事。

又元人高則誠《燈草和尚》云，元至正間，知縣楊官兒致仕，與妻汪氏居揚州。一妖婆帶春夏秋冬四女子上門，並要楊官兒與春姐成婚。夏姐擅長於幻術，口吐一男子，竟然當著楊官兒、汪氏之面交合。後夏姐所吐之男子，又吐出一女，並與之交合。明代馮夢龍《廣笑府》卷六《防人貳心》云，何仙姑獨居洞中，曹國舅訪之。有頃，呂洞賓至，何仙姑恐怕其猜疑，因以幻術化曹國舅為一丹，吞入腹中。未幾，群仙將至，何仙姑為避嫌疑，乃請呂洞賓將她化為丹吞入腹中。群仙至，問呂洞賓何以獨處於此，呂洞賓支吾以對。群仙笑曰：「豈但呂洞賓肚裏有何仙姑，誰知何仙姑肚裏更有人！」

諸故事遞相祖述，其源蓋出於佛經。自唐代段成式以下，屢有學者言之。《舊雜譬喻經》卷上云，一梵志「獨行，來入水池浴，出飯食，作術，吐出一壺，壺中有女人，與於屏處作家室。梵志遂得臥。女人則復作術，吐出一壺，壺中有少年男子，復與共臥。已，便吞壺。須臾，梵志起，復納婦著壺中，吞之已，作杖去。」人們賞其奇異有趣，遂輾轉相傳，又復點綴渲染，並結合其他情節，隨機增損改換，離合變化，終不失「人吐人，所吐又吐人」之關目，以明人心之難測，人性之複雜。以男子吐女子，以女子又吐男子，甚至此男子又吐女子者，尤明世間男女恩愛難篤，旨在助人堪破情關也。

雁傳書

　　《賢愚因緣經》云，國王勒那跋彌有二子，長子名善事，次子名惡事。某次，兩人與衆人入海采寶，歸途中失事。善事身有所采得的如意珠，救弟出海。惡事為謀兄珠，刺瞎兄眼，奪其珠歸，以兄失事溺於大海告父親。善事雙目失明，流落異邦，受盡苦楚，不得歸。善事出海前，養一雁。此時，國王繫一書信於雁身，令覓善事。一日，善事在一園中歌唱，雁正飛過，識其歌聲，即下見善事，鳴聲悲喜。善事亦知之，得雁所帶書而不能讀，因求筆，作書與父親，敍述被害原委及經歷、處境，繫書於雁項，雁便飛回。國王得書，知真相，接善事歸。

　　雁傳書見之於中國典籍者，非實有其事，乃虛構者也。《漢書·蘇武傳》云，蘇武等出使匈奴被拘，留匈奴十九年。蘇武於某澤中牧羊，歷盡艱辛。昭帝即位數年，匈奴與漢和親，漢求蘇武等，匈奴詭言蘇武等已死。漢使復至匈奴，蘇武使匈奴時隨員亦被拘留者常惠夜見漢使，俱自陳道，並教漢使謂匈奴單于，言漢天子射上林苑中，得雁，足繫帛書，言蘇武等在某澤中。使者如常惠語以讓單于。單于視左右而驚，謝漢使曰：武等實在。蘇武等終得歸漢。

　　西漢時，佛經固未入漢地。我國古籍所載此前諸事，按照道理不會受佛經影響。然《漢書》所云雁書之事，與佛經所載善事太子以雁傳書事，未必全然無關。《漢書》所載常惠言「雁傳書」事，發生在匈奴地區。其時漢地雖不知佛法佛典，而匈奴地區，則未必不知佛法佛典。《魏書·釋老志》云：「漢武元狩中，遣霍去病討匈奴，至皋蘭，過居延，斬首大獲。昆邪王殺休屠王，將其衆五萬來降。獲其金

人，帝以為大神，列於甘泉宮。金人率長丈餘，不祭祀，但燒香禮拜而已。此則佛道流通之漸也。」據此，則早在漢武帝之前，匈奴地區已經流行佛法矣。常惠等久居匈奴地區，當熟知其風俗、信仰，包括佛教故事流傳其地者，善事父子「雁傳書」故事，或即其一。善事長期流落異邦，受盡苦楚，以與本國無聯繫而不得歸。蘇武等之情形，正與此相似。善事因雁傳書，將處境告其父親，終得歸。常惠所設之謀，乃偽稱蘇武托書於雁，寄漢武帝備言其情，以誑匈奴。

雁傳書之事，雖《漢書》以下詩文中常用之，然其事非實有。雁性與鴿不同，不堪當傳書之任。匈奴地多雁，唐代人邊塞詩有「月黑雁飛高，單于夜遁逃」，「北風吹雁雪紛紛」等名句。雁之性，匈奴當熟知之。以雁傳書，其事至奇，難以使人相信。常惠何以造作此言，以誑熟知雁性之單于？不慮單于不信乎？何自信之甚耶？事關蘇武等包括常惠自己能否歸漢，胡行此險著？何不作他計？然常惠設此計，實有其依據在。「雁傳書」之事，實在難以使人相信，但常惠知道能使單于等匈奴相信——儘管他們諳熟雁不能傳書之性。何也，蓋雁傳書之事，於佛典有徵。單于等熟知此事，故一聽漢使言漢武帝得蘇武所寄雁書云云，單于即「視左右而驚」，直承「武等實在」，果然中常惠之計。單于之驚，不僅驚其事之奇，又驚佛典中事，今真見之，驚其事乃神助也。常惠知其中奧妙，故利用單于等對佛教之信仰，仿佛經「雁傳書」故事，設為此計，知其必成，非貿然行此險著。若常惠托以他事設計，必不如此計之易成也。

歷代詩文常用雁傳書事，人皆知出於《漢書》，然事實上竟然出於佛典。

口舌遭禍

　　《舊雜譬喻經》卷下云，一湖乾枯，一鵠銜一鼈飛行，以救其至有水處。過一都市上空，鼈連問「此是何處」不止。鵠只得應之，口甫張而鼈墮地而死。此乃警好奇心重、不謹口舌而不知身處險境之愚頑者。又《彌沙塞部和醯五分律》卷二十五云，二雁為救一龜至有水處，命龜咬住一棍之中間，它們各以口銜棍之一端，攜之飛行。經一村落上空，諸小兒見之，皆言雁銜龜去，龜聞之大怒，罵諸小兒「何預汝事」，張口失木，墮地而死。此乃警世之嗔怒心太重者。又法國拉·封丹《拉封丹寓言詩選》之《烏龜和兩隻野鴨》云，二野鴨如上法攜一龜飛行，周遊列國，人們見之，連呼奇迹，稱烏龜為「皇后」，龜大喜歡呼，口失木棍，墮地而死。此乃警虛榮心強、得意忘形者。《中國動物故事集》所載蒙古族民間故事《青蛙搬家》云，一蛙因所居之湖枯竭，欲請二雁攜至有水處生活，乃設一法，自己咬住一木棍之中間，請二雁各以口銜木棍之一端攜之飛行，人們見之大奇，極誇雁之聰明機智。青蛙欲辯此妙法乃出於它自己，非出於雁，剛一張口便失棍，墮地死。此乃以警世之好表現自己者。其情節，則明顯出於《彌沙塞部和醯五分律》所載二雁與一龜故事。

　　諸故事之寓意，因其中龜（鼈、蛙）所語之不同而不同，然其飛禽攜龜（鼈、蛙）飛行，龜（鼈、蛙）「不謹口舌而墮地身亡」之關目則一。據此關目，變換龜（鼈、蛙）所語，尚可編出其他寓意之故事。

鸚鵡報仇

　　我國「鸚鵡報仇」之故事甚多。如《中國民間故事選》載錫伯族

民間故事《鸚哥的故事》云：一鸚哥以唱歌為伐木工人賺錢。縣官搶得鸚哥，但鸚哥拒絕唱歌。縣官命廚師拔毛，殺死煮湯。鸚哥被拔毛，求廚師釋之，覓一小雞為代，以騙縣官。又請廚師將它置於廟中神像肚中，並以柔軟之物為窩。廚師如其言。此後，鸚哥假託神靈言禍福，十分靈驗，驚動四方。縣官夫婦聞之，前去求子。鸚哥假神言，命他們沐浴齋戒、穿單衣、赤腳拜求。縣官夫婦如其言行之，終於凍死。又《雲南各族民間故事選》有《八哥》云，匠人劉善，有一八哥，十分靈巧，能言善唱。縣官見之，百計奪之，劉善終不肯。縣官藉以他事，陷劉善入獄，慘加折磨。八哥探監被擒，痛斥縣官。縣官令廚師油炸八哥。八哥被拔毛，伺機鑽入陰溝。因羽毛被拔，無法飛翔，只得在陰溝，等待羽毛長齊後方飛出。縣官至城隍廟進香，八哥見之，飛入城隍像身後，待縣官進拜時，痛斥縣官貪贓枉法、為非作歹諸事，並命如實招供。縣官大懼，遂一一招供。八哥罰他自己拔鬍鬚盡，又罰他叩頭三百六十五下。縣官如其言。八哥現身，云使之拔鬍鬚乃報拔羽毛之仇，使之叩頭乃報陷害劉善之仇。又《嶗山的傳說》載《八哥報恩》云，窮匠人吉安救一八哥，八哥到一財主家偷銀子給吉安老母治療疾病，被擒送官府。八哥堅不吐實，被拔去羽毛，後伺機得脫，在一農田養傷養毛。傷癒毛豐，乃入一城隍廟，假作神言，令財主拔光鬍子，以報拔羽毛之仇，又玉成吉安與財主之女兒的婚事，以報吉安救命之恩。

　　諸故事大同小異，主要情節都是：鸚鵡開罪於某惡人，惡人欲殺之，拔盡其毛，鸚鵡伺機得脫，藏於一神像之中，利用惡人之信神，假託神語，懲罰惡人，包括令惡人盡拔鬍子以報其被拔毛之仇等等。

　　此類故事，其源蓋出於佛經。《根本說一切有部毗奈耶雜事》卷

二十八云，國王多足食欲娶敵國半遮羅國國王之女妙藥，半遮羅王乃欲借此機會除掉多足食王。多足食王有一大臣，名大藥。大藥有一鸚鵡，鸚鵡至半遮羅國探聽虛實以告大藥，大藥遂設計挫敗半遮羅王的陰謀，劫得妙藥和大量珍寶，多足食王如願以償。半遮羅王致書女兒妙藥，命報此仇。妙藥得書，偵知情報全由大藥之鸚鵡探知，乃設計擒得此鸚鵡，使人將此鸚鵡籠送其父。半遮羅王得鸚鵡，欲殺之。鸚鵡請按照其祖、父死法而死。王問其法，云麻纏其尾，灌以膏油，然後點火焚身而死。王使人如法行之。鸚鵡騰身，到處播火，王之宮室，延燒殆盡。鸚鵡則投身入池，滅身上火，沐浴畢，奮翼而歸。半遮羅王再次命女兒捉得鸚鵡送來，又欲殺之，命人拔去其毛，煮以沸湯。屠夫拔鸚鵡毛畢，置之屋外，一鷹擒鸚鵡至一神祠，欲食之。鸚鵡曰：「我身肉僅供汝一日之飽，如見放，我可使汝日日飽食肉食。」鷹始不信，鸚鵡請試之，且云己身無羽毛，無法逃脫，一兩日之內，必有驗。鷹許之。鸚鵡入天王祠中天王像後一小穴。守祠人供香花時，鸚鵡云：「汝去報國王，王有惡行，諸神共嗔，故災禍連至。若不供養，殃禍未休，且更有酷者。可於日日多獻生肉、胡麻、豆子，各置一升。如是存誠，我可佑之。」守祠人以此為天神之言，乃報王。半遮羅王聞之，大恐懼，乃如鸚鵡所言，日日祭之。鷹由此日日食肉，鸚鵡則食胡麻、豆子。日久，鸚鵡羽毛漸豐，已能飛揚，乃有去意。於是，它命守祠人轉告國王，要國王和文武百官剃光鬚髮，來祠中祭拜，神當施予福報。國王及文武百官如其言，至天王祠哀懺謝罪。此時，鸚鵡飛出，於空中說頌曰：「凡事皆有報，無有不報者。汝落我身毛，我今還剃汝！」說畢，沖天而去，飛回大藥處。

花中化生

佛經中載花中化生之事甚多，其中尤多於蓮花化生者。如《奮迅王問經》卷下描繪理想境界云：彼處清淨，無有女人。耳初不聞欲行之名。彼諸衆生，皆悉化諸蓮花中，結跏趺坐，如是化生。《佛說柰女耆域因緣經》云，柰女化生於柰花，須曼化生於須曼，波曇化生於青蓮花。《撰集百緣經》第二十一緣云蓮花化生一王子，後成辟支佛。《佛說諸德福田經》云，比丘柰女，宿命為貧女，聽迦葉說法，無可施，乞得一柰，大而香好，遂施之。由此福德，命終生天，得為天后。下生世間，不由胞胎，九十一劫皆生柰花中，端正鮮潔。《大方廣佛華嚴經》卷七十五善現對財主王子威德主說其女兒妙德之出生云：「彼園有浴池，名曰蓮花幢。我於池岸坐，采女衆圍繞。於彼蓮池內，忽生千葉花。寶葉琉璃莖，閻浮金為臺。爾時夜分盡，日光初出現。其蓮正開剖，放大清淨光。其光極熾盛，譬如日初出。普照閻浮提，衆歎未曾有。時見此玉女，從彼蓮花生。其身甚清淨，肢分皆圓滿。此是人間寶，從於淨業生。」又《觀世音菩薩得大勢菩薩受記經》云，威德王於其園觀，入於三昧，左右有二蓮花，從地踴出，雜色莊嚴，其香芬馥如天旃檀。有二童子，化生其中，一名寶意，一名寶上。後寶意即為觀世音菩薩，寶上即為得大勢菩薩。《佛說如幻三摩地無量印法門經》卷中所載與此相似。《大智度論》卷三十五云，喜德女亦蓮花中化生者。《大方等大集經》卷十四《虛空藏菩薩品》之三云，灌頂聖王有三萬六千子，皆於蓮花中化生。

蓮花化生者，菩薩極多。《佛說太子和休經》云，太子問佛，以何因緣菩薩得端正？以何因緣菩薩不入女人腹中？佛答云：「菩薩忍

辱，不嗔怒者，後世生為人端正。菩薩不淫佚，不與女人交通者，後世生不入女人腹中，便於蓮花中化生。」蓮花或其他花化生者，未經血肉母體，天然超凡脫俗，清淨純潔，必成非凡之神。

　　我國道教經典，亦仿照佛經，造為道教大神蓮花化生之神話。《玉清無上靈寶自然北斗本生真經》云，昔龍漢有一國王，其名周御，聖德無邊。王有玉妃，明哲慈慧惠，號曰紫光夫人。她發下至願，願生聖子，輔佐乾坤，以裨造化。曾於春日百花榮茂之時，遊戲後苑。至金蓮花溫玉池邊，脫衣下池而浴。忽有所感，蓮花九苞，應時而發，化生九子。九子在玉池七日七夜，俱化為光明之星，飛上天去。長子、次子為天皇大帝、紫薇大帝，其餘七子，即為北斗七星。紫光夫人遂號「北斗九真聖德天后。」《太上玄靈斗姆大聖元君本命延生心經》所載略同。此乃道教仿照佛教造神、造經之一顯證。

公雞蛋

　　《中國民間故事集成·吉林卷》載《九歲知縣》云，萬某在朝做官，皇帝命他交公雞蛋。萬某之子萬常瑤，年方九歲，上朝見皇帝，常瑤以其父親在家分娩奏聞，以明皇帝要公雞蛋之謬，終於脫父親於難。此故事在我國流傳甚廣，主角都為有智慧之少年，或有以甘露當之者。如《中國民間故事集成》之《福建卷》所載《甘羅當宰相》即是。此類故事，情節並非完全相同，但主要情節和構思大致相同：皇帝命一大臣於規定時間內覓公雞蛋，若無法辦到，即予以重罰。該大臣一籌莫展，其子（或其孫）上朝，以其父親（或祖父）在家分娩奏聞，皇帝以為謬，則適足以證明令供公雞蛋之謬，其父親（或祖父）得免於受罰。

此類故事，實源於佛經《根本說一切有部毗奈耶雜事》卷二十七所載大藥童子智慧故事。云國王為驗大藥童子才智，命人送大藥之父親圓滿五百頭公牛，令圓滿飼養，並供「公牛乳酪」。圓滿大憂，求計於子。大藥命某父子如此如此。某父裝成懷孕臨產足月狀，見王出行，與其子趨王必經之路。父親宛轉於地，呼天喊地，作難產狀。子則悲號於側，以香花求天神保佑。國王見之，遣侍衛相問。子曰：「我父親難產，為此悲號，求天神保佑我父親平安生產。」王知之，大笑道：「我未曾聞丈夫生子！」子曰：「誠如王言，丈夫不當懷孕生子，然則大王何以責圓滿供公牛乳酪？公牛不生子，奶從何來？無奶，怎作乳酪？」王笑問此計誰出，答曰大藥。王乃歎服，取消令圓滿供公牛乳酪之命。

此故事與我國「公雞蛋」故事，情節不同，然而構思相同。佛經中之關目為「公牛乳酪」，我國此類故事中則為「公雞蛋」。蓋古代我國絕大部分地區不食牛乳，卻各地都食雞蛋。改公牛乳酪為公雞蛋，性質未變，然而容易為人理解和接受，不必再就「牛奶」、「乳酪」之類作出解釋，以免沖淡主旨。

分木棍根梢

《中國民間故事選》第一冊載《藏王的求婚使者》故事云：藏王松贊干布愛慕唐文成公主，遂派使者祿東贊前來求婚。另有六侯王亦各派使者至唐京師長安向文成公主求婚。唐朝皇帝便用解決難題之法，選擇優勝使者之王，以女妻之。其中一難題為：有一木棍，上下一般粗細，且已經去皮刨光，如何分其根梢？藏王使者乃投此棍於流水中，木棍頓時順流直行而下。藏王使者乃云前者是梢，後者是根。

果然如此。

　　分木棍根梢故事，見之於佛經者不一。《賢愚因緣經》云，特叉尸利國與舍衛國不睦。特叉尸利國國王欲試舍衛國君臣智慧，派使者送一木棍予舍衛國，請舍衛國君臣分辨根梢。此木長一丈，上下一般粗細，無枝節處或刀斧之迹。舍衛國君臣，無人能辦。大臣梨耆彌歸而求教於兒媳婦。兒媳婦云，此事易辦，將此木著水中，根自下沈，梢自浮在上。梨耆彌以此法白國王，國王如法施為，果辨此木之根梢。《雜寶藏經》卷一《棄老國緣》云，天神以一上下一般粗細之真檀木，命國王及諸大臣分根梢，莫能辦。一大臣歸問其父，其父曰：「擲著水中，根者必沈，尾者必舉。」如其言，果分檀木之根梢。又《根本說一切有部毗奈耶雜事》卷二十八云，南國商人將一根旃檀木送至國王處，此木兩頭相似，本末難知，連智者大藥也無法辨認。大藥歸問其妻，妻云可以「入水觀沈浮」之法驗之。

　　藏王使者所用之法，與佛經故事中所用之法，雖有小異，但大致相同：皆利用木之根梢結構疏密、比重大小之不同，輔以水之浮力驗之耳。

狐狸挑撥二大獸之關係

　　《中國動物故事集》選自《藏族民間故事資料本》第二集之《狐狸的悲劇》云，一母虎與一母獅子合作，母獅子在家照顧幼獅幼虎，母虎則外出尋找食物。狐狸謂母虎云，母獅子獨乳幼獅子，而使幼虎挨餓。並云獅子豎起毛時，便將食虎。狐狸又謂母獅子云，母虎對母獅子在家有怨言，並云虎在地上滾三下時，即欲殺獅子食之。母獅子、母虎共同識破狐狸詭計，共殺之。又《民間文學》1959 年一月號

《虎王牛王為什麼被狐狸吃掉》，乃傣族一民間故事，云老虎在西山為王，黃牛在東山為王。在狐狸的挑撥下，老虎、黃牛相鬥，兩敗俱傷，終於成為狐狸之食。此故事又見《中國民間故事全集》第十冊《雲南卷》。《中國民間故事集成·吉林卷》之《牛虎兄弟和大灰狼》云，母虎剛生下幼虎便外出尋找食物，被一枯樹壓住。一小野牛救之，而自己暈倒。母虎將小野牛銜回，乳養之。野牛與幼虎一起長大，情同手足。母虎死，一大灰狼挑撥牛虎關係，牛虎乃惡鬥一場，雙雙昏倒。大灰狼召集諸動物到現場，宣佈是它殺死了牛虎，現在它擔任動物之王，並請大家食牛虎之肉。此時，牛虎雙雙悠悠轉醒，聞狼如此言語，頓生無限愧悔，一起撲殺大灰狼。此類故事盛行於我國，南方北方皆有之。

佛經中，此類故事亦屢見之。《十誦律》卷九云，一獅子和一老虎關係親密，常互通有無。一野干挑撥它們之間的關係，對獅子云：「虎明日見汝，閉目舐毛時，當現惡相，汝須小心。」對虎則云獅子亦將攻擊虎。虎見獅子，問其為何生此噁心，野干之計遂敗露，獅子與虎共殺之。又《根本說一切有部毗奈耶》卷二十六云，一母獅子臨產殺一母牛，小牛以食乳之故，隨之不去，虎乃同乳幼虎、小牛。母獅子臨終時，告幼獅子與小牛云：「汝等乃一乳所資，當相親相愛，勿受小人挑撥。」二者俱受命。此後，二者關係，一如往昔。後來，在野干挑撥下，二者相鬥，一起畢命。又同經同卷彪、獅子故事，也與此相類，但它們在聽到野干的挑撥後，將野干的挑撥語互相告訴了對方，真相大白，它們一起將野干殺死。

我國「狐狸（或大灰狼）離間二大獸」故事，其源明顯出於佛經。佛經中所云野干，實亦狐狸之一種。佛經此類故事中，二大獸的關係

本來極好。如此親密關係之淵源，《十誦律》所載故事中未作交代，《根本說一切有部毗奈耶》所載二故事中，一云獅子與牛共食母獅子之奶長大，一乳所資，母獅子於牛為義母，則獅子與牛的關係，乃形同親兄弟之義兄弟，自然非同尋常朋友。一云彪、獅子在母彪、母獅子一起養育下長大，形同一起長大之堂兄弟或者表兄弟，關係亦自然非常親密。中國此類故事中，《牛虎兄弟與大灰狼》中牛虎之關係，與《根本說一切有部毗奈耶》所載獅子與牛的關係基本相同。藏族民間故事《狐狸的悲劇》中，母獅子與母虎的關係，是合作者或朋友之關係，與《根本說一切有部毗奈耶》所載彪與獅子之母親之間的關係相同，即以《根本說一切有部毗奈耶》中二主角之上一代為故事的主角。傣族民間故事《虎王牛王為什麼被狐狸吃掉》中，虎王與牛王的關係，雖未能稱親密，但是也算和睦。此類故事中，二大獸之關係大多親密，但狐狸（或狼）未因其親密而放棄離間。即使親密如兄弟者，亦未必能抵禦離間，何況其他？

狐狸等的離間之法，不外在甲前說乙如何如何欲害甲，在乙前說甲如何如何欲害乙。在中國此類故事中，在佛經此類故事中，都是如此。小人搬弄是非，亦技止於此耳。

佛經此類故事中，二大獸被離間之後，有兩種情況，一是二大獸未輕信離間，在關鍵之時坦誠交流，終於避免了悲劇。離間者陰謀敗露，被二大獸殺死。可見坦誠交流，乃避免離間之良法。然而，坦誠交流，朋友之間尚且不容易，何況他哉！二是二大獸中離間而相互殘殺，終於被離間者所食。其旨主要在警示人們莫受離間。中國此類故事中，還有第三種情況：二大獸中離間計相互攻擊致傷，但終於省悟，共殺離間者，既讓輕信離間者付出代價以吸取教訓，又使離間者

受到最重的懲罰。警示人們莫受離間之旨與警告離間者之旨並重。

觀星象知人

古人認為，世間著名人物，皆天上星宿下凡。某星體如何，預示其所應世間之某人將如何。相傳諸葛亮、祖逖、馬燧、武元衡等，皆將卒而星殞。此乃「天人合一」這一古老觀念之一端耳。古代迷信又據此推衍，謂星象之變化，與人間世界之活動同時相應。人們可據星象推知其時與此星相應之人之活動或狀況。至於人應天象，即天象所兆世間相應人物之活動馬上在世間發生，還是天象應人，即人之活動反應於天象，則不甚明確。以古籍所載或民間所傳某些故事觀之，似乎有時乃人應天象，有時則是天象應人。如漢光武帝與嚴光同臥，嚴光擱腿於光武之腹。次日，太史奏聞，云昨夜客星犯帝座。漢光武應帝座，嚴光應客星。嚴光擱腿於光武之腹，竟反應於天象，成「客星犯帝座」之象。又前秦苻堅之母極愛幼子苻融。苻融將出為鎮東大將軍、冀州牧、臨行前的一天晚上，其母出宮，親赴苻融處看望，而宮中無人知道此事。是夜，大臣魏延奏言，云天市南門之內，后妃星失明，此乃后妃移動之象。苻堅派人察看，方知其母離宮前往苻融處，乃極歎星占術之靈驗。此皆見之於史傳者。小說中，此類故事益多。如梁人殷芸《小說》卷一云：「漢武帝嘗微行，造主人家。家有婢，有國色。帝悅之，因留宿，夜與主婢臥。有一書生，亦寄宿，善天文，忽見客星將掩帝星甚逼。書生大驚，連呼咄咄，不覺聲高。乃見一男子，持刀將欲入，聞書生聲急，謂為己故，遂蹙縮去。客星應時而退。如是者數遍。帝聞其聲，異而召問之，書生俱說所見。帝乃悟曰：『此人必婢婿，將欲肆其兇惡於朕。』乃召集期門、羽林，語主

人曰：『朕，天子也。』又擒拿問之，服而誅。」

　　佛經中也有此類故事。《根本說一切有部毗奈耶雜事》卷二十二云，猛光王性好女色，知妓女善賢容貌端嚴，世所少有，遂攜五百金錢微服前往。善賢見之大喜，命婢女先服侍猛光王沐浴。此時，又一客至。此妓女之常例，她有客之時，若另一客至，則殺前客，而與後客宿。因此，善賢欲殺猛光王。猛光王沐浴時，從婢女口中得知此事，乃求救於此婢女。婢女云，四下都有人武裝把守，不得出，惟有一廁所有孔道通外，但是有鐵棒隔之。猛光王由婢女引至廁所邊，跳入廁所，找到孔道，奮力拔鐵棒，但是棒牢固不能出。此時，附近所住一婆羅門出，仰視天象，云：「國王此時有大難。」其妻聞之，云：「國家機密，休得胡言亂語！」婆羅門云：「我蒙國王恩澤，國王受困，我寧安穩？我當求國王早早脫困。」猛光王聞之，施展神威，終於將鐵棒拔出，一身污穢，慌忙逃命。此時，婆羅門見星象改變，告其妻曰：「王雖受苦，今日得出，我為之慶倖。」這一故事，無疑大受我國占星迷信的影響，然對我國此類故事，未必全無影響。

　　漢武帝微服出行宿人家婢女遇險，猛光王微服出行宿妓女遇險，同樣風流驚險。

鬼子母

　　鬼子母為佛經中所載神靈，其事見《佛說鬼子母經》，云鬼子母多子，好盜食人子，且有千子為鬼王，擾天擾世。佛乃使人乘其竊人子之機竊其子。鬼子母歸，知失子，求之不得，發狂。由此緣至佛所，佛為說法明理，鬼子母乃一心向佛，為世人求子之神，且敕諸鬼子不得作惡，諸鬼子遂成好鬼。如車船之鬼等等，皆是其子。又《雜

寶藏經》卷七《鬼子母失子緣》所敘則更詳。云鬼子母者，乃鬼神王
般闍迦妻，有子一萬，皆有大力士之力。其最幼者為嬪伽羅。鬼子母
凶妖暴虐，殺人子以自啖。人民患之，仰告世尊。世尊即取嬪伽羅盛
於缽底。鬼子母歸，知失子，即尋找。七日之中，遍天下求之，不
得，乃至世尊處求助。世尊云：「汝有萬子，今失一子，便如此憂愁
苦惱，到處尋覓，而世間人民，或有數子，或僅一子，汝何忍心殺害
食之？」鬼子母云：「今我若得嬪伽羅者，終生不更殺世人之子。」
世尊即告鬼子母，嬪伽羅在此缽下。鬼子母盡其神力，不能得，還求
於世尊。世尊云：「汝今若能受三歸五戒，盡壽不殺，當還汝子。」
鬼子母即如世尊所言發願，世尊即還其子。

　　我國文學作品，亦有寫到鬼子母者。《大唐三藏取經詩話》卷中
云，三藏法師一行來到一國，此國三歲孩兒，成千上萬，卻無父母。
三藏等問國王，乃知此是鬼子母國。錢南揚《宋元戲文輯佚》有《鬼
子母揭缽記》，雖僅存兩曲，但就題目觀之，就可知演佛經中鬼子母
故事。又明人楊遏《西遊記》雜劇第三本《鬼子母皈依》折云：妖怪
愛奴兒，乃一孩童，為鬼子母之子。唐僧取經途中，為愛奴兒設計所
擒拿。行者等不知擒拿師父者為何妖，告至佛處。佛言其出處，並
云：「我已差揭帝將我缽盂去，把孩兒蓋將來，放在座下七日，化為
黃水。鬼子母必來救他，因而收之。」行者等回，唐僧早已獲救。鬼
子母知愛子為佛所擒拿，乃率鬼兵前來救子，以箭射佛，佛以金蓮擋
箭，鬼子母不得傷。鬼兵揭缽救愛奴兒，缽不起。鬼子母見狀，搶前
而來揭缽，缽不起。鬼子母因揭缽，為哪吒所擒，繼而被迫皈依佛
門。佛乃允放出愛奴兒，使鬼子母母子團聚。此故事明顯本於《雜寶
藏經》卷七《鬼子母失子緣》，但又與三藏取經故事相結合，哪吒作

為中國民間傳說中之道教神仙，亦出入其間，作為佛之戰將，則顯示出佛經故事之中國化。唯其如此，方能使作品為我國觀眾和讀者喜愛，富有生命力。

　　鬼子母又被我國民間奉為保佑人生子之神。唐代佚名《會昌解頤錄》云，唐寶應中，越州寶林寺有魔母神堂，越中士女求男女者，必報驗焉。按此魔母者，即鬼子母也。供於佛寺者，蓋此神乃佛教神靈也。古代有些西域國家，亦奉鬼子母為保佑人生子之神。唐人玄奘《大唐西域記》卷二《健馱羅國》云：「梵、釋窣堵波西北行五十餘裏，有窣堵波，是釋迦如來於此化鬼子母，令不害人，故此國俗祭以求子。」奉鬼子母為佑人生子之神，祭之以求子嗣，此故與《佛說鬼子母經》所云相一致。

　　在古代漢語中，「鬼」與「九」諧音。商紂王時，南方有諸侯名「鬼侯」者，亦名「九侯」。至今，吳方言中，「九」、「鬼」之發音仍十分接近。故「鬼子母」在我國亦稱「九子母」。梁人宗懍《荊楚歲時記》云：「四月八日，長沙寺閣下，有九子母神。是日，市肆之人無子者，供養薄餅以乞子。」我國另有一九子母，乃春秋時魯國一寡母，九子，教子有方，魯君尊之為母師。見漢人劉向《列女傳》卷一。有人將此魯九子母與佛教中之九子母相混淆。清人俞樾《茶香室四鈔》卷五於是辨之甚詳。云明周嬰《猗覺寮雜記》曰應劭云「（漢）成帝生甲觀畫堂，云畫九子母。佛自後漢方入中國，安得元帝時已有九子母？其陋可笑。按《列女傳》，魯有九子之母，教兒造次於禮。魯人以為母師。甲觀既燕間內寢，后妃所居，則畫九子者，取蕃育之義，畫其母者取禮法之宗。仲遠之時，去西京未遙，於漢家故實，必有傳記，未可謂之偽說也。按師古曰，畫堂但畫飾耳，豈必

九子母乎？是亦以應說為非。蓋由未解九子母之義，若知是魯之九子母，則必不以為疑矣。」魯九子母生有九子，堪稱多子，古人以其像作祈多子嗣之用，亦合情理。

佛教中之九子母傳入我國時，魯九子母在我國已有一定影響。佛教中之九子母在我國之傳播，或亦得力於魯九子母在我國固有之影響。

隔事言行，事事遭罰

我國以「隔事言行」遭罰之愚人故事甚多。何謂「隔事言行」？主人公遇甲事，當用某種言行而未用。甲事過後，主人公方知應用某種言行。繼遇乙事，主人公乃用應該用於甲事之言行，結果與願望適得其反。

此類故事，民間以「傻女婿系列故事」中「六頓零一角」故事為最有名。云傻女婿買甲魚探望丈母，途中暑熱，欲下河洗浴，憐甲魚亦熱，遂放之於稻田水中。傻女婿浴畢上岸，卻不見甲魚從稻田回，遂放田水。人見放水，遂將他抓起，懲罰一頓，云：「若見水外流，亦當隨手擋住，豈能放水？」傻女婿受教而去。見一女廁所往外流水，傻女婿衝入欲堵，遂被諸女子抓起，懲罰一頓，云：「即使見女子方便，無法回避，亦只應大『哼』一聲，示意女子速離開，豈能如你所為？」傻女婿受教而去。見一捕鳥者，將捕群鳥，傻女婿大「哼」一聲，群鳥驚飛而遁。捕鳥者將傻女婿懲罰一頓，云：「你應在遠處叫『旺』才是！」傻女婿受教而去。見一處失火，傻女婿竟然在高處連聲叫「旺」，又被人抓起來懲罰一頓。人云：「見火起，當提桶水撲救才是！」傻女婿受教而去。一鐵匠打鐵，爐火正旺，傻女

婿見之，提水澆之，爐火頓滅，鐵匠大怒，將傻女婿懲罰一頓，云：「你見我打，當來幫打才是。」傻女婿受教而去。兩兄弟打架，傻女婿見之，前去幫打。衆人將傻女婿懲罰一頓，云：「見打架，當勸架才是。」傻女婿受教而去。兩牛相鬥，傻女婿見之，便去勸架，遂挨一角。至此，傻女婿受「六頓零一角」矣。此故事在民間流傳甚廣，情節不一，然主人公以「隔事言行」而事事遭罰則一。日本傻女婿系列故事《一定這樣辦》中，傻女婿也總是按照上一事所受教辦，而笑話百出，見日本人關敬吾《日本民間故事選》。雖不是事事遭罰，事事遭敗則同。《中國民間故事全集》臺灣卷《傻孩子的故事》，主角是傻孩子，而非傻女婿，但「隔事言行」，而「事事遭罰」的構思卻是一樣的。

　　愚人故事而以「隔事言行」，而「事事遭罰」為構思者，佛經中亦有之。《雜寶藏經》卷八《長者請舍利弗摩訶羅緣》云，某日，某長者家入海貿易之海船大獲珍寶歸，國王封地於長者，長者妻生子。歡慶之時，摩訶羅隨舍利弗至，舍利弗頌曰：「今日良時得好報，財利樂事一切集。踴躍歡喜心悅樂，信心踴發念十力。如是今日後常然！」長者喜，施捨利弗上好毛毯二張，而摩訶羅無所得。摩訶羅羨慕之，乃從舍利弗學此咒語。後摩訶羅獨至一長者家，此家商船入海亡失珍寶，長者妻遭官事，長子死。摩訶羅欲得重施，乃誦「今日良時得好報」云云。長者怒，驅打之。摩訶羅經過麥子堆，因違反風俗繞麥子堆左行，遭到麥子主人打。麥子主人云：「遇麥子堆當繞右行，口誦『多入』才對。」摩訶羅行至墓地，見新墳，便繞右行，口誦「多入」，遂遭墳主打。墳主云：「見新墳，當念『自今以後，莫復如是！』」摩訶羅繼續走，見人家在辦喜事，便前往念「自今以

後，莫復如事！」又遭打。摩訶羅繼續走，見獵人捕雁，乃狂走，雁盡驚而飛去。獵人怒打摩訶羅，云何不徐徐匍匐而行。摩訶羅繼續走，見女子在河邊洗衣服，遂匍匐而行，至浣衣處。浣衣者見之，謂匍匐而來者，必欲偷衣，又將他打一頓。

　　上文所舉中國、日本民間故事中此類愚人故事，其構思與摩訶羅故事完全相同。

變化鬥法

　　變化鬥法故事，神魔小說中極為常見。《西遊記》中孫悟空擅七十二般變化，化動物、植物或器物等鬥敵，是其拿手好戲。雙方各變化鬥法，則更為精彩。如第六回《觀音赴會問原因，小聖施威降大聖》，敘二郎神與孫悟空各變化鬥法，第六十一回《豬八戒助力敗魔王，孫行者三調芭蕉扇》中孫悟空、豬八戒與牛魔王變化相鬥，都是《西遊記》中最為精彩的部分。

　　佛經中屢有變化鬥法故事。《增壹阿含經》卷十四云，如來與惡鬼鬥法。如來端坐思維，身不傾動。惡鬼大怒，乃興雷電霹靂，向如來雨刀劍。刀劍未墮地，即化為優缽蓮花。惡鬼益怒，乃雨山河石壁，但是山河石壁未墮地，即化為美食。惡鬼乃化作大象，大吼撲向如來，如來乃化獅子敵之，惡鬼遂化獅子來鬥，如來乃化大火敵獅子。獅子不敵，惡鬼乃化七首巨龍滅火。如來乃化龍之天敵金翅鳥敵龍，終於將惡鬼制服。又《摩訶僧祇律》卷二云，一巨金翅鳥欲食一龍，龍以袈裟當之，化為人，使金翅鳥不得食。金翅鳥乃化為一婆羅門，追此人。至山中，龍依一仙人。金翅鳥所化婆羅門追至，仙人乃為之說法，解其饑渴，此金翅鳥乃不食龍。又《六度集經·殺龍濟一

國經》云，一妖龍危害百姓，菩薩叔伯化為獅子、大象敵之。「象造龍所，獅子登之，龍即奮勢，霆耀雷震，獅子踴吼，龍之威靈，獅子赫勢，普地為震。」最後，他們與妖龍同歸於盡。

　　物之屬性，實在有人所不可及者，如鳥飛魚潛、獅子與象的力量是也。於是對物之崇拜生焉。變化為物之故事，即基於此。見之於我國古代神話者，禹化黃熊、魚服白龍，即是其類。然小說變化鬥法故事，或與佛經故事為近。《西遊記》等佛教題材小說，固其然矣，《封神演義》之類仙道題材小說，其變化鬥法之情節，亦非盡由古代神話中情節變化構思而來，而以受佛經故事影響為多。然中國小說中變化鬥法故事，較佛經中變化鬥法故事精彩多矣。「青出於藍而勝於藍」，此之謂也。

換人體器官

　　《衆經撰雜譬喻經》卷上云，甲鬼得一屍體，乙鬼爭之，請某人為判。某人如實判甲勝。乙鬼怒，扯下此人一臂食之，甲鬼速於屍體上取下相應的一臂給此人續上。乙鬼又扯此人一臂食之，甲鬼又以屍體之臂為之續上。如此相繼，此人雙臂、雙腿、頭、胸等身體的所有組成部分都被乙鬼取下食之，而甲鬼則及時以屍體相應的部分為之續上。此人仍然存在，但已經非其故軀，已成「無我」之身。此故事又見之於《付法藏因緣經》卷四、《大智度論》卷十二等。又《佛說福力太子因緣經》卷二云，福力太子將自己之手足裝於失去手足者之身。

　　我國小說中換人體器官的情節極多。晉人陶淵明《搜神後記》卷三云，李信壽終入冥，因其有孝行，閻王欲以之勸孝，遂放還陽。然

李信之頭已爛，陰司乃取一胡人之頭換之。「信夢覺在床，其頭已是胡頭，妻、母俱驚。」南朝宋朝劉義慶《幽明錄》云，某甲因陰司誤拿而入冥間，待發現後欲送還陽，然其雙腳已爛。陰司乃以一胡人名康乙者屍體之雙腳給他換上。甲復生後，「其腳果已胡腳，叢毛連結，且有胡臭。親赴康乙處，見康乙已死，其屍上之腳，乃己腳也。」同書又云，賈弼數夢一醜人求與之換頭面，賈於夢中許之。醒後，賈發現自己之頭面已如夢中之醜人。又元代佚名《湖海新聞夷堅續志》補遺有《換頭面顯貴》，云有人互相換頭面。清代蒲松齡《聊齋誌異》卷二《陸判》寫鬼判官為人換心、換頭。此類情節，民間故事中尤多。

佛經故事中換身體器官之情節，旨在表現某種哲理或思想。我國故事中換身體器官的情節，則多以怪異動人聽聞。然我國故事中換人體器官之情節，無疑從佛經故事中來，而遺其哲理或思想，盡取其怪異且變本加厲焉。

夫婦賭餅

《百喻經》卷三云，某夫婦得餅三塊，夫婦各食其一。餘下一餅，夫婦相約：先言語者，不得食此餅。夫婦因此俱不敢言。有賊入其室偷盜，家中貴重物品，俱畢賊手。夫婦二人，恐輸餅而不語。賊見他們如此，遂辱此婦。其夫見之，竟然不語。其婦大叫，責其夫。其夫拍手叫曰：「我得餅，不復與爾！」此故事在我國流傳甚廣，而不知出於佛經。日人關敬吾選編《日本民間故事選》所載《看誰能憋著不說話》，實亦是此故事，唯賊入室行竊，婦喝之，賊逃。又餅作「米糕」，或翻譯之不同也。

蝙 蝠

　　我國動物故事中，蝙蝠為主角者有多種。如明代樂天大笑生《解慍編》卷九有《蝙蝠推奸》，馮夢龍《廣笑府》卷九所載蝙蝠故事與之相同。今人隋書金編《鄂倫春民間故事》中《蝙蝠的嘴臉》亦源於《蝙蝠推奸》，或與之同源。《中國少數民族民間故事選》載哈尼族民間故事《蝙蝠》，《雲南各族民間故事》載景頗族民間故事《蝙蝠》。此類故事，除哈尼族故事《蝙蝠》中有蝙蝠於鳥有利時歸鳥，於鼠有利時歸鼠的情節外，皆是敘蝙蝠於責禽時稱己身屬於獸、責獸時稱己身屬於禽，逃避責任。

　　然而，蝙蝠此等伎倆，佛經中早就予以揭露。《佛藏經》卷三《淨戒品》五云：「譬如蝙蝠，欲捕鳥時，則入穴為鼠，欲捕鼠時，則飛空為鳥，而實無鼠鳥之用。其身臭穢，但樂暗冥。」我國描繪蝙蝠此等伎倆之故事，皆為諷刺逃避社會責任者而作，其思想之深刻，情節之豐富，形象之鮮明，皆在佛經對蝙蝠的描寫之上。

木飛禽

　　《根本說一切有部毗奈耶破僧事》卷十云，青年巧容從一巧師學藝，又至外地娉一女，女之父親與之約：當於某日前來迎娶，過期無效。蓋女之父親度其必不及也。巧容歸，謀諸師，製造一木孔雀，與師共乘而前往，克期而至，迎娶新娘歸。後巧容違反師之囑咐，自駕木孔雀凌空，欲威服遠方，惜但知去而未解歸，知昇而未解降，無法駕御。飛至海上，其間多雨少晴，木孔雀因機繩爛斷而墜落大海，巧容亦死。這一悲劇，同古希臘神話中伊卡洛斯之悲劇相仿。代達羅斯

與伊卡洛斯父子為克里特國王米諾斯建造迷宮，事竣，為米諾斯所囚，代達羅斯父子遂以蠟粘合羽毛為翼飛空逃出。伊卡洛斯違父言，飛近太陽，蠟翼遇熱融化，伊卡洛斯墮海而死。

我國木飛禽事，先秦古籍便有記載。《韓非子·外儲說左上》云：「墨子為木鳶，三年而成，蜚一日而敗。」此後之記載益多，且多神異色彩。見晉葛洪《抱朴子·應嘲》，南朝劉敬叔《異苑》卷十，南朝祖沖之《述異記》等，明代佚名小說《七十二朝人物演義》卷二十四敷衍其事。唐代張文成《朝野僉載》佚文云魯班「造浮屠」，則謬矣。魯班乃春秋時魯國人，其時佛教恐怕尚未形成，魯班造橋、造木鳶、造攻戰器械，但是決不可能造浮屠，浮屠者，佛塔也。

佛經中之木飛禽故事，有哲理在，為志大才疏、知進而未知退者戒。而中國之木飛禽故事，則重在渲染其奇異，使人驚異而歎賞之。

將假試真

修仙修佛，首在修心。修心之要，乃處世存心，一遵佛道之旨，擺脫塵世俗情。修到一定境界，或受點化得道術成仙，或成羅漢，成菩薩，乃至成佛，終成正果。佛道二家神靈化特定環境或人物試修行者修心所臻境界，此謂之「將假試真」，我國佛道故事中常見之。

如《蓮社高僧傳·曇翼傳》云，高僧曇翼修行於深山，一日，普賢大士化為一女子，至曇翼前，以入山采薇，已經不及歸家，山中又多虎狼為理由，請求借宿一夜。夜半，女號呼腹痛，求曇翼為之按摩。曇翼以布裹錫杖，遙為按摩，終不為動。《西遊記》第二十三回《三藏不忘本，四聖試禪心》云，黎山老母、觀音、文殊、普賢於唐

僧等取經必經之路化一莊園，家財萬貫。黎山老母為寡婦，觀音等為女兒，皆殊色。唐僧師徒四人經過其地，寡婦欲留他們配其母女四人。唐僧、孫悟空、沙僧三人不為所動，而豬八戒凡心未滅，急欲贅此家為婿，結果遭到懲罰。黎山老母等留詩而去。《目連寶卷》卷下云，觀音偕韋陀護法、善財、龍女，前去度有心向善的屠夫賀因（目連轉世者）與開香燭店並一心向善的王道人。觀音先化一僧，為此兩人說法，二人受教，遂隨此僧出家赴山中修習佛法。觀音使韋陀、善財、龍女化為母女三人，於老僧、賀因、王道人所經途中居住，設緣欲招贅王、賀二人，同享榮華富貴。王道人凡心未除，欲留下為贅，賀因則堅拒之，雖在三位女子和師父的勸說下，亦不為所動。最後王道人留下為贅，為猛虎所食。事類《西遊記》中觀音等試唐僧師徒。

有些故事，試不一次，可名屢試。如馮夢龍《古今小說》卷十三《張道陵七試趙昇》中，張道陵試趙昇：辱罵不去，為一試；美色不動心，為二試；見金不貪，為三試；見虎不懼，為四試；償絹不吝，被誣不辨，為五試；存心濟物，為六試，捨命從師，為七試。此七試之中，黃金、美女、虎、乞丐等，皆張道陵役使精靈所化，賣絹者亦假。此即謂之「將假試真」，驗趙昇是否已斷喜怒憂懼愛惡欲七情。又明代王世貞《列仙全傳》卷六敘「鍾離權十試呂洞賓」，情節較張道陵七試趙昇更為複雜，呂洞賓能經得起這些考驗，鍾離權云：「吾十試子，子皆心無所動，得道必矣！」

此類以假試真情節，佛經中常有之。《佛說須賴經》云，舍衛城窮人須賴篤行佛法，天帝釋下凡試之。天帝釋化為數人痛罵、痛打須賴，須賴無怨心，更無報復之心。天帝釋化寶予之，須賴卻之。天帝釋以重寶請須賴作偽證，須賴不從。天帝釋派人化作極美之妓女前去

引誘須賴，須賴不受引誘。天帝釋問須賴何所欲，須賴云別無所欲，但求無老死之患，無憎愛之苦，度三界之人。每試之時，須賴必以佛理論之。然天帝釋之試須賴，乃是出於對須賴修行之畏懼。天帝釋雖為天神，地位崇高，但也有生死之患，也有七情六欲。他知道須賴修行精進，怕須賴修成後奪己之位，故下而試之，知須賴之修行，意不在天帝之位，乃喜。又《妙色王因緣經》云，妙色王欲求妙法，天帝釋化夜叉前往試之，云己能說妙法，但須先受供養食王子，王竟然許之。繼而求食王后，求食妙色王本人，妙色王皆許之。夜叉乃為王說法：「由愛故生憂，由愛故生怖。若離於愛者，無怖亦無憂。」說畢而去。又《六度集經》云，一切施國王好佈施，文殊化常人試之，要國王和王后為其奴，國王和王后即為其奴，被役使勞作，後又被轉賣，受盡苦難，太子亦死，然國王夫婦終不易其志。後他們忽還宮中，以前所歷，如夢而已。又《經律異相》卷四引《深淺學比丘經》、《修行本經》卷下云，魔有四女，分別名欲妃、悅彼、快觀、見從，前去引誘菩薩，菩薩答曰：「汝等形貌雖好，但心不端正。革囊盛屎，來欲何為！吾不用汝等。」魔又召十八億精靈，化為毒蛇猛獸，百般恐嚇菩薩，菩薩不為所動。又同書卷三十八引《善信磨祝經》卷上云，舍衛城長者女善信，年十五，一心向佛，修行不輟。天帝釋化為端正男子，年十八九，手持黃金，到善信前，以歌相挑。善信以歌答之，明己之志，拒絕引誘。

　　試修佛者，當以佛理為標準；試學道者，當以道旨為標準。然我國道教，大量思想及表述皆來自佛教，佛道乃多相通之處。在我國，佛道相容、相融，故此類「以假試真」驗修佛修道者所臻境界之故事，諸試之項目、標準，大抵都是試被試者是否盡除貪欲、色欲、嗔

怒、畏懼、怨恨、恩愛等塵世情欲，是否具有慈悲之心、濟物之志，試修佛者與試修道者，沒有什麼區別，都是佛經中的老套路。佛教、道教信徒，以此類故事宣講教義，一試述一事，明一旨，且生動奇異，容易使人接受。就創作而言，按照佛道教義設為一個個故事，而以「以假試真」相統率貫聯，故事可多可少，可長可短，極為容易安排結構，亦適宜於安排宣講，故屢以假試真至七試、十試如趙昇和呂洞賓故事，在民間較為流行。

入敵腹

　　《西遊記》中，孫悟空屢次入敵腹克敵制勝。如第十七回《孫行者大鬧黑風山，觀世音收伏熊羆怪》，觀音化為熊羆怪之友人凌虛子，孫悟空化為凌虛子盤中的一顆仙丹，由「凌虛子」送給熊羆怪。熊羆怪將仙丹吞下，孫悟空在它腹中施威，熊羆怪終於被降伏。第八十二回《姹女求陽，元神護道》云，孫悟空化為一桃，由唐僧騙得無底洞妖精吃下，孫悟空得以在妖精腹內施法。第六十六回《諸神遭毒手，彌勒縛妖魔》，孫悟空變一熟瓜，賺得黃眉怪啃，就跳入黃眉怪腹中「抓腸蒯腹，翻跟斗，豎蜻蜓，任他在裏面擺佈。」至於第五十九回《唐三藏路阻火焰山，孫行者一調芭蕉扇》中，孫悟空變作一蟲撲入茶水，讓鐵扇公主喝下，然後在其腹中蹬足撞頭。此故事尤為人們所熟知。再如第七十五回《心猿鑽透陰陽竅，魔王還歸大道真》云，獅子精將孫悟空吞下，孫悟空在其腹中接酒吃，然後撒起酒瘋。

　　孫悟空這一用熟本事，《大唐三藏取經詩話》卷上中猴行者便施過，不過似有所不同。猴行者鬥白虎精，行者作法，使白虎精腹中有老獼猴，吐出復有，「今生到來生也吐不盡！」行者又化一大石塊於

白虎精腹中,石塊漸漸變大,白虎精無法吐出,終於腹裂,七孔流血而死。狐狸或鬼入腹事,我國文言小說中屢見之。晉陶淵明《搜神後記九》卷六云,二鬼入一人之腹,使其生病。

鬼神精靈入腹故事,佛經中亦有之。如《佛說弊魔試目連經》云:「弊魔自化徹景,入目連腹中。賢者大目犍連(按:即目連):『吾腹何故而作雷鳴?猶如饑人而負重擔?吾將入室,當受三昧,觀察其源。』於是目連即入室,三昧觀身,即時睹見弊魔作化徹景入其腹中,即謂之曰:『弊魔且出且出,莫擾如來及其弟子,將無長夜獲苦不安,墮於惡趣。』魔心念言:『今此沙門未曾見我,亦不知我,橫造妄語,弊魔且出且出,莫擾如來及其弟子,將無長夜獲苦不安。正使其師大聖世尊,尚不知吾,況其弟子!』目連報曰:『吾復知卿今心所念:其師大聖,尚不能知,況其弟子知吾所在耶?』魔即恐懼:『今此沙門,已覺我矣!』即化徹身往其前。」目連本人亦曾經入敵身中。《佛說龍王兄弟經》云,目連與二龍鬥,分身入兩龍身,右目入,左目出;右耳入,左耳出。又飛入龍口中作法。

然則我國故事中「入敵腹」或「狐狸、鬼入腹」情節,是否皆自佛教中有關情節發展而來?未必如此。早在佛經傳入之前,我國就有鬼入於腹中故事了。《左傳·成公十年》云,晉「公疾病,求醫於秦。秦伯使醫緩為之。未至,公夢疾為二豎子,曰:『彼良醫也,懼傷我,焉逃之?』其一曰:『居肓之上,膏之下,若我何?』醫至,曰:『疾不可為也,在肓之上,膏之下,攻之不可,達之不及。藥不至焉,不可為也!』」晉君遂薨。膏肓之間,為藥石不可及之處。上引《搜神後記》中故事,當從此事構想而來。

十二生肖

　　民間有關十二生肖的故事很多。《中國民間故事集成·吉林卷》所載《貓為什麼吃老鼠》故事，流傳最廣。云玉帝下令，命諸動物於正月初一前去給他拜壽。貓忘其日期而問好友老鼠，老鼠不之告。牛知己行路遲緩，遂先期行。老鼠密附於牛背。至玉帝處，老鼠跳下牛背率先給玉帝拜壽。少頃，諸動物至，玉帝喜，命先至之十二動物為十二生肖。次日貓至，已遲，因而未得入十二生肖，故恨老鼠甚。日本關敬吾《日本民間故事選》所載《貓和十二屬》故事，與《貓為什麼吃老鼠》完全相同，只是「玉帝」作「王爺」而已。其他十二生肖故事中，老鼠也都是反面角色。

　　老鼠為有害動物，又慣於夜間活動，古人認為，其性陰賊。然十二生肖，竟然以老鼠為首，正如人間缺德少才者、卑劣狡詐之鼠輩竊踞高位，人們對此大為不平，故有關十二生肖故事，尤其是民間故事，如貓和老鼠，牛和老鼠之類，老鼠總是反面角色。然亦有對貓無好評者，如宋代戴元表《剡源戴先生文集》卷二十三《貓議》是也，但是畢竟是不多見的。

　　十二地支，我國自古有之。但是以十二動物分屬於十二地支，先秦無此說，《史記·律書》亦無之。至後漢王充，其《論衡·物勢篇》始言其十一，所缺唯龍。而同書《言毒篇》有「辰為龍，巳為蛇」之語，合而觀之，當時已將十二地支（即亦用於紀十二時辰者。）分屬於十二動物，亦即十二生肖。《北史》載宇文護母貽護書云：「昔在武川鎮，生汝兄弟，大者屬於蛇，次者屬於兔，汝身屬於蛇。」梁朝詩人沈初明有《十二屬詩》，宋朝詩人許月卿有《十二辰詩》。至

於十二地支屬於十二動物之義，或以八卦論之，或以字形論之，或以陰陽與諸動物爪、唇、舌數之奇偶相匹論之，或以物性論之，或以義理論之，或以為乃「天地自然之理」，諸說紛紜，莫衷一是。見明代人郎英《七修類稿》卷四，楊慎《藝林伐山》卷八，清代人梁章鉅《浪迹叢談》卷七等。

　　十二生肖之十二動物一起出現，佛經中有之。《大方等大集經》云，閻浮提外東方海中，有琉璃山，此十二動物於此山上各住一窟，修聲聞慈。「是十二獸晝夜常行閻浮提內，人天恭敬，功德成就已，於諸佛發慎重願，一日一夜，常令一獸遊行教化，余十一獸安住修慈，周而復始。七月一日鼠初遊行，以聲聞乘教化一切鼠生眾生，令離惡業，勸修善事。如是次第，至十三日，鼠復還行。乃至盡十二月，至十二歲，亦復如是。故此土多有功德，乃至畜獸亦能教化。」此十二動物之排列，雖始於蛇而止於龍，但內部排列之次序，全同我國之十二生肖。至於其中有獅子而無老虎，或是翻譯之不同，或獅子老虎名實異同所致，或我國古代不熟悉獅子之故。此經又云東方三動物由樹神供養，南方三動物由火神供養，西方三動物由風神等供養，北方三動物由水神等供養。在我國傳統文化中，東方屬木，南方屬火，西方屬金，北方屬水，故東方之神為木神，南方之神為火神，西方之神為金神，北方之神為水神。與此經中供養動物的四方之神相比較，所不同者僅西方耳。因此可以肯定，此經中的四方之神，與我國傳統文化中的四方之神之間，必有聯繫。佛家有四大之說，即地大、水大、火大、風大，此四大被認為是構成世界物質的元素，略同於我國的「五行」。供養諸動物之四方之神，除東方之神為樹神外，其餘火神、風神、水神，以四大中之三大屬之。

我國自古即以干支紀年、月、日、時。地支正是十二。十天干周
而復始，十二地支亦然。佛經中「一日一夜，常令一獸遊行，余十一
獸安住修慈，周而復始。」正同以十二地支紀日。又「十二月至十二
歲，亦復如是」，即與十二地支紀十二月、十二歲正好相同。此十二
動物，遂被取與分配十二地支，與十二地支合，遂有十二屬、十二生
肖之說。佛教何時傳入我國，實難定論。然東漢明帝，以帝王之尊，
曾令在正月十五「燃燈表佛」，開正月十五張燈之先河。（詳拙作《中
華節日風俗全書──民間節俗源流》）可見在當時，佛教已有相當大的影
響，傳入我國已有年。而我國現存古籍中最早記載十二生肖之《論
衡》，其作者王充，便是漢明帝間人。十二生肖與佛經之關係，似可
以明矣。

　　土耳其亦有十二生肖之說，然與我國稍異。戈寶權譯土耳其阿凡
提故事《納斯丁的笑話》第七十四篇《難道四十年之中小羊羔不會變
成一頭老山羊》中，亦有「黃道十二宮的生肖」之說，羊是其中之
一。同書第四百十二篇《怎樣才能變成屬龍的》中，所舉十二生肖為
「鼠、牛、豹、兔、鱷、蛇、馬、羊、猴、雞、狗、豬」。排列完全
與我國之十二生肖同，只是無虎而有豹，無龍而有鱷。然虎與豹相
類，皆走獸中形大力猛性凶者。龍與鱷相類，皆水族中之強者。

　　諸國十二生肖之說，或來自佛經，稍異者，乃因其地而變之耳。

手足等被粘

　　《民間文學》1955 年 10 月號載壯族《小白兔的故事》云，一小
白兔偷吃西瓜，瓜農將糯米飯搗爛，制一守瓜人，立於田間。小白兔
始被「守瓜人」所嚇，後漸不怕，繼而竟伸右手擊之，不料右手被

粘。繼而又用左手打，用雙腳踢，用頭撞，結果雙手、雙腳、頭相繼被粘，不得脫，眼中冒出鮮血。瓜農至，拉住其耳，將其身拖下糯飯人。此後，兔眼紅，耳長。此故事又見《中國民間故事全集》第五冊《廣西卷》。佛經《大智度論》卷十六云：「釋迦文佛先世曾作賈客主，讓諸賈人入險難處。是中有羅刹鬼，以手遮之，言：『汝住莫動，不聽汝去。』賈客主即以右拳擊之，拳即著鬼，挽不可離。復次，左拳擊之，亦不可離。以右足蹴之，足復粘著。復以左足蹴之，亦復如是。以頭沖之，頭即復著。」鬼嘉其勇氣，放之令去。又《大般涅槃經》卷二十六云：「如諸獵師，純以粘膠置之案上，用捕獮猴。獮猴癡，故往。手觸之，觸已，粘手，欲脫手故，以腳踏之，教復隨著。欲脫腳故，以口齧之，口復粘著。如是五處，悉無得脫。於是獵師以杖貫之，負還歸家。」

《大智度論》云賈客主擊羅刹鬼（人形）而被粘，《大般涅槃經》則云獮猴觸粘物而被粘。《小白兔的故事》中，小白兔擊人形之粘物而被粘，或即兼取佛經二故事中主角被粘之物而設想之。至於主角被粘之過程方式，則同佛經二故事所載，而於賈客主擊羅刹鬼者尤為接近。

誤解誤釋而歪打正著

誤解誤釋而歪打正著者，「郢書燕說」是也。見《韓非子·外儲說左上》。又《裴子語林》云：「魏郡太守陳異，嘗詣郡民尹方，方被頭以水洗盤，抱小兒出，更無餘言。異曰：『被頭者，欲吾治民如理髮；洗盤者，欲使吾清如許；抱小兒者，欲使吾愛民如赤子也。」

佛經中亦有此類誤解誤釋而歪打正著之故事。《雜譬喻經》卷上

云，一小和尚至某家化緣，主人夫婦請小和尚講解佛法。小和尚未及學佛法，一無所知，無法應付，連呼「苦哉」，主人夫婦一聽，豁然開朗，頓時大悟：世間實在苦！遂雙雙得道。小和尚見二人大喜，被此誤解相感，亦得道。同經卷下云，某夫婦齋僧，每齋必請僧宣講佛法。一日。請一老和尚赴齋，飯畢，請此和尚說法。和尚不知佛法，無可講，不由感歎「人愚無知實苦！」主人夫婦一聽此語，便想「愚無所知，十二因緣，即本於此。生死不絕，致各種苦惱，」反復思考「人愚無知實苦」之意思，竟然得道。馮夢龍《廣笑府》卷四《不語禪》或受《雜譬喻經》之影響，而全無宣揚佛理之意，乃一諷刺之作，不僅諷刺欺世盜名的僧人，也諷刺世風。《中國民間故事全集》之《廣東卷》所載《鬥法》故事，僧解啞謎，也是此類。

就所解對象而言，愈玄妙者，愈易誤解誤釋。故被誤解誤釋者，經義極多。如儒佛道之經義，被誤解誤釋者極多。愈簡單者，被誤解誤釋的餘地往往愈大。蓋玄而簡者，不確定性大也。就誤解誤釋者言之，必有誤解誤釋之自我意識在，自我意識投射對象並產生幻合，或由對象激發起某種意識並與對象形成幻合。此自我意識本身正確，此誤解誤釋，即往往可以歪打正著。誤解誤釋者對對象之敬信，往往是誤解誤釋的心理基礎。

狼與羊

《中國動物故事集》載《狼與羊羔》故事，與《伊索寓言》所載《狼與小羊》的故事相同。此故事又見於《中國民間故事全集》之《臺灣卷》，題目為《狼和小羊》。《伊索寓言》云：「對於那些存心作惡的人，任何正當的辯解都不起作用。」法國詩人拉·封丹

《拉·封丹寓言詩》卷一《狼和小羊》，與《伊索寓言》所載狼與小羊故事幾乎完全相同，僅將狼誣小羊改為狼誣小羊之兄，而小羊又本無兄，此一改更有助於體現「強者的論據總是最好的論據」這一主題。俄國伊·安·克雷洛夫《克雷洛夫寓言詩》所載《狼和小羊》與拉·封丹之《狼和小羊》，情節完全相同，以明「弱者面對強者，總是犯有罪過」。

佛經《根本說一切有部毗奈耶破僧事》卷十云，一老羊在歸途中，因老邁行動遲緩失群獨行，遇一餓豺。豺誣羊踏其尾。羊力辨之，云：「爾尾屈背後，我從對面來。如何冤枉我，說我踏爾尾？」豺道：「四洲和海嶽，都是我之尾。如你不踏地，爾從何處來？」羊道：「我在朋友處，聽說你之尾。不敢踏土地，我從空中來！」不料餓豺道：「林中野鹿驚逃，原是你從空中而下所致。我未捕得野鹿，饑餓至此，豈非爾過？」遂將羊撲殺食之。此故事之具體角色、情節，都與《狼和小羊》有所不同，但是角色是一強者，一弱者，情節是強者找藉口殺弱者，則與《狼和小羊》完全相同，所表達的思想亦與《狼和小羊》完全相同。

解動物語

《舊雜譬喻經》卷上云，某國王救龍王女，龍王欲報之。國王乃請學動物語。龍王許之，然要他勿泄露動物所語內容，否則他會死去。國王從之。此後，國王遂通曉動物語。某日，國王聽二蛾夫婦爭吵失笑，王后欲知其由，國王不言，王后遂以自殺相要挾。國王許暫出後告之。國王至水邊，龍王化數百羊渡水。有懷孕母羊呼其夫相助渡河，公羊不允。母羊以死相要挾，並云國王將要為王后而死，公羊

不應如此薄情。公羊云，國王將為王后而死是癡，又言母羊如死，它便另找母羊為妻。國王聞之，遂不告王后二蛾相爭之事，並云王后若死，他可以另娶女子為妻。又《經律異相》卷四十五引《雜譬喻經》亦有解動物語情節。

　　我國解動物語之故事很多，且有見之於正史者。如春秋時東夷君介葛廬能通牛語，於僖公二十九年來朝於魯，見《左傳》。楊翁仲解馬語，見《論衡》，李南解馬語，見《抱朴子》，沈僧照識虎嘯，事見《梁典》，白龜年曉羊言，見《翰府名談》，又云龜年得李太白遺書，讀之能辨九天禽語、九地獸語。張之信、孫守榮能占鵲言，分別見《北齊書》、《宋史》。神姑速知蛇言，事見《遼史》。俞樾《茶香室三鈔》卷六俱載之。又云戰國時何詹知牛鳴，楊宜成子辨雀語，管輅能占雀言，秦仲之解百鳥音等等。唐人高彥休《闕史》卷下云渤海僧薩多羅通鳥獸語言。

　　我國傳說中解鳥獸語的通俗故事也有一些。例如明代佚名《七十二朝人物演義》中云春秋時魯國公冶長通鳥語。《中國民間故事集成·吉林卷》亦載此故事。江南民間亦流傳此故事。《中國民間故事全集》第三十冊《遼寧卷》有《鳥語案》故事，主人公為公冶長。《中國民間故事集成》之《江蘇卷》，有《聽懂鳥語的公冶長》，云，公冶長見一菜花黃蛇與一臭斑蛇在交配，乃以石頭砸之，砸死臭斑蛇，砸傷菜花黃蛇。蛇王聽了菜花黃蛇的訴說，欲咬死公冶長，但聽公冶長說：「菜花黃蛇是蛇中王后，臭斑蛇是蛇中最低等的，怎麼能交配呢？」於是，蛇王感到受了王后的欺騙，就咬死了菜花黃蛇。他為了報答公冶長，就讓他能懂動物的語言。《西藏民間故事選》載《懂禽言獸語的牧童》，敘一牧童解動物語言的故事。

　　歐洲亦有解禽獸語言的故事。如伊‧卡爾維諾採錄選編《義大利
童話》所載《動物的語言》即是。又程相文翻譯南斯拉夫民間故事
《皇帝的鬼耳朵》有《動物的語言》云：一牧童救一蛇。此蛇乃一龍
子。龍王欲贈金銀予牧童以報救子之恩，牧童辭金銀，決意學動物語
言。龍王云凡人若泄露動物所言，便會死去。牧童仍欲學，龍王遂使
之如願。牧童因解動物語，得一寶藏，娶妻立業。後牧童與妻同行，
聽公馬與母馬相爭之語，不覺失笑。妻子要牧童以所笑者相告，牧童
以死相辭。妻子堅請，牧童乃置一棺，身臥其中，準備如妻所請言
之，言畢便死。此時一狗見一公雞搶食，乃罵曰：「主人將死，爾尚
只知搶食！」公雞云：「主人愚蠢，死何足惜！我有妻妾百餘，誰遭
襲擊，我就保護誰，誰敢撒潑，我就啄誰！主人只有一妻，尚無法對
付，豈能算男子！」牧童聞之，出棺抽棍，怒對其妻，妻乃不敢問。
此故事明顯從《舊雜譬喻經》卷上所載國王故事化來，許多關目乃至
情節相一致。

人與熊

　　《經律異相》卷十一引《諸經中要事》云，有人入山伐木，遇
雨，日暮饑寒，山中又有毒蛇猛獸，遂入一石窟避之。石窟中有一
熊，以甘果美水供給此人。七日雨止，熊示此人路徑，並云勿將它在
此之消息告他人。其人允諾。一獵人遇此人，問野獸蹤迹，此人利多
分熊肉，乃以彼熊告。獵人殺彼熊，分熊肉予此人，此人接之而二肘
俱墮。蓋以其忘恩負義，神重罰之也。

　　晉人陶淵明《搜神後記》卷九云，有人入山射鹿，墮一洞中，見
幼熊數頭。一大熊來，以果食此人。幼熊長大，大熊負幼熊出，又負

此人出。此故事或源於上所引佛經故事，取其上半而變化之，而遺其下半耳。

佛經故事中，熊能言語，顯然是神話故事。佛家以此故事宣揚因果報應之說，勸人愛惜生命，慈悲為懷，莫作忘恩負義、殺生作孽之事。陶淵明所敘故事中之熊，非人非神，而通人性、救人難。通人性、救人難之動物實有之，故以記異目之可也，必以神話目之則不可也。

雀拔虎口中骨

《經律異相》卷十一引《雀王經》云：「有虎食獸，骨拄其齒，病困將終，雀入口啄骨，日日若是。雀口生瘡，身為瘦疲。骨出虎口，雀飛登樹，說佛經曰：『殺為凶虐，其惡莫大。』虎聞雀戒，勃然恚曰：『爾始離吾口，而敢多言！』雀睹其不可化，即速飛去。」又《菩薩本生鬘》第三十四章云，一啄木鳥為一獅子取其喉嚨中骨，救其性命。後啄木鳥覓食不得，極為饑餓，見獅子獲一野獸，至前欲乞食物。獅子嚴拒之，並威脅之，粗暴無禮。

一猛獸因骨卡喉嚨成重病，一鳥將骨取出，救此猛獸。此猛獸獲救後，對此鳥毫不感恩，不僅不予任何報酬，而且蠻不講理，辱罵、威脅此鳥。此類故事，我國民間故事中亦有之，其源未必出於佛經。成於西元前六世紀之《伊索寓言》有《狼和鷺鷥》云，狼請鷺鷥取出卡在其喉嚨中之骨後，拒絕給鷺鷥預先商定的報酬，並云：「汝已從狼口中平安將頭縮回，尚欲取報酬耶？」佛經中鳥為猛獸取卡在喉嚨中之骨，而未獲應獲之報，此情節與《伊索寓言》中所載，不知有無直接關係？

智勸敬老

《雜寶藏經》卷二《波羅奈國弟微諫兄遂撤承相勸王教化天下緣》云，其國有一陋俗，老人滿六十，以即著一毛毯守門。某老者年六十，其長子命其弟予父親一毛毯，弟予其半，兄怪問之，弟曰：「半氈留與兄也。屆時兄之子亦當如兄之待父待兄也。」兄驚，乃與弟至宰相處，請除此陋俗。宰相奏王，王可其奏，舉國除此陋俗。

《敦煌變文集》卷八《搜神記》一卷云，孫元覺之祖父年老體弱多病，元覺之父親將棄之於荒山，元覺泣諫，父不從。元覺請父親將擡祖父之輿攜歸，父親云此乃凶器，不必攜歸家。元覺云，如此則以後用什麼將父親擡來荒山呢？父親悟，乃將祖父擡歸。此故事之主題和關目，乃源與上引佛經故事。

民間故事中亦有用此關目表現敬老主題者。江南一民間故事云，一媳婦虐待年邁婆婆，專用一破碗給婆婆盛食物。此媳婦又娶媳婦，新媳婦知其婆婆虐待太婆婆事，遂叫太婆婆將此碗打碎。太婆婆如其言。新媳婦大嚷，故意責怪太婆婆，云此碗要傳下去，豈能打碎？婆婆聽了，此後就善待其婆婆。此類故事，見之於文字者，還有：《中國民間故事集成》之《北京卷》所載《留給婆婆用》，同書《福建卷》所載《傳家寶碗》等。可見此類故事流傳之廣。此亦是智勸敬老，其智正與佛經所言者相同。

木　人

我國古籍中木人靈活如真人之記載，最早見之與《列子·湯問》。云偃師將所造木人為周穆王獻技。木人之表演，一如真人，能

歌善舞。表演進入尾聲,木人以眼神調戲穆王之姬妾。穆王怒,將殺
偃師。偃師懼,乃剖散木人以示穆王。此木人五臟畢具。穆王乃極歡
其巧,厚賞偃師。梁朝蕭繹《金樓子》之《志怪篇》所載優師故事,
大體與《列子》所載偃師故事相同。又今人林野等編民間故事集《洛
陽的傳說》中《偃師》故事,也源於《列子》所載偃師故事而情節加
詳。

　　佛經《生經·佛說國王五人經》載五位兄弟之故事,云:「第二
巧者,轉行至他國。應時國王喜諸技術,即以材木作機關木人。形貌
端正,生人無異,衣服顏色,點慧無比,能工歌舞,舉動如人。辭
言:『我子生若干年。』國中恭敬,多所饋遺。國王聞之,命使作
技。王及夫人,升閣而觀。作伎歌舞若干方便,跪拜進止,勝於生
人,王及夫人,歡喜無量。便角眨眼色視夫人。王遙見之,心懷忿
怒,促敕侍者:『斬其頭來。何以眨眼視吾夫人!』」巧者乃請自己
動手殺之。王可。巧者拔一機關,木人碎散在地。王乃厚賞巧者。此
故事與偃師故事,何竟相似乃爾!《列子》舊題戰國時列禦寇作。戰
國時,佛教尚未入中國,然《列子》中竟然有與佛教故事中如此相似
的情節!是佛經受《列子》影響,還是《列子》受佛經的影響?固無
論矣。若《列子》受佛經影響,則至少其中有關篇章,非作於戰國時
期明矣。或認為今本《列子》出魏晉人偽託,此說不為無據。

　　《生經》而外,佛經中尚有記載木人如生人的故事。如《大莊嚴
經論》卷五幻術師故事,《雜譬喻經》木師與畫師鬥法故事等。

　　佛經中木人故事,極言木人之神奇巧妙,旨在明「色相俱空」,
論真幻之理。中國之木人故事,亦多言木人之神妙奇巧,而旨在紀
異,賞其工藝之巧,而玄思妙理則無多也。如宋代張文成《朝野僉

載》卷六所載木人故事就是如此。

鹿生兒

　　《雜寶藏經》云，雪山邊有一神人，名提婆延，為婆羅門種。此人常小便石上，其精氣亦隨小便流石上。有一雌鹿，來飲小便，並舐小便處，便即有娠，後此鹿至提婆延處，生下一女，花裹其身，端正殊妙。提婆延知是己女，便取撫養。此女漸長，能行走時，腳蹈地上，皆是蓮花。成人後，此異不變。一日，烏提延王遊獵至此，知此女之異，遂娶為夫人，號蓮花夫人。後蓮花夫人一胎生五百子，皆為大力士。同書又一故事，與此故事相似，云鹿女與國王成婚後，生千葉蓮花，後化生千子。又《大方便報恩經》卷三《議論品》五云，一母鹿食品南窟仙人洗足水，然後舐其小便之處，因而成孕，生一女兒。此女後入婆羅李王后宮，生五百王子。事與《雜寶藏經》所載相仿。此皆鹿生女故事。又有鹿生子故事。《大智度論》卷十七云，波羅奈國有一仙人，小便於盆中，適見二鹿交合，淫心即發，精氣流溢於盆中。一雌鹿飲此小便，即時懷孕。日月滿足，產一子於仙人舍前而去。仙人見之，知是己子，遂撫養教育之。此子具人形而兼有鹿相，頭有一角，其足似鹿，受仙人教化，成非凡神通，名獨角仙。又《摩訶僧祇律》卷一載鹿斑童子事，與《大智度論》所載相似。

　　佛經故事中，母鹿所產之女，純是人形，不見鹿相。母鹿所生之子，雖具人形，卻未脫鹿相，如獨角仙、鹿斑童子是也。

　　我國古籍所載鹿生兒故事中，鹿所生者皆是女子，且與佛經故事中鹿所生女一樣，純是人形，不見鹿相。唐人鄭常《洽聞記·鹿娘》云，梁朝時，江陰東北山上，伐木者見一鹿產一女子，因收養之。既

長，乃令出家為女道士，時人謂之鹿娘。梁武帝為置觀，名為聖觀。又《安慶府志》所載何仙姑出身故事，與佛經故事中鹿生女故事絕相似。云：「桐城投子山大同禪師，每溲溺，有鹿來飲。久之，鹿產肉球，裂開有一女。師見而收育之。至十二歲，牧童以山花插其髻，戲之。師乃令下山，囑曰：『遇柴則止，遇何則歸。』至柴巷口何道人家，遂棲之，以何為姓。慎守師戒，修持覺悟。」見《古今圖書集成·神異典》卷二四二。有傳說云此女即為八仙中之何仙姑，見拙著《八仙故事源流考》。此故事明顯源於佛經故事中鹿飲修道士小便而生女事。

　　鹿生兒故事中，鹿兒之父，都是方外之人，都守戒未能娶妻。此類故事，都是方外男子變態性心理之曲折反映。

兩兄弟故事

　　中國民間故事中，兩兄弟為主角者甚多，情節類型亦有多種。

　　兄弟遭同樣奇遇，而結局大不相同。大凡兄富有而弟貧窮，弟有德而兄不仁。弟得一奇遇，獲神人之助而致富。兄知之，乃偽裝貧困，效法弟之所為，亦得同樣奇遇，但終因貪欲太盛，遭到懲罰。如《中國民間故事選》第一冊載彝族故事《金末子》，董均倫、江源編《聊齋汊子》所載《拾黃金》，江南民間故事《熟種子》，《中國民間故事集成》之《北京卷》所載《人為財死，鳥為食亡》，皆是也。又《中國民間故事集成》之《福建卷》，有《善求和惡求》，云，大老婆以惡求法求子，生子名惡求。小老婆以善求法求子，生子名善求。兄弟兩人外出經商，善求成功，惡求則吃喝嫖賭落魄。兩人回家途中，惡求打昏善求，奪其財物，歸見父母，而以善求吃喝嫖賭為

言。善求得到虎、猴之幫助,得到藏金、藏銀而歸。惡求欲得到金銀,仿效善求所為,而被老虎所食。唐人段成式《酉陽雜俎》續集卷一所載新羅國兄弟故事,亦是其類。我國此類故事中「兄以熟種子借予弟」等關目,與新羅國兄弟故事中的相同。然兄弟之角色,正好與我國故事中之相反。

兩兄弟故事,佛經亦有之。《賢愚因緣經》卷十云,兄善求慈悲為懷,行善積德;弟惡求貪婪妒忌,為非作歹。某次,兄弟倆各率領五百人外出采寶。糧盡,善事率人虔誠禱告,神人施展法力,長出一樹。人們按照神的啟示,砍下數樹枝,種種美食,從樹枝斷處流出。惡事率眾人至,他心道,若將大樹連根拔起,所得豈不更多?便命所部拔樹。善求急止之,云此樹有恩於人,不可拔。惡求不聽,將樹拔起,樹下跳出五百羅剎,吞食惡求及其部下。又同經云,兄善事與弟惡事為兩王子。某次,善事帶人入海采寶,惡事同行。歸途中失事。善事身有所采得的如意珠,救弟出海。惡事為謀兄珠,刺瞎兄眼,奪其珠歸,以兄失事溺於大海告父親。善事雙目失明,流落異邦,受盡苦楚。後幸賴雁傳書,國王知善事下落,乃接其歸。善事歸後,竟然力諫父王,寬恕惡事。見本書《雁傳書》。以上所舉福建民間故事中「善求」、「惡求」的名字,也很可能來源於佛經。

以上所舉新羅、佛經兩兄弟故事中,都是兄為善得善報,弟為惡得惡報。而我國幾乎所有兩兄弟故事中,都是兄為惡得惡報,弟為善得善報。新羅兄弟故事傳入我國後,其情節在我國流傳者,竟然也改為兄為惡得惡報,弟為善得善報,與我國民間其他兩兄弟故事相同。在我國傳統家禮中,兄之地位,高於弟之地位,又古代之長子繼承權,確認兄在財產繼承等方面的特權,所繼承之財產,較弟為多。更

重要者，兄當繼承父母作為家長的地位。父母亡故後，兄便是家長，
「長兄為父」。兄若無德無慈無手足之情者，遂有所憑藉欺凌弱弟。
就叔嫂方面而言，叔嫂出自兩個家族，其間無血緣關係，亦少情誼，
但是有財產利益之爭。嫂之地位，與兄長之地位一致，「長嫂如
母」，與其叔之關係，純粹是道德倫理關係。若嫂不賢不淑，便極為
容易憑藉其地位優勢及其丈夫之優勢，欺凌弱叔。就古代禮法所定家
庭成員地位而言，弟處於兄嫂之下，若未婚，兄嫂欺凌之，成二強敵
一弱之勢，若無外力介入其間，弟受欺凌，幾無盡期。此種情形，在
封建時代極多。漢樂府詩歌中，就有《孤兒行》紀其事。我國民間兩
兄弟型故事，皆為此類社會現象而發。人們以此類故事，誡世間為兄
者須善待其弟，為嫂者須善待其叔，亦通過幻想中之超自然力量，為
世間受欺凌之弱弟輩伸張正義，並給予精神上之安慰，消釋受兄嫂欺
凌之怨憤。「狗耕田」故事，「牛郎織女」故事，也都是如此。

假勇士

《百喻經》卷三云，有一女子，欲害其夫某甲。某次，某甲出使
他國，此婦乃做五百歡喜團，俱加毒藥，供某甲途中食用。某甲行過
國界，日暮，至一山林，便上樹歇宿以避虎狼，而將五百歡喜團放在
樹下。是夜，五百強盜盜國王五百匹馬及諸寶物，經此樹下，便於林
中休息，見五百歡喜團，遂分食品之，食畢，皆死。次日天明，某甲
下樹，將強盜們之屍體箭射刀砍，作在格鬥中盡被他殺死狀。然後，
某甲取強盜所盜鞍馬寶物，逕見國王，偽稱他一人如何殺死五百強盜
云云。國王見諸物失而復得，又知某甲英勇無敵，大喜，對他大加封
賞。舊臣不悅，某甲云不服者可來比試，莫敢與試。未久，國中出一

獅子，殺人多多，無人能除，眾臣建議讓某甲前往除之，國王同意。
某甲受命，獨往險地。見獅子，大怖之，上樹避之。獅子仰頭怒視某
甲咆哮，某甲顫抖，手中刀落，正中獅子口，獅子遂死。某甲大喜，
下樹，返告國王及眾臣，言己已將惡獅子殺死。國王和眾臣咸加讚
歎。某甲於是威震一國。

我國亦有此類故事。如《中國民間故事選》第二冊載漢族故事
《原來如此》云，無賴吳小二，以箭插死動物之肛門，自誇箭法高
強，騙得王員外之女秀英愛慕。紅石嶺有虎傷人，官方出榜文云，有
能殺此虎者，官階二品，賞鬥金鬥銀。王員外揭此榜，命小二前去除
虎。小二見虎，逃於樹上。虎向小二猛撲，頭夾於二樹枝之間，無法
動彈。小二乃下樹，殺虎。虎除，小二得賞，與秀英結婚。

二故事中，假勇士俱得機遇，又加作偽，終成勇士之名，獲種種
利益。不得不前往殺猛獸、上樹避猛獸、終於巧殺猛獸諸精彩之關鍵
情節，二故事尤同。然既得機遇，又善作偽而成名者，豈獨假勇士
哉！

智斷爭子案

《雲南各族民間故事選》所載召瑪賀故事又云，乙女子偷甲女子
幼兒，甲女子發現，乙女子謊稱此兒乃其親子。二人相爭，莫能決，
訴之於召瑪賀。召瑪賀於地上畫一圈，置此兒於圈中，使甲乙二女子
各據一方，將此兒往相反方向拉之，云能將此兒拉出者即可得此兒。
甲女子恐傷己子，不敢用力拉，乙女子於此子無情，但欲得子，遂用
力痛拉。召瑪賀由此知其實，將此子斷予甲女子。元人李潛夫《包待
制智勘灰欄記》雜劇中，包拯斷馬氏與海棠爭認一兒為親子一案，其

法與召瑪賀所用完全相同。《中國民間故事全集》第十二冊《貴州卷》有《潘公智斷無頭案》云，二女爭子，潘公用欲將孩子扔入河中，看二人反應，以明真假母親。所用方法，也是此類。

　　包拯、召瑪賀斷爭子案之法，與《賢愚因緣經》所載一故事中某國王斷爭認親子案之法完全相同。包拯、召瑪賀智斷爭子案之情節，或從《賢愚因緣經》中此故事而來。

借險殺人

　　佛經《分別功德論》卷中云，某甲鍾情於一賣藝女子，並從其學藝賣藝。國王欲娶此女，知某甲鍾情於此女，遂欲殺之，乃令某甲表演一危險雜技，欲借險殺之。某甲完成危險動作，安然無恙。國王見此番不成，便令其再表演一遍。如此再三不休。某甲表演時，忽悟國王用心，又感到不值得為一女子喪生，然欲退不能，命在俄頃。危急之中，佛救之。此故事有見《賢愚因緣經》卷十三。宋人岳珂《桯史》卷九載一故事云：有人得一鱉，欲烹而食之，不忍當殺生之名，乃煮沸一鍋開水，上橫一小竹棍為橋，與鱉約，能過此橋則活。鱉勉力而過。主人曰善，命鱉再過一次。

　　此二故事角色不同，起因不同，所涉之險亦不同，然皆強者欲殺弱者而有所顧忌，遂迫此弱者不斷涉險，直至此弱者死於險方罷。其主旨、結構皆相同。

看　門

　　《中國民間故事集成·吉林卷》有《看門》云，某年四月十八，二虎子父母赴鎮上老爺廟看戲，命二虎子看門。二虎子乃將門卸下，

背門離家看戲。《中國民間故事集成》之《福建卷》所載《看門》中，云僕人乃故意如此，以戲弄主人。韓寶光譯《突尼斯民間故事》中載有《達奴的門》。達奴乃一老嫗，為女兒看門，不見女兒歸，乃身背門外出找女兒，致女兒家財物被竊。

此類故事，其源蓋出自佛經。《百喻經》卷三云，某主人出門，命僕人守門並照看驢和繩。鄰里演戲奏樂，此僕人不耐寂寞，將門取下，用繩繫於驢背，牽驢前去看戲。家中財物，遂被盜竊一空。我國之《看門》故事，與佛經所載尤為相近，俱為守門者攜門看戲。然「四月十八老爺廟演戲」，又純是中國民俗。四月十八，俗為碧霞元君生日，祭賽活動甚為隆重。參見拙著《中華節日風俗全書──民間節俗源流》。

冤枉妻子

明人樂天大笑生《解慍篇》卷五《五百年夫妻》云，一人買肉四兩，令妻作羹。肉少下沈，膏浮水面，其人即大怒，責妻食肉。後見碗底有肉，乃大笑撫慰妻子。此與《百喻經》所載雌雄二鴿故事，結構、主旨都相似。雌雄二鴿同巢，秋果熟時，采果滿巢。若干日後，果乾，成半巢。雄鴿冤枉雌鴿偷食之，雌鴿不承認，雄鴿乃將其啄死。後下雨，乾果遇水漲開，復滿巢。雄鴿見之，乃明漲縮之理，大愧悔，悲鳴呼雌鴿不已。

二故事之主角，一為人，一為鴿。角色不同，然不明事物之理冤枉妻子則一。鄙夫之枉妻辱妻乃至殺妻，固然是不明事理，然更有一事：夫之地位高於妻之地位，若不然，鄙夫即不明事物之理，亦不能加威加辱於其妻。此理並不限於家庭之中。若位高者不明事理，或實

際上明事理而故意蠻不講理，唯好顯其赫赫威勢，則治下之人，難免遭冤枉受辱。鄙夫枉妻，知枉然後生悔，尚屬可嘉。然枉人辱人者未必皆然，古籍所載極多，無甚可怪。

深井險境

　　《佛說譬喻經》云，一人遊行曠野，為惡象所追趕，怖走無依，見一空井，旁有一樹，一樹根懸於井中。此人即循根而下，掛身於樹根，懸於井中。有黑白二鼠互齧樹根。井中四邊，各有一毒蛇，欲咬此人，井底則有毒龍。此人心畏龍蛇，恐怕樹根斷。樹有蜂，有蜜五滴，墮此人口中。樹搖蜂散，來蜇此人，野火復來燃燒此樹。佛為國王解此云：「曠野者，喻於無明長夜曠遠。言彼人者，喻於異生。象喻無常。井喻生死。險岸樹根，喻命。黑白二鼠，以喻晝夜。齧樹根者，喻念念滅。其四毒蛇，喻於四大。蜜喻五欲。蜂喻邪思。火喻老病。毒龍喻死。是故大王當知生老病死，甚可怖畏，常應思念，勿被五欲之所吞迫。」《眾經撰雜譬喻經》卷上所載，與此大略相同，云一逃犯為監獄所放瘋象所追而入井避之，此人懸在井中，所繫非一樹根，唯一草根而已，更令人心驚。

　　我國《梁皇寶卷全集》云，梁武帝得一夢。夢中，為二虎所追，見一坑，旁有一松樹，樹上有枯藤下垂。梁武帝手抓枯藤懸身避虎，又見左邊有四毒蛇，右邊有三毒龍。樹上有蜜蜂釀蜜，有幾滴蜜落入他口中。他擡頭，見紅白二鼠，正咬此枯藤，大懼，身落深坑，遂醒。高僧志公為解此夢云，二虎乃心猿意馬，深坑乃婦女嬌妻，四毒蛇為酒色財氣，三惡龍是三宮六院佳麗，枯藤是其身體，二鼠是日月，蜜是花花世界。

《梁皇寶卷》所載，明顯由佛經故事化來，而以夢境出之，再用占夢之法，分析其情景，宣揚佛理。夢境與占夢，固是我國通俗文學中常用的手法。

一體相爭

佛經云，一蛇尾與其頭爭，欲走在前，其頭不聽，尾乃繞住一樹枝，使頭亦不得行。頭乃使尾走於前。尾不能視，遂落入一火坑燒死。見《雜譬喻經》和《百喻經》卷三。法國詩人拉·封丹寓言詩《蛇頭和蛇尾》即取材於此，見遠方翻譯《拉封丹寓言詩》卷七。

我國一體相爭故事甚多。如《蘇軾文集》卷七十三《口目相語》中，目患疾病當忌口而口不從。宋人羅燁《醉翁談錄》有《嘲戲綺語》，云眉眼口鼻四者之神相嘲。明人樂天大笑生《解慍編》卷八眉目爭高下故事，即源於此。又同書卷三有口腳相爭誰依賴誰的故事。法國拉·封丹《拉封丹寓言詩》卷三《胃和四肢之爭》，亦與這些故事相類。

雙頭之爭

《佛本行集》卷六十載雙頭鳥故事。一雙頭鳥，二頭輪番睡覺。一日，甲頭睡覺，乙頭見香花，想食此花，可解饑渴，於一身二頭，都有好處，遂食此花。甲頭醒來，覺腹飽神爽，問乙頭，乃知其實，遂怪乙頭獨享此花，思有以報之。又一日，乙頭睡覺，甲頭見毒花，遂食之以報乙頭。乙頭醒，知中毒，乃問甲頭，知其實，即說偈曰：「汝於昔日睡眠時，我食妙花甘美味。其花風吹在我邊，汝反爭此大瞋恚。凡是癡人願莫見，亦願莫與癡共居。與癡共居無利益，自損及

以損他人！」《雜寶藏經》卷三第二十八緣《共命鳥緣》所載略同。

我國也有此類作品。《韓非子・說林下》云：「蟲有虺者，一身兩口，爭食相齕也，遂相殺，因自殺。人臣之爭事而亡其國者，皆虺類也。」明代劉基《郁離子》卷下云一九頭鳥，得食，則九頭相爭。

佛經此類故事與我國此類故事，角色雖異，但一身之頭為利益相爭致自身受損甚至致死則同。《韓非子》中兩口「相殺，因自殺」，尤與佛經雙頭鳥故事相近。《韓非子》成書於佛經傳入我國之前，當未受佛經故事之影響者。

墳中女屍生子

懷孕女子死後埋入墳中，竟然在墳中生下小兒。此小兒食母屍之乳長大，初居於墳中，後進入社會。此類故事，佛經中不一見。《佛說旃陀越國王經》云，國王輕信讒言，殺一已懷孕之小夫人。此小夫人被埋入墳中，屍已半朽，卻在墳中生下一子。此子食母屍乳而活，白日出墳，與鳥獸戲，暮則還墳。如是者三年。此兒後出家修佛，終成羅漢。又《佛說諸德福田經》載比丘須陀耶之出生云，其母懷孕數月而死，埋於塚中，月滿乃生須陀耶。須陀耶於塚中七年，以食母屍之乳生活。文彥生選編《中國鬼話》所載民間故事《墓生兒》、《買蛇湯的女人》、《鬼狀元》、《木根和鬼妻》、《鬼罵王莊》、《小媳婦》、《鬼門和狀元產》等，《中國民間故事集成》之《福建卷》所載《墓生兒》，《中國民間故事全集》之《臺灣卷》所載《鬼王》，皆敘孕婦死後於墳中產兒故事，其中亦有小兒食母屍之乳之情節，此與佛經中同類故事相同。但這些故事中孕婦之靈魂化人為其墓中兒購食物之情節，則為佛經中同類故事所無。佛經中此類故事，已

死之母幾乎毫無作為，而中國此類故事中，卻都以鬼魂化人出現，且多為主角。

投生入豬腹

佛經中屢有投生入豬腹的記載。《增壹阿含經》卷十九云，昔三十三天天帝命將終時，預先知道自己命將終後，即生羅閱祇城為豬胎，長食糞穢，為屠夫所殺，因此十分憂愁。後學佛法，誦佛偈，死後遂免入豬腹為豬，而入該城第一長者家為子。又《經律異相》卷三引《折伏羅漢經》云，昔有一天帝，壽命將盡，自知命終之後，將下生疥癩母豬腹中為其子，甚是愁苦，不知作何計。後遇佛，學得佛法，如法修行，死後即下生維耶離國作長者子。又《舊雜譬喻經》卷下等，亦有類似的記載。

《西遊記》中豬八戒成豬形之事，婦孺皆知，事見第八回《我佛造經傳極樂，觀音奉旨上長安》。這一故事，當受佛經故事的影響。

人托生為豬，或具豬形，皆因前生孽障而誤墮豬道所致，此觀念在我國民間較為流行，其源蓋出於佛教無疑。

腹中書

《大智度論》卷十一《釋初品》中《舍利弗因緣》云，南天竺有一婆羅門大議論師，字提舍，於十八種大經悉皆精通。一日，提舍入王舍城，以鐵皮箍腹。人問其故，提舍曰：「我所學經書甚多，恐腹破裂。」

古人云某人博學，常云其人「腹笥甚富」，猶言腹中藏書甚富。我國古代自云腹中藏書之人，最著名者有二。一是後漢邊韶，字孝

先。其答學生之嘲云：「邊為姓，孝為字。腹便便，五經笥，但欲眠，思經事。」事載《後漢書·文苑傳》、《啓顏錄》、《太平廣記》卷二百四十五等。二是三國吳國郝隆。他曾於某年七月七仰臥日中，人問其故，云：「我曬書。」見南朝宋朝劉義慶《世說新語·排調》。世有七月七日曬書之俗。邊韶、郝隆二人，都以腹中富書自誇學問之廣博，實佛經中已有此情節。

老貓信佛

《中國動物故事集》所載《貓與老鼠》云，一貓告衆鼠云：「我已為大喇嘛，今日欲如活佛講經，汝等可來聽經。」並云自己早已斷葷，只是吃嫩草、飲甘露而已。衆鼠信之，前去聽經。貓果然身著袈裟，儼然高僧，講戒殺之理，原原本本，透徹詳明。聽經畢，貓潛捕最後一鼠。此後貓故伎重演，天天如此。既久，鼠生疑心，察貓糞便，乃知其實。次日，衆鼠送貓一鈴，並使之戴上。講經畢，貓使慣技捕鼠，身動鈴響，原形畢露。鼠遂再不上其當。《藏族民間故事選》所載《貓喇嘛講經》，情節與《貓與老鼠》大致相同而稍詳，且所載貓喇嘛講經之韻文，滑稽可笑。

此故事全從佛經《根本說一切有部毗奈耶破僧事》所載火焰貓之故事而來。云有一貓，名火焰，少壯時，捕鼠甚健，後漸漸年老，捕鼠不易，乃設一計。一日，火焰至鼠王及五百鼠民所居之洞穴口，安然坐禪。衆鼠見而怪之。火焰云：「我年輕時作罪無量，今欲修福除罪。」衆鼠聞而生敬。鼠王每日率衆鼠入穴時，必繞火焰右行三轉，方入穴，以表示敬意。火焰於此時輕取最後一鼠食品之，而衆鼠不知。未久，鼠王發現國民漸漸減少，而火焰日見肥壯，遂生疑竇，乃

察看火焰糞便，見中有鼠毛鼠骨，頓知真相。次日入穴時，鼠王驗
之，果見火焰取最後一鼠食之。鼠王遂避而遠之，揭穿其詭計。此
後，衆鼠便不再上火焰之當。

醫　駝

　　駝醫醫駝故事，膾炙人口。此故事實來自佛經。《百喻經》卷三
云，一駝者請醫生醫其駝。醫生將酥塗於駝者之背，然後將駝者夾在
兩板之間痛壓，欲把其背壓直，竟將駝者壓死，連眼珠都被壓出！

　　此畢竟為佛經中之駝醫，在用夾板之前，還塗酥於駝者之背。中
國之駝醫，學得佛經中駝醫醫駝之妙法，但未學得佛經中駝醫之菩薩
心腸，施術之前，連酥也不塗。魯迅輯《古小說鈎沈》本《笑林》載
一故事云：「平原人有善治傴者，自云，不善，人百一耳。有人曲度
八尺，直度六尺，乃厚貨求治。曰：『君且臥，欲背上踏之。傴者
曰：「將殺我！」曰：「趣令君直，焉知死乎！」明人江盈科將此故
事點染敷衍，以抨擊時政。其《雪濤小說》中之《催科》是也，末
云：「世之為令，但管錢糧完，不管百姓死，何以異於此醫哉！雖
然，非仗明君躬節損之政，下寬恤之詔，即欲有司不為駝醫，可得
耶？」

　　如此醫駝之後果，駝醫背未尚不明。明知不可行而行之，無他，
遂其私欲耳。被迫為駝醫者，為保其祿位，此亦私欲之一端耳，迫人
為駝醫者，亦為遂其私欲耳，其人實在亦駝醫也。使為駝醫者無法遂
其私欲，駝醫自絕。

烏龜怕水

《中國動物故事集》有《老烏龜的智謀》，云狐狸等擒一烏龜，烏龜將頭縮進硬殼，自誇有祖傳鐵甲護身。狐狸等設法吃其肉，乃舉出讓穿山甲鑽、用鐵錘敲、用火燒等法，烏龜均表示不怕。後狐狸讓鷹將烏龜拋入河中淹死，烏龜即作恐懼狀，百般求情，狐狸等不許。鷹遂將烏龜扔入一河。烏龜探出水面，諷刺狐狸和鷹。《中國民間故事集成》之《北京卷》，有《貪贓枉法的狐狸》云，鮎魚犯法當死，獸王派狐狸當法官。狐狸受了鮎魚的賄賂，判決將鮎魚扔進大河淹死。此則主題為諷刺狐狸，明其狡猾。類似故事，其他國家亦有之。如菲律賓民間故事《猴子與海龜》，見張繼編譯《東南亞民間故事選》。又突尼斯一民間故事云，一園丁抓住一竊玫瑰花的烏龜，欲將其處死，讓烏龜選擇死法，烏龜選擇「淹死」，園丁乃將它扔入水中。見韓寶光《突尼斯民間故事》。

此類故事，佛經故事中亦有之。《六度集經》云，一國王有一子一女，一日，此二兒浴於池，受一烏龜驚嚇。國王命人捕得此烏龜，並下群臣議殺烏龜之法。或言斬首，或言生燒，或言作羹。一臣云諸法皆不酷，唯投之於江，斯乃最酷。烏龜聞言曰：「此乃最酷。」國王乃命人將此烏龜扔諸江。

此類故事中，烏龜之智慧，乃將己所欲以所畏出之，讓對方上當，以逐其欲。

窮子與浪子

《妙法蓮華經·信解篇》之四載窮子故事。窮子乃一富豪長者之

子，小時候離家出走，並忘其身世，流浪四方乞食，故被稱為「窮子」。成人後仍如此。一日，窮子覓活過其家門，被其父發現。其父即令家人追趕，窮子惶懼昏死。其父只得令家人救醒放走。他深知窮子流浪十餘年，極為自卑，若驟回富豪之家為少主，必難適應。乃設計先請窮子除糞，優其待遇。其父令家人善待之。並常親自與之言談，予以華美服飾，漸親近之。窮子自卑心理漸減，身處此家，不再拘束。久之，其父又命窮子管理府庫錢財。此後，窮子言談舉止之中，卑賤之態漸消，幹大事業之信心與能力漸具。其父見時機成熟，方請來親友長者，當眾說明真相，由窮子繼承家業。

宋人方勺《泊宅編》卷六云，許昌士人人張孝基，娶同里富室女。富人只一子，不肖，為浪子，富人斥逐之。且死，盡付家業與孝基。孝基與治後事如禮。後浪子丐於途，孝基見之，問其能灌園否。浪子以能灌園就食為幸。孝基即雇之灌園。浪子勤灌園，無故態。久之，孝基又命浪子管庫。浪子大喜，以為大幸，遂管庫，馴謹無過。久之，孝基確知浪子已自新，不復故態，遂以其父所遺之家業歸之。《說郛》卷九十四引《厚德錄》亦載此事。馮夢龍《醒世恒言》卷十七《張孝基陳留認舅》亦就此事敷衍而成。其中富翁名過善，浪子名過千，浪子妻為方氏。富翁女為淑女，幫孝基。又云此事發生在漢末許昌云云。清人吳士科《金不換》傳奇亦以此為題材。

二故事主角，一為窮子，一為浪子。富長者欲消窮子故態——自卑心態，並培養其信心能力，張孝基欲消浪子故態——豪侈佚蕩，並培養其信心能力。所用方法正相同：循序漸近，步步逼近。窮子與浪子分別由流浪漢和敗家子成富豪之合格繼承人，心理、能力與地位，俱水到渠成。若窮子驟成富室少主，不獨心理上難以適應，且難以就

管理家產之能力。若張孝基不先令浪子灌園、管庫而遽將鉅額家產歸之，難保浪子不會將家產蕩盡。

入魚腹不死

《大唐三藏取經詩話》卷下云，長者王平之後妻孟氏，趁王平外出之機，屢屢設法殺死王平前妻之子癡那，未遂。一日江水泛濫，孟氏誘癡那上臨江樓望江水，又將癡那推廣入江中。王平歸，知兒落水死，屍首無著，十分傷心，乃擇日設無遮法會，廣設大齋。三藏法師於取經歸途，前去赴齋，但不肯用齋。王平問其故，法師乃云思魚之美，須有百斤大魚，方可飲食。王平乃派人購得大魚一條，剖其腹，癡那出，與父團聚。「入魚腹不死」之情節，佛經中亦有之。《賢愚因緣經》云，有一長者，財富無量，唯無子息。後求神靈，始得一子，因於江邊舉宴相慶。父母舉此兒舞弄之，不慎墜兒入江，為魚所吞。下游一村，有一富家，亦無子息。其家僕人捕一大魚，剖魚腹，得一嬰兒。其家大喜。撫養之。失兒之家知之，確認彼家從魚腹所得之嬰兒，正是所失嬰兒，遂爭兒訟訴。國王命二家互養此兒成人。各為娶婦，安置農業。二處異居，此婦生兒即屬此家，彼婦生兒即屬彼家。二家俱遵之。

淨水珠

唐人小說中，屢有胡人買水珠之情節。如牛肅《紀聞·水珠》載大食國於貞觀初將一水珠貢中國，睿宗即帝位，將珠舍大安國寺。寺僧不以為寶，出售而人以為凡石。後一胡人以四千萬買購去，云此乃水珠，每行軍休息時，掘地二尺，埋珠於其中，水泉立出，可給數千

人。驗之果然。又戴孚《廣異記·青泥珠》云，則天時西國獻青泥珠一枚。則天不知其貴，施西明寺。後一胡人求購，以十萬貫定交。則天知珠為寶，追還之。胡人云，西國有青泥泊，多珠珍寶，但苦泥深不可得。若以此珠投泊中，泥悉成水，其寶可得。又張讀《宣室志》卷六云，馮翊嚴生遊山得一物，狀若彈丸，色黑而大，有光，視之潔徹，若輕冰焉。胡人見之，願以三十萬為價求購。生請問此物之用。胡人云，此珠乃其國之至寶，國人謂之「清水珠」。若置之於濁水，泠然洞徹。此寶亡失三載，國中井濁，國人俱病，於是四出求之。試之，注濁水於缶，以珠投之，俄而其水澹然清瑩，纖毫可辨。遂成交。

淨水珠，佛經中常用作比喻，明佛或佛教之法力。《大方廣佛華嚴經》卷四十云：「譬如水珠，名曰淨光，雖處濁水，寶性無異，能令濁水，皆悉清淨。」又《大般涅槃經》卷七《如來性品》云：「譬如明珠置濁水中，以珠威德，水即為清。」我國遂以此演為胡人購淨水珠之種種故事。

蝴蝶夢

《莊子·齊物論》云：「昔者莊周夢為蝴蝶，栩栩然蝴蝶也。自喻適志與！不知周也。俄然覺，則蘧蘧然周也。不知周之夢為蝴蝶與？蝴蝶之夢為周與？周與蝴蝶則必有分矣。此之謂物化。」此則李義山所謂「莊生曉夢迷蝴蝶」者也。而《六度集經》云：昔者菩薩為大國王，一日微服出行，問一鞋匠，世上何人最樂。鞋匠答云，國王最樂。國王遂使鞋匠大醉，命人易以王服，擡至宮中，使之為王。鞋匠酒醒，見已身為國王，未知其由，乃行王事，苦不堪言，容顏瘦

損。鞋匠百思不解：「吾是鞋匠耶，真天子乎？二處之身，不知孰真？」後宮人奉王命將鞋匠灌醉，復其舊服，送之故處。鞋匠酒醒，睹其陋室賤衣如舊，而身痛如遭杖楚。數日後，國王復就之，鞋匠云：「前飲爾酒眠，今日始醒，夢已身為國王，苦不堪言！夢尚如此，況真國王乎！」此鞋匠當國王而謂先前已當鞋匠為夢，當鞋匠而謂己當國王時為夢。「二處之身，不知孰真」，與莊子「不知周之夢為蝴蝶與，蝴蝶之夢為周與」，其理相仿。

鬼怕不怕鬼者

　　《舊雜譬喻經》卷下云，昔有五道人，雪夜同宿一寺。寺中有一木刻神像。四人欲取此神像作火，唯某甲一人不可。此神像所附之鬼為一吃人惡鬼。夜半，惡鬼自語曰：「四人惡不可犯，吾當啖畏我之人。」某甲聞之，急呼伴云：「何不取此神像作火？」便取燒之。惡鬼大懼而逃。

　　我國亦有此類「鬼怕不怕鬼者，欺怕鬼者」之故事。明人趙南星《笑讚》云：鄉村路口有一神廟，乃是木雕之像。一人行路，因遇水溝，就將此神像放倒，踏著過水。後一人見之，心中不忍，將神像搬回廟中神座。神責此人不供香火，罰此人頭疼。判官、小鬼不解，問此神：「踏著大王過水者平安無事，扶大王者則被罰，何也？」此神道：「爾不知，只是善人好欺負！」此故事乃從宋人蘇軾《東坡居士艾子雜說》化來，云：「艾子行水，途見一廟，矮小而裝飾甚嚴。前有一小溝。有人行至水，不可涉。顧廟中，而輒取大王像，橫於溝上，履之而去。復有一人至，見之，再三歎之曰：『神像直有如此褻慢』。乃自扶起，以衣佛拭，捧至座上，再拜而去。須臾，艾子聞神

廟中小鬼曰：『大王居此為神，享里人祭祀，反為民所辱，何不施禍患以譴之？』王曰：『然則禍當行於後來者。』小鬼又曰：『前人以履大王，辱莫甚焉，而不行禍，後來之人，敬大王者，反禍之，何也？』王曰：『前人已不信矣，又安禍之？』艾子曰：『真是鬼怕惡人也。』」又清人王有光《吳下諺聯》卷二云：「鄉人持鋤到田，過小廟，見一小草，一鋤去之。歸家，寒熱譫語：『太歲頭上動土！』索酒索羹索金帛，百般祭獻，乃止。其兄聞之，怒，持鋤而住。或亟阻之，已下兩鋤，而廟壁毀矣。廟神命鬼卒仍到其弟家作禍，鬼卒曰：『弟只一鋤，大王責其動土，已經索得酒食金帛。今其兄毀廟，罪浮于弟，此次應問兩鋤之罪，不應仍到弟家』。神曰：『爾等不知，一鋤頭動土，兩鋤頭也動土。一鋤者尚懼我，兩鋤者不懼我矣，徒增其怒耳。』見可而進，知難而退，是故聰明為神。」

我國此類故事，明顯受到《舊雜譬喻經》所載影響，但不效其情節而取其意，並由其意發揮開去，已遠遠超出鬼神信仰，乃旨在抨擊、諷刺欺軟怕硬者。

鬼神不能致人死

南朝宋朝劉義慶《幽明錄》云：「潁川陳慶孫家有神樹，多就求福，遂起廟。慶孫有烏牛，神於空中言：『我是天神，樂卿此牛，若不與我，來月二十日，當殺爾兒』。慶孫曰：『人生有命，命不由汝』。至日，兒果死。復言：『汝不與我，至五月，殺汝婦。』又不與。至時婦果死。又來言：『汝不與我，秋當殺汝。』又不與。至秋，遂不死。鬼乃來謝曰：『君為人心正，方受大福，願莫道此事。天地聞之。我罪不細。實見小鬼得作司命度事幹，見君婦、兒終期，

為此欺君索食耳。願深恕。亮（按：原文亮字屬上，誤。）君祿籍年八十三，家方如意，鬼神禱助。吾亦當奴僕相事。』」（魯迅《古小說鈎沈本》本）按鬼能知人死期而不能置人以死，佛經中已有此類故事。《經律異相》卷四十六《鬼沽酒語主人令湖中取死人金銀》云，一鬼從酒家酤酒未會錢，云次日當有一人，穿戴如何，攜金銀若干，當於某處湖中洗浴而死，並云酒家可去取此人金銀。次日，酒家前往，果見其人浴畢上岸，方穿衣而死。酒家乃取其金銀歸。後此鬼又來酤酒，酒家謂鬼曰，何不在水中殺浴者，而令其上岸死。鬼曰：「我不能殺人病人，我知人壽命衰時耳。師曰，天上天下鬼神，知人壽命罪福當至未至，不能活人不能殺人，不能使人富貴貧賤，但欲使人作惡犯殺，因人衰耗而往亂之。語其禍福，令人向之設祀耳。」

　　《經律異相》乃梁沙門輯佛經中的關目記載而成。此節文字輯自十卷本《譬喻經》卷六。十卷本《譬喻經》今不存，此故事亦不見於其他佛經中，僅賴《經律異相》而傳，亦不甚流行於民間。大約此故事之旨，於和尚道士巫女神棍謀利有礙。

　　果報故事中，冤鬼報仇殺人者極多。若言鬼僅難預知而不能至人以死，甚至不能禍福人，似與冤鬼報仇殺人者相矛盾，但二者之旨則一，皆勸人正心為善也。冤鬼能報仇殺人者，蓋勸人立身行事，須正心為善，莫與人結怨，莫使人遭冤，以免遭冤鬼之報也。鬼不能致禍福人者，蓋亦勸人立身行事，須正心為善，莫使迷信鬼神妄求非之福，唯正心為善，才是致福之道也。鬼神僅能預知而不能禍福人之故事，亦有諷刺意味在。人而為此等鬼者，世間恒有之。

道無所不在

《舊雜譬喻經》卷上云：「昔有三道人共問：『汝何因得道？』曰：『我於王園中，觀葡萄大盛好。至哺時，人來折覓取，悉敗狼藉在地。我只覺無常，緣是得道也。』一人曰：『我於水邊坐，見婦人搖手澡器，臂環更相叩，因緣合乃成聲。我緣是得道也。』一人曰：『我於蓮花水邊坐，見花盛好，至哺，有數十乘車來，人馬於中浴，悉取花去。萬物無常乃爾，我覺是得道也。』」葡萄、臂環、蓮花，亦竟有道在，其實，不僅葡萄、臂環、蓮花，即更下者，道亦寓乎其中。《莊子·知北遊》云：「東郭子問於莊子曰：『所謂道，惡乎在？』莊子曰：『無所不在』。東郭子曰：『期而後可』。莊子曰：『在螻蟻。』曰」『何其下耶？』曰：『在稊稗』。曰：『何其愈下耶？』曰：『在瓦甓』。曰：『何其愈甚耶？』曰：『在屎溺。』」

佛家之道與道家之道，非一道也，然皆無所不在。即微不足道之物，亦自有道在。無論環境如何千差萬別，地位如何懸殊，人皆有可能悟道。故有道者非盡赫赫巍巍者也，卑賤而有道者，亦大有人在。將軍可以於玉帳牙旗、銀盔金甲悟道，士卒於羌笛荒城、朔風霜晨之中，亦自可悟道。達官貴人可於宮殿旌旗、高車駟馬悟道，隱士幽人可於林泉風月、竹杖芒鞋悟道，老儒可於豆腐黃韭破書悟道，農夫可於禾黍稊稗屎溺悟道，……大道無私，無所不在。

人負物恩

某人為動物所救，卻利欲熏心，反欲害此動物，最終遭到懲罰。我國此類故事甚多。如晉人陶潛《搜神後記》佚文云，鄱陽縣民黃

赭，入山采荊楊子迷路，饑餓數日，不得出。得一巨龜相助，方出。遇舟人，黃赭慫恿捕此大龜。言訖，面上生瘡。既往，不得。還家數日而死。又明人宋濂《宋文憲公全集》卷七十六《燕書》云，齊地西王須赴南方行買，遇風暴覆舟，逃得性命，入臨江山中。山中環境險惡，自分必死。欲入一洞自殺，以免遺體為鳥獸所食。洞中出一猩猩，見而憐之，將諸果物與西王須食，又將一鋪毛尺餘厚之洞讓西王須臥，自己則忍寒於外，並咿咿作聲，似慰解西王須。如是者一年不懈。一日，猩猩見一船，乃急入洞扶西王須出，送之登舟。既登，船主乃西王須好友。猩猩遙望其行，不忍離去。西王須謂其友云：「猩猩血可染毛料，經百年而色不褪。此猩猩肥壯，殺之可得斗許血，何不捕之？」友人大罵曰：「彼獸而人，汝則人而獸也！不殺何為！」乃沈西王須於江。

　　佛經中此類故事，或為動物，或為樹。《菩薩本生鬘》第二十四章云，一獼猴登樹采果，見一人困於山谷，哀號呼救，乃設法救之。此人得救，饑，欲殺猴食之，遂趁猴熟睡以石擊猴。猴醒，知人欲害己，但仍心懷慈悲，勸此人改惡從善。此人終因此受惡病之報。《六度集經》卷五《忍辱度無極經》所載相似。又《佛說旃檀樹經》云，一人隨衆入海采寶，於山中失伴迷路，又遇大雪，凍餒欲死。有一大旃檀樹救之，使之溫飽，並予金錢。至春日，其人離去，臨去，問此樹之名。樹神初不肯言，其人以記樹名感恩德為請，樹神乃告之曰，此樹名旃檀，根莖枝葉，治人百病，其香遠聞，欲求者多，故毋張揚，以免行人採伐。其人歸，貪國王懸賞，率使者前往伐此旃檀樹。至，使者不敢伐，樹神告曰：「伐之不妨，將生人肝腸塗樹墩，要可復生。」使者遂命人伐之。樹倒，將引人伐樹者壓死。使者命人以其

肝腸塗樹墩，樹復生。

　　宋濂《燕書》所載猩猩救西王須故事，與《菩薩本生鬘》所載獼猴救人故事尤近。

人中巫術化驢

　　我國文學作品中，人中巫術化驢之情節，至少二見。《太平廣記》卷二百八十六引唐人《河東記》云，唐元和中，汴州西有板橋店，店主三娘子，常以巫術製餅供旅客，旅客食此魔餅，即化為驢，三娘子乃取其行李錢財。旅客趙季和察其奸，乃設計令三娘子自食其所製魔餅，三娘即化為驢。又《大唐三藏取詩話》云，法師一行過樹人國，一小行者外出購菜，被妖人擒住，化為一驢。猴行者前去尋找，見如此景象，便將妖人媳婦化為一束青草，放在驢口，以此逼妖人將小行者還復人形並釋放之。妖人乃向驢噴一口水，驢即復為小行者。

　　佛經中也有人中巫術化驢之故事。《出曜經》卷十云，某甲適南天竺，與其地一奢婆羅咒術家女子同居。此後，凡某甲起歸鄉之意，身輒化驢，神識倒錯，天地洞然為一，不知東西南北，是故不得歸。一日，同伴問其不歸之故，某甲俱告之。同伴云：「南山項有草，名遮羅婆羅，其有人被咒術鎮壓者，食彼藥草，即還復人形。」某甲不識此草，同伴云：「汝以次啖草，自當遇之。」某甲如其言，並采得大量奇珍異寶，與同伴一起還鄉。

下種速長結實

　　清蒲松齡《聊齋誌異》卷一《種梨》云，一鄉人賣梨，一道士從

乞一梨，鄉人不肯，並怒叱之。道人堅乞，鄉人堅拒。觀者屢勸之。
鄉人不聽。市中一傭保市一梨予道士。道士食此梨，將核種於土，其
地須臾長出一梨樹。俄而此梨樹長大，枝葉扶蘇，並開花，結實。果
實累累滿樹，道人盡摘樹上梨散眾人，然後伐樹而去。賣梨鄉人觀此
奇劇畢，方發現已車中之梨已盡——道士所散者，乃車中之梨也。一
車把已斷——道士所伐者，乃其車把也。此故事實源於晉人干寶《搜
神記》卷一：「吳時有徐光者，嘗行術於市里。從人乞瓜，其主勿
與，便從索瓣，杖地種之。俄而瓜生蔓延，生花成實，乃取食之，因
賜觀者。鬻者反所視出賣，皆亡耗矣。」

　　下種即速長結實之故事，佛經中亦有之。《善見毗婆沙律》卷三
云，摩哂陀與僧伽蜜多王及國人集於菩提樹下，眾人見此樹北枝有一
果，熟即墮下。或以此奉摩哂陀。摩哂陀以核與王令栽。王乃栽於金
甕中，以肥土壅之，又以塗香覆上。須臾之間，即生出菩提樹八株，
王乃分種各處。樹又生果，果核復生樹。如是輾轉增長，菩提樹遂滿
獅子國中。

賣　髮

　　賣髮之事，南朝劉義慶《世說新語》中即有之。《賢媛》中有
云，陶侃少有大志，家酷貧。同郡范逵素知名，舉孝廉，投侃宿。於
時冰雪積日，侃室如懸磬，而逵馬僕甚多。侃母湛氏命侃出外留客，
已則截髮出售，得數斛米供客。此後，范逵為侃延譽，陶侃乃知名。
此事又見裴子《語林》。元代秦簡夫雜劇《晉陶母剪髮待賓》，即本
其事。又《琵琶寶卷》寫趙五娘為營葬公婆賣髮云：「一把剪刀拿在
手，頭上剪落髮一帶。青絲細髮束一把，哭哭啼啼出門牆……將身哭

倒大街上，聲聲口叫來買髮。東街賣到南巷轉，西街賣到北巷行。十字街頭都叫過，並無一個買髮人，口口叫到諸君子，買髮原是周濟人。如今賣髮非為別，欲想賣去斂雙親。此髮可買閨閣用，但願買髮如善行。叫來叫去無人買，口幹舌苦好傷心。街坊上面團團轉，腳酸疼痛步能行。」江南一民間故事則云，趙五娘賣髮供養公婆，感動神靈，髮日日賣而日日生。

賣髮事或源於佛經。《根本說一切有部毗奈耶雜事》卷二十一云，某婆羅門家有一女，儀容端正，美色超絕，髮彩光潤，無與比者，因此名曰「妙髮」。有人以千錢欲購其髮，婆羅門云，婆羅門法，不應賣髮。婆羅門死，妙髮母聞聖者大迦多演那與五百人至，心懷憂戚。妙髮問其故，母云，大迦多演那與妙髮父為好友，今妙髮父已死，家貧，無力辦供養。妙髮即賣其髮，僅得五百錢，購物供養大迦多演那等。大迦多演那預言妙髮「必當獲得內外莊嚴瓔珞之具數各五百，五大聚落，以充封邑」，後妙髮終成王后。

妙髮和湛氏，皆賣髮以待客盡禮，趙五娘則賣髮盡孝。貧窮女子，身無長物而以髮為長物，為他人而賣髮，苦志深情，撼人心魄。

鏡中影（或甕中影）

《啓顏錄·昏忘》云，鄄縣有董子尚村，村人盡癡。有老翁遣子向市買奴，告子曰：「我聞長安人賣奴，不使奴預知之，必藏奴於某處，商定價錢後方交奴。」其子至市，至鏡行，見鏡中有人少而且壯，謂賣奴者藏奴於鏡，遂向鏡主買「奴」。鏡主知其癡，誑曰此奴值十千。子乃購鏡。至家，老翁取鏡驗「奴」，見一白髮皺皮之老者，大怒，怨子以十千買一老奴。母抱一小女至，驗「奴」，則讚子

以十千錢購得子母兩婢。老翁釋然，但不見「奴」出，遂請巫婆作法。巫婆至，懸鏡於門而作歌舞。村人皆來觀之，各窺鏡，大讚此家購得「好奴」。懸鏡未牢，跌於地為兩片。巫婆取而觀之，大喜曰：「神明與汝家福，令一奴而成兩婢也。」明馮夢龍《笑府》有《看鏡》云，有外出者，妻囑回時須買一牙梳。夫問其狀，妻指新月示之。夫將歸，忽憶妻語，因看月輪正滿，遂買一鏡歸。妻照之，罵曰：「牙梳不買，如何娶一妾歸？」遂至訴訟。官差往取人，見鏡云：「如何一官差已先來？」及審，官置鏡於案，觀之，大怒道：「夫妻不和之事，如何還須請一鄉官前來說情！」又《中國民間故事集成·吉林卷》載《就一個外人》云，某人買一鏡，見鏡中己影，誤以為別一男子，云可買回家助己勞作。至家，以買回一人告妻。妻見鏡中一年輕女子，大怒，以為丈夫負心買妾，告至婆婆處。婆婆接鏡照之，怪兒子買回一老婦，即交老翁。老翁照鏡，怪兒子買回一老翁。舉家照鏡，各指鏡中之自己為「外人」。《中國民間故事集成》之《北京卷》所載《照鏡子》，也是同類故事。

此類故事，其源蓋出佛經。《舊雜譬喻經》卷下云，某丈夫命妻取酒，妻見酒甕中己影，乃怨丈夫藏女子於甕中。丈夫驗看，又怪妻子藏一男子於甕中。兩人相鬥不休。一梵志前去勸解，至甕驗看，責此夫妻云：「自有親厚者藏此甕中，為何佯為相鬥？」一尼姑前去勸解，見甕中有一尼，無話可說，默默而去。後有一人前去驗看，知為甕中己影，乃歎世人愚惑，以空為實。呼此夫妻觀之，取一大石將甕打破。甕破酒盡，了無所有，此夫婦乃不爭。又《百喻經》所載《妒影》故事，構思與情節與上所引略同。

佛經以此類故事言「世人愚惑，以空為實」。而我國《看鏡》等

故事，則純為諷刺愚人之笑談，但其中諸人各謂己影為他人，由此引發矛盾，展開情節，則明顯受《舊雜譬喻經卷》、《百喻經》等所載「甕中影」故事的影響。而《看鏡》等又以夫婦相妒相爭作為矛盾起點，這與佛經中夫婦為妒甕中影而相爭完全相同。

感恩動物忘恩人

　　《六度集經》云，有一富翁，心向佛法，好行善事。某次，買一鼈放生。某夜，鼈叩門告富翁云：「洪水將至，願速治舟，臨時相迎。」洪水至，鼈果來迎，隨富翁船後。富翁先後救一蛇，一狐。一人求救，鼈不許，以為「凡人心偽，鮮有終信，背恩追勢，好為凶逆。」富翁力爭，以為動物且救之，更何況人！乃救之。船至安全處，人皆出洪水。鼈，蛇，狐各去。狐造穴為居，得藏金百斤，送富翁，云此乃無主之物，其精誠所致者。富翁以不取無益於民，乃受之而擬為佈施。被救之人知之，力求其半。富翁予之十斤，其人不許，以「掘塚劫金」相誣，又以告官相要挾。富翁不從，其人果然向誣告富翁，富翁入獄。蛇知之，入獄見富翁，授之一丸，云如此如此。未久，太子被蛇傷，命在旦夕。國王募能治者，云治癒太子者，封之相國。富翁自薦，以一丸治癒太子。王喜，問所由，富翁具陳本來。王乃殺誣陷者其人，封富翁為相國。又《摩天羅王經》云，摩天羅王難學，棄國入山修道。某日，救一獵人，一蛇，一鳥於坑中。三者各許為報。獵人請難學至其家受所供養。鳥云其名為鉢，難學若有難，呼之即至相助。蛇云其名為長，所許同鳥。難學將至獵人家受供養。獵人預誡其妻，令緩辦飲食，因佛徒過午不食，若過午方出飲食，難學必不食，其家可省此一頓。難學至，獵人與之虛談過午，飯食未具。

難學遵僧禮而退，呼缽，烏聞聲而至，知其故，乃歎「凶咎之魅，難以慈濟，遠仁背恩，凶道之人，」自思無以供養難學，乃至王宮竊國王夫人之明月珠施難學。難學將珠惠獵人。國王以重金懸購，獵者貪重金賞告官，難學入獄。若難學吐實，則一國之烏皆死，遂不供。國王將殺難學，難學呼「長」，蛇立至，知其故，乃以神藥與之，並云如此如此。蛇入宮蛟太子。太子中毒將死，國王求能醫之者。難學自薦，救活太子。國王欲分國與之，難學堅辭。國王大悟：「分國尚不受，豈為盜哉！」知其本末，乃殺獵者及其親屬。

　　晉人干寶《搜神記》卷二十載動物感恩故事極多。如蘇易為虎接產，虎此後再三送之獸肉，又云嚐參救治一鶴，後雌雄鶴銜明珠以報。又云，楊寶救一黃雀於螻蟻。此黃雀乃西王母使者，報寶白環四枚，並云：「令君子孫潔白，位登三事，當如此環。」又云，隋侯出行，救一蛇，蛇乃銜明珠相報。又云，董昭之過錢塘江，見一蟻於短蘆，救之。其夜，夢一烏衣人率百人來謝，云：彼乃蟻王，「幸蒙相救」，「若有急難，當見告語」。後昭之被巫入獄，乃於獄中取二三蟻於掌中語之。其夜夢烏衣人至，云可投餘杭山中。未久，赦至，昭之得免。又晉人陶潛《搜神後記》卷十云，一軍人購得一白龜，養而放之。後此人落水，此龜救之。此類故事，後世志怪小說如唐人張讀《宣室志》，宋人洪邁《夷堅志》，清蒲松齡《聊齋誌異》中極多。

　　《雲南各族民間故事選》載漢族民間故事《得玉崖》云，樵夫趙大，孝順勤勞，多行善事。某日，神仙予趙大一寶玉。此玉有起死回生之神功。趙大以此寶救活百姓甚眾。又救活一蛇，一蜂，一猴。蛇、蜂、猴皆感激不盡，並云恩人若有難，呼之即來相助。某日，趙大又以此寶玉救一富人，富人獲救，知趙大寶玉神功，乃伺機擊昏趙

大，奪得寶玉，獻給縣官。趙大獲救傷癒，找到富人索之。富人云已
獻縣官。趙大遂找縣官索之。縣官拒不相還，且命家人痛打趙大。趙
大於危急之中，呼蛇、蜂、猴。蛇、蜂、猴立至，協助趙大治服縣官
及兵丁。縣官被迫將寶玉還趙大，此故事明顯受佛經難學故事影響。
《中國民間故事集成》之《福建卷》所載《只可救蟲，不可救人》和
《救蟲不救人》，都是同類故事。

　　動物感恩故事，無論是出於佛經者，還是產自我國者，皆旨在宣
揚因果報應，勸人憐憫眾生，此外，亦有諷世刺惡之意在：動物受恩
必報，人則往往恩將仇報！

猴子撈月

　　《根本說一切有部毗奈耶破僧事》云，一猴見井中月影，以為月
墜井中，速報猴王。猴王乃召集群猴商救月之計。一猴獻計，云當以
手相接群猴如索，墜入井中，撈月出井。井旁有一樹，枝橫井上方。
一猴攀枝而住，其餘一一次第以手相接，墜入井中。最下之猴已及井
水，乃伸手撈月。井水被攪，月便不見。此時群猴所繫之樹枝忽斷，
群猴皆落井中溺死。《摩訶僧祇律》卷八所載完全相同。此故事我國
婦孺皆知，然結尾與佛經所載大異：群猴發現月在天空，悟井中之月
乃月之影耳，遂罷。

　　佛經故事中之群猴，求水月而死，死且不悟。中國故事中之群
猴，求水月而終悟水月之幻而止。佛家認為，人生之富貴名利，亦如
水月耳。為求富貴名利而死，死且不悟者，佛經中撈月之群猴是也。
為求富貴名利而操勞，終悟其空而罷者，中國故事中撈月之群猴是
也。故佛經中猴子撈月故事，用以警世，中國猴子撈月故事，則用於

醒世。

求劍與求盆

《呂氏春秋‧慎大覽‧察今》所載「刻舟求劍」故事云：「楚人有涉江者，其劍自舟中墜于水，遽契其舟。曰：『是吾劍所從墜。』舟止，從其所契者入水求之。舟已行矣，而劍不行。求劍若此，不亦惑乎？」《百喻經》所載一愚人求所失銀盆之事，與「刻舟求劍」相仿。云，一人乘舟渡海，失一銀盆於水，遂在銀所墜水面畫一「記號」，欲以後再來撈取。船行兩月，至獅子國，失銀盆者便下水撈銀盆。人們見而問之，失銀盆者告以故。人們大笑其癡。失銀盆者道：「我於銀盆所墜之處畫一記號。此水域之水與彼水域之水完全相同，故於此撈之。」

二舟行者失物於水，一契其舟，一志其水。契舟者按所契者求之，而不思船已至他處水域。志水者因此水域之水與彼水域之水相同而求之，而不知此雖同彼，然此非彼也，相同者非同一者也。

狐狸分物

兩動物得物而難分勻，請狐狸主持其事。狐狸趁此佔有其中之大部分或最好部分。此類故事，佛經中有之，我國亦有之。《十誦律》卷五十七云，二獺共居一河，一日，共獲一鯉魚，卻難以分勻。一野干至河邊飲水，二獺遂請野干主持分魚。野干將魚分為頭、中、尾三段，將頭與尾分給二獺，自取中段而去。我國新疆維吾爾族自治區《群眾俱樂部》1959 年 4 月號載柯爾克孜族民間故事《兩隻小熊》云，二小熊離開母親生活，無法找到食物，很餓。在路是撿得一餅，

二小熊為分餅不勻而動武。狐狸見之，自任分餅之職，將餅分成極不相等之兩半，為使相等，便將大者咬去一大口，使之反比另一半小。狐狸又復咬另一半。如此反複，狐狸將餅吃剩極小之兩塊，方將此二塊餅分別留給二小熊，徑去。其實，此故事在我國流傳極廣，不止新疆地區。其源或出佛經。佛經中所云野干，亦狐狸之一種。

不欲不撿

《古小說鉤沈》本《裴子語林》云，管甯嘗與華子魚少相親厚。一日，二人鋤菜園中，見泥中有一金片。管寧揮鋤如故，視金與瓦石無異。華子魚則撿起金片遠擲之。佛經《大般涅槃經》卷十一《聖行品》第七云，一日，一少年婆羅門餓極，見人糞中有一果，乃撿之。一智者見此，責此少年撿此穢果有辱門風。少年面紅耳赤，云固不欲食此果，撿此果，欲洗淨遠棄耳。智者道：「若還棄者，本不應取！」取之必欲之。若無智者在側，少年婆羅門必食此果。若無管寧在側，華子魚必收此金片。看似「取之遠棄」較「不取」更為鄙棄其物，實則「內不足必外有餘」，「欲之」之情難掩。

草木皆兵

「草木皆兵」故事，出《晉書·苻堅載記》。淝水之戰，苻堅大敗，與弟苻融登城而望晉師，見部陣齊整，將士精銳；又北望八公山草木皆類人形，顧謂融曰：「此亦勁敵也，何謂少乎？」憮然有懼色。佛經中亦有「草木皆兵」故事。《修行道地經》卷八云：「有人遠出，欲遊行詣他國，素聞道難，常懷懼心，畏於盜賊，四向望候，遙見諸塢衆石草木，謂有大賊數千百騎，當奈之何？各走馳散，不知

所湊。」

　　符堅之以八公山上草木為勁敵，以其為人觀之，其事其語，未必實有之，或係人們據佛經「遠出之人因恐懼疑眾石草木為強敵」事造作其事其語加諸符堅，以誇張渲染其恐懼之情者。

鸚鵡救火

　　南朝宋朝劉義慶《宣驗記》云：「有鸚鵡飛集他山，山中禽獸輒相愛重。鸚鵡自念。雖樂，不可久也，便去。後數月，山中大火，鸚鵡遙見，便入水沾羽，飛而灑之。天神曰：『汝雖有志意，何足云也？』對曰：『雖知不能救，然嘗僑居是山，禽獸行善，皆為兄弟，不忍見耳。』天神嘉感，即為滅火。」又云：「野火焚山，林中有一雉，入水漬羽，飛返滅火，往來疲乏，不以為苦。」

　　鸚鵡救火故事，佛經屢見之，《舊雜譬喻經》所載，與《宣驗記》所載基本相同，僅辭句稍詳耳。又《僧伽羅剎所集佛行經》卷一、《雜寶藏經》卷二《佛以智水滅三火緣》第十三所載，與《宣驗記》所載雖有異，但基本情節相同。

　　《經律異相》卷四十八引《大智論》第十六所載雉救火故事云：「昔野火燒林，林有一雉，勤身自力，飛來入林，以水灑林，往返疲乏，不以為苦。時天帝釋來，問之言：『汝作何等？』答曰：『我救此林，潤眾生故。此林蔭育處廣，清涼快樂，我諸種類及諸宗親悉皆依仰。我有身力，云何懈怠而不救之？』天帝問曰：『汝乃精勤，當至幾時？』雉曰：『以死為期。』天帝言：『誰為汝證？』即自立誓：『我心至誠，信不虛者，火即自滅。』是時淨居諸天知雉弘誓，即為滅火，始終常茂，不為火燒。」唐人玄奘《大唐西域記》卷六所

載雉救火故事，主要情節與此故事相似。「雉救火」故事，主角雖為雉，但與「鸚鵡救火」故事，實是同源無疑。《宣驗記》所載雉救火故事本此。

卵　生

卵生故事屢見於佛經。如《佛說眾許摩訶帝經》卷二云，瞿曇太子出家修道，被誣以殺妓女之罪，法當死。其師金色仙欲助之，使之有子。太子精滴於地，生二卵，日照生二子。此不經母體者。由母體所出卵生者，《雜寶藏經》卷一《蓮花夫人緣》云，烏提延王之蓮花夫人（按：即鹿生之女，見本書「鹿生兒女」）生五百卵，大夫人將五百麵團易之，而棄五百卵於河中。五百卵隨水漂至下游，為薩耽菩王所取。此王將五百卵分給五百夫人，每人一卵。後諸卵自開，各出一子。此五百童子，後成五百力士。又《賢愚因緣經》卷十三云，舍衛國須達長者女蘇曼，為特叉尸國王之子娶為婦，產十卵，成十男。此十男皆形貌殊好，長大後勇健非凡。

我國故事中有關卵生者極多。如晉人干寶《搜神記》卷十四云：「古徐國宮人娠而生卵，以為不詳，棄之水濱。有犬名鵠蒼，銜卵以歸，遂生兒，為徐嗣君。後鵠蒼臨死，生角而九尾，實黃龍也。葬之徐里中。見有狗壟在焉。」晉人張華《博物志》卷七《異聞》引《徐偃王志》與此略同而稍詳，此卵生兒即徐偃王也。梁人任昉《述異記》卷下亦有類似記載。我國徐姓，以徐偃王為遠祖者極多。元無名氏《湖海新聞夷堅續志》後集卷二《怪異門》云：「高麗之先夫余王，嘗得河伯女，因閉於室，為日光隨而照之，感而遂孕。生一大卵，五升大，有一男子破殼而生，名朱蒙。」元無名氏《三教源流搜

神大全》卷七云，雷州雷神乃一卵生之人，云：陳天建初，州民陳氏者，因獵獲一卵，圍及尺餘，攜歸家，忽一日，霹靂而開，生一子，有文在手，曰雷州。後養成，名文玉。鄉俗呼為雷神。後為本州刺史，歿而有靈，鄉人廟祀之。粵東有關記載中屢提及之。詳見拙著《中國百神全書——民間神靈源流》。

徐偃王，朱蒙，陳文玉，皆實有其人。神話故事中，亦有卵生之神人，如哪吒即是其最著名者。

卵生故事，或由某些嬰兒連胞衣出生而來，或由禽類、魚類卵生想像、比附而來。中國之卵生故事，未必受佛經卵生故事之影響，佛經之卵生故事，未必受中國卵生故事之影響。然卵生之人皆有奇特之處則一，蓋人們以為，奇特之人，一切奇特，其出生固亦奇特也，而卵生則為出生奇特之一。

龍王重舍利

相傳佛滅度後，諸天、諸國王、諸龍王爭舍利供養，乃分舍利為三份，諸天、諸國王、諸龍王各一份。諸天得之，還於天上，起七寶塔供之。諸龍王得之，還於龍宮，亦起寶塔供之。諸王得之，亦造寶塔供之。《經律異相》卷六彙集《雙卷泥洹》、《十誦律》、《菩薩胎處經》、《阿育王經》等，敘其事甚詳。又《雜譬喻經》卷上云，阿育王以佛法治國，國家強盛，鄰國賓服。一龍王得一分佛舍利，晝夜供養，因具大法力，不肯臣服阿育王。阿育王屢興兵往討，不能得手。後阿育王一心向佛，廣行善事，福力大增，待自信己之福力勝過龍王之福力，遂興兵往討龍王。大軍行至半路，遇龍王率群臣前來歸伏，並獻其佛舍利於阿育王。

我國亦有龍王好佛舍利之故事。宋人何子遠《春渚紀聞》卷二云：李伯源自廣東乘一舟入海遇險，「旁有言者曰，龍知還自番禺，或有犀珠之要。顧視行李，實無所攜，獨有番琉璃貯佛舍利百餘，供事一世矣。因以啟龍，一擲而許。伯源乃跪船舷以下投，而水面忽大開裂。顧見其間，神鬼百怪，寶幢羽蓋，鳴螺，擊鼓鈸，執金爐，迎導者甚衆，而不沾濕，一人拱手上承。舍利既下，水即隨合，舟柁輕颺。轉首之間，已行百里矣。」明吳承恩《西遊記》第六十二回《滌垢洗心惟掃塔，縛魔歸正乃修身》，第六十三回《二僧蕩怪鬧龍宮，群聖除邪獲寶貝》，書敍祭賽國金光寺塔項有佛光舍利，祥云籠罩，瑞靄高升，夜放霞光，因此天下平安，鄰國來朝。後亂石山碧波潭龍王與附馬九頭蟲精盜此佛舍利，此後朝廷失政，鄰國亦不來朝貢。後孫悟空等打死龍王，殺敗九頭蟲精，奪得佛舍利歸此寺。此寺遂改名為伏龍寺。此類故事，皆因佛經中「龍王好舍利」情節構想而成。

悔吃前餅

《百喻經》卷三云：「有人因其饑故，食七枚煎餅。食六枚半已，便得飽滿。其人患悔，以手自打，而作是言：『我今飽足由此半餅。然前六餅，唐自捐棄。設知半餅能充足者，應先食之。』」此故事見我國多種民間故事集，在我國流傳甚廣，而罕知其出諸佛經者。

訓練動物惑人

《根本說一切有部毗奈耶》卷四十六云，頂髻王任用二佞臣，以嚴酷法令治國，聽信讒言殺已出家並已成羅漢之父王，以及另外兩個羅漢底灑、布灑。後頂髻王由此二事恐懼異常，遂漸疏二佞臣。二佞

臣乃在底灑、布灑墳旁各造一小穴，各安一小貓於其中，日日訓練，
令二貓銜肉繞墳一周，然後入穴。訓練純熟後，二佞臣乃入與太后
謀，由太后解頂髻王殺父王之恐懼。太后乃謂頂髻王曰：「汝所弒父
王，實非汝父。我因洗浴與外人通，即生汝。」頂髻王弒父之恐懼遂
去。二佞臣謂頂髻王曰：「大王所殺二羅漢，非真羅漢，乃騙子
耳。」頂髻王不信，二佞臣引之至二羅漢葬處，隨行者甚衆。二佞臣
高叫：「底灑，布灑各快出來！」二貓聞聲，知餵肉者已到，即出。
二佞臣又言：「汝等以邪事誑惑世間，以騙衣食。由斯惡業，轉世為
貓。若果是如此，各取肉欚，繞墳一周，回各自穴中。」二貓果然如
此。頂髻王遂信二羅漢確是騙子，死後轉生為貓，其殺羅漢之恐懼遂
去，復親信二佞臣。我國亦有訓練動物惑人之故事。如東海孝子郭純
喪母，每哭則群鳥大集，使檢有實，旌表門閭。復核之，乃知其每哭
即撒餅於地，群鳥爭相來食之。其後數數如此，故鳥聞哭聲，莫不竟
湊，非其孝感群鳥也。又河東孝子王燧家，貓犬互乳其子，言之州
縣，遂蒙旌表。復訊之，乃是其家貓犬同時產子，取其子互置窠中，
母犬母貓互乳其子慣，遂以為常，非孝子孝行所感也。二故事俱見明
人馮夢龍所編《智囊》。

　　佛經中二佞臣欲固寵，我國故事中郭純、王燧為求旌表欺世盜
名，然其所用之手段，非常相似，皆訓練動物遂其欲。

獸護棄兒

　　《不思議光菩薩所說經》云，一妓女生子，棄之空曠處。狐狼狗
等見之，不加傷害，反舐之而去。世尊至舍衛城次第乞食，經其地，
見此嬰兒容貌端嚴，極為鮮白，自吮右指，乃救此嬰兒，名之為「不

思議光」。又猛光王故事中之牛護太子，也因牛護而得名。獸護棄兒
故事，我國上古神話中即有之，有邰氏女姜嫄，為高辛帝之世妃。某
年，姜嫄出祀郊禖，見大人跡而履之，遂歆歆然有人道之感，於是即
有娠，生一子。姜嫄因奇異而孕，或以為不祥，故棄此子。初，棄此
子於隘巷，意在使牛羊經隘巷時無處旁行踏死此子。然牛羊經此子
旁，護而乳之。繼而又棄此子於寒冰之上，意在使之凍死。然鳥見
之，以翼覆之，不死。人見此子屢有靈異，遂育之。是子即后稷，為
周民族之祖。佛經故事是否受后稷故事影響，不得而知。

窗內擒敵

南朝劉義慶《幽明錄》云，陳郡謝鯤，嘗宿一亭中。宿此亭中之
人，往往死於此亭。是夜四更末，有一黃衣人呼「幼輿（謝鯤字）開
門」。鯤令呼開門者伸臂入窗，黃衣人果依其言，鯤急捉此臂，奮力
牽之。黃衣人竭力掙扎。此臂脫下，黃衣人逃去。次日，謝鯤見此臂
乃鹿之前腿，循血迹尋之，乃獲彼已成精之鹿。黃衣人即其所化也。
謝鯤所用之法，與一佛經故事中某比丘所用法相同。《大莊嚴經論》
卷六云，一比丘常被盜。一日，此比丘堅閉戶門，一賊又來，叩門喚
比丘。比丘自思難敵，乃云：「我畏見汝形貌。汝可伸手入窗，我將
錢物放汝手中。」賊亦不欲比丘見其形貌，乃如其言伸手入窗。比丘
見之，急以繩將賊繫於柱。賊以臂被繫，不得脫。比丘從容執杖開
門，痛擊此賊。謝鯤故事中窗內捉敵臂之關目，或源於佛經中此比丘
捉賊故事。

稱象出牛之智

　　曹沖稱象故事，廣為人們所熟知。事見《三國志·曹沖傳》。然此稱象之法，已先見之于《雜寶藏經》卷一《棄老國緣》。棄老國有棄老之俗，大臣某甲則違俗藏老父孝養之。天神降此國，出若干難題，命國王、眾臣及國人解答。初，莫能答。某甲詢諸老父，盡解諸難題。其中一難題為：「此大白象，有幾斤兩？」某甲之老父云稱象之法：「置象船上，著大池中，畫水齊船，深淺幾許。即以此船，量石著中，水沒齊畫，則知斤兩。」曹沖早慧是實，但其稱象故事，真偽難確知。或是因其早慧，人們遂編為故事渲染之，至將佛經所載智慧，改頭換面，移植至其名下，亦未可知。

　　又宋人費袞《梁溪漫志》卷八云：「本朝河中府浮梁，用鐵牛八維之，一牛且數萬斤。治平中，水暴漲絕梁，牽牛沒於河，募能出之者。真定府僧懷丙，以二大舟實土，夾牛維之，為大木權衡狀鈎牛，徐去其土，舟浮牛出。轉運使張燾以聞，賜以紫衣。此蓋因曹沖之遺意也。」按懷丙必非庸僧，《雜寶藏經》亦非僻經，他一定讀過。其出牛之法，未必「因曹沖之遺意」，或即因《雜寶藏經》所載稱象法之遺意耳。

盲人摸象

　　盲人摸象故事，我國婦孺皆知。然此故事實出佛經。佛經中，盲人摸象故事不一見，摸象人所摸象之部位及所言象之形狀，各故事不盡相同。如《大般涅槃經》卷三十二《獅子吼菩薩品》所載「盲人摸象」故事云，眾盲人摸象，摸象牙者云象如蘆菔根，摸象耳者云象如

箕，摸象頭者云象如大石塊，摸象鼻者云象如杵，摸象腿者云象如柱，摸象脊者云象如床，摸象腹者云象如甕，摸象尾者云象如粗繩子。又《六度集經》卷八十九《鏡面王經》之「盲人摸象」云，摸象足者云象似漆筒，摸象尾者云象似掃帚，摸象尾根者云象似杖，摸象背者云象似高機，摸象耳者云象似簸箕，摸象頭者云象似魁，摸象牙者云象似角，摸象鼻者云象似大索。相比之下，我國《盲人摸象》之故事，尚欠豐富、精采，然所表達之哲理——觀察事物須全面，不能以偏蓋全——則毫無二致。

互以對方爲鬼

《百喻經》卷三云，有一凶宅，常有惡鬼出現，莫敢居住。某甲自以為大膽，便入此屋歇宿，以顯其膽量之超人。某乙自稱膽更勝於甲，故亦欲入此宅歇宿以示其膽量之超人。甲身居屋中，見有推門者，以為是鬼，遂撐拒之。乙推門，見屋中有撐拒者，亦以為是鬼，便用力猛推。二人各傾全力相推，旗鼓相當，直鬥到天明，方知互誤對方為鬼。我國也有此類故事，然未必源於佛經，或是源於現實生活者。明人郎瑛《七修類稿》卷四十四《事物類》有《浴肆避鬼》云：「吾杭八字橋，相傳多邪穢蠱於行客。東人浴肆，夜半即有湯。一人獨行遇雨，驀有避雨傘下者，其人決此必鬼也，至橋上，排之於水，乃急走，見浴肆有燈，入避之。頃一人淋漓而至，且喘曰：『帶傘鬼擠我於河中，幾為溺死矣。』兩人相語，則皆誤矣。」明人馮夢龍《古今笑史》卷五《鬼誤》云：「有赴飲夜歸者，值大雨，持蓋自蔽，見一人立簷下溜，即投傘下同行。久之，不語，疑為鬼也，以足撩之，偶不相值，愈益恐，因奮力擠之橋下而趨。值炊糕者晨起，亟

奔入其門，告以遇鬼。俄頃，復見一人，遍體沾濕，踉蹌而至，號呼
有鬼，亦投其家。二人相似愕然，不覺大笑。」此故事與郎瑛所載絕
類。民間故事中，此類情節益多，《不怕鬼的故事》等書有不少。

一心稱名

　　宗教信仰方式，有極為簡單易行者，「一心稱名」之法即是。
《清稗類鈔》載一故事云：某學者之妻好佛，日念「大慈大悲救苦救
難觀世音菩薩」千遍，方已。學者恥之，但屢勸不止。一日，學者呼
其妻，其妻應之，問有何事，學者不語。稍頃，學者復呼之，其妻又
應之而問何事，學者復不語。如是者數次。妻大怒，斥學者。學者徐
云：「我僅呼汝數聲，汝便大怒如此，觀世音被汝日呼千遍，豈能不
怒？怎會佑汝？」其妻遂悟。一心念觀世音名號者，不獨此婦，古小
說中亦有之。宋人洪邁的《余觀音》云，有余姓者，常誦「救苦救難
觀世音菩薩」，飲食坐臥，聲不絕口，故人稱為余觀音。直至當代，
仍有人不誦佛經，但誦「南無阿彌陀佛」或「救苦救難觀音菩薩」以
求佛或觀音保佑者。民間之「念佛」，非獨念佛經，亦包括念諸佛、
諸菩薩名號者。

　　然「一心稱名」以求佛或菩薩保佑，非我國民間之首創，其源蓋
出自佛經。《妙法蓮花經》卷七《觀世音菩薩普門品》云：「若有無
量百千萬億眾生受諸苦惱，聞是觀世音菩薩，一心稱名，觀世音菩薩
即時觀其音聲，皆得解脫。若有持是觀世音菩薩名者，設入大火，火
不能燒，由是菩薩威神力故。若為大水所漂，稱其名號，即得淺
處。」「若三千大千國土，滿中夜叉羅剎，欲來惱人，聞其稱觀世音
菩薩名者，是諸惡鬼尚不能以惡眼視之，況復加害！設復有人，若有

罪，若無罪，紐械枷鎖檢系其身，稱觀世音菩薩名者，皆悉斷壞，即得解脫」。又《佛說八陽神咒經》，《八吉祥經》，《八佛名號經》，皆云一心稱誦諸佛名號者，有種種不可思議之好處。

　　道教亦有此類「一心稱名」修行求保佑之法。藝文印書館 1977 年版《正統道藏》第十九冊《太上玄靈北斗本命延生真經》云，人們「念此大聖北斗七元真君名號，當得罪孽消除，災衰洗蕩，福壽資命，善果臻身。凡有急難，可以焚香誦經，克期安泰」。又云：「其有出身果薄，雖在人中貧窮下賤，縱知本命無力修崇，能酌水獻花，冥心望北極稽首禮拜，念本命真君名號者，亦不虛過本命期限，皆行延生注福，繫係人身，災危蠲除，獲福無量。」道教為爭取信仰者以與佛教爭勝，遂據民間簡單「實用」之心理，摹仿佛教信仰中「一心稱名」以求福佑之簡單方法，編造出一心稱北斗七星中本命星君名號以求福佑之法。

權力與命運孰強

　　《雜寶藏經》有《二內官爭道理緣》云：昔波斯匿王，於臥眠中，聞甲乙二內官共爭道理。甲作是言：「我依王活。」乙言：「我無所依，自業力活。」王聽了，派人去告訴夫人，說他將派人送酒去，請夫人賞送酒者錢財、衣服等。然後，他派甲給夫人送酒。甲拿了酒，剛走出門，鼻子大出血，於是，他就只得讓乙將酒送往夫人處。乙將酒送到夫人處，得到了許多賞賜，回到國王處復命。國王見是乙，大驚，把甲叫來相問，方知原因，歎道：「我今乃知佛語為實，自作其業，自受其報，不可奪也。」

　　我國文學作品中，也有此類故事。古人認為，人的命運是先天就

決定的。趙與時《賓退錄》卷四云：仁宗嘗御便殿，有二近侍爭辯，聲聞御前。仁宗召問之。曰甲言貴賤在命，乙言貴賤由至尊。帝默然，即以二小金合，各書數字藏於中，曰先到者保奏給事有勞推恩，封秘甚嚴。帝先命乙攜一往東門司，約及半道，再命甲往。不料，乙足跌傷甚，莫能行，甲遂先到。與時按：唐張文成《朝野僉載》：魏徵為僕射，有二典司之長參。時徵方寢，二人窗下平章。一人曰吾等官職總由此老翁，一人曰總由天上。徵聞之，遂作一書遣由此老翁者，送至侍郎處，云與此人一員好官。其人不知，出門心痛，憑由天者送書。明日引注，由老翁者被放，由天上者得留。徵怪而問焉，具以實對。乃歎曰：「官職祿料由天者，蓋不虛也！」此二事，未必是事實，很可能從佛經故事中變化而來，然由此可見當時人關於人生命運的迷信思想。

廢除棄老法的故事

《雜寶藏經》有《棄老國緣》云：某國有棄老之法，人到一定的年歲，就要被拋棄。一大臣某甲捨不得拋棄年老的父親，就把父親秘密養在家裏的密室中。天神手持兩蛇，下凡到此國中，求辨別雌雄，如果無人能辨別，他就要對此國家不利。國王問於群臣，無能辨別者，國王乃出巨賞求能辨別之人。某甲回家，問父親，父親答以辨別之法，果然順利辨別出了二蛇之雌雄。此後，天神又出了許多難題，開始都是無人能解答，後來都由某甲請教他父親後得到正確的答案。最後，國王問某甲能回答這些難題的原因，某甲盡道其實，並請國王取消棄老之法。國王從其言，並下令國中臣民，必須孝敬老人，「其有不孝父母，不敬師長，當加大罪」。

　　我國民間故事中，也有這樣的故事，只是結構和情節都相對來說比較簡單。《中國民間故事集成》之《北京卷》，有《皇帝改規矩》故事云：一皇帝在山野間遊玩，遇到危險，一老人逃跑，一孩子用智慧救了皇帝的性命。皇帝乃定下棄老之法，凡是老人，都必須拋棄。一外國使者攜一大葫蘆至，命此國君臣猜此葫蘆裏有幾顆籽。朝中無人能猜出。一大臣違反棄老之法，將老父親偷偷養在家中。此老者教該大臣猜出了那葫蘆裏籽的數目，得到皇帝的獎賞。該大臣對皇帝道其實情，皇帝乃廢除棄老之法。

殺狗勸夫

　　元人蕭德祥所作雜劇《殺狗勸夫》，云：孫華、孫榮為兄弟。孫華與無賴柳龍卿、胡子傳交往，孫榮規勸之。孫華受柳、胡離間，將孫榮趕出家門。孫華妻子楊氏乃殺一狗，裝成死屍模樣，放在門口。孫華見之，大懼，乃請柳、胡相助埋葬死屍。柳、胡見孫榮遭命案，不僅不相助，反而出首告官。孫榮知之，自認殺人，捨命救兄。楊氏乃向官道明實情，官驗之，果然。官府乃表彰孫榮之義、楊氏之賢，而懲罰柳、胡二人。清代曹彬儒《俗語傾談》二集卷一《骨肉試真情》即本《殺狗勸夫》，而情節稍微曲折。越南民間故事《賢妻的忠告》，所敘一如《骨肉試真情》，見姜繼《東南亞民間故事》中冊。《中國民間故事集成》之《福建卷》，有《殺猴勸夫》，情節也差不多，只是「狗」換成了「猴子」，更加符合生活常識。

　　「殺狗勸夫」的故事，或源於佛經。《出曜經》卷十六云，某甲與朋友極為親厚，而不與兄弟言談。某日，某甲酒後殺官府差人，闖下大禍，乃投朋友。朋友怕受牽連，不納，反云：「設事顯露，罪我

不少。卿有兄弟，宗族昌盛，何為向我，叛於骨肉！」某甲乃歸，求於兄弟、宗族相助。兄弟、宗族庇護之，並為之設計逃往他國。某甲在他國謀生立業，「財寶日熾，僕從無數」。

《殺狗勸夫》將佛經此故事中主角之「殺人」改為「殺人嫌疑」，而此嫌疑乃其妻所設，洗釋之權，亦在其妻之手，故較佛經此故事更具有戲劇性，情節更為豐富曲折。如此奇計出之於閨閣，女主角之賢德智慧，鮮明突出，因而「殺狗勸夫」之思想，亦較佛經此故事更為深刻，人物形象也遠為豐滿、生動。又佛經此故事中，某甲殺害官府差人，其罪非輕，包庇兇手，國法難容。如不變化而在我國大眾中傳播，讀者或觀眾難以理解或接受，殊有妨政治教化。如此改某甲殺官府差人為其妻殺一狗為之製造殺人嫌疑，則無妨表達「骨肉情深」的主題思想，又可以擺脫「殺人之罪究竟應該如何處理」這一問題，避免與法律、政治教化相矛盾。

死而復生說地獄

死而復生者敍述地獄故事、描繪地獄情景，此類情節，志怪小說總極多。如北魏楊衒之《洛陽伽藍記》卷二之女尼惠凝，南朝王琰《冥祥記》中之晉沙門慧達，南朝劉義慶《幽明錄》中之趙泰、康阿德、石長和等，皆死而復生說地獄。後世志怪小說如唐人唐臨《冥報記》、宋人洪邁《夷堅志》、清人蒲松齡《聊齋誌異》等，此類情節舉不勝舉。主人公大抵都是以鬼卒誤拘而死，至地獄發現誤拘，遂放還陽世。

此類故事源於佛經。《佛說弟子死復生經》云，一優婆塞某甲臨死，命親屬停屍七日。其父母為停十日，而某甲果然復生，述其死後

所歷云：「有吏兵來，將到一大城。城中有獄。獄正黑，四面鐵城。城門悉燒鐵正赤。獄中繫人，身坐火中，上下烘燒，青煙上出。或有人以刀割其肉而啖食之。獄王問我言：『汝何等人，犯坐何等，乃來到此？此中治忤逆不孝父母、不忠信事君。』答言：『我少為惡人所惑，奉事外道愚癡，又飲酒殺生，又於市里採取財利，升斗尺寸用以自饒。後與善師相值，牽我入佛道，見沙門道人，授我五戒律，奉行十善。自爾以來，至於今日，不復犯惡。』獄王乃呼吏曰：『此乃無上真正弟子，汝輩皆當從是人得度。以其人壽命自盡時，乃當死耳，魂神追行。若生天上，天神迎之。若生人中，人中迎之。何得將此人來入是忤逆之處？』吏急案名錄，見我尚有陽壽二十年，遂送我還。我從高墮下，霍然而蘇。」又《經律異相》卷四十五引《雜譬喻經》云：「昔王舍城東有一老母，慳貪不信。其婢精進，常行慈心，念用二事利益眾生：一者不持熱湯潑地，二者洗器殘粒常施人。老母得病，惟有氣息。魂神將之入地獄中，見火車爐炭，鑊湯湧沸，刀山劍樹，苦楚萬端。老母見，問訊是何物。獄卒答曰：『此是地獄，王舍城東有慳貪老母，應入其中。』老母自知，悚然愁悸。小復前行，七寶宮舍，伎女百千，種種珍異。問此何物，答言：『天宮。王舍城東慳貪老母有婢精進，命盡生中。』老母忽活，憶了向事，而語婢言：『汝應生該天。汝是我婢，豈得獨受？汝當共我。』婢答之言：『脫有此理，轉當奉命。但恐善惡隨形，不得共受耳。』母即不貪慳，大作功德。」

孔子云，生事且未盡知，焉知其死？人死後即使有知，即有其獄其景其事，世人欲知而不得。佛經所描繪地獄中種種景象，作者何由知之？為彌補此邏輯漏洞，能自圓其說，使人敬信，佛經作者乃創為

「死而復生」之情節結構，借死而復生者之口，描繪地獄景象，以勸善警惡。「死而復生」，僅僅是藉以展示地獄景象的關目而已。國人效法佛經，將地獄景象廣而告之以勸善警惡，亦多用此關目。

割身療親疾

我國古有「割股療親」的愚孝行為，時見於古籍，甚至還有剔肝、取腦者。元佚名《湖海新聞夷堅續志》前集卷一中記載數事。明人佚名《四美記》傳奇（劇本），以蔡襄割股療親與蔡襄父出使外邦不屈、蔡襄母守節不嫁、蔡興宗友人吳自戒遠道救友合稱「四美」。蔡襄父「忠」，蔡襄母「節」，蔡襄「孝」，吳自戒「義」，皆天下之美事也。清抄本佚名《芙蓉寶卷》，也敍述芙蓉小姐為救父母割股事。

然割股療親，當割之於己身，方顯孝行，方能感動鬼神以奏其功，方能稱天下美事。若割之於他人，則成笑談了。明人醉月子《精選雅笑》中所載一故事中的主角，就是如此。如此之人，不無孝心，卻沒有良心。

封建時代，提倡以孝治理天下，對割股療親之類的事，政府多加獎賞表彰，遂有為得獎賞表彰而割股療親者。《新五代史·何澤傳》云：「五代之際，民苦於兵，往往因親疾以割股，或既喪而割乳廬墓，以規免州縣賦役。」割股療親，本是至孝行為，然此等割股療親，與其說是行孝，不如說是逃避賦役之手段。其智可稱，其情可哀，而其孝則不可論矣。又清人褚人獲《堅瓠》云，明崇禎年間，長洲縣數秀才求見知縣傅岩，呈請政府表彰該縣某某「割肝療親」之孝行。傅道：「此人已經割肝，又煩請諸位上書稟報，想必割肝之外，

又破肺（破費）矣。」此則純以「割肝療親」欺世盜名者。

割股、割肝、取腦等之外，我國神話中還有「以手眼救父」的情節，參見本書《（觀音）香山成道》部分，云妙善公主施手眼救了她的父親妙莊王，後來就成了觀音菩薩。此純粹是中國觀音的故事，除了名字以外，幾與佛經中的觀音無涉。佛經中有關觀音的記載，都沒有這些情節。

然觀音之施手眼救父親，純粹是中國化的孝行嗎？不是的。以身療親疾的故事，佛經中有之。《大方便佛報恩經》卷三《議論品》五云，波羅奈國國王有一子，性善忍辱，故名忍辱，稱「忍辱太子」。國中六權臣，殘暴奸惡，橫行無道，憎惡太子。國王身患重病，苦惱憔悴，命在旦夕。六大臣密謀除掉太子之法，詭報太子云，遍求妙藥不得，故王身不治。太子問是何妙藥，六大臣對云，從生至今不嗔人之眼睛及骨髓。太子知自己就是其人，遂告別母親和眾人，捨身救父。六大臣就命人斷太子骨取骨髓，剜太子的雙目，合藥與國王服用。國王服用後，其病立癒。國王知此藥乃太子之雙目及骨髓，大驚，急往太子處，而太子已經畢命。國王乃收其骨，以七寶建塔供養。這太子，就是釋迦牟尼的前身。

佛經故事中，人的眼睛、骨髓等可以治療病。父母之病，未必定須服用子女的眼睛、骨髓等才可治療。如忍辱太子故事中，「生後至今未嗔」者的眼睛和骨髓，可以治療國王的妙藥，不是一定要太子的眼睛和骨髓才管用，其他「生後至今未嗔」者的眼睛和骨髓，就文義看來，也是管用的。反過來說，「生後至今未嗔」人的眼睛、骨髓等，不僅能治療父母的疾病，其他人的疾病，也能治癒。《菩薩本行經》卷下云，太子大自在天為人聰明仁慈，無所不通，尤其精通醫

術，諸醫生妒忌他。某年，瘟疫流行，醫官云當以出生後一貫慈悲一切、初無惡相之人的血合藥服用，得瘟疫的人，才會痊癒。用太子的雙眼驅鬼，瘟疫才會消除。太子自己推薦自己，說自己正是這樣的人。國王不聽。太子力爭之，獻出血和雙眼，患病者果然痊癒，瘟疫果然消除了。天帝施展法力，使太子平復，其雙目之明亮美麗，更勝於以前。此菩薩不是觀世音，乃是後來成佛的釋迦牟尼。

佛經中云眼睛、骨髓等可以治療人病，但其所能治者，亦包括父母之病，佛經中忍辱太子以其眼睛、骨髓救其父親者即是。我國素重孝行，遂獨標舉「以身療親疾」而突出之，並編為故事宣傳播揚。如我國觀音故事中妙善施手眼救其國王父親的情節，即明顯來源於佛經故事中忍辱太子以自己雙眼、骨髓救其國王父親的情節，妙善為公主，忍辱為太子，兩主角的地位也幾乎相同。在我國，「以身療親疾」之說很流行，而「以身療他人疾」則未彰，此蓋由我國於佛經文化之選擇所致也。此選擇的依據，在我國固有文化之中。

手、眼睛、骨髓等，於人何等重要。捨手、眼睛、骨髓等，小說中寫寫，固然沒有什麼妨礙，然現實生活中，則難以施行。相比之下，割肉則尚可行之。《莊子·盜跖》云：「介之推至忠也，自割其股以食（骨）文公（重耳）。」此乃介之推療主之饑，非療親之疾。股處肌肉發達豐滿，割一塊亦無大的妨礙，較割他主為宜。我國古代孝男孝女，遂仿照介之推之割股，代割手剜眼取髓，以療親疾。至於割肝、取腦髓等療親疾，乃由割股往極端推進而至，以益顯其孝之甚，然亦止見於小說、謠傳或騙局。當然，割身上哪一部分，都是無助於治療父親或母親的疾病的。

金乎？蛇乎？

　　句道興本《搜神記》云：「孔嵩者，山陽人也，共鄉人范巨卿為友。兩人同行，於路見金一段，各自相讓不取，遂去。前行百步，逢鋤人，語曰：『我等二人見金一段，相讓不取，今與君。』其人往看，惟見一死蛇在地，遂即鋤之兩段。卻語嵩曰：『此是蛇也。何言金乎？』二人往看，變為兩段之金，遂相語曰：『天之與我此金也。』兩人各取一段，遂結段金之交。」《易·繫辭》曰：「二人同心，其利斷金。」言同心協力，無堅不摧，比喻友誼深厚，無往不利。後來，人們以「斷金之交」形容堅貞、親密之友人。此故事將「斷金之交」誤解為「段金之交」，並強為之說，編為故事，甚為可笑，其妄自不待言。

　　金變為蛇，蛇變為金的故事情節，或來自佛經。《百喻經》卷三云，某人得一金鼠狼，渡河時，將金鼠狼從懷中取出來，放於地上。這金鼠狼化為毒蛇。其人心道：「我寧可被毒蛇咬死，也要將它放在懷中帶走。」此舉感動了神靈，毒蛇於是變成了金鼠狼。一愚蠢的人看見了。以為所有毒蛇入懷都可以變成金鼠狼，就仿效那人所為，結果被毒蛇咬死了。又《佛本行集經》卷四云，提婆夫婦向一個叫兵將的人借了五百金錢供佛。供佛完畢，提婆的妻子就在室內發現了藏金。提婆還兵將錢時，將這一消息告訴了兵將。兵將前往看藏金，藏金就變成了炭。提婆夫婦乃發願，炭就恢復成黃金。此則是金炭互相變化，主題與金、蛇互相變化相同：有福分的人遇之，金子就是金子，甚至非金子也會變成金子；沒有福分的人遇之，即使是真金子也會變成非金子。越南民間故事《金壇》也是如此。云一窮農夫發現了

一壇藏金，未取，回家與妻子言之。二小偷聞之，偷去了金壇，見壇中沒有金子，而都是毒蛇，乃將金壇放回了原來的地方。農夫最終獲得此壇，壇中的毒蛇，又恢復成了金子。見姜繼編譯《東南亞民間故事》上冊。

金錢之毒，有甚於毒蛇者，觀古今多少人死於金錢，可知矣。金子變毒蛇，毒蛇變金子，全在人耳。

不識眞仙

凡人虔誠地設齋設供，求仙求佛有年，因勢利之故，怠慢年邁貧賤醜陋殘疾之人，最後方知，其人實是真仙，虔求者又失之矣。王琰《冥祥記》、牛肅《紀聞》等，都有此類故事。關於佛家神人者，小說中尚不太多。後世道流仿此，編為大量神仙故事，大同小異，要皆求仙之人因勢利而不識真仙。其例舉不勝舉。元人趙道一《歷世真仙體道通鑑》所載極多，連篇累牘，幾乎觸目皆是。此亦道仿佛以與之爭勝之一法也。

求神者因勢利而不識真神，終於與真神失之交臂的故事，實早就見之於佛經。《雜譬喻經》云，某甲極為想見文殊師利，為此已作功德甚多。某日，某甲大規模地佈施齋僧，並設一高座，以待高僧。有一老僧至，長相醜惡，涕淚涎水滿面，竟然搶高座而踞之。某甲見之，大怒，將此老僧拉下高座。佈施完畢，某甲到佛寺燒香燃燈，並祝云，他已經作功德甚多，希望能在去世之前，見到文殊師利。某甲回家後，沈沈睡去，夢中見一人告之，云白天搶踞高座之老僧，正是文殊師利所化。文殊師利已經前後七次至其家用齋，而某甲竟然渾然不知！

此類故事,在客觀上有助於緇衣黃冠藝人甚至乞丐之流求食謀利,其中不少就是出於他們之手,然實亦大有深意在。人們所景仰之神,不論是屬於釋家、道家,抑或屬於民間宗教者,要皆不容人間滾滾紅塵中醜陋的人性,更何況醜陋人性如勢利哉!心存勢利者,雖費巨萬求神求仙,何益之有!若以此求上官,或有奇效可觀,何必求神求仙?然失之於勢利者,豈獨求神求仙也哉?藏龍臥虎,伏麟眠鳳,在在有之,但看求者結網之疏密耳。聖如孔子,亦有「以貌取人,吾幾失之子羽」之歎,何況他人?嗚呼,求才亦如求神求仙,豈可以勢利哉!

制龍咒術

《雜譬喻經》云,某國有咒龍師,到龍池邊,一心誦咒。龍於池中,見池底燃燒,頃刻間滿池都是火,無處容身,只得躍出奔竄。然池外山水陸地,莫不有火,只有一瓶中無火,龍只好進瓶中避難,遂為咒龍師所擒。池水無火,山水陸地當然也沒有火,龍視之皆是火,此乃咒龍師以咒術擾亂其心之故也。佛家以此明「境由心生」之理。

我國有煮海竭池咒龍故事,或由此化來。然各有所托,非以宣揚「境由心生」者也。唐代段成式《酉陽雜俎》前集卷三云,孫思邈隱居終南山,與宣律為友。時大旱,西域僧某請於昆明池結壇求雨。凡七日而池水縮數尺。池中老龍化為一老人,到宣律處求救,云西域胡僧利其腦為藥,故假借求雨之名,咒竭池水,擒龍而殺之。宣律云可求救于孫思邈。龍又到孫思邈處求救。孫思邈索要龍宮仙方三十首,龍從命,孫思邈乃許之。自此,池水復漲。西域胡僧術不驗,羞憤而死。又元無名氏《湖海新聞夷堅續志》前集卷二《幻僧煮海》云,一

婆羅門駐海峰，晝夜禁咒，積三十年，其法將成。東海水如云，騰飛
於半天，海水將枯竭。海中統天鎮海之寶，上帝制靈之物，將為此僧
所得。東海老龍王遂化為老人，求救於道士葉法善。法善飛符往，海
水復舊。胡僧愧歎，投海而死。

　　此二故事，欲竭池水或咒幹海水於龍不利者，皆為胡僧，而與胡
僧鬥法者，孫思邈、葉法善，皆為「神仙」。胡僧屬於佛家，神仙屬
於道家。就品格而論，西域僧人、婆羅門之行咒，都是出於私欲，其
品格實鄙不足道。而孫思邈索要藥方救龍，既為了龍，也是為了濟
世。葉法善救龍，既為龍，亦為至寶不落入僧人之手危害世人，事成
之後，又謝絕龍王豐厚的酬贈。神仙品格，實堪稱高潔。就法術而
論，孫思邈、葉法善，皆輕易戰勝對手。西域僧人行咒七日，所退池
水，被孫思邈一旦復舊。婆羅門行咒三十年之成果，被葉法善一符消
盡。此類故事，實釋道矛盾的產物，道教以此宣揚道教遠勝於佛教，
來與佛教爭奪信徒。然此類情節，卻很可能源於佛經！

救龍女獲報

　　我國故事中，人救龍女而獲好報者數見。宋人劉斧《青瑣高議》
後集卷三《龍女以珠報蔣慶》云，龍之幼妻，因為與丈夫生閒氣，離
開所居至岸邊，為漁者所獲。此龍夜出人聲，漁者大懼而將之歸蔣
慶。此龍女與蔣慶對話，蔣慶乃知其來歷而救之。半年後，此龍女使
人以美珠報蔣慶。元佚名《湖海新聞夷堅續志》前集卷二云，李元於
吳江岸見小朱蛇，長不盈尺，為牧童所困，遂買而放之。次年，李元
再經其地，被人邀請入一山，龍王設宴款待李元，謝他救龍女之恩。
李元所救小朱蛇，原來竟是龍女。龍王又將婢女雲姐贈李元，云當得

其助。李元受之而別。六年後，李元參加進士考試，雲姐使神通預先竊得試題，李元得以高中。雲姐乃辭去。元人沈和雜劇《祈甘雨貨郎朱蛇記》，明人馮夢龍《古今小說》卷三十四《李公子救蛇獲稱心》，皆以此為題材。「稱心」，即雲姐也。古小說中，商人區明於龍王青洪君處得一婢女名如意，所欲皆可通過如意而遂。「稱心」之名，明顯乃由「如意」而來。又明人周清源《西湖二集》卷二十三《救金鯉海龍王報德》云，元人楊維楨嘗放一金色鯉魚，此魚實乃龍女也。龍王為報楊救女之恩，乃令一婢女化成人間一女子，名竹枝娘，為楊之妾，凡十四年而竹枝娘終。楊維楨因作《竹枝詞》，甚有名。龍女後嫁西湖龍王之子，曾邀請楊維楨到西湖作客，並以贈鮫綃二匹。

救龍女獲報事，佛經中至少有二。《摩訶僧祇律》卷三十二云，一龍被人所擒，將被宰殺。一商人以八牛贖之，並將它放入大海。此原來為一龍女。商人隨此龍女入龍宮，得重金而歸。又《舊雜譬喻》經卷上云，龍女化成一女子，到陸地遊玩，被牧童們痛打，國王救而放之。龍王知之，欲酬謝國王救女之恩。國王以宮中所藏寶貝甚富，不求寶貝，乃求龍王教之解禽獸語。龍王許之。

我國「救龍女獲報」故事，或是源於佛經。然龍王所報贈婢女、侍妾，助科第之類，皆具有中國特色，而與佛家的道理相違。

人與動物交配

通俗故事中，人與動物精靈，特別是幻化成人形狀的動物精靈婚配或交配的情節不少，筆者另有專文論之，此處不作展開。至於人與動物（不是動物精靈或幻化成人形狀的動物精靈）相交配者，通俗故事中比

較少見，但也有一些。如余象斗《皇明諸司公案》卷三《王尹辨猴淫寡婦》，敘獨山寡婦柴氏，與一老猴子成奸。安遇時《包龍圖判百家公案》第二回云，夫死守節的節婦汪氏，因為看了《西廂記》，為劇情所感，情欲蠢動，當夜竟與家裏養的老猿行奸。蒲松齡《聊齋誌異》卷一《犬奸》，寫一商人婦因夫久出不歸，不堪寂寞，竟然與家裏的一條公狗行淫。江南民間故事中，也有此類情節。清人褚人獲《堅瓠續集》卷一，所引古書中人與動物交配之事甚多。

　　人與動植物精靈所幻化的人婚配或行淫的故事中，以世間男子與女精靈者為多，然人與動物交配的故事中，就筆者所閱，多人間女子與雄性動物相交配者。究其原因，在舊時，女子所受之性壓抑，遠較男子為嚴重。男子外出求仕經商，可以於秦樓楚館朝雲暮雨，與粉白黛綠之流廝混，而妻子則在家裏長期獨守空房。妻子死，丈夫不妨續娶。丈夫死，妻子若是改嫁，就會遭到社會的歧視，為保家身名譽，寡婦大多只得守節。長期沈重的性壓抑，很有可能會變為性變態，性變態就很有可能導致變態的性行為。此類故事，不管是編造出來的還是紀異性質的，都不無根據。

　　佛經中也有人與動物交配的故事。如《大方等大集經》卷十三《分別品》第四之餘，寫某王后因色欲熾盛，竟然與一驢子相交配，生一兒子，雖然是人的形狀，但面目似驢子，被稱為「驢唇仙」。同經卷二十四《世間目品》第二云，有一人名跂伽婆，隱居深山，潛心修道，只吃果實草根，但色欲未消除，遂與一母老虎交配並使之懷孕。此母老虎生十二子。《摩訶僧祇律》卷一載僧人之非道行欲包括與動物交配者甚多。《佛說獅子王斷肉經》中的獅子王（有的故事稱「班足王」），就是他父親與一母獅子所生。

中國故事中人與動物交配故事之主角，多為寡婦或丈夫久出未歸之思婦，故事的主題，在於譴責這些變態的行為，或以此聳人聽聞，藉以謀利。佛經中人與動物交配故事中的主角，多為修道習佛之人，故事旨在明去欲之難，而譴責之意無多。

經書退敵

佛法無邊，無所不能。甚至外敵入侵，內亂暴起，都可以誦經說法來消除於無形。《仁王護國般若波羅蜜經》卷下《護國品》中，就對誦經退敵的具體方法作了詳細的描寫。我國南北朝及五代時諸政權的皇帝中，佞佛者大有人在，如梁武帝、陳武帝、陳後主、李後主之流，然其國祚無一長久者，足見佛法無力護國了。古籍中佛法助人退敵之事，則常見之。如唐人張讀《宣室志》卷七云，唐將領甯勉以兵士千人駐紮在飛狐城，遇敵來進攻，飛狐勢不能守，甯甚為憂慮。突然，敵軍大潰退，如有軍隊擊其後者。甯揮師出擊，大勝。先是，甯好佛法，常誦經，故臨敵獲此福報，得金剛相助而大獲全勝。

強敵猛攻、覆亡在即而安坐誦經，希望借助佛法的力量退敵者，自古到民國初年間大小軍閥中屢見之。然主張誦儒家經典以退敵者，則僅見之。《後漢書·文苑傳》云：「向栩徵拜侍中，每朝廷大事，侃然正色，百官憚之。會張角作亂，栩上便宜，頗譏刺左右。不欲國家興兵，但遣將於河上北向讀《孝經》，賊當自滅。中常侍讓讒栩不欲令國家命將出師，疑與角同心，欲為內應，收送黃門北寺獄，殺之。」

佛經充滿鬼神之事，相信佛經有莫大超自然力量，包括能克強敵，固然也合於佛經之說。妄想以誦佛經、說佛法退敵者，愚則愚

矣，然其愚無新意，乃佛經之愚也，希望借助於佛法退敵者之愚，僅僅是信佛之愚罷了。《孝經》屬於儒家經典。怪力亂神，孔子不語。《孝經》亦未嘗自言有種種神異的力量，故向栩之倉促之中言《孝經》有超自然的力量，並言這種力量足以退敵，唐突無據，反而倒具有喜劇性。《孝經》無此愚，此愚乃向栩之愚也。其愚新奇，非平庸之愚也，勝以誦經退敵之愚多矣，故尤為可笑。然向栩主張誦《孝經》退敵之愚，或亦從佛經所云誦佛經、說佛法可以退敵護國之說化來者。

人形果

我國古代小說中，屢有對人形果的描繪。宋人劉斧《青瑣高議》前集卷三云，有高道明者，因事浪迹天涯，長期流落諸島國。他曾經至海中一山，山有大木數十本，樹枝上皆生小兒。兒頭著枝，見人亦解動手、嬉笑。若折枝，則兒立死。《大唐三藏取經詩話》卷中云，蟠桃能化成小兒。《西遊記》第二十四回《萬壽山大仙留故友，五莊觀行者竊人參》中，孫悟空等所吃五觀莊仙樹上所結人參果，亦如孩兒之形。

佛經中亦有人形果。《佛說立世阿毗曇論》卷一敍述各色奇異巨果。有人林果，其林所結果實，一如人形，如男女青年狀，甚至能引發人的欲念。果熟而落，墮林間，比比如死屍然！然佛經並沒有賦予此類果實靈性或他異，僅僅其形狀之異而已。《青瑣高議》等對人形果的描寫，或與佛經中的「人林果」有關。

脅生與腋生

佛經屢云佛或菩薩等從母脅生。如《異出菩薩本生經》，《佛本

行集經》卷五《賢劫王種品》下，《大方廣佛華嚴經》卷二十七《入不思議解脫境界普賢行願品》，《佛說彌勒菩薩下生經》等，都有此類描寫。

佛或菩薩脅生者，云是「不令母苦惱」。《佛所行讚》第一云：「菩薩右脅生，大悲救世間，不令母苦惱。優留王股生，卑偷王手生，曼陀王頂生，伽叉王腋生。菩薩亦如是，誕從右脅生。」

我國神話傳說中，老子亦脅生。《三教源流搜神大全》云，老子之精靈「當殷甲午十一年庚申始示誕之迹，自太清當道境，乘太陽日精，化五色玄黃，大如彈丸。時玉女晝寢，流入口中，吞之有孕。懷八十一歲，至武丁九年庚辰剖玉女右脅而生。」此明顯仿照佛經中佛、菩薩脅生、腋生之說以神化老子，以與佛教抗衡。

轉世爲動物回家

佛家認為，人今生惡業重，來世很可能會墮落惡趣，如為動物昆蟲之類，受盡苦難。佛經之中，有作孽之人來世成動物等的不少，其中又有轉世為動物身回到原來的家庭顯靈的。如《中阿含經》卷四十四云，鸚鵡摩納家的白狗，乃鸚鵡摩納的父親轉世，此狗竟然能發其前身所藏錢財給鸚鵡摩納。《佛說兜率經》所載時略同。

我國故事中，人轉世為動物回家者甚多。唐人唐臨《冥報記》所載《唐王會師》、《唐李信》、《隋耿伏生》等故事是也。後來《夷堅志》等志怪小說中，這樣的情節更多。

此類故事，都是以「轉世為動物回家」情節，宣揚因果報應，以作者的道德觀念勸世警世，然所宣揚的道德觀念，未必皆合於佛法。

投石紀善惡

　　明人焦循《玉堂叢語》卷一云：「徐文靖公少學時，性甚沈質，言動不苟。嘗效古人，以二瓶貯黃、黑豆。每舉一善念，道一善言，行一善事，投一黃豆。不善者以黑豆投之。始黑多黃少，漸漸積參半。久之，黃者乃多。云平生如是，雖貴不輟。」此投豆紀善惡之法，實源於佛經之「投石紀善惡」。《付法藏因緣經》卷三云，商那和修對兒子優波毱多云：「汝今入市，為當淨心不淨心耶？」優波毱多問淨心與不淨心之別，其父親云：「若心與貪癡合名，為不淨。若不與俱，是則名淨。」漸以方便，教令繫念，若起惡心，當下黑石。設一善念，下一白石子。優波毱多行之。初，黑石偏多，白者甚少。漸漸修習，白黑正等。後心轉純淨，黑石盡而惟有白石。

供佛當出己財

　　《佛說阿闍世王受決經》云，阿闍世王命人準備膏油百斛，燃燈供佛。一貧窮老母見之，用行乞所得二錢，欲購買燈油點燈供佛。賣燈油者知其意，賣給她二合而送給她三合。此五合燈油，僅僅夠得上點一盞燈，計其所燃，不足半夜。此老母點燈並發願云：「若我後世得道如佛，此燈當通宵光明。」然後作禮而去。阿闍世王所點諸燈，雖然有人守護，但是或滅或不滅，而老母所點，則通宵未滅！天明，佛命目連滅燈，目連先滅阿闍世王諸燈，諸燈盡滅。次滅老母之燈，三滅而未滅！目連舉袈裟扇之，燈光更加明亮。目連使出法力滅之，燈光更加猛烈，上照梵天，旁照三千世界！佛云：「此燈非爾能滅。劫後三十劫，此老母功德圓滿，當得作佛，號須彌燈光如來。」老母

知之，大為歡喜。阿闍世王知之，問道：「我功德巍巍如此，而佛不與我決。此老母燃一燈而受決，何也？」得到的回答是：「王雖頻日設福，但用國藏之財，使人民之力。」故未得福報。又《衆經撰雜譬喻經》卷上云，一國王大舉佛會，供養衆僧，一老婦人施少量黑豆於僧人所食之飯中，而其所得福報，遠過於國王所得。又《大莊嚴經論》云，一貧女子施二錢於一羅漢，羅漢為咒願，窮女子後因此而成為國王夫人。此後，此女子以巨萬之錢財施捨佛門，然一無所應，羅漢也不為咒願。此事又見《雜寶藏經》第六十三緣。蓋二錢雖少，出於己財；巨萬雖富，乃民脂民膏。二錢之施，出於敬信；巨萬之施，出於貪心，如同商賈，欲以資本謀利而已。

所供雖少而出於己財，獲報豐；所供雖多而非己財，不能獲報。此類故事，我國民間亦有之。江南一民間故事云，某富翁施某寺白米一船，富翁親自監督長工搖船前往。長工某甲，用工錢購買燈油一瓶，順便帶往該寺施捨。至寺，該寺高僧開寺之側門納富翁之一船白米，而開正門迎接長工之一瓶燈油。某甲請高僧示其來世福報，高僧化一幻境示之。某甲見幻境之中，自己乘一華美大轎，赫然是一富貴雙全之人。轎後跟有一狗。某甲又請高僧示其主人之來生。高僧道：「你看見那條狗了嗎？那就是你主人啊！」某甲大疑，問道：「我只是施捨了一瓶燈油，來世尚且得如此之福報，我主人施捨了一船白米，來世怎麼反是一條狗？」高僧道：「你平生為人忠厚，禮佛至誠。所施燈油雖少，但出於己財，故來世獲福報不小。你的主人，平日為人刻薄，聚斂錢財，不擇手段。他所施雖多，但都是不義之財，故來世仍不免為一狗耳。」此故事筆者年幼時聞之於先祖母張氏，後又多次聞之於吾鄉多位老人。

附錄：引用文獻要目

中華大藏經，中華書局版，1984後。

磧砂藏大藏經，上海影印磧砂版大藏經會，1933。

十三經註疏，中華書局，1980。

史記，漢・司馬遷著，中華書局，1982。

漢書，漢・班固著，中華書局，1962。

後漢書，南朝・范曄著，中華書局，1965。

三國志，晉・陳壽著，中華書局，1959。

晉書，唐・房玄齡著，中華書局，1974。

宋書，南朝・沈約著，中華書局，1974。

北齊書，唐・李百藥著，中華書局，1972。

魏書，北朝・魏收著，中華書局，1974。

北史，唐・李延壽著，中華書局，1974。

列女傳，漢・劉向著，新興書局版《筆記小說大觀》本。

蓮社高賢傳，晉・佚名，《增訂漢魏叢書》本。

洛陽伽藍記，北朝・楊衒之著，中華書局，1963。

大唐西域記，唐・玄奘、辯機著，中華書局，1985。

墨子，春秋・墨翟著，上海書店《諸子集成》本，1986。

莊子，戰國・莊周著，上海書店《諸子集成》本，1986。

列子，戰國・列禦寇著，上海書店《諸子集成》本，1986。

韓非子，戰國·韓非著，上海書店《諸子集成》本，1986。

呂氏春秋，戰國·呂不韋著，上海書店《諸子集成》本，1986。

淮南子，漢·劉安著，上海書店《諸子集成》本，1986。

論衡，漢·王充著，上海書店《諸子集成》本，1986。

抱朴子，晉·葛洪著，上海書店《諸子集成》本，1986。

玉清無上靈寶自然北斗本生真經，《正統道藏》本。

太上玄靈鬥姆大聖元君本命延生心經，《正統道藏》本。

太上玄靈北斗本命延生經，《正統道藏》本。

曆世真仙體道通鑒，元·趙道一著，《正統道藏》本。

列仙全傳，明·王世貞輯，偉文圖書，1977。

純陽帝君神化妙通記，元·苗善時輯，《正統道藏》本。

呂祖全傳，清·汪象旭著，光緒十一年（1885）刊本。

先秦漢魏晉南北朝詩，逯欽立編，中華書局，1983 版。

全唐詩，中華書局，1960 版。

宋詩鈔，清·吳之振等編，中華書局，1986。

全宋詞，唐圭璋編，中華書局，1965。

柳宗元集，唐·柳宗元著，中華書局，1979。

蘇軾文集，宋·蘇軾著，中華書局，1986。

剡源戴先生文集，元·戴表元著，《四部叢刊》本。

宋文憲公文集，明·宋濂著，《四部備要》本。

文心雕龍，南朝·劉勰著，上海古籍，1989。

詩品，南朝·鍾嶸著，北京大學，1986。

明詩紀事，陳田著，上海古籍，1993。

清詩紀事，錢仲聯編，江蘇古籍，1987。

博物志，晉·張華著，中華書局，1980。
搜神記，晉·干寶著，中華書局，1979。
裴子語林，晉·裴啓著，魯迅《古小說鉤沈》本。
搜神後記，晉·陶淵明著，中華書局，1981。
荀氏靈鬼志，晉·荀氏著，魯迅《古小說鉤沈》本。
玄中記，晉·郭氏著，魯迅《古小說鉤沈》本。
世說新語，南朝·劉義慶著，中華書局，1984。
幽明錄，南朝·劉義慶著，魯迅《古小說鉤沈》本。
宣驗記，南朝·劉義慶著，魯迅《古小說鉤沈》本。
異苑，南朝·劉敬叔著，《古今說部叢書》本。
述異記，南朝·祖沖之著，魯迅《古小說鉤沈》本。
冥祥記，南朝·王琰著，魯迅《古小說鉤沈》本。
述異記，南朝·任昉著，《說庫》本。
續齊諧記，南朝·吳均著，新興書局《筆記小說大觀》本。
殷芸小說，南朝·殷芸著，上海古籍，1984。
荊楚歲時紀，南朝·宗懍著，嶽麓書社，1986。
金樓子，南朝·蕭繹著，新興書局《筆記小說大觀》本。
古小說鉤沈，魯迅編，魯迅全集本；人民文學，1951。
冥報記，唐·唐臨著，中華書局，1992。
朝野僉載，唐·張文成著，中華書局，1979。
紀聞，唐·牛肅著，《全唐小說》本。
玄怪錄，唐·牛僧孺著，中華書局，1982。

續玄怪錄，唐·李復言著，中華書局，1982。

酉陽雜俎，唐·段成式著，中華書局，1981。

宣室志，唐·張讀著，中華書局，1983。

獨異志，唐·李冗著，中華書局，1983。

廣異記，唐·戴孚著，中華書局，1992。

甘澤謠，唐·袁郊著，上海古籍，1991。

裴鉶傳奇，唐·裴鉶，上海古籍，1980。

闕史，唐·高彥休著，《叢書集成初編》本。

太平廣記，宋·李昉等編，中華書局，1961。

唐人小說，汪辟疆校錄，上海古籍，1978。

全唐小說，王汝濤編，山東文藝，1993。

北夢瑣言，五代·孫光憲著，上海古籍，1981。

青瑣高議，宋·劉斧著，上海古籍，1983。

泊宅編，宋·方勺著，中華書局，1983。

春渚紀聞，宋·何春遠著，中華書局，1983。

曲洧舊聞，宋·朱弁著，廣陵古籍刻印社《筆記小說大觀》本。

猗覺寮雜記，宋·朱翌著，廣陵古籍刻印社《筆記小說大觀》本。

梁溪漫志，宋·費袞著，新興書局《筆記本小說大觀》本。

中吳紀聞，宋·龔明之著，廣陵古籍刻印社《筆記小說大觀》本。

桯史，宋·岳珂著，中華書局，1981。

醉翁談錄，宋·羅燁著，古典文學，1956。

鬼董，宋·佚名著，《說庫》本。

夷堅志，宋·洪邁著，中華書局，1981。

宋人軼事彙編，清·丁傳靖編，中華書局，1981。

宋稗類抄，清·潘永因編，書目文獻，1985。

夷堅續志，元·元好問著，中華書局，1986。

湖海新聞夷堅續志，元·佚名著，中華書局，1986。

觀音大士傳，元·管道昇著，《綠窗女史》本。

三教源流搜神大全，元·佚名著，上海古籍，1990。

郁離子，明·劉基著，上海古籍，1981。

七修類稿，明·郎瑛著，中華書局，1957。

藝林伐山，明·楊慎著，《叢書集成初編》本。

菽園雜記，明·陸容著，中華書局，1985。

智囊全集，明·馮夢龍編，江蘇古籍，1986。

池北偶談，清·王漁洋著，中華書局，1982。

居易錄，清·王漁洋著，《漁洋全集》本。

堅瓠，清·褚人獲著，浙江人民，1986。

聊齋志異，清·蒲松齡著，上海古籍，1979。

閱微草堂筆記，清·紀昀著，上海古籍，1980。

子不語全集，清·袁枚著，河北人民，1987。

諧鐸，清·沈起鳳著，人民文學，1985。

浪迹叢談，清·梁章鉅著，中華書局，1981 年版。

茶香室叢鈔，清·俞樾著，廣陵古籍刻印社《筆記小說大觀》本。

右台仙館筆記，清·俞樾著，齊魯書社，1986。

吳下諺聯，清·王有光著，中華書局，1982。

清稗類鈔，清·徐珂編，中華書局，1984。

啟顏錄，隋·侯白著，上海古籍，1990。

古今笑史，明·馮夢龍編，花山文藝，1985。

笑府，明·馮夢龍，海峽文藝，1987。

廣笑府，明·馮夢龍，海峽文藝，1987。

歷代笑話集，王利器輯，上海古籍，1981。

歷代笑話續集，王貞珉、王利器輯，春風文藝，1985。

古今圖書集成，清·陳夢雷輯，蔣廷錫重編，上海同文書局，1896。

《敦煌變文集》，王重民等編，人民文學出版社，1984版。

大唐三藏取經詩話，上海古典文學，1954。

清平山堂話本，明·洪楩編，上海古典文學，1957。

西遊記，明·吳承恩，人民文學，1971。

七十二朝人物演義，明·佚名著，書目文獻，1988。

封神演義，明·許仲琳著，齊魯書社，1980。

金瓶梅，明·蘭陵笑笑生著，齊魯書社，1987。

型世言，明·陸文龍著，中華書局，1993。

西湖二集，明·周清源著，人民文學，1987。

古今小說，見《喻世明言》。

《喻世明言》，明·馮夢龍著，文學古籍刊行社，1955。

醒世恒言，明·馮夢龍著，人民文學，1956。

新天地，清·書帶子著，集文書局，1910。

地府志，清·葛儂嘯氏著，集成圖書公司，1908。

地下旅行，清·女奴著，合衆小說社，1908。

龍圖耳錄，清·石玉昆著，上海古籍，1981。

三俠五義，清·石玉昆，安徽人民，1980。

七俠五義，清・石玉昆著，寶文堂書店，1980。

古本小說叢刊，中華書局，1987。

中國古代珍稀本小說，春風文藝，1994。

中國古代珍稀本小說續，春風文藝，1997。

中國通俗小說總目提要，江蘇社科院明清小說研究中心編，中國文聯，1990。

梁皇寶卷全集，清・佚名著，清刊本。

目連三世寶卷，清・佚名著，常州培本堂善書局，1886。

元曲選，明・臧晉叔編，中華書局，1958。

六十種曲，明・毛晉編，中華書局，1958。

元曲選外編，隋樹森編，中華書局，1959。

盛明雜劇，明・沈泰編，中國戲劇，1958。

元明雜劇，佚名編，中國戲劇，1958。

孤本元明雜劇，中國戲劇，1957。

雜劇三集，中國戲劇，1958。

古本戲曲叢刊初集，上海商務印書館，1954，

古本戲曲叢刊二集，上海商務印書館，1954，

古本戲曲叢刊三集，文學古籍刊印社，1957，

古本戲曲叢刊四集，上海商務印書館，1958，

遠山堂劇品，明・祁彪佳著，中國戲劇，1959。

宋元戲文輯軼，錢南揚輯，上海古典文學，1956年版。

古典戲曲存目彙考，莊一拂著，上海古籍，1982。

中國民間故事全集，陳慶浩、王秋桂主編，臺北遠流，1989。
中國民間故事選（一），賈芝、孫劍冰編，人民文學，1963。
中國民間故事選（二），賈芝、孫建冰編，人民文學，1980。
中國仙話，陳士有、陳曉勤編，上海文藝，1990。
中國鬼話，文彥生編，上海文藝，1991。
不怕鬼的故事，科學院文學研究所編，人民文學，1978。
中國少數民族故事選，中國少數民族文學學會編，中國民間文藝，
　　1981。
中國民間故事集成·吉林卷，吉林卷編委會編，中國文聯，1992。
中國民間故事集成·北京卷，中國 ISBN 中心，1998。
中國民間故事集成·福建卷，中國 ISBN 中心，1998。
中國民間故事集成·江蘇卷，中國 ISBN 中心，1998。
鄂倫春民間故事，隋書金編，黑龍江人民，1980。
藏族民間故事選，中央民族學院藏族文學小組編，上海文藝，1980。
雲南各族民間故事選，中國作家協會昆明分會編，人民文學，1962。
中國動物故事集，上海文藝出版社編，上海文藝，1978。
嶗山的傳說，青島文聯編，中國民間文藝，1983。
聊齋汊子，董均倫、江源記，中國民間文藝，1982。
洛陽的傳說，林野等編，中國民間文藝，1985。
民間文學（雜誌）。
群眾俱樂部（雜誌）。

伊索寓言，周啓明翻譯，人民文學，1963。
拉封丹寓言詩選，（法）拉·封丹著，遠方翻譯，人民文學，1985。

克雷洛夫寓言詩集，（俄）克雷洛夫著，何世英翻譯，花城，1983。

義大利童話，（意）卡爾維諾編，劉憲之翻譯，上海文藝，1985。

印度尼西亞民間故事，許友年翻譯，中國民間文藝，1983。

東南亞民間故事，姜繼翻譯，福建人民，1982。

日本民間故事選，關敬吾著，金道權等翻譯，中國民間文藝，1982。

日本民間故事，坪田讓治著，陳志泉翻譯，人民文學，1979。

納斯丁的笑話，戈寶權翻譯，中國民間文藝，1983。

突尼斯民間故事，韓寶光翻譯，中國民間文藝，1982。

皇帝的鬼耳朵，程相文翻譯，雲南人民，1981。